《自然の現象学》第四編

身体の生成

中敬夫●著

萌書房

序

本書の最初の構想は、二二年まえに遡る。その前年の秋にフランスから帰国して一段落のついた一九九二年の夏、筆者はおよそ一五年計画（当初はそれくらいに考えていた）で、「自然の現象学」を構想した。他の著書でも説明済みなのだが、繰り返すなら、それは第一部「感性論（空間および時間）」、第二部「論理（「多なき一」もしくは「一における一」）」、第三部「実在と表象（自然と文化）」、第四部「自由と非自由（行為と無為）」、第五部「身体論（身体の発生論的構成）」、第六部「他者論（自然における他者と文化的他者）」の六部からなるものであった。

その一二年後にようやく第一部と第二部に相当するシリーズ第一作『自然の現象学――時間・空間の論理――』（世界思想社、二〇〇四年）を上梓した筆者は、その四年後には第三部に当たる『歴史と文化の根底へ――《自然の現象学》第二編――』（世界思想社、二〇〇八年）を、さらにその三年後には第四部に該当する『行為と無為――《自然の現象学》第三編――』（萌書房、二〇一一年）を公刊した。したがって本書は、この連関からするならシリーズ第四作に当たり、全体構想のなかではその第五部「身体論」を担当することになる。

「身体の発生論的構成」について扱おうとする当初の計画に、いまでも変更はない――それは筆者の博士論文《テーズ》『メーヌ・ド・ビラン――受動性の経験の現象学――』（世界思想社、二〇〇一年）のなかでも部分的に示されているような、ビランの身体論についての発生論的解釈を軸に据えつつ、さらにはメルロ＝ポンティやアンリなどにおける現代の身体論も、その観点から再検討してみようとするものであった。ただし前著『行為と無為』の原稿を完成させたのち、じっさいに本書の具体的な構成に着手したのは、二〇一一年二月のことになる。そのさいまずマルブランシュを扱うことが、すぐさま決定されたのだが、しかしデカルトについて独立した一章を設けようと考えたのは、ようやく二〇一三年に入ってからのことである。

本書の表題については、まずフランス語で考えて、*Genèse du Corps propre* とすることにした——普通に直訳するなら、『自己の身体の発生』とでもなろうか。今回Genèseを「生成」と訳したのは、「身体の発生」とすると、何となく胎生学か何かと取りちがえられてしまいそうな気がしたからである。『身体の生成』が主題化したかったのは、超越論的には——経験的にではなく——まだ自我と身体と世界の区別さえ確立されていないような一なる場所から、いかにして自我や世界や身体それ自身が生成し、さらには後者それ自身が一つの全体としての身体から出発して、諸部分の分化した身体へと進展し、ついには文化的身体にまで発展してゆくかを、追ってゆくことであった。

本書はまずその第一章で、近世哲学における心身問題の出発点として、デカルトを取り上げる。理論上の心身区別と事実上の心身合一との両面を孕むデカルトの身体論に関しては、アンリの批判だけでなく、グレスやマリオンといった最近の斬新でポジティヴな解釈も含めて検討してゆく。第二章はマルブランシュについて扱う。中心となるのはもちろん彼の機会原因論だが、その他、その独特な恩寵論や弁神論、あるいはまた有名な「神における見」という主張も、身体論との絡みで考察する。第三章はビランのマルブランシュ批判を総括する。マルブランシュとビランは、外在性の哲学者と内在の哲学者というかたちで、その心身合一論においても、まさに対蹠的な立場に立つ思想家たちとして浮かび上がってくることになろう。第四章は言わば本書の第一の中心で、ビラン自身の発生論的な身体論を、また新たな観点から再構成してみる。拙著『メーヌ・ド・ビラン』に比しても、少しは新しいことも述べたつもりである。第五章は本書の第二の中心で、アンリの身体論を、彼が参照した哲学者たち——ヒューム、コンディヤック、ビラン、ラニョ、フッサール、ベルクソン、サルトル、メルロ＝ポンティなど——の理論とも絡めつつ、多少とも批判的に検討してゆく。「肉」の誕生以前からその誕生にいたるまでを主題化したのは、彼の『受肉』のまぎれもない功績だが、本章はその後の肉・身体の分化・差異化から文化的身体の成立にいたるまでを、その延長線上に位置づけようとする。そして最終第六章はメルロ＝ポンティの身体論について、「場所」や「構造化」の観点から考察する。メルロ＝ポンティについても筆者はいままでいろいろ述べてきたのだが、今回の眼目は、これまでの筆者自身の主張に引き寄せるようなかたちで、彼の取り上げた幾つかの具体的な諸問題に、可能なかぎり〈一にして不可分の全体〉という視点からの解釈を施してゆくことにある。

以上のように、本書が正面切って取り組んだ哲学者は、デカルト、マルブランシュ、ビラン、メルロ＝ポンティ、アンリの五名のみである。それゆえ本書は、けっして心身問題に関する哲学史的な解説書ではない。本書はスピノザもライプニッツも、ベルクソンの身体論さえ、まともに取り上げてはこなかった——それは筆者の食指が動かなかったからと言うほかない。本書が扱ったのは、身体の発生論的構成という筆者にとっての中心問題についての議論に、ポジティヴにであれネガティヴにであれ、多少とも貢献しうると判断された思索者のみである。デカルトを取り上げる気になったのも、最初は近世心身問題のこの出発点を押さえておいて、「序」の足しにでもしようと考えたからにすぎなかったのだが、調べているうちに、だんだん面白くなってきてしまった。それとは反対に、筆者はマルブランシュについては、最初からきちんと論じたいと思っていた。留学時代に彼の主著『真理の探究』を手に取って以来、筆者は、フランス現代哲学を研究する者は絶対にマルブランシュを読むべきだと考えてきたし、いまでもそう思っている——本書では彼は、ビランの引き立て役しか演じていないように見えるかもしれないが。

その他、当初は筆者は、レヴィナスやフランクの身体論についても独立した一章を設けようと思っていたのだが、すでに全体が長くなってしまい、また全体の論点を絞る必要もあったので、今回は断念した。すでにして本書はかなりの分量を持つのみならず、本書の内容は、概説書や入門書のそれではなく、むしろ相当堅い〔と自分でも思う〕研究書のそれなので、全体を読んでいただくには、かなりの忍耐力を要するはずである。読者の御寛容を、いまからお願いする次第である。

　四半世紀以上を要そうとしていた「自然の現象学」も、残すところ第六部のみとなってしまった。おそらく次の他者論は、本書でも呈示した「場所」の概念を活用したものとなるはずである。拙稿「他性と神——現代フランス現象学に於ける「超越」の問題をめぐって——」（『宗教哲学研究』宗教哲学会、第三〇号、二〇一三年）が、その構想の一端を示している。その後の筆者の研究計画に関しては、いまはまだ語るべきときではない。ただ筆者は昨今、ハイデッガーの Schritt zurück〔退歩・遡行〕という言葉にひたすら思いを寄せているということだけ、申し添えておきたい。

身体の生成——《自然の現象学》第四編——＊目次

身体の生成

——《自然の現象学》第四編——

第一章　デカルトと心身合一の問題

はじめに──「デカルト的二元論」と心身合一の問題

デカルトはその『人間論』を、「人間は〔……〕魂と身体から合成されている」（AT XI, p. 119 : FA I, p. 379）[1]という言葉から始めている。また、その主著『省察』に付された「第六答弁」の末部では、彼はこうも述べている。「幼少期から、私は精神と身体（つまり私は、混乱して、自分がそれらから合成されていると認めていた）を、あたかも何か一つのもの（unum quid）のように考えていた。そして多くのものが、同時に一つのもののように把握されるということは、ほとんどすべての不完全な認識において生じることである。のちになってそれらは、いっそう入念な吟味によって、区別されるのでなければならない」（AT VII, p. 445 : FA II, p. 889）。

デカルトは、心身二元論者だったのだろうか、それとも心身合一論者だったのだろうか。彼の読者なら誰でもすぐに気づくのは、そのほとんどすべての主要著作において、彼は心身の区別を説いた直後に、それらの合一もまた認めていたということである。たとえばその第四部で、「われ思う、ゆえにわれ有り」（AT VI, p. 32 : FA I, p. 603）

を確立し、魂が「身体とは完全に異なっている」(AT VI, p. 33 : FA I, p. 604) と述べた『方法序説』は、その第五部では、「神は理性的な魂を創造し、それをこの身体に結びつけた」(AT VI, p. 46 : FA I, p. 619) と言明している。また『省察』が出版される直前の一六四一年八月の或る書簡では、もっと直截に「精神は実在的に (realiter) 身体から区別されるが、それでも身体に結びつけられて (conjuncta) いる」(AT III, p. 424 : FA II, p. 362) と述べていたデカルトは、『省察』の「概要」では、「第六省察」で「精神が実在的に身体から区別されることが証明され、それでも精神は、きわめて緊密に (arcte) 身体に結びつけられているので、何か自らと一つのようなもの (unum quid cum ipsa) を合成していることが明示される」(AT VII, p. 15 : FA II, p. 403) と予告し、またその「第四答弁」では、「心身の区別について論じた同じ「第六省察」において、同時に私は、精神が実体的に (substantialiter) 身体に合一 (unita) されていることも証明した」(AT VII, p. 227-8 : FA II, p. 668) とも述べている。しかるに心身合一について詳述したことで有名な一六四三年六月二八日付のエリザベト宛書簡のなかでは、こう語られているのである。「心身の区別と両者の合一とを、人間精神がきわめて判明に、そして同時に考えうるなどとは、私には思えない」(AT III, p. 693 : FA III, p. 46)。

デカルト研究者たちは、こうした問題について、どのように考えてきたのだろうか。往年の大家たちのなかには、心身の区別と合一との両面を認めつつも、哲学的には区別の思想を優先させようとする傾向を持つ者が、多かったように思われる。たとえばアルキエは、デカルトがつねに「人間の実在的一性」(Alquié, p. 302) を主張し、「情感的意識」は「心身の実在的合一の異論の余地なき十分な証明」(Ibid., p. 303) なのであって、「マリタンとともにデカルトの天使主義について語るのは、軽率」(Ibid., p. 304) だということ、またデカルトの言う「真の人間」とは、「受肉した人間」(Ibid., p. 307) のことなのだということを、一方では強調しつつも、他方では、エリザベト宛書簡のうちに「一つの積極的な学説」を発見するのは、「困難」(Ibid., p. 308-9) だとも述べている。「ここでは哲学の手前に戻らなくてはならないのだが、たしかにそのことは、問題を解くよりも、もはや問題を立てないことに存している。エリザベトの誤りとは、デカルトの眼には、デカルト哲学それ自身の諸成果から出発して、心身合一について自問していることである」(Ibid., p. 309)[2]。デカルト研究の大御所たちのなかでは最も合一に共感を寄せていたように思われるゲルーは、「心身の実在的区別の絶対確実性」と併せて「心身の実体的合一の絶対確実性」(Ibid., p. 218) を説きつつ、「明晰判明なものと感性的な昏蒙・混乱との対立は、その場合、もはや真と偽、有と無の対立としては現れえず、実在ないし真理の還元しえない二つの次元の対立として、異質な二つの有り方として現れうる」と述べている。哲学の「究極目的」は、むしろ「心身合成実体」のうちにこそある。なぜなら、それによってこそ、私は「人間」(Ibid., p. 275) だからである。けれどもそのゲルーでさえ、「合一」の実在性を証明するため」には、「悟性に問い合わせて、身体《コール》が魂から実在的に異なることも、物体《コール》が存在することも、あらかじめ確立しておくことが必要」(Ibid., p. 9)[3] だと強調することも、忘れてはいなかった。グイエも、一方では「デカルトにとっては、心身の合一から出発して、したがって心身の合一のただなかで立てられるような、心身の区別の問題がある」(Gouhier, p. 326) と述べてはいる。アリストテレス主義者たちは、「心身の合一とは何であるか」を知ってはいたが、「魂とは何であるか」や「コール〔身体・物体〕とは何であるか」については、知ってはいなかったのである。しかし他方では、グイエはこうも述べている。「デカルトがスコラ哲学から把持しているものは、まさしく哲学的なものを何一つ有していないものである。心身合一とは何であるかを知るためには、じっさい、哲学者である必要はない。空腹であれば、そして一切れのパンを切るよう手に命令すれば、十分である。魂とは何であるか、コール〔身体・物体〕とは何であるかを知るためには、事情が異なる。われわれにそれを教えうるのは、真の哲学のみである」(Ibid., p. 351)。そしてデカルトのテクストにはつねに忠実だったロディス＝レヴィスも、「分離の優位につねに従属した不確か《イポテティック》なる合一」(R-L, p. 339) を証するようなテクストを列挙しつつ、「合一という疑いえない事実は、実在的区別のあとにある」(Ibid., p. 354) と述べている。デカルトにおいて「合一」は、「区別と同様に自然的」(Ibid., p. 355) であるとはいえ、それでも「合一の意識」は、「全般的《グローバル》で不正確なまま」(Ibid., p. 357) なのである。

それゆえ、二〇世紀の身体論を代表する論客の一人ミシェル・アンリが、しかも一九四〇年代後半というその若き日の著作『身体の哲学と現象学』の、その名も「デカルト的二元論」という第五章において、このような「二元論」を痛烈に批判したとしても、さほど不思議なことではない。アンリによれば、そもそも「延長実体と思惟実体の混淆」という考えそのものが、すでにして特定の「理論」の産物でしかなく、それはけっして「事実」(PPC, p. 192) などというものではない。そのうえ「哲学するのをやめて合一を生き、合一を体験すること」など、哲学者の側からすれば、「奇妙な忠告」(Ibid., p. 211) でしかない。それが証しているのは、むしろ真の事実をまえにしての、デカルト哲学それ自身の敗北ではないのか――けれども逆に昨今では、もちろん周到に論拠を整えたうえで、むしろデカルトの心身論における「合一」の優位を強調するような傾向が、顕著になってきているように思われる。たとえばグレスは、二〇一二年の大著『デカルトと世界の不安定』のなかで、デカルトにおいては「実体」の概念は少数の例外を除いて「有論的射程」を有してはおらず、ただ「われわれの表象」(Gress, p. 341) を特徴づけているにすぎないのだと主張する。「有」にしたがうなら、優先されるべきは「合一」なのであって、「区別」ではない。なぜなら神が「現実に (*effectivement*)」産出したのは「合一」で、区別の方は「二実体を実在的に区別する神的可能性」(Ibid., p. 342) に留まるからだという。それゆえ「デカルトを、有論的に二元論的な思索者とみなすのは、不可能」(Ibid., p. 356) なのである。そして二〇一三年の最新作『デカルトの受動的思惟について』の「序論」のなかでは、現代の大家マリオンが、こう述べているのである。「いわゆる《デカルトの二元論》の問題を、立てないことから始めなければならない。たとえそれをひとが批判するにつれ、その問題が派生的な形態のもとに、あるいはその古い不条理のなかで、絶えず再生することになるのだとしても。じっさい、《二元論》が解決しようとしているのは、デカルトが事実上すでに解決済みとみなしている問いなのである」(PPD, p. 21-2)。それでは逆にわれわれは、アンリのような批判こそが時代遅れで、「性急」にして「偏見」に満ちた誤解釈だと言わなければならないのだろうか。

われわれは、そうは考えない――その理由は、のちに見る。われわれが本章で示したいのは、結局のところデカルト哲学が心身の二元論であったのか、それとも合一論であったのかを、決することではない。むしろわれわれが本章でめざしたいのは、デカルトにおける心身問題の深さと豊饒性とを再確認することによって、この問題の真の射程を見定めることなのである。そのために本章は、㈠まずデカルトの「第六省察」で表明されている心身の区別と両者の合一との問題圏を画定し、㈡次いでデカルトの他のテクストにおいて、同じ問題圏について確認しておく。㈢さらに『身体の哲学と現象学』におけるアンリのデカルト批判を検討したのち、㈣最近のデカルト解釈のなかから、まずグレスの試みを紹介し、㈤その後にマリオンの斬新な解釈を見てゆく。㈥最後にわれわれは、グレスやマリオンの試みに関しても一定の検討を加えつつ、デカルトの心身論になお残されていると思われる問題点についても考察してゆかなければならないが、もちろんそれは、究極的にはわれわれ自身の身体論に裨益しうると思われるかぎりにおいてのことでしかない。

第一節　「第六省察」における心身問題

(1)「心身の実在的区別」

「第六省察」における「心身の実在的区別」(=表題の一部(AT VII, p. 71 : FA II, p. 480))の論証を見るまえに、あらかじめ確認しておきたいことが、二つある。第一は、『省察』期にはデカルト自身が、『方法序説』で自ら行っていた証明の手順を悔いていた、ということである。

『序説』第四部では、デカルトは「われ思う、ゆえにわれ有り」を確立した直後に、「私は自分がいかなる身体も有していないふりをすることができた」にもかかわらず、「だからといって私が有らないふりをすることはできなかった」ということから、私が「その本質ないし本性の全体が思惟することでしかないような実体」であることを、すなわち「身体とは完全に異」なった「魂」(AT VI, p. 32-3 : FA I, p. 603-4) であることを、直接に導き出す[4]。しかし『省察』の「序文」では、デカルトは『序説』に加えられた二つの批判のうちの第一のものとして、「人間精神が自らを振り返りつつ、自らが思惟するもの以外のものであるのを知覚しないということから、その本性ないし本質が、ただ思惟するものであることのうちにのみ存するなどということは、帰結しない」という批判を取り上げつつ、ここでは「おそらく魂の本性に同様に属していると言われうる他のすべてのもの」を、「事物の真理そのものの秩序にしたがって」排除しようとしたのではなく、ただ「私の知覚の秩序にしたがって」(AT VII, p. 7-8 : FA II, p. 391) 排除しようとしただけなのだと弁明する。つまり「心身の諸観念の区別のみ」からは、「それらの実在的区別」(Alquié, p. 180. Cf. p. 150) は、帰結しない。私の認識の観点からは「排除」であるものが、事物の観点からは「抽象」(Gueroult I, p. 90) でしかないことが、まだ否定されているわけではないのである。

『ビュルマンとの対話』のなかで、デカルトは「実体を特殊化する属性」に加えて、「実体それ自身」をも考察すべき旨を指摘している。たとえば「精神」は「思惟するもの (res cogitans)」なので、「思惟 (cogitatio)」に加え、さらには「思惟する実体 (substantia quae cogitat)」(AT V, p. 156 : EB, p. 56) のことも、考察しなければならないのである。しかしながら、このような観点からは、自ずと様々な批判が呼び起こされてくることになる。たとえば「第二反駁」のメルセンヌは、「これまであなたは、あなたが思惟するものであることを知ってはいるが、しかし、この思惟するものが何であるのかを、知ってはいない」と述べつつ、「コープス〔物体・身体〕が思惟しえないと、どのようにしてあなたは論証するのか」（AT VII, p. 122 : FA II, p. 542）と尋ねているし、「第三反駁」のホッブズは、「有るもの（*ens*）それ自身」と「その本質」との区別を前提に、「思惟するもの」が「何か物体的なもの」（AT VII, p. 173 : FA II, p. 601）であるということを、ただたんに否定しないのみならず、じっさい彼はそう思っている。「第四反駁」の聡明なるアルノーでさえ、「自らの本質に他の何ものも属さないのを認識することから、いかにして他の何ものも本当に（*revera*）自らの本質に属さないということも、帰結するのか」（AT VII, p. 199 : FA II, p. 635）と問い、「第六反駁」の「哲学者たちや幾何学者たち」も、「われわれは若干の思惟しない物体と、他の、すなわち人間的な、そしておそらくは獣的な、思惟する物体〔身体〕とを区別する」（AT VII, p. 420 : FA II, p. 858-9）と述べている。

　ただしデカルトは、「精神」が「非物体的なもの」であることを彼が論証したのは、「ようやく「第六省察」において」（AT VII, p. 492 : FA II, p. 993）のことなのだと、自ら断っている。「思惟するもの」が「何か物体的なもの」ではないかという点を、デカルトは「第六省察」までは、「まったく不確定（plane indeterminatum）」（AT VII, p. 175 : FA II, p. 603-4）のままにしておいた。なぜなら彼には、その結論を引き出すための「前提条件」（AT III, p. 266 : FA II, p. 300）が、まだ欠けていたからである。そしてその前提とは、神の存在とその誠実さとの論証にほかならない。つまり「私は、順序を歪めることなしには、神の存在以前には、魂がコール〔物体・身体〕とは異なるということさえ、証明できない」（AT III, p. 272 : FA II, p. 303）のである。「私が「第三、第四、第五省察」で神と真理とについて書いたすべてが、心身の実在的区別についての結論に貢献しているのだが、この結論を、私はようやく「第六省察」において完成させた」（AT VII, p. 226 : FA II, p. 667）[5]。じっさい、私が存在することと私が思惟するものであることとを証明した「第二省察」において、デカルト自身が、こう語っていたのである。「しかし、私には知られていないがゆえにまったく有らないと私が想定するまさにそのものが、それでも事物の真理においては、私の知っている私と異ならないということが、おそらく起こるのではないか。〔そのことを〕私は知らない。そのようなものについて、私はいま議論しない。私が判断を下しうるのは、私に知られているものについてだけである」(AT VII, p. 27 : FA II, p. 419)。

　第二の注意点は、もはや言うまでもないことかもしれないが、「第六省察」において物体の存在証明がなされる以前に、「心身の実在的区別」の論証がなされるのはおかしいではないか、と指摘するジルソンのような人たちの見解は、ゲルーによって完膚なきまでに論破された、ということである。つまりゲルーによれば、たんにこの「区別」の証明が、「物体の存在」のそれに依存しないのみならず、むしろ後者こそが、前者を前提しているというのである(6)――この反批判は、それがデカルト自身の取った手順であるだけに、なおさら論駁するのが困難であろう。

　では「第六省察」の当該の論述を、見てゆくことにしよう。曰く、「私が明晰判明に知解するすべては、私が知解するとおりに神によって創られうるということを、私は知っているので、或るものが他のものとは異なるということを私が確信するためには、私が或るものを他のものなしに明晰判明に知解することができるなら、十分である。なぜならそれは、少なくとも神によって、別個に(seorsim)置かれうるからである。〔……〕したがって、私が存在することを私が知っていて、その間、私が思惟するものであるという、ただそれだけのこと以外の何ものも、私の本性ないし本質に属していないということを、私が認めるという、まさにそのことから、私は私の本質が、私が思惟するものであるという、この一つのことのうちに存しているのだということを、正しく結論する。そしておそらく(あるいはむしろ、まもなく述べるように、たしかに)私は、きわめて緊密に私に結びつけられている身体を持つとはいえ、それでも、一方では私は、私がただ思惟するもののみであって、延長するものではないかぎりにおいて、私自身についての明晰判明な観念を持ち、他方では、コープス〔物体・身体〕がただ延長するもののみであって、思惟するものではないかぎりにおいて、コープスについての判明な観念を持つので、私が私の身体とは真に(revera)区別されていて、私の身体なしに存在しうるということは、確実なのである」(AT VII, p. 78 : FA II, p. 487-8)。

長くて読みにくいラテン語なので、念のため、「第二答弁」に付された綜合的な論述のなかから、同趣〔と思われる〕当該箇所〔「第四命題」〕を、押さえておくことにしよう。「われわれが明晰に知覚するものは、何であれ、われわれが知覚するとおりに、神によって創られうる〔……〕。しかるにわれわれは、精神を、すなわち思惟する実体を、コープス〔物体・身体〕なしに、すなわち何らかの延長実体なしに、明晰に知覚し〔……〕、逆にまたコープスを、精神なしに、明晰に知覚する。ゆえに、少なくとも神の権能（potentia）によって、精神はコープスなしに、またコープスは精神なしに、ありうる。／ところがしかし、一方が他方なしにありうるような諸実体は、実在的に区別される〔……〕。ところで精神とコープスは、一方が他方なしにありうるような諸実体である〔……〕。ゆえに精神と身体《コープス》は、実在的に区別される」（AT VII, p. 169-70 : FA II, p. 597-8）[7]。

「第六省察」の論証は、完璧だったのだろうか。ウィルソンは、「第一反駁」のカテルスや「第四反駁」のアルノーの反論を考慮に入れつつ、たんに或るものが、他のものとは別個に判明に考えられうる〔たとえば「形態」は「運動」とは別個に明晰判明に考えられうる〕というだけでなく、他のものがなくても「完全なもの」として考えられうる〔たとえば「形態」や「運動」は「物体」を離れては存在しえない〕のだということと、さらにはまた、或るものが他のものなしに「完全なもの」として考えられうるためには、或るものについて完全に知る必要はなく、それが完全だということを知るのに「十分」な知識さえあればよいという、デカルト自身がそれぞれの「答弁」のなかで提示した条件を付け加えるならば[8]、「デカルトの議論は、彼の批判者たち――同時代ないし後代の――が一般に認めたより強力で、はるかにいっそう注意深く考え抜かれている」（Wilson, p. 189-98）という結論を導き出している――彼女の論考はきわめて緻密なので、参照されたい。

(2)「心身の合一、言わば混淆のようなもの」

次に「第六省察」における心身合一論の方を、見てゆくことにしよう。デカルトは、心身の区別と物体の存在とを証明する以前にさえ、「或る特別な権利でもって、私が私の身体と呼んでいた物体」について、語っている。それが他のいかなる物体よりも私に属していると私が信じていたのは、ゆえなきことではない（AT VII, p. 75-6 : FA II, p. 485）。なぜなら私は、けっして残余の物体からのようには、私の身体から「分離」されることができなかったからである。私はすべての「嗜欲（appetitus）」と「情感（affectus）」とを、その身体のうちに、またその身体のために、感じていた。「痛み」や「快楽のくすぐったさ」を認めていたのも、その部分においてである。しかし、なぜ痛みの感覚から魂の悲しみが、くすぐったさの感覚から喜びが帰結し、また、なぜ飢えと呼ばれる胃の刺戟が私に食物を取るように促し、咽喉の乾燥が飲むように促すのか、私はそれを「自然」から学んだから、という以外の理由を、有してはいなかった。なぜなら、胃の刺戟と食物摂取の願望とのあいだには、あるいは痛みを引き起こすものの感覚とその感覚から生じる悲しみの思いとのあいだには、いかなる「親和性（affinitas）」も存在しないからである（AT VII, p. 76 : FA II, p. 485-6）――その後デカルトは、あまたの経験ののちに、感覚を通じて私が得ていたすべての信頼が揺らいでしまったということ、また、それは外官だけではなく、幻影肢などに見られるような内官にも関わるのだということを（AT VII, p. 76-7 : FA II, p. 486）示したのちに、心身の区別と物体の存在との論証に向かってゆくことになる。

しかしながら、「私が自然から教わるすべて」が「何ほどかの真理（aliquid veritatis）を有している」ことは、疑いない。なぜならデカルトによれば、一般に「自然」とは、「神自身」もしくは「神によって創設された被造物の秩序（coordinatio）」のことであり、また特に「私の自然」とは、「神によって私に授けられたすべてのものの総括（complexio）」（AT VII, p. 80 : FA II, p. 491-2）のことだからである。

なかでも自然が最も表明的に私に教えてくれるのは、私が「身体」を持つということ、また身体は、私が痛みを感じるときには具合が悪く、私が飢えや渇きに苦しむときには食物や飲むことを必要としている、ということである。そしてそのことのうちに「何ほどかの真理」が存しているということを、疑ってはならない（AT VII, p. 80 : FA II, p. 492）。自然は痛み、飢え、渇きなどの感覚によって、たんに「船乗り（nauta）」が「船（navigium）」に居合わせているようにして、私が「私の身体」に居合わせているのではなく、私は「このうえなく緊密に（arctissime）」身体に結びつき、言わば身体と「混合」させられているのであって、「何か身体と一のようなもの（ut unum quid cum illo）」を合成しているのだということを教えてくれる。さもなくば、身体が傷ついたとしても、「思惟するもの」でしかない私は、だからといって「痛み」を感じるわけでもなく、ちょうど「船乗り」が、何かが「船（navis）」のなかで壊れているのかいないのかを「視覚」によって知覚するように、私は「純粋悟性」によってその傷を知覚するだけであろう。つまりそれらの感覚は、「心身の合一、言わば混淆のようなもの（unio & quasi permixtio mentis cum corpore）」から生じた「或る混乱した思惟様態（confusi quidam cogitandi modi）」（AT VII, p. 81 : FA II, p. 492）にほかならないのである。

そのうえ私は、私の身体の周囲には様々な他の物体が存在していて、私はそれらのうちの或るものを「追求」すべきであり、他のものは「避ける」べきだということも、自然から教わっている。それらの知覚のうちの或るものが私には「快く（gratus）」、他のものは「不快（ingratus）」だということから、「私の身体」が、あるいはむしろ「身体と精神から合成されているかぎりでの私全体」が、周囲の諸物体によって様々な「好都合（commodum）」や「不都合（incommodum）」で「触発され（affici）」うるのだということは、確実なのである（AT VII, p. 81 : FA II, p. 493）[9]。

けれども、さらにこれらの感覚の知覚から、「われわれの外に置かれた諸事物」に関して、「悟性の先行的な吟味」なしにわれわれが何かを結論するように自然がわれわれに教えてくれるのかということに関しては、さだかではない。なぜなら、それらについての真理を知ることは「精神のみ」に属し、「合成体」には属していないように思われるからである（AT VII, p. 82-3 : FA II, p. 495）。「感覚の知覚」は、がんらい、「精神がその部分であるところの合成体」にとって、何が「好都合」で何が「不都合」なのかを精神に「指示する（significo）」ためにのみ、自然によって与えられているのであって、そのかぎりでは「十分に明晰判明」である。けれども「われわれの外に置かれた諸事物の本質」については、それは「きわめて昏く混乱的にしか」（AT VII, p. 83 : FA II, p. 495-6）[10]指示しないのである。

　追求すべきか避けるべきかを自然によって教わるものや、内官に関してさえ、私の判断が誤ることがある。たとえば食物の快い味に欺かれて、そのうちに潜んでいる毒を食べてしまう者のような場合が、そうである。しかし彼は、ただ快い味がそのうちに存するものを欲しがるよう、自然によって駆り立てられているだけなのであって、毒を欲するように駆り立てられているわけではないのだし、そもそも彼の自然は、「全知」ではないのである（AT VII, p. 83-4 : FA II, p. 496）。病人が、あとになって害をなすような飲食物を欲しがるような場合については、デカルトは、正しく時を告げない時計といえども、やはり自然法則を正確に遵守しているのと同じように、病人もまた健常者に劣らず「神の被造物」なのだと主張する（AT VII, p. 84 : FA II, p. 497）[11]。精神とコープス〔物体・身体〕とのあいだには、後者は本性上「可分的（divisibilis）」だが、前者は「不可分（indivisibilis）」（AT VII, p. 85-6 : FA II, p. 499）だという大きな「差異」があり、しかも精神は、直接的には身体のすべての部分から触発されるわけではなく、ただ「脳」によって、あるいはおそらく「共通感覚」が宿ると言われる脳の小部分によってのみ、触発される。その部分は、他の部分がどのような状態にあろうとも、「同じ仕方」で按配されるたびに、「同じもの」を精神に提示するのである（AT VII, p. 86 : FA II, p. 499-500）。たとえば幻影肢において、神経は足から脳に達するために、脛、腿、腰、背、首を通過しなければならないのだから、足にある部分が触れられなくても、中間部のどれかが触れられるなら、脳には同じ運動が生じて、精神が同じ痛みを感じるということが、起こりうるのである。しかも脳の当該部分で生じる運動の各々は、何か一つの感覚しか精神に引き起こさないようにできているのだから、最大限に、また最も頻繁に、健常者の保存へと導いてくれるような感覚を引き起こすように考案されていることほど、よいことはないのである(AT VII, p. 87 : FA II, p. 500-1)。飲むことが必要なときに咽喉に乾燥が生ずるような場合でも、「健康の保存」のためには飲むことが必要だということを知ることほど「われわれに有益」なことはないのであって(AT VII, p. 88 : FA II, p. 502)、「身体がよい状態にあるときにつねに誤る」よりは、「水腫病患者」において〔必要もないのに水を欲しがるような〕誤りが生ずる方が、「はるかによい」(AT VII, p. 89 : FA II, p. 503)のだという……。

「第六省察」の読者がまず驚かされるのは、そこではほんらいのテーマであるべき(?)はずの「心身の実在的区別」より、「心身の合一」に割かれた論述の方が、はるかに長くて詳細だということであろう。しかもデカルトは、このような詳述にさえ、けっして満足してはいなかったのではないだろうか。一六四三年五月二一日付のエリザベト宛書簡のなかで、彼はこう述べているのである。「殿下にお読みいただいた『省察』のなかで、私は魂のみに属す諸概念を、コール〔物体・身体〕のみに属す諸概念から区別しつつ、魂のみに属す諸概念を考えさせようとしたのですから、続いて私が説明しなければならない第一のものとは、コールのみや魂のみに属す諸概念なしに、心身合一に属す諸概念を考える仕方なのです」(AT III, p. 666 : FA III, p. 20-1)。また一六四四年に出版された『哲学原理』の第二部第四〇節では、こう述べられている。「人間精神や天使が、コーポラ〔諸物体・諸身体〕を動かす力を持っているのか否か、またどのような力を持っているのかを、われわれはいまは探究せずに、『人間について』の論攷のために取っておく」(AT VIII-1, p. 65 : FA III, p. 191)[12]。さらには一六四六年一月一二日に書かれ、その後一六四七年出版の『省察』仏訳版に収録されることになるクレルスリエ宛書簡のなかでも、依然としてデカルトは、「それについて私がまだ扱ってこなかった、魂と身体のあいだにある合一についての説明」(AT IX-1, p. 213 : FA II, p. 848)について、語っているのである。

デカルトの心身合一論は、その心身二元論と同様、「第六省察」だけでは終わらない。われわれは節を変えて、今度は彼の他のテクストも参照しつつ、この問題の検討を続けてゆくことにしよう。

第二節　デカルトにおける心身問題の諸相

⑴心身の区別と分離

「合一」よりことさらに「区分」や「分離」を強調するテクストが、たしかにデカルトには存在する。たとえば一六四一年七月二二日(?)のド・ローネ神父(?)宛書簡のなかでは、こう述べられている。「精神の抽象によってしか分離されないすべてのものにおいて、それらを一緒に考察するとき、そこには必然的に、結合と合一とが認められる。そして魂と身体とを然るべくにしか考えないなら、つまり、一方を空間を充たすものとして、他方を思惟するものとしてしか考えないなら、魂と身体とのあいだにそのようなもの〔つまり結合と合一〕は、まったく認められえない」(AT III, p. 421 : FA II, p. 354)。もっと印象的なのは、神の権能に訴える幾つかのテクストなのだが、そのなかから二つだけ、引用しておくことにしたい。一つは一六四二年六月のレヒィウス宛書簡である。「われわれは、或る実体が他の実体とは異なることを認識する印として、一方を他方なしに知解する以外の印を持たない。そしてじっさい、神は、われわれが明晰に知解しうるものは、何であれ、作出することができる。また、神によって創られえないと言われるものは、概念のうちに矛盾を含むもの、すなわち知解可能でないもの以外にはない。しかるにわれわれは、延長せずに思惟する実体と、思惟せずに延長する実体とを、あなたの告白するように、明晰に知解することができる。さて、神が可能なかぎり両者を結合し、合一したとしても、だからといって神は、自らの全能を、自己から奪い取ることなどできないし、また、だからといって神は、それらを分離する能力を、自己から取り去ることもできない。したがってそれらは、区別されたままに留まる」（AT III, p. 567 : FA II, p. 934）。もう一つは、『哲学原理』第一部第六〇節のなかにある、以下の言葉である。「そしてたとえ神が、これ以上緊密に結合されえないほど緊密に、このような或る思惟実体に、或る物体的実体を結合し、そのようにして両者から、何か一つのようなもの（unum quid）を鋳造したとわれわれが想定するとしても、それにもかかわらず、両者は、実在的に区別されたままに留まる。なぜなら、どれほど緊密に神がそれらを合一したとしても、神は、以前に持っていたそれらを分離する権能を、もしくは一方を他方なしに保存する権能を、自己自身から奪い取ることなどできなかったからである。そして神によって分離されたり、別々に保存されたりしうるものは、実在的に区別される」（AT VIII-1, p. 29 : FA III, p. 129）[13]。

『序説』第五部の動物機械論（Cf. AT VI, p. 55-6 : FA I, p. 628）は、よく知られていよう――一六四〇年七月三〇日付のメルセンヌ宛書簡では、「理性なきすべての動物」が、「自動機械（automates）」（AT III, p. 121 : FA II, p. 249）とみなされている。けれども「われわれの身体」とて、神によって「機械のように」（AT V, p. 163 : EB, p. 88）製作されたのであって、「われわれの意志」が介入しないときに「われわれの身体」を動かしているのが「われわれの魂」だと考えるのは、「時計」のなかに「魂」（AT XI, p. 226 : FA III, p. 823）があると判断するのと、同じようなものなのである。しばしばわれわれは、自分が何をしているのかを思惟することもなしに、「歩い」たり「食べ」たりしている。有害なものを斥けたり打撃をかわしたりするのに、「理性」を用いなかったり、倒れるときには表明的にそう意志することがなくても、手で頭を守ろうとせざるをえなかったりする。目覚めているときには溺れてしまうような川を、眠ったまま泳いで渡る人たちがいるという興味深い実例を、デカルトは挙げている。また、われわれの身体が勝手に動く「機械」であるのみならず、「発話（paroles）」や「他の記号」を除いては、「思惟を持った魂」がそのなかにあることを保証してくれるような「われわれの外的な行為」なども、存在しないのだという。ちなみに獣たちが話さないのは、彼らに器官が欠けているからではなくて、彼らが思惟を持たないからである。彼らは「時計」のように、「自然に、本能的に〔par ressorts ぜんまいによって〕行為する」（AT IV, p. 573-5 : FA III, p. 693-5）[14]——以上は思惟なき機械的身体運動の実例だが、もちろんデカルトは、「純粋に知解する」ケースのように、「精神は脳に依存せずに働きうる」（AT VII, p. 358 : FA II, p. 800）と付け加えることも、忘れてはいない。

植物や動物には、真に「魂」の名に値する魂は、認められていない（AT III, p. 370-2 : FA II, p. 331, 333）。「物体、魂、精神」の三つを区別するよう執拗に迫る「第七反駁」のブルダンに対して、いつものようにデカルトは、「精神」と「物体〔身体〕」（AT VII, p. 487 : FA II, p. 987）の二つのみでよいと、あっさりと答える。もっとも、動物に「物体的魂（anima corporea）」（AT VII, p. 426 : FA II, p. 866 ; AT V, p. 276 : FA III, p. 884）を認めるようなテクストも、ないわけではない。けれどもデカルトにとって「獣の魂」とは、『聖書』も教えるように、彼らの「血」（AT I, p. 414 : FA I, p. 786 ; AT IV, p. 65 : FA III, p. 59）でしかない。デカルトはまた、動物に「生（vita）」も「感覚（sensus）」も否定するわけではないのだが、しかしこの場合、「生」は「心臓の熱」のうちにのみ存し、「感覚」は「身体器官に依存」（AT V, p. 278 : FA III, p. 887）するかぎりにおいてのことである。「獣が見るのは、われわれが見ていると感じている（sentimus nos videre）ときのわれわれのようにではなく、ただ、精神がよそに逸らされているときのわれわれのように、というにすぎない」（AT I, p. 413 : FA I, p. 786）。とはいえ厳密に言うなら、デカルトの論証しうるのは、「獣のうちに何らかの思惟があることは、証明されない」ということまでであって、獣のうちには「いかなる思惟も存在しない」ということではない。なぜなら、デカルトの表現によるなら、「人間精神が彼ら〔＝獣たち〕のはらわた（corda）を貫くことはない」（AT V, p. 276-7 : FA III, p. 885）からである。

すでに「第六省察」でも見たように、デカルトは、魂の不可分性とコープス〔物体・身体〕の可分性とを、両者を分かつ大きな差異の一つとみなしている。「第七答弁」でも、「思惟する実体」が「部分分割可能（*partibilis*）」だという考えが、批判されている。「思惟する実体の部分分割可能性（partibilitas substantiae cogitantis）」という見解は、「このうえなく危険」で、「キリスト教宗教に最大限反して」いる。なぜならそれを認める者は、「人間の魂のコープスからの実在的区別」を、「理性の力」で認めることは「けっしてない」（AT VII, p. 520 : FA II, p. 1025-6）からである。そして『省察』の「概要」によれば、コープスが「可分的」で精神が「不可分」だということで、「身体の腐敗から精神の滅びは帰結しないということを明示するのに、またこのようにして、死すべき者たちに別の生の希望を抱かせるのに、十分」（AT VII, p. 13 : FA II, p. 400）なのだという。

『方法序説』の第五部で、すでにデカルトは、「ひとはそこから〔魂が身体とともに死なないということから〕、魂が不死であると判断すべく、自然的に仕向けられる」（AT VI, p. 60 : FA I, p. 632）と語っていた。一六四〇年一二月二四日（?）のメルセンヌ宛書簡のなかでは、デカルトはもう少し慎重に、「私が論証しうるのは、神が魂を無化しえないということではなく、ただ、魂は身体の本性とはまったく異なる本性のものであって、したがって魂は、自然的には身体とともに死ななければならないわけではない、ということだけである。そしてそれが、宗教を確立するために要求されるすべてである」（AT III, p. 266 : FA II, p. 300）と述べている。ただし一六四一年八月の或る書簡では、ふたたび「精神は腐敗しえず、不死である」（AT III, p. 422 : FA II, p. 359）と言明されている。

『省察』でも、ソルボンヌの教授陣に宛てられた書簡のなかで、「人間の魂は、身体とともに滅びることはない」（AT VII, p. 1-2 : FA II, p. 383）と述べられているのみならず、先の「概要」ではもう少し詳しく、「まったくすべての実体」が、「それらの本性からして非腐敗的」で、神によって「無に還元される」のでなければ、存在するのをやめない、とさえ語られている。つまり「物体」も、「類として（in genere）取られる」なら「実体」であって、

「けっして滅びない」のである。ただし人間の「身体」が四肢の布置や他の偶有性から成り立っているのに対し、人間の「精神」は「純粋な実体」である。それゆえ身体は「きわめて容易に滅びる」のに対し、精神は「その本性からして不死」(AT VII, p. 14 : FA II, p. 401)なのだという。[15] そして「第二答弁」のなかでもデカルトは、「身体の死」は「何らかの区分や形態の変化」にのみ依存するので、「精神のような実体の死ないし無化」が、「形態の変化のような軽い原因」から帰結しなければならないというような論拠も実例も、われわれは持たないのだと述べている。そもそも「実体」が「滅びうる」と説得するような論拠も実例も、われわれは持ち合わせてはいないのだから、「精神」は「自然哲学」によって認識されうるかぎりでは、「不死」だと結論しうるのである。しかし、もし「神の絶対的な力能(potestas)」によって、身体が破壊されるのと同時に魂も存在することをやめるよう、神が指図したのではないのかと問われるならば、それに答えるべきは「神のみ」である。しかるに神は、そのようなことは起こらないとわれわれに「啓示」したわけなのだから、もはや疑う余地はないのである(AT VII, p. 153-4 : FA II, p. 579-80)。

『情念論』のなかでは、デカルトは、魂は「身体諸器官の集合が溶解するとき、完全に身体から分離される」(AT XI, p. 351 : FA III, p. 977)と述べたり、「ひとは心臓のなかにある火が完全に消えるときに、死ぬ」(AT XI, p. 418 : FA III, p. 1042)と語ったりしている。けれども身体に「熱」を与えるのは、「魂」ではない。「死」はけっして「魂の過ち」によって生ずるのではなく、ただ「身体の主要部分のどれか一つが腐敗するがゆえにのみ」(AT XI, p. 330 : FA III, p. 954-5)生ずるにすぎない。一六四七－八年に書かれた『人間身体の記述』にもあるように、身体が死んで魂が身体を去るとき、身体のすべての運動はやむが、そこからそれらの運動を産出しているのは魂だと、推論してはならない。むしろ「同じ原因」こそが、「身体がもはや運動を産出するのに適さない」ようにさせ、かつ、「魂が身体から不在になる」(AT XI, p. 225 : FA III, p. 823)ようにさせてもいるのだと、デカルトは考えるのである。

⑵第三の「原初的概念」と心身の「実体的合一」

今度は「合一」の方を見てゆくことにしよう。メルロ＝ポンティは、「デカルトにおいては三つのテクストのみが合一を強調する」[16](M-P, p. 11)と述べてはいるが、ことはそれほど単純ではない。

　有名な一六四三年五月二一日付のエリザベト宛書簡のなかで、デカルトは、われわれのうちには「幾つかの原初的概念(notions primitives)」があると語っている。すなわち「有、数、持続など」のような「最も一般的なもの」を除けば、それは、㈠「特にコール(物体・身体)」については、「伸張(extension)」の概念(そこから生ずるのが「形態」と「運動」の概念)、㈡「魂のみ」については、「思惟」の概念(「悟性の知覚」と「意志の傾向性」がそこに含まれる)、㈢最後に「心身ともに(l'âme et le corps ensemble)」については、「それらの合一」の概念なのであって、「魂が持つ、身体を動かす力」や「身体が持つ、魂の感情や情念を引き起こしつつ、魂に働きかける力」の概念が、それに依存する。「われわれの誤謬の主たる原因」は、たとえば「魂の本性」を考えるために「想像力」を利用しようとしたり、「魂が身体《コール》を動かす仕方」を「或る物体《コール》が他の物体《コール》によって動かされる仕方」によって考えようとしたりするときのように、これらの諸概念が属していないような事物を説明するために、これらの諸概念をわれわれが利用しようとしてしまう点に存する。そしてデカルトは、先にも見たように、『省察』では彼は、「魂のみに属す諸概念」を、それらを「コール(物体・身体)のみに属す諸概念」から区別しつつ、考えさせようとしていたのだから、続いて彼が説明しなければならない第一のものとは、コールのみや魂のみに属す諸概念なしに、「心身合一」に属す諸概念を考える仕方なのだと、付け加えるのである(AT III, p. 665-6 : FA III, p. 19-21)。

　さらに重要な一六四三年六月二八日付のエリザベト宛書簡のなかでは、デカルトは、㈠「われわれが魂について持つ概念」、㈡「コールのそれ」、㈢「魂と身体のあいだにある合一のそれ」という「三類《ジャンル》」の原初的観念ないし概念」を想起させつつ、「ひとは魂を、物質的なものとして考えようと欲している(それがほんらい、身体との魂の合一を考えることである）が、あとになって、魂が身体から分離可能だと認識せずにはおれない」と付言している。また㈠「魂」は、「純粋悟性」によってしか考えられず、㈡「物体《コール》すなわち伸張、形態、運動」は、「悟性のみ」によっても認識されうるのだが、「想像力の助けを借りた悟性」によって、はるかにいっそうよく認識されうる。そして㈢「心身合一に属す事物」は、「悟性のみ」によっても、「想像力の助けを借りた悟性」によっても、「昏く」にしか認識されないのだが、「感官」によっては「きわめて明晰に」認識される。それゆえにこそ、「けっして哲学せず、自らの感官しか用いない者たち」は、「魂が身体を動かす」ことや「身体が魂に働きかける」ことを、疑わないのである。彼らは心身を、「ただ一つのもの」とみなす。すなわち彼らは、「両者の合一」を考える。なぜなら「二つのもののあいだの合一を考えること」は、「それらをただ一つのものとして考えること」だからである。そして㈠「純粋悟性」を行使する「形而上学的思惟」は、「魂の概念」がわれわれに親しいものとなるように奉仕し、㈡主として「想像力」を行使する「数学の研究」は、「きわめて判明な物体の概念」をわれわれが形成するのに慣れさせ、㈢ひとが「心身合一」を考えることができるようになるのは、「想像力を行使する事物」を省察したり研究したりするのを控えて、ただ「生と通常の会話」とを用いることによってのみなのだという（AT III, p. 691-2 : FA III, p. 43-5）。

　この書簡のなかで、さらにデカルトは、「私が私の諸研究において、つねに遵守してきた主たる規則」についても語っている。つまり彼は、㈠「想像力を占める思惟」には、「日にごくわずかの時間」しか、㈡「悟性のみを占める思惟」には、「年にごくわずかの時間」しか用いずに、㈢残りのすべての時間は、「感官のくつろぎ」と「精神の休養」とに与えてきたというのである。そのあとデカルトは、これも先に見たように、「心身の区別と両者の合一とを、人間精神がきわめて判明に、そして同時に考えうるなどとは、私には思えない」と述べている。それは、そのためには心身を、同時に「ただ一つのもの」とも「二つのもの」とも考えなければならないのだが、このことは「矛盾」しているからである。「合一」は、各人が「哲学することなくつねに自己自身のうちで体験」していることなのであって、「一つの身体と一つの思惟とをともに持つ」のは、「唯一の人物」である。デカルトは、エリザベトがすでに完全に、「魂がコールとは異なる実体だということ」に納得していると思ってはいるのだが、しかし、もし彼女が「物質を持つことなく身体を動かし、身体によって動かされる能力を、魂に帰属せしめる」より、「魂に物質と伸張を帰属せしめる」方が、ずっと容易だと考えるのであれば、そうするがよいと勧めている。なぜならそれこそが、「魂が身体に合一していると考えること」だからである。ただし、「思惟」に帰属せしめられる「物質」とは、「思惟そのもの」ではなく、また「この物質の伸張」は、「この思惟の伸張」とは別の本性を持っている。つまり前者が、「他のすべての物体伸張」をそこから排除するような「或る場所」に特定されているのに対し、後者には、そのようなことはない。かくしてデカルトは、彼女は心身の「合一」を考えたにもかかわらず、容易に「心身の区別の認識」に立ち返らずにはおれないだろうと、エリザベトに語るのである（AT III, p. 692-5 : FA III, p. 45-8）。

『省察』の「第四答弁」のなかでも、デカルトは、「精神が身体なしにありうることを明示することによって、過度に証明したとも、精神が身体に実体的に合一（substantialiter unitam）されていると述べることによって、過小に証明したとも、私には思えない」と述べている。なぜなら「かの実体的合一（unio illa substantialis）は、完全なものとしての精神のみについての明晰判明な概念《コンケプトゥス》が持たれることを、妨げない」（AT VII, p. 228 : FA III, p. 669）からである。しかし、一六四五年二月九日付のメスラン宛書簡は、もう少し尖鋭で、魂が身体を「形相化」するという考えさえ示している。すなわち、われわれが「人間の身体」について語るとき、われわれが理解しているのは、特定の大きさを持った特定の物質部分のことではなく、「総体がこの人間の魂と合一されている物質全体」のことである。それゆえわれわれは、たとえこの物質が変化し、その量に増減があったとしても、この身体が「同じ魂に実体的に結合され、合一した（joint et uni substantiellement à la même âme）ままであるあいだは、あいかわらずそれが「数的に同じ身体（le même corps, *idem numero*）」だと信じ続ける。われわれは、幼児期から「同じ身体」を持ち続けているのである。それゆえ、われわれの身体が「数的に同じ（*eadem numero*）」なのは、それらが「同じ魂によって形相化（informés）されている」からである。同じ意味で、「人間的身体」は「不可分」である。われわれは、腕や足が切断された人間を、他の人間よりいっそう少なく「人間」だなどと、思いはしない。どのような物質であれ、「同じ理性的な魂と合一されている」かぎりは、われわれはそれを「同じ人間の身体」と、しかも「身体全体」とみなすのである。「どれほど大きかろうと小さかろうと、同じ人間的魂によって総体が形相化（informée）されている物質全体は、人間的身体全体とみなされる」（AT IV, p. 166-8 : FA III, p. 547-9）[17]。また、メルロ＝ポンティが合一の基本文献の一つとみなした一六四一年八月のイペラスピスト〔個人名ではない〕宛書簡は、もし「物体的（*corporeum*）」ということによって、「何らかの仕方で身体を触発しうるすべてのもの」が知解されるのだとすれば、この意味では「精神」も、「物体的」と言われなければならないだろうと述べている。ただし、もし「物体的」ということで、「物体と呼ばれる実体から合成されているもの」が知解されるのであれば、もちろん「精神」も「物体とは実在的に区別されると想定される偶有性」も、「物体的」と言われてはならないのではあるが（AT III, p. 424-5 : FA II, p. 362. Cf. AT V, p. 223 : FA III, p. 864-5）。

「多くの実体から合成された主体」のうちには、しばしば一つの「主要な（praecipuus）」実体というものがある。そして残りの実体からそれに付け加えられるものは、その「様態」にほかならない――たとえば「着衣した人間」は、「人間」と「衣服」から合成されたものと考えられるのだが、「衣服」は「実体」であるにもかかわらず、「着衣していること（vestitum esse）」は、人間に関して言うなら、その「様態」であるにすぎない。しかし、そのような考えから「魂」が「コープスとは異なる実体」ではないと推論するのは、「馬鹿げて」（AT VIII-2, p. 351 : FA III,

p. 800）[18] いよう。同じことだが、「手」は、「それがその部分であるところの身体全体」に関係づけられるときには、「不完全な実体（substantia incompleta）」だが、単独で考察されるなら、やはり「完全な実体（substantia completa）」である。同様に、「精神」と「身体」は、「それらが合成する人間」に関係づけられるときには、「不完全な実体」であるのだが、単独で考察されるなら、やはり「完全」（AT VII, p. 222 : FA II, p. 663-4）[19] なのである。

「第六答弁」は、「われわれが様々な観念を持つところのもの」は、「二つの仕方」で「一にして同じもの」と受け取られうるのだと述べている。つまり、「本性の一性にして同一性（unitas & identitas naturae）」と「合成の一性（unitas compositionis）」とである。たとえば「形態化されていること」と「運動すること」とは、「本性の一性によって一にして同じ」なのだし、「知解」するものと「意欲」するものとについても、同断である。けれども「骨」という形相のもとに考察されるものと「肉」という形相のもとに考察されるものとは、骨と肉とを持つ「動物」が「一にして同じ」であるかぎりにおいて、「合成の一性」によって「一にして同じもの」とみなされうるにすぎない。ところで、「延長するもの」の本性と「思惟するもの」の本性とのあいだには、「骨」と「肉」とのあいだ以上に「区別ないし相違」が認められる。ゆえにそれらは、「本性の一性によって」ではなく、ただ「合成の一性によって」のみ、「一にして同じ」（AT VII, p. 423-5 : FA II, p. 862-5）なのである。

「第六答弁」ではさらに、「或る実体が他の物体に遭遇する（accidere）」ことがあるとしても、「偶有性（accidens）」の形式を取るのは「実体それ自身」ではなく、「様態」だけだと述べられている――たとえば「衣服」が「人間」に遭遇するとき、偶有性であるのは「衣服」それ自身ではなくて、ただ「着衣していること（*vestitum esse*）」（AT VII, p. 435 : FA II, p. 876）のみであるように。それゆえデカルトは、「精神」が「身体の様態」（AT VIII-2, p. 350, 355 : FA III, p. 799, 804. Cf. AT VII, p. 444 : FA II, p. 887）だという考えを、結局は斥けることになる。そしてこのような考えは、レヒィウスとの有名な論争のなかで、特に顕著になってくる。一六四一年一二月半ばのレヒィウス宛書簡のなかで、デカルトは、「身体〔物体〕のみ」を考察するなら、そこには「魂に合一されること」を欲するようなものは知覚されず、また「魂」のうちにも、「身体に合一」しなければならないようなものは何もないのだから、「少しまえに私は、〔人間が〕或る仕方で（*quodammodo*）偶有的だとは言ったが、しかし、絶対的に（*absolute*）偶有的だと言ったわけではない」（AT III, p. 461 : FA II, p. 902）と断っている――イタリックによる強調が、何よりデカルトの真意を表していよう。そして一六四二年一月（？）のレヒィウス宛書簡では、「人間は、自己による真の有るもの（*verum ens per se*）なのであって、偶然による（*per accidens*）有るものなのではない」と言明されている。精神は、身体に「実在的かつ実体的に合一されている（realiter & substantialiter esse unitam）」のであって、それはレヒィウスの言うような「位置と配置とによって」なのではなく、「合一の真の仕方によって」なのである。ただし、それがどのような仕方なのかは、「誰も説明しない」（AT III, p. 493 : FA II, p. 914-5）のではあるが。そして一六四五年七月のレヒィウス宛書簡のなかの次の有名な言葉も、たんにレヒィウスに対してのみならず、後世の心身問題全体にとっても、或る意味では決定的な意義を持つものとなった。「以前にはあなたは、精神を身体から区別された実体として考察しつつ、人間は偶然による有るもの（*ens per accidens*）だと書いていた。しかるにいまは、反対に、精神と身体が同じ人間のうちで緊密に合一されているのを考察しつつ、精神がたんに身体の様態（*modus corporis*）にすぎないと主張する。この誤謬は、先の誤謬より、はるかにいっそう悪い」（AT IV, p. 250 : FA III, p. 583. Cf. Baertschi, p. 98-9）。

　メルロ＝ポンティが「合一」の第三の基本文献として挙げた一六四八年七月二九日付のアルノー宛書簡のなかでは、デカルトは、「非物体的である精神が身体を動かしうること」に関しては、いかなる「推論」も「比較」も、けっしてそれを明示してはくれないのだが、しかし、「このうえなく確実で、このうえなく明証的な経験（certissima & evidentissima experientia）」が、日々われわれにそれを明らかにしてくれるのだと語っている。なぜならこれは、「われわれが他のものによって説明しようと欲するときには、昏くしてしまうような、それ自身によって知られるものの一つ」（AT V, p. 222 : FA III, p. 863-4）だからである。『ビュルマンとの対話』のなかでも言われているように、「いかにして魂は、身体によって触発されえ、逆もまた然りなのか」ということは、「説明するのにこのうえなく困難」であったとしても、「ここでは経験で十分」なのである。なぜならここでは経験は、「けっして否定されえないほどに明晰」（AT V, p. 163 : EB, p. 88）[20]だからである。

(3) 全体としての身体と松果腺——心身の相互作用

では具体的には心身合一は、いかにして成就するのだろうか。魂が身体の「形相」だという観点からするなら、魂が身体全体に浸透してこれを支配していると考えるのが、妥当なところだろう。周知のように『情念論』第三〇節は、「魂は真に身体全体に結びついている」と主張する。ひとは魂が「他の部分を排除して、その部分のどれか一つのうちにある」などと、言うことはできない。むしろ身体は、その諸器官のどれか一つが取り除かれるなら、身体全体に欠陥が生じてしまうほどにも緊密に連携し合っているのであって、それは「一にして言わば不可分」（AT XI, p. 351 : FA III, p. 976）[21]なのである。しかし、これも周知のように、『情念論』はすぐ次の第三一節で、「脳のうちには一つの小腺があって、魂は、他の部分においてよりいっそう特殊的に、そこにおいてその諸機能を行使する」（AT XI, p. 351 : FA III, p. 977）と述べることになる。デカルトは、すでに『規則論』において、「共通感官と呼ばれる或る身体部分」（AT X, p. 414 : FA I, p. 138）について語っていて、それは『人間論』では「或る小腺」（AT XI, p. 129 : FA I, p. 388）とか「想像力と共通感官との部位がそこにあるところの腺H」（AT XI, p. 176 : FA I, p. 450）とか、また『屈折光学』では「共通感官の部位」たる「或る小腺」（AT VI, p. 129 : FA I, p. 699）とか呼ばれたりしている。これまた周知のように、それが悪名高きデカルトの「松果腺」——*Conarium*（AT III, p. 47 : FA II, p. 165, etc.）もしくは *glandula pinealis*（AT III, p. 263 : FA II, p. 298）――なのである。

なぜ心身の合一を、特に脳の一部に限定しなければならなかったのかの理由については、「第六省察」のところでも見たが、一つには幻影肢の問題がある。一六三七年一〇月三日付のプレンピウス宛書簡では、デカルトは、「最近四肢を切断された者たちが、欠けている部分にいまなおしばしば自らが苦痛を感じていると思う」という医師たちの報告を、「脳に生ずる感覚以外の感覚を、私が認めない」（AT I, p. 420 : FA I, p. 791）ことの理由としている。そして一六四〇年七月三〇日付のメルセンヌ宛書簡によれば、「われわれの魂は二重ではなく、一にして不可分なので、魂が最も直接的に合一されている身体部分も一でなければならず、類似した二つの部分に区分されてはならないように私には思える」のだが、しかるに「私はそのような部分を、脳全体のなかで、この腺以外には見出さない」（AT III, p. 124 : FA II, p. 251）とのこと。しかし身体全体も、やはり「一にして言わば不可分」だったのではなかったか。それゆえデカルトは、魂の身体全体との合一と、特に松果腺との合一とを、同時に認めなければならないのである。[22]

いずれにせよデカルトは、機会原因論者や平行論者たちのように心身相互の対応関係を認めるのみならず、両者の実効的な相互作用も認めている。つまりデカルトによれば、たとえば「精神は、身体を動かす力を持っているとはいえ、自らが身体である必要はない」（AT VII, p. 389 : FA II, p. 836）のであって、むしろ「もし魂と身体が異なる本性を持つ二つの実体なら、このことによって両者が相互に働きかけうることが妨げられる」と考えることの方こそが、「誤った想定」（AT IX-1, p. 213 : FA II, p. 848）なのである。たとえばひとは、「手足を動かそうと思うのとほとんど同じ瞬間に」、手足を動かすことができるのだが、それは「脳のうちで形成されるこの運動の観念」が、「この結果に奉仕する筋肉のうちに精気を送り込む」（AT IV, p. 409-10 : FA III, p. 652）からだという。もっとも、魂が精気を然るべき場所に導くのは、「直接その意志によって」ではなく、「何か他のもの（精気の運動ではなく、身体の運動〕のことを意欲したり、思惟したりすることによってのみ」である。なぜなら「われわれの身体の機構《コンストリュクシオン》」は、「或る運動が身体において、自然に或る思惟の結果として生ずる」（AT V, p. 65 : FA III, p. 79）ように、できているからである。もちろんわれわれは、「われわれの精神があれやこれやの神経のうちに動物精気を送り込む仕方」について、「意識」しているわけではない。なぜならこの「仕方」は、「精神のみ」でなく、「心身合一」に依存しているからである。けれども「意志の傾向性」のあとには、「精神が知らないこともある身体の適した布置」と、「たしかに精神が意識している心身合一」とのゆえに、「神経のうちへの精気の流入」や、「その運動のために要求される残りのもの」が、後続してくれるのである。なぜなら、さもなくば精神は、「四肢を動かすことへと自らの意志を傾けようとしない」（AT V, p. 221-2 : FA III, p. 863）であろうからである。

　精神と身体のそれぞれの固有の働きに対して、一方は他方に、どのような役割を果たしているのだろうか。「魂は身体なしにも思惟しうる」が、しかし、「魂が身体に結びつけられるとき、魂は諸器官の悪しき按配によって、その働きを妨げられることがある」（AT II, p. 38 : FA II, p. 54）と、或る箇所でデカルトは述べている。「精神」は、「身体によって妨げられる」ことがあるにしても、しかし「非物質的なものの知解へと身体によって促進せしめられること」など、「ありえない」（AT III, p. 375 : FA II, p. 336）のである。デカルトによれば、精神の働きが身体によって妨げられることがあるからといって、「脳の部分が思惟を形成するのに協力する」などと考える者は、「幼児期からつねに足枷に縛りつけられ」ていた者が、足枷を自らの身体の一部であると思って、足枷が「歩くのに必要」（AT VII, p. 133 : FA II, p. 555）と思い込むのと、同断なのだという[23]。しかし、他方ではデカルトは、「私は〔……〕粗野なコープス〔物体・身体〕が、思惟に何ら貢献しないとも、思っていない」（AT VII, p. 355 : FA II, p. 796）と語ってもいるのである。『方法序説』の第六部でも言われているように、「精神でさえ、気質や身体諸器官の按配に、きわめて依存」（AT VI, p. 62 : FA I, p. 634）している。逆にまた、「精神が喜びに満ちているとき、このことが身体の調子がいっそうよくなることに、おおいに奉仕する」(AT IV, p. 529 : FA III, p. 678-9) ということも、一つの経験的事実なのではあるが。

「精神は、身体全体と合一しているとはいえ、精神が身体を通して延長しているなどということは、そこからは帰結しない」(AT VII, p. 388-9 : FA II, p. 836) と、「第五答弁」は述べている。たしかにそこには、相互外在的で不可入的な延長などというものは、認められないだろう。一六四九年二月五日付のモルス宛書簡では、デカルトは、「神」においても「天使」においても「われわれの精神」においても、「延長」は見出せないと述べている。それでも「人間的精神も、神も、多くの天使たちも一緒に、一にして同じ場所にありうることを、われわれは容易に知解する」(AT V, p. 269-70 : FA III, p. 877-8) のだという。「一にして同じ場所」の「場所」とは、この場合、何を意味しているのだろうか。同年四月一五日付のモルス宛書簡は、「非物体的なものに与えられる延長」は、厳密に言えば「実体の延長」ではなく、「権能 (potentia)」の延長であると述べている。天使は「自らの権能」を、「物体的実体」の「より大きい部分」や「より小さい部分」に行使することができるのだし、神もまた、その「権能」という観点からするなら「遍在」しているのだが、逆にその「本質」の観点からするなら、「場所へのいかなる関係も有していないことは、明らかである」(AT V, p. 342-3 : FA III, p. 908-10)。それと同様に、「私の精神」が「場所」に関して広がったり収縮したりするのは、その「実体」に基づいてではなく、ただ「権能」に基づいてのことにすぎない。つまり私の精神は、この権能を、「より大きいコーポラ〔諸身体——身体のより多くの部分?〕やより小さいコーポラに、適用しうる」(AT V, p. 347 : FA III, p. 914)[24] のである。

(4) 感情と情念——心身合一における思惟の諸様態

心身の相互作用は、その仕方の昏さはともかくとして、現に認められてきた。しかし、それとは別に、それ以上に、精神の思惟（コギタチオネス）そのもののうちに身体が浸透しているということは、考えられないのだろうか。「第二省察」のなかの「思惟するもの」についての二つの有名な定義のうち、第二のものは、それを「疑い、知解し、肯定し、否定し、意欲し、意欲せず、想像もし、感覚するもの」と定義する。そしてデカルトは、たとえ「想像された」ものは真でなくても、「想像する力それ自身」はたしかに存在して、「私の思惟の部分」をなし、同様に私は、「感覚するもの」（AT VII, p. 28-9 : FA II, p. 420-1）[25]でもあると、わざわざ断っている。しかし、想像力や感覚は、感情や情念とともに、身体の関与を必然とするような思惟ではないだろうか。たしかに一六四〇年六月一一日付のメルセンヌ宛書簡は、「私は魂なしに痛みの感情を説明しない。なぜなら私の考えでは、痛みは悟性のうちにしかないからである」（AT III, p. 85 : FA II, p. 247）と述べ、また『屈折光学』には、「感覚するのは魂であって、身体ではない」（AT VI, p. 109 : FA I, p. 681-2. Cf. AT VI, p. 141 : FA I, p. 710 : AT VII, p. 367 : FA II, p. 810 : AT V, p. 84 : FA III, p. 747）という有名な言葉も見出されはする。けれども「感覚すること」が「身体なしに生じない」（AT VII, p. 27 : FA II, p. 418）[26]ということもまた、事実なのである。「情念」もまた、すべて「身体」に関わり、「魂が身体に結びついているかぎりでしか、魂に与えられない」（AT XI, p. 430 : FA III, p. 1052）。『哲学原理』の第一部第四八節は、「精神のみ」にも「身体のみ」にも関係づけられてはならず、「身体とのわれわれの精神の緊密で内密な合一」から生ずるものとして、「飢えや渇きの嗜欲（appetitus）」、「怒り、快活、悲しみ、愛などへの情動」のような「情動ないし魂の情念（commotiones, sive animi pathemata）」、さらには「痛み、くすぐったさ、光、色、音、臭い、味、熱、堅さや他の触覚的諸性質」のような「すべての感覚（sensus）」（AT VIII-1, p. 23 : FA III, p. 119-20. Cf. AT VII, p. 437 : FA II, p. 878）を、列挙している。

たしかに「想像し感覚する能力」は「魂」に属し、このかぎりでは「思惟の諸種」ではある。しかし、それでもそれらは「身体に結びついているかぎりでの魂」にしか属さないのだから、それらは「それなしにでもまったく純粋な魂を考えることができるような思惟の諸種」(AT III, p. 479 : FA II, p. 909-10) なのだと、一方ではデカルトは、そう主張する。「第二省察」の有名な「けれどもたしかに私には、私が見、聴き、熱いと感じていると思われる(At certe videre videor, audire, calescere)」(AT VII, p. 29 : FA II, p. 422) という表現に関しても、デカルトは、「それによって何かが見られる眼さえ、私が持っていないということはありうるが、しかし私が見ているとき、もしくは(もはや私はそのことを区別しない) 私が見ていると私が思う (cogitem me videre) とき、思惟する私自身が何ものかでないということは、まったくありえない」(AT VII, p. 33 : FA II, p. 428) と説明している。「第五答弁」でも言われているように、「視覚や触覚」は「諸器官の助けを借りて」生ずるが、「見たり触れたりしているという思惟」に「それらの諸器官が要求されない」ということは、「日々われわれが睡眠中に経験」(AT VII, p. 360 : FA II, p. 803) していることなのである。同様にして、「われ散歩す、ゆえにわれ有り (*ego ambulo, ergo sum*)」という表現は、「散歩しているという意識 (ambulandi conscientia)」が「思惟」(AT VII, p. 352 : FA II, p. 792) であるかぎりにおいてしか、成り立たないであろうし、同じ理由から、「われ呼吸す、ゆえにわれ有り (*Je respire, donc je suis*)」も、「われ思う、ゆえにわれ有り」(AT II, p. 37-8 : FA II, p. 53) に連れ戻されることになろう。それではこのような思惟からは、本当は身体を排除すべきなのだろうか。

しかしながら心身合一は、少なくとも事実としては存立しているのだし、そして心身が合一しているかぎりは、想像や感覚が存在していることもまた、確かなのである。それらもまた、思惟の諸様態なのではないだろうか。そのうえ、もしあらゆる意味での身体的なものが排除されてしまうのであれば、いかにしてわれわれは、いま私は感覚しているのか、それとも知解しているだけなのかを、区別しうるというのだろうか。つまりわれわれは、いかにしてたとえば videre videor〔見ていると思われる〕と intelligere videor〔知解していると思われる〕を、区別すればよいというのか。デカルトは自ら、videre videor〔見ていると思われる〕と audire videor〔聴いていると思われる〕と calescere videor〔熱いと感じていると思われる〕を、区別していたのではなかったか。そもそも、もし思惟が videor のレヴェルでのみ論じられるべきなのだとするならば、「疑い、知解し、肯定し、否定し、意欲し、意欲せず、想像もし、感覚するもの」やそれに類した定義は、まったく意味を失ってしまうのではないだろうか[27]。

そのうえ、ことはコギタチオの――明晰判明／昏蒙混乱という――ステイタスにも関わってくる。『哲学原理』は、「情感ないし魂の情念（affectus, sive animi pathemata）」は、「精神」が「自己のみ」から有しているのではなく、「精神が内密に結びついている身体から何かを蒙る」ことから有しているような、「或る混乱した思惟」（AT VIII-1, p. 317 : FA III, p. 506）[28]だと主張する。それでも「痛み」や「色」などは、外的物体や四肢に関係づけられるのではなく、「たんに感覚もしくは思惟として考察されるとき」には、「明晰判明に知覚される」（AT VIII-1, p. 33 : FA III, p. 136）のである。グイエも言うように、「悟性にとって昏いものは、感情にとって明晰たりうる」（Gouhier, p. 342）のであって、しかも「感情によって明晰判明に知られるものは、感情それ自身」（Ibid., p. 341）である――「合一は、合一によってしか知られえない」（M-P, p. 15）と、メルロ＝ポンティなら言うであろう。

デカルト自身、「私が培う哲学は、情念の使用を拒むほど、野蛮でも残忍でもない」と述べている。むしろ情念の使用のうちにこそ、彼は「この世の喜び（douceur）と至福（félicité）との全体を置く」（AT V, p. 135 : FA III, p. 846. Cf. AT V, p. 332 : FA III, p. 904）のである。一六四九年八月のモルス宛書簡は、「身体から分離された人間精神」なら、ほんらいの意味での「感覚」を持たないが、「天使」が「身体から区別された精神」のように創造されているのか、それとも「身体に合一された同じ精神」のように創造されているのか、「自然的理性」（AT V, p. 402 : FA III, p. 931）だけでは確定されないと語っている。しかるに、ずっと以前の一六四二年一月のレヒィウス宛書簡によれば、「感覚」することこそが、「真の人間」をなすのである。「われわれは、痛みの感覚や他のすべての感覚が、身体から区別された精神の純粋思惟ではなく、〔身体と〕実在的に合一された精神の混乱した知覚であることを、知覚する。なぜなら、もし天使が人間的身体に宿るなら、天使はわれわれのようには感覚せず、ただ外的諸対象によって引き起こされる運動を知覚するだけであって、そのことによって、真の人間（verus homo）からは区別されるであろうからである」（AT III, p. 493 : FA II, p. 915）。バエルチの表現を借りるなら、「人間的混淆」には「天使的外在性」（Baertschi, p. 91）が対立する。ゲルーも述べているように、「感情」は「人間のみ」にかぎられ、しかも「すべてのもののなかで、唯一厳密に人間的であるもの」（Gueroult II, p. 295, 296-7）なのである。

「第六省察」でも見たことだが、すでにデカルトは、『方法序説』の第五部において、「船乗り」の譬えを持ち出している。すなわち「理性的な魂」は、「おそらく自らの四肢を動かすため」というのでなければ、「船乗り（pilote）がその船のうちに住むようにして、人間的身体のうちに住む」だけでは十分ではなく、さらに「感情や嗜欲」を持って「真の人間」を合成するためには、「いっそう緊密に人間的身体と結合され、合一される必要がある」（AT VI, p. 59 : FA I, p. 631-2）というのである。ここからグイエは、「心身合一」が感じられる二つのグループ、すなわち「意志的な運動的努力の感情」と「感覚、嗜欲、情念」のうち、デカルトがとりわけ第二のグループを合一の実例として選んだのは、偶然ではないと考える。なぜなら「魂が情念を蒙る（l'âme pâtit）ようなケースにおいてこそ、身体への魂の合一が、真に一つの統一として与えられる」（Gouhier, p. 345）からである。

たしかにわれわれとしても、或る意味では感覚や情念は、努力の感情以上に深く合一の基底に達しているであろうと考えはする。しかしわれわれは、「自らの四肢を動かすため」――デカルトも「おそらく」を加えて、若干の躊躇を示している――でさえ、心身は「船乗り」と「その船」との関係以上に「緊密」な関係を有さなければならないのだということを、いずれ示さなければならなくなるだろう。しかしそのまえに、ともかくもデカルトの心身合一論についての幾つかの解釈を、検討しておくことにしよう。

第三節　ミシェル・アンリのデカルト批判

アンリはそのメーヌ・ド・ビラン論『身体の哲学と現象学』の第二章「主観的身体」のなかで、「行為」や「運動」や「力能」の有を「コギトの有」(p. 74)[29]とみなすような「ビランのコギト」は、けっして「デカルトのコギト」とは対立しないのだと主張する。「われ能う」を「われ思う」に対立させる必要などない(p. 75)。ただ、「デカルトの身体論」にはもはや、「メーヌ・ド・ビランの天才が建設しようとしていた身体論」とは、「何の共通点もない」(p. 77)のだという。なぜなら「デカルトのコギト」のただなかで運動に残されているのは、「運動の観念」にすぎず、「実在的運動」の方はと言えば、それは「延長」においてしか遂行されないから――かくして「主観的運動」は、「この実在的運動の、それだけでは有効性に欠ける内的な意図」(p. 78)でしかないからである。

「デカルト的二元論(dualisme cartésien)」という言葉は、デカルト思想に対する「批判」のなかから生まれた「一つの批判的観念」(Gouhier, p. 325)であったと、グイエは述べている。そしてこのことはもちろん、『身体の哲学と現象学』の第五章「デカルト的二元論」にも当てはまる。「延長」を「物体《コール》の本質」とみなすデカルト哲学には、「人間的身体《コール》」にも「動物の身体《コール》」にも「任意の物理的物体《コール》」にも、「差異」(p. 189)を認めることができない。それゆえ「人間の現象学的身体」をことさらに主題化しなければならなくなるとき、デカルトは、「心身合一の単純本性」――アンリは「原初的概念」と言わずに、「単純本性」と言い続ける――という「新しい単純本性」を、認めざるをえなくなるのである。しかしながら、一方では「思惟と延長実体との合一」は「不可解」であり、他方ではそれでも、この合一は「一つの事実」(p. 190)である。けれども「デカルトにおける合一の単純本性」について、かつて「哲学的な解釈」(p. 190-1)がなされたためしが、あっただろうか。「はじめに」でも見たように、アンリによれば、「心身合一の事実」を「心身合一の原初的本性」として定義することのうちには、すでにして「延長実体と思惟実体の混淆」という「理論」(p. 192) が、密かに忍び込んでいるのである。

そのことをアンリは、「情感性」(p. 193) と「主観的運動」(p. 206) という二つの問題圏において、確証しようと試みる。第一に、「デカルトが第三の原初的本性に関係づけている諸事実」とは、まずもって「情感性の王国」という「特殊な性格をともなった諸体験 (*Erlebnisse*)」(p. 193) である。このような「身体的諸体験」はたしかに存在し、デカルトは「主観的身体」について、「天才的な予感」を持ってはいた。しかし「実体的合一の理論」においては、この身体は、少なくとも潜在的には「相互外在性 (*partes extra partes*) のカテゴリー」によって規定されているような、「物理的かつ機械的な自然に属する三人称の身体」でしかない。そしてこのカテゴリーが、「思惟の本質と身体とのいわゆる混淆」を、「不可解」(p. 194) にしてしまうのである。

「デカルトの理想」は、「理論的で知性的な認識のそれ」であり、「数学的存在についての無感動な把捉のようなもの」であった。それゆえにこそ、感情や情念といった「情感性一般」は、「何か低級なもの」として、「思惟の純粋本質」には属しえないものとされてしまって、そこから「身体」の干渉という仮定が生まれてくるのである。しかるにそれは、「延長-身体(物体)」(p. 195-6) でしかなかった。けれども「体験」の現れのうちには、じつは「延長せる身体」も「魂へのそのいわゆる作用」も、含まれてなどいない。したがって心身合一は、「事実」などではない。それは「原初的本性」でさえないのであって、それは「情感性が純粋思惟の本質に属しうる」ことが理解できないという、デカルトの「無能 (inaptitude)」から帰結する、「たんなる一主張」(p. 197) にすぎないのだという。

このあとアンリは、「知性的認識」にも「無感動」のような「情調性」が認められるのだということ、また「情感的生」の様々な諸形式のうちに見出されるヒエラルキーは、「価値論的次元」にしか属さないのだということ、さらには情念の理由を動物精気の運動のうちに見出そうとするような態度からは、「精神的な学の崩壊」しか帰結しないとのだということ、等々を述べてはいるのだが、いまは第二の問題圏に移ることにしよう。ここでもアンリは、手厳しく、「身体への魂の作用」という問題に対して「実体的合一論」によってデカルト哲学がもたらしている「唯一の成果」とは、デカルトの立てた問題の動く「哲学的地平」が、有論的には「不適切（impropre）」（p. 203-4）だということを、明らかにしたことだけだったと主張する。アンリはビランにおける努力‐抵抗の原初的二元性を、主観的身体と有機的身体とのあいだの超越論的な関係として捉え直そうとしているのだが、デカルトの分析においては、一方では「有機的身体」が「延長‐身体〔物体〕」へと、他方では運動性の内在する「絶対的主観性」が「思惟‐実体」へと、「降格（dégrader）」せしめられてしまっている。かてて加えて二実体の関係が「三人称的な関係」として確立されてしまうなら、以後は「心身関係の問題」は、「超克しがたき困難」（p. 206）に見舞われてしまう。つまり「デカルト的二元論」は、「このような降格の産物」（p. 208）なのである。

デカルトの「実体的合一論」は、「先在するこのような二元論的地平」のなかをしか、動いていない。「エリザベト宛書簡」の試みもまた怪しく、「合一説」は、「事実」を表すどころか、その前提がデカルト的二元論によって構成されているところの「或る推論の産物」なのである。ここからアンリは、「はじめに」でも見たように、「哲学するのをやめて合一を生き、合一を体験すること。こんなことは哲学者の側からすれば、奇妙な忠告である」（p. 211）と述べて、事実や経験から出発した哲学を要請しつつ、同章を閉じるのである。

それではアンリのデカルト批判は、どの程度まで正当だったのだろうか。「デカルト説は、それゆえ、ひとは同時に哲学し、かつ、生きることはできないという主張に、還元されるように思われる」（Alquié, p. 310）と、アルキエは述べている。このような解釈は、結局はアンリ自身の採用した道でもあって、アンリはこのようなデカルトの態度に対して、反旗を翻したわけである。しかし、これも「はじめに」で見たように、アルキエは「エリザベトの誤りとは、デカルトの眼には、デカルト哲学それ自身の諸成果から出発して、心身合一について自問していることである」(Ibid. p. 309) と述べてもいたのである。それではアンリの解釈は、「エリザベトの誤り」をデカルト自身になすりつけ、もはやデカルトが哲学していないところで、むりやり彼に哲学させようとしているだけなのだろうか。

ひとたび思惟実体と延長実体とを認めてしまったうえで、あとから両者の合一を図るなら、そこからは「事実」どころか、「理論」のうえに「理論」を重ねた不可解で不条理な二乗された「理論」しか、帰結してこないだろう。そしてデカルトの記述を見るなら、たしかに「合成の一性 (unitas compositionis)」のそれをはじめとして、そのような考えを示唆するものにこと欠かない。新たに一例だけ挙げるなら、『哲学原理』第二部第二節には、以下のような言葉が見出される。「われわれの精神に、他の残りの物体より緊密に、或る物体〔身体〕が結合されているということは、痛みやその他の感覚が、思いがけないものからわれわれに生ずるということを、われわれが明らかに認めるということから、結論されうる。精神は、それらの感覚が、自己のみから発するのでも、精神が思惟するものであることのみから、自らに属しうるのでもなくて、ただ精神が、人間的身体と呼ばれる或る他の延長し動くものに接合されていることからのみ、自らに属しうるのだということを、意識している」(AT VIII-1. p. 41 : FA III. p. 147-8)。ここで語られているのは心身合一の身体であるはずなのに、あいかわらずそれは、「延長し動くもの (res extensa ac mobilis)」としてしか考えられていない。

しかしながら、たんに「事実」としてだけでなく、哲学的な「理論」として、二実体を措定する以前に「合一」を思惟する可能性は、デカルト哲学のうちには見出せないのだろうか——それが第一の道である。次に、『身体の哲学と現象学』のアンリでさえ、「デカルトのコギト」は「ビランのコギト」には対立しないと述べていた。つまりはほんらいアンリや、アンリが理解するところのビランの道であるべきはずの、コギトそれ自身のうちに「主観的身体」を見出すという可能性は、デカルト哲学には開かれていないのだろうか——これが第二の道である。

第一の道と第二の道は、直近にはそれぞれグレスとマリオンによって、大々的に展開されることになる。われわれは次に、これら二人のデカルト解釈を、順に参照してゆくことにしたい。

第四節　グレスのデカルト解釈

「はじめに」でも見たように、たとえばグイエのような人も、デカルトにおいては心身の区別以前に合一があると、考えてはいた（Gouhier, p. 326, etc.）。ただし彼は、それを哲学以前の事柄とみなしていた（Ibid., p. 351）。逆にグレスは、合一こそが区別に対して有論的に優位を保つと考えている。そしてその論拠の一つとなるのが、デカルトの「実体」についての彼独自の解釈なのである。

たとえばグレスは、デカルトが『省察』において――彼の知るかぎり――最初に「実体」という言葉を用いた箇所を、引用する。「しかし、或る観念が或るものを、他の観念が他のものを、表象するかぎりにおいて、諸観念が互いにおおいに異なるということは、明らかである。なぜなら、実体を私に示す観念が、たんに様態ないし偶有性を表象する観念より、何か大きいもので、こう言われるように、自らのうちにいっそう多くの客観的〔表現的〕実在性（realitas objectiva）を含んでいるということは、疑いないからである」（AT VII, p. 40 : FA II, p. 437-8）。そして「第三省察」のこの言葉から、まずグレスは、「実体は、まずもって対象が自らを私に呈示する或る仕方として現れる」（p. 242）[30]と解釈する。続いて彼は、同じく「第三省察」に属すデカルトの幾つかの言葉を引きつつ、「実体」とは「私が私自身についての観察から引き出す明晰判明な観念」だと結論する。いずれにせよわれわれは、つねに「表象」の、すなわち「認識根拠（*ratio cognoscendi*）」の枠内に留まっているのであって、けっして「存在根拠（*ratio essendi*）」（p. 243）の枠内にいるわけではないのである。

例外として、「実体」が「認識根拠」のレヴェルでも「存在根拠」のレヴェルでも機能しているのは、さしあたり「神」の場合のみだとグレスは主張する。なぜなら「神は一つの無限実体で有り、そして神が一つの無限実体で有るからこそ、私は神をそのように表象する」からである。結論するなら、一般に「実体」は、「それによって私が感性的諸物体を表象する明晰判明な観念」を指し示す。つまりはそれは、ただ「認識根拠」にのみ属しているのであって、いかなる「有論的主張」(p. 245) も呈示してなどいないのである。

それゆえ、デカルトが「実体性の有論的意味」を掘り下げなかったとか、「デカルトの実体」は思惟にも延長にも適用されて「曖昧」だとかいうハイデッガーの批判は、当たらない。「実体」は、「私が事物を表象する或る仕方」もしくは「対象を表象する仕方」(p. 246-7) でしかないからである。そしてグレスによれば、たしかにマリオンも、「第二省察」からは「実体」が不在であることに気づいてはいた。しかし彼もまた、「実体が有論的志向を持つ」という「ハイデッガー的な信念」(p. 251) に、従属したままなのだという。

ちなみにグレスは、主として「第一答弁」や「第四答弁」において見られる「自己原因 (*causa sui*)」というデカルトの考えに関しても、それは「私が神を思惟する仕方」に属しているのであって、「神自身の有」(p. 272) に属しているのではないのだと考える。「神の実在的本質」を指し示しているのは、むしろ「積極的自存性 (aséité positive)」という考えの方なのであって、「存在根拠の観点」からするなら、神は「有るものの体制一般」を免れる。「自らの有」に関しては、神は「何らかの因果的次元への一切の還元」(p. 284) を、免れるのである。それゆえ、神が「有‐神‐論としての形而上学」のうちに入ると主張するのは、「不可能」(p. 284-5) である。また、デカルトのいわゆる連続創造説に関しても、「存在根拠の観点」からするなら、神は「不可分の諸瞬間」を創造すると言わなければならないのだが、「認識根拠の観点」からすれば、「われわれが事物を持続にしたがって考察すること」も、「不可能ではない」(p. 298) のだという。

「実体」に話を戻すなら、そもそもそれは、「いかなる有論的実在性も指し示さない」のみならず、その「認知的意味」でさえ、「相対性」の管轄にしか属していない。なぜなら「実体」は、「様態」や「偶有性」に相対的に、「他の被造物から独立して有るとひとが想像するもの」を指し示しているのだし、逆に「偶有性」が「他の或る被造物の支持」なしに存続するなどとは、「ひとは想像することができない」（p. 301）からである。

心身問題に関しても、ゲルーが「きわめて正当に」指摘していたように、「心身の実在的区別の証明」は、「物体の存在の論証」に訴える必要なく遂行されている（p. 339 : Gueroult II, p. 67）。グレスによれば、それはデカルトが「認識根拠」から出発しているからである。デカルトは、「魂はコール（物体・身体）なしに考えられる」と、また「コールは魂なしに考えられる」と言っているだけなのであって、「私がその観念を有しているもの」が「存在する」などと、述べているわけではない（p. 339）。「実在的に区別される」と言われるときの「実在的に（*realiter*）」は、いかなる「有論的射程」も有してはおらず、ゲルーもまた「実在的な（*realis*）は、デカルトにおいては、存在する（*existens*）という意味をまったく持っていない」（p. 341 : Gueroult II, p. 68）と述べている。「有にしたがうなら、優先するのは合一であって、区別ではない」のである。「事実」においては、「魂」は「身体」なしには思惟しない。「区別」ということによって、デカルトは「有の現実性」を考察しているわけではなく、彼はただ、「二実体を実在的に区別する神的可能性」を立てるだけで満足している。「現実性」は「合一」の側にあり、「区別」は「可能性」に留まるのであって、神が「現実的に産出した」のは「合一」（p. 342）なのである。要するに、「実在的区別」は「神的可能性を指し示す（signaler）私の思惟の一つの可能性」（p. 345）にすぎないのである。

具体的に見ても、「船乗り」の譬えにもあったように、もし「心身の区別」が「現実的」なら、結果としてそれは、「私が感じ取っているまさにそのもの」に対して、「私が外的」（p. 346）であるようにしてしまうだろう。「事実」は逆に、「合一の現実性」（p. 347）を指し示している。デカルトも「第六省察」で、「健康な人間の保存」に関して、「感覚のうちには神の権能と善良さとを立証しないようなものは、何一つ見出されない」(AT VII, p. 87 : FA II, p. 501) と述べているではないか。ゆえに「合一」こそが、「神的創造の現実性」(p. 348) なのである。

「合一」に捧げられた言葉のなかに、「実体」という語が現れてこないのも、偶然ではない (p. 349)。たしかに「合一の現実性」は、「実体的な仕方で」見られてはいるのだが、しかしグレスによれば、それは神が「無限実体」だというのと同じ意味においてなのだという。神と同様、「合一の明証性」は、その「実体性」をして「たんに認知的な枠」を破らせ、「有論的意味」(p. 351) を獲得させる。つまり「実体」がその「有論的突破」を顕示するのは、正確には「神的無限」と「合一」という二つの枠においてのことである。けれども、そもそも合一が「実体的」だと述べることは、「合一される二つの存在者 (entités)」が「実体的でない」場合にしか、意味をなさない——それゆえそれは、「二実体を合成すること」ではありえない。そのうえ「魂」がなければ、「人間的身体」(p. 352) について語ることさえできないだろう。「人間的身体」は、デカルトによって、「合一の言葉そのもの」(p. 353) にしたがって記述されているのである。

それゆえにこそ、「デカルトを有論的に二元論的な思索者とみなすのは、不可能」なのである。「思惟実体」や「延長実体」には、「表象」という意味が付着したままなのだが、「合一」が示すのは、「論証されることなく体験される一つの有論的明証性」(p. 356) である。「いわゆるデカルト的《二元論》」は、「何らかの有論的射程」を示すどころか、「一つの認知的な可能性」もしくは「一つの知的な区別」(p. 357) を、画すにすぎないのである。

以上のようなグレスの、やや過激とも言えるデカルト解釈には、しかし、テクストの読み方としての一貫性・整合性と、事柄のうえでの観点の固有性とが、同時に含まれていると言うことができるだろう。しかし「実体」についての批判的観点は、マリオンにおいても見られるので、グレスの解釈を検討するまえに、まずマリオンの最新のデカルト解釈の方を見ておくことにしたい。

第五節　マリオンのデカルト解釈

『デカルトの受動的思惟について』の「序論」のなかで、「いわゆる《デカルト的二元論》の問題を、立てないことから始めなければならない」(p. 21)[31]云々という、「はじめに」でも見た言葉を述べたあと、マリオンは、同書の解決すべき課題として、「二つの仮説」を立てている。すなわち第一に、デカルトは彼の著作の最後の時期には、「受動性」を「思惟するものの十全な一様態(un mode plénier de la *res cogitans*)」として思惟するという、「唯一の根本的な争点」(p. 23)を追求しているのだということ。「受動的思惟」は、「合一(肉、私の身体)の問い」と「情念の検査」とを統合し、「情念の検査」を「徳の学説」へと進展させて、かくして「思惟するものの最後の様態」(p. 23-4)が完遂されるのだという。第二に、「受動性思惟」が「デカルト思想の最後の時期(一六四一年から一六五〇年まで)の凝集性」を保証するのみならず、この最後の時期は、まさしくそれが「思惟(*cogitatio*)の最後の様態」を展開することにかぎられているがゆえに、「デカルトの哲学的な道全体の統一性を保ち、裁可している」(p. 24)のだということ。

同書は六章から成る。以下、最初の三章と最後の三章の二つに分けて、その趣旨を追ってゆくことにしたい。

(1)「私の身体」

マリオンは、同書第一章の最終節(§6)のなかで、「第六省察」の最初の段落にある「想像力」に関するデカルトの言葉、すなわち想像力が「認識能力の、自らに内密に現前するところの、したがって存在する(ac proinde existens)ところの身体への、或る適用にほかならないことは、明らかである」(AT VII, p. 71-2 : FA II, p. 480)という言葉を引きつつ、「デカルトは、物質的事物の問題的な（そしておそらく問題的なままに留まるであろう）存在について自問する以前に、最初の数行から、それを証明する必要もなく、一つの存在を肯定していた」のだと主張する。つまり問題とされているのは、「彼自身の生ける身体（corps vivant）」（p. 55）なのである。そのうえマリオンは、「第六省察」の「最終の問いと本質的な結論」は、「外的物体の（問題的な）存在」にではなく、「私の肉の、私の思惟する肉（*ma chair pensante*）の、確実性」（p. 56）に関わっているのだとさえ考える。

第二章の最初の節（§7）も、同じ問題を継続する。想像するために精神が「適用」される身体は、精神が想像するにいたる物質的事物と、「混同」されてはならない。前者は「私のもの」であるばかりか、それは「想像力が構成する思惟（*cogitatio*）の様態」にしたがって「思惟」させてくれ、それゆえ「その身体の存在」（p. 58-9）を要求するのに対して、後者の存在は、「蓋然的」なままに留まる。それゆえ、「その存在が問いとならないような、少なくとも一つのコール〔物体・身体〕」が、見出されるのだということになる。それが「私の身体」であり、いっそう精確に言うなら、「思惟の諸様態の一つ、想像力の行使によって、要求されているもの」（p. 59）なのである。「コール」と名づけられているこのものは、それゆえ、「思惟」という資格で存在し、思惟の「非物質的な治外法権」の恩恵に浴している。かくして「一つのコーポレル〔物体的・身体的〕な存在」が、「《物質的事物》の存在の論証」（p. 60）に先立つのであって、心身の区別は、それ自身、「ただたんに延長しているだけのコール〔物体・身体〕」と、「たんに私に属すのみならず、私自身でもあるような私の身体《コール》」とのあいだの「さらにいっそう本質的な区別」（p. 62-3）を、想定しているのである。

同章の次の節では、マリオンは「船乗り」とその「船」との関係以上に緊密な、心身の「合一」（p. 68）の問題を採り上げつつ、「私が受苦する」のは「私が身体〔肉体〕化（somatiser）する（私が物体〔身体〕化（*corporiser*）するとは言わないまでも）」かぎりにおいてのことであり、「唯一受苦を能う私の肉のうちに私が受肉するかぎりで、私を受苦し私自身について受苦する」かぎりにおいてのことだと述べている。「受苦（souffrance）」は「魂の特権」を、すなわち「それによって肉が延長や《他の物体》から区別されるところのもの」(p. 70) の特権を、構成する。それゆえ「デカルトの究極の本質的な発見」とは、「一つの受動的思惟（*cogitatio*）の可能性と諸条件」なのであって、「以後われわれは、或る意味ではこの道を、可能なかぎり辿ることしかしないであろう。そしてこの道が、われわれを港に導きうるであろう」(p. 71) と、ここでマリオンは予告する。ちなみに彼は、次の第九節で、「他の物体（*alia corpora*）と私の身体（*meum corpus*）とのあいだの、より見えにくいが、しかしよき読者にとってはまったく同様に鮮明な区別」によって、デカルトは「フッサールによって天才的に導入された物体《コール》と肉《シェール》とのあいだの区別」を、「先取り」していたのだと述べている。「第六省察」は、このような区別による以外には、「理解されえない」(p. 74) のである。

　第一一節はふたたび、物体の存在証明に戻っている。そこで利用されている有益・有害の問題構制を踏まえつつ、マリオンは、「物体（*vorhanden*〔直前的にある〕）の存在」と「肉（*zuhanden*〔手許にある〕）としての私のエゴの体験」という「二つの問い」は、「平行して」(p. 88) 展開されているのだと主張する。私が外界を体験するとき、外界は「不都合／好都合（*in/commoda*）」という相のもとに、場合によってはきわめて「内密」な痛みをともなって体験されるので、私は「物質的事物の存在」を認めるべく傾かざるをえないのだが、このような「傾向性（*propensio*）」[32] は、「肉から出発して」(p. 89) しか理解されない。それゆえハイデッガーの解釈には反して、デカルトはあらかじめ、しかも「かなり天才的に」、「肉《シェール》（私の身体）と物体《コール》（他の物体）」、「*Vorhandenheit*〔直前性〕と*Zuhandenheit*〔手許性〕」のあいだの「区別」(p. 92) を、用いていたのである。それゆえにこそデカルトは、「合一（肉）を通過すること」なしには、「外界（物体）へと結論すること」が、できなかったのだということになる。つまり「私が一箇の肉であるからというのでなければ、物質的物体は存在しないのであって――その逆ではない」(p. 93) のである。

続く第三章では、「諸感官によってわれわれに生ずるもの」は「疑わしい」が、「感覚する作用そのもの」は「疑いえない」（p. 105）と述べられている。そのうえ「第二省察」で、「けれどもたしかに私には、私が見、聴き、熱いと感じていると思われる（At certe videre videor, audire, calescere）」（p. 107 : AT VII, p. 29 : FA II, p. 422）と述べられていたように、「感覚すること」には、「感性的なものを思惟すること」と「自らを思惟すること」という「二重の機能」が保たれている。それは「自らが他のものによって触発されていると感じること」なしには、それゆえ「自己自身を顕在的なコギタチオとして体験すること」なしには、「他のものを感じえない」（p. 127）のである。そこでマリオンは、「私は感じる、ゆえに私は自らが自分を感じているのを感じる、ゆえに私は有り、私は存在する」と定式化する。したがって「〔同章の？〕第一の帰結」とは、「感じることはすべて、一箇のわれ〔思う〕有り（un *ego [cogito] sum*）を含んでいる」（p. 128）ということである。

ところでデカルトは、「エゴのそれ自身への関係」は、「エゴにその諸対象に関わることを許す脱自」には、何一つ負うところがなく、反対に「絶対的直接性」の、すなわち「自己の自己への断絶なき関係」の管轄に属しているのだと、絶えず強調している。つまり「表‐象（またカント的統覚の《ともなうこと》）」は、「精神（*mens*）のそれ自身による自己‐触発」には、「劣る」（p. 132）のである。そのうえデカルトは、「エゴのそれ自身へのこの直接的関係」を、「世界の諸事物の感覚よりいっそう本源的な、一つの感覚すること（un sentir）」と定義している。「思惟するもの（*res cogitans*）」は、このような「いっそう本源的な感覚することの直接性」において、「自己‐触発」という仕方で、「自らをそれ自身に対して現象化」しているのである。そこから「第二の帰結」が生ずる。すなわち、「われ〔思う〕有り（l'*ego [cogito] sum*）のあらゆるパフォーマンスは、一つの本源的な感覚することを、それゆえ私の身体（*meum corpus*）を、エゴの究極の形態として含んでいる」（p. 133）ということである。

(2)「合一」と「自己－触発」

「第三の」原初的概念もまた、同書第四章第一七節によれば、「エゴ・コギトの受動的思惟の可能性」(p. 138)を、保証しているのだという。「私の身体」もしくは「肉」は、その知解性が他のいかなる概念からも導出されえないような「原初的概念」の一つを構成しているのであって、ゆえに「心身の合一」は、他の二つの原初的概念の「妥協」や「足し算」から帰結するような「合成」と解されてはならないのである。合一は、「魂と身体との以前」に、あるいは少なくとも「他所から」やってくるのであって、それは「それ自身から出発して」(p. 140) 思惟されるのでなければならない。そのうえ合一は、「事実」として、つまりは「肉の事実性」として課されてくる。「私はつねにすでに、それを選んだのでも欲したのでもなく、おそらくはけっしてそれを説明しうることもなしに、私の身体として有る」(p. 144) のである。

第一八節は、「エゴ」が「感覚することというその思惟様態」を現実に展開するのは、「たんなる区別」から「合一」へと「移行」(p. 151) することによってなのだと述べている。「思惟するもの (*res cogitans*)」が「ついには受動的な思惟としての感覚」という「思惟の最終様態」を与えるのは、「私の身体のうちで肉を取る」ことによってのみなのである。かくして「合一」は、「第六省察」において、「第一省察」から「第五省察」までの「区別」が許すよりもっと完全に、「思惟するものの諸可能性」を展開する。こうして「他の二つの原初的概念」に対する合一の「優位」(p. 152) というものが、確証されるのである。「第三の原初的概念」は、「思惟するものの全様態の最初の完遂」であり、「肉を取ることの年代順《クロノロジー》において、すべての受動のなかで最初のもの」であるという意味において、「第一の」(p. 154) 原初的概念なのだという。

第二〇節は、一六四三年のエリザベト宛書簡のなかの「生と通常の会話」のくだりを引きつつ、デカルトのテーゼは、「対象なく思惟することもまたやはり、思惟することに留まり、反－方法という仕方で思惟することに留まる」(p. 165) と主張することに帰着するのだと、そう解釈する。さらに第二一節によれば、「自然による合一の創設」は、「われわれの条件《コンディション》の中心」に「不可解さ」を創設し、かくしてそれは、「エゴ・コギト〔われ思う〕の自己への確実性」を、脅かしさえするのだという。なぜならわれわれは、「合一」を「何故なしに (sans pourquoi)」として体験するのであって、それゆえ合一は「充足理由律」を動揺させ、「自己原因のあらゆる特殊形而上学を問いに付す」(p. 175) からである。合一は「一つの物」ではない。そのかぎりで、「合一を思惟すること」は、「有るものの形而上学」として解された哲学の普通の使用を「中断」(p. 176) することによってしか、可能ではないのである。

第五章では、マリオンは「実体」の問題を扱う。まずその第二二節では、「実体」の概念は『規則論』では「忌避」され、『省察』では「欄外的」にしか現れず、また『哲学原理』においては「見かけ上体系的なその論述」は、「新しい哲学を、本質的にはその新しい哲学が反対しているところの、以後は古い〔古くなってしまった〕語彙《レクシック》のうちに、まさしく翻訳しようとする気遣い」にしか負っていないのだと指摘される。「私の身体」という「例外」は、「形而上学の語彙《レクシック》」への、より特殊的には「実体 (*substantia*) の意味論」への、その「還元不可能性」(p. 178) によって顕わとなるのである。続く第二三節では、「合一」がなければ「人間の身体」も「人間の思惟」もないのだから、「人間とは何であるか」(p. 190) という問いへの回答もまた、なくなってしまうだろうと述べられ、また第二五節では、「第七反駁と答弁」に付された「ディネ神父宛書簡」と一六四二年一月の「レヒィウス宛書簡」でのデカルトの叙述に基づきながら[33]、なぜデカルト哲学一般においては失効してしまった「実体的形相」の概念が、例外的に「魂」にだけは適用されるのかが、説明されている。なぜなら「理性的魂」のみが、「或るコギタチオにとっての対象」へと疎外されてしまうような、「異他的な精神」によって外から集められた「諸部分」から合成されるのではなくて、むしろ「自己自身に合一」されたままに留まっていて、「一つの本質的な形相」(p. 203) を有しているからである。そしてマリオンによれば、「精神」が「その身体の実体的形相」に留まるのは、身体がなければ精神は「レス・コギタンスの全様態にしたがって思惟することができない」（p. 205）からだという。

第二六節では、「合一」が「実体」という呼称を受け取らないのは、それに値しないからではなくて、逆に「実体」が——他の二つの原初的概念なら、多少とも考えさせることができたのかもしれないが——もはや「合一」を考えさせることができないからだと述べられている。合一は、デカルトの「実体」概念を危うくし、そのもともとの「不整合」を、回顧的に顕わにする。つまり実体が合一に「欠けている（faire défaut à）」のではなくて、合一が実体の「欠陥（défaut）」を示すのである。合一は、実体性に「実詞（substantif）」の地位を否定しつつ、それを「副詞」や「形容詞」の地位へと「降格」させることによってしか、「実体性」（p. 208）を容認しない。「合一は、第三の実体ではないが、それでもやはり実体的である」——それが「デカルトの最終的な定式」（p. 209）なのである。実体は合一を「説明」せず、合一は「それ自身において有りつつ、自らをそれ自身によって説明する」。この意味において合一は、「実体の定義全体を引き受ける」（p. 210）のである。そのうえ「私の身体」は、「感覚」という思惟の諸様態の一つを「精神」に保証するのだから、それは精神に「実体的に」帰属する。「合一」は「新しい一実体」を付加するのではなく、「思惟するもの」に「実体的に」その最後の様態を、つまりは「感覚」を、付加するのである。逆に「天使」のように、「感覚」に実体的に合一していないような「精神」なら、「部分的に」しか、つまりは「能動的に」（p. 211）しか、思惟しえないだろう。精神が感覚をともなうのか、それともともなわないのかの差異は、「実体性」に由来するのではなく、たんに「能動的」なだけなのか、それとも「能動的かつ受動的」なのかという、思惟の「広がりと大きさ」（p. 211-2）にこそ由来する。それゆえ「心身の実体的合一」が指し示している「デカルトの最後の発見」とは、「思惟することは、受動的にも思惟することになる（penser implique de penser aussi passivement）」（p. 212）ということなのである。

最終第六章の第二九節は、情念については疑いえないということを、「情念の特権」とみなしている。なぜなら「われわれは情念において、われわれ自身を感じている」（p. 236）からである。そもそも魂は、まずもって「私の身体」を感じることがなければ、何も感じることはないだろうし、「純粋な自己感覚（le pur sentir de soi）」において自己自身を体験することがなければ、「私の身体」を感じることもないだろう。「情念」は、「一つの完全な自己－触発」を完遂する。それゆえこのような「自己の情念（受動）」のみが、「現象性」（p. 237）への道をエゴに許すのである。たとえば「喜び（joie）」のような情念は、魂に「ラディカルな受動性」を保証する。「自己の享受（jouissance）の自律」は、「自己による自己の触発の受動性」から帰結するのである。かくして、まずもって「能動的思惟（悟性、懐疑、意志）」の様態で「コギト・スム」が遂行していた「自己の経験」が、「受動的思惟」の様態で「反復」（p. 239）されることになる。この「自己－触発」は、「自己原因（*causa sui*）」が作出因にしたがって能動的な様態で行っていたものを、「受動性」（p. 239-40）の様態で反復するのである。両ケースにおいて、「喜び」は——先の第二一節におけるマリオン自身による批判にもかかわらず——「デカルトの有－神－論的な試みの一つ」を反復して、「有るもの一般」に、「最初の一原理」（p. 240）を確保するのだという。

最終章最終節（§30）は、「高邁の情念」について扱う。この情念は、「想像力」も「魂それ自身とは異なる対象」も要求せずに、「この情念を蒙るエゴ」と「この情念の対象」とのあいだに「内的」な関係を、すなわち「表象や作出性の隔たり」なき「感じることの直接性」を要求する。このような「感覚すること」もまた、「思惟するもの（*res cogitans*）の自己による自己の触発」（p. 247）なのである。かくして「思惟（*cogitatio*）」が「われ有り、われ存在す（*ego sum, ego existo*）」において、「自己自身を触発する」ことによって終わるように、「意志」もまた「高邁」において、「自己自身を触発する」ことによって終わるのだという。「デカルトのエゴの凝集力」は、ますます強力なものとなって現れる。つまり「高邁」の用いる「意志」は、「三つの同じ特権（像なく、外的対象なく、純粋な感覚することによる)」のおかげで、「エゴの自己性そのもの」(p. 248)として現れるのである。

第六節　デカルトと心身問題

(1) グレスとマリオンのデカルト解釈の検討

心身合一を推奨する近年の傾向は、事柄自体としては、望ましいことのように思われる。なぜなら心身合一を認めたうえで、あらためて魂と身体・物体とをそこから析出するのは、さほど難しいこととは思えないが、ひとたび心身を二元論的に区別してしまうなら、いかにしてそこから心身合一が成立するのか、われわれは途方もない迷宮に迷いこむことになろうからである。しかし、グレスやマリオンの解釈は、デカルト解釈としては、どこまで正当だったのだろうか。まずグレスに関しては、われわれとしてもおおむね彼の試みは、まずもって前向きに受け入れたいと思ってはいるのだが、それだけに多少とも気がかりなところ、とりわけマリオンともいささか共通するところのある「実体」の捉え方については、若干の検討を加えておくことにしよう。すなわち「実体」は、テクスト的にも本当に「私が事物を表象する或る仕方」であって、神と心身合一とを例外とすれば、「認識根拠」にしか属していないのだろうか。

たとえば『哲学原理』第一部第五一節では、デカルトは「実体によってわれわれが知解しうるのは、存在するために他のいかなるものも必要としない、というようにして存在しているものにほかならない」(AT VIII-1, p. 24 : FA III, p. 122)と述べている。実体は、われわれの知解の仕方なのかもしれないが、そうでしかないとここで言われているわけではない。『省察』の「第四答弁」では、「実体の概念とは、自己によって、すなわち他のいかなる実体の助けもなしに、存在しうるということである」(AT VII, p. 226 : FA II, p. 667)と言われていて、ここでも強引に解釈するなら、「概念」という語がわれわれの表象を示唆すると考えられなくもないのだが、しかしレヒィウスに抗して書かれた『綱領書覚書』では、「任意の実体の属性の一つは、自己によって存続するということである」(AT VIII-2, p. 348 : FA III, p. 797) と述べられていて、ここには実体がたんなる「認識根拠」でしかないと思わせるようなものは、何もない。「第二答弁」に付された綜合的な文書のなかでは、「われわれが知覚する何か、すなわちその実在的な観念がわれわれのうちにあるところの何らかの特性ないし性質ないし属性が、そこへと主体のようにして直接的に宿るところの、もしくはそれによって存在するところのすべてのものは、実体と呼ばれる」(AT VII, p. 161 : FA II, p. 587) と述べられていて、ここでは「特性」や「性質」や「属性」は知覚対象や観念とみなしうるが、「実体」がそうだと述べられているわけではない。とりあえず、両者の関係はどうなっているのだろうか。

デカルトにも「すべての属性は、全体として (collective) 受け取られるなら、たしかに実体と同じである」(AT V, p. 155 : EB, p. 50) というような考えがある。また「思惟」や「延長」は、「知性的実体と物体的実体の本性を構成するもの」と考えられることもできて、その場合には、それらは「思惟実体と延長実体それら自身とは別様に考えられる必要はない」(AT VIII-1, p. 30-1 : FA III, p. 132) とさえ述べられている。しかし先にも見たように、「実体を特殊化する属性」(たとえば「思惟」) と「実体それ自身」(たとえば「思惟する実体」) (AT V, p. 156 : EB, p. 56) を区別するようなテクストも見出されるのであって、全般的に見るなら、デカルトは、「実体」は「直接的には認識」されず、むしろ「何らかの作用」や「何らかの形式」、「属性」や「偶有性」(Cf. AT VII, p. 176, 222, 360 : FA II, p. 605, 662, 802 ; AT IX-1, p. 216 : FA II, p. 849) によってのみ知られるのだというようにして、両者を区別することの方が、むしろ多いように思われる。それでは「実体」は、われわれの表象能力を超える「物自体」のようなものなのだろうか。だからこそデカルトは、「魂の不死」の可能性を、自然哲学の内部でも主張しえたのではないだろうか。グレスの解釈は、「実体」をカント的「カテゴリー」の枠内に収めてしまって、デカルト的問題構制からは逸らせてしまったのではないだろうか。

　しかしながら、直接的には認識されえないものこそが、観念的な思惟によって立てられ、要請されるということも、やはり考えられるのである。実体がそれ自体として存在することは、神が保証してくれるのだろうか。けれどもグレスにせよマリオンにせよ、今回われわれが特に検討してみたデカルト研究者たちは、たとえばデカルトにおける物体の存在証明は、むしろ不完全に終わったとみなす傾向にある。われわれには「実体」に関するグレスの解釈は、やや観念論的にすぎるように思われ、また「認識根拠」と「存在根拠」の対比だけで解釈しようとすることにも、ややパターン化しすぎるきらいがあるように思え、そもそもデカルトにおいては、「合一」を支持するテクストより「区別」を主張するそれの方が多いという事実は、無視しえないとも思うのだが、しかし、ここではそれを一つの読み方の可能性として、いまは認めておくことにしたい。なぜならそれは、或る程度マリオンの解釈によって裏打ちされている部分もあるのだし、またデカルトのテクスト解釈という制約を離れても、心身問題に関しては、一つの有力な見方を提供していると考えられるからである。

　マリオンの解釈にしても、コギタチオそのもののうちに主観的身体を見ようとするその考え方の基本的な動向に関しては、われわれとしても賛意を表しておきたいと思う。しかしながら、とりあえず指摘しておかなければならないのは、「自己‐触発」についての彼の解釈にまつわる幾つかの疑問点である。ここでは二点だけ取り上げておくことにするが、その第一点は、「高邁」の解釈に関わる。すなわちデカルトの「高邁」は、本当にアンリ的な意味での「自己‐触発」（他の著作も含めて、マリオンが随所で援用しているところの）となりえているのだろうか。

　じつのところマリオンは、『デカルト的問い』に収められている論文「コギトは自らを触発するか。ミシェル・アンリの解釈にしたがった高邁と最後のコギト」のなかで、すでにこの問題を取り上げている。つまり「高邁」は、われわれが「評価」したり「軽蔑」したりする「われわれ自身の功績《メリット》」に関わりつつ、「志向的ないし脱自的な解釈」の一切の危険なしに「コギトの作用」を反復し、「魂の完全な自己‐触発」(QC I, p. 179) によって特徴づけられるというのである。そこで問題とされているのは、「実在的なものとしての対象」というより、「対象の現前の(非実在的な)様態」(Ibid., p. 180) なのであって、しかも高邁は「よき意志」に、つまりは意志を正しく用いようと意志する「意志の意志」に関わるのだから、それは「二重に非実在的」(Ibid., p. 181) なのだという。マリオンは、「高邁」は「評価としてのコギタチオ」による「意志としてのレス・コギタンス」の「表象」という仕方での、「自己自身の評価」によって構成されているのだから、高邁を思惟させてくれるのは、「非脱自的な表象」(Ibid., p. 183) のみなのだと考える。さらには高邁は、「エゴの有り方、その有の存続、その有の完全性」にまで関わっている。そこでマリオンは、「表象や志向性から出発したわれ思う、ゆえにわれ有りの脱自的な解釈のアポリアは、高邁が完遂する自己‐触発の直接性のなかで、このようにして溶解してしまうであろう」(Ibid., p. 186) と述べるのである。

しかしながら、『顕現の本質』のなかでアンリが、カントの「尊敬」の感情に関して示していたように[34]、「評価」や「軽蔑」は、たとえ自己自身に向けられたものであったとしても、自己に対する或る距離を想定しているのではないだろうか。そのうえ「対象」は忌避しても、「対象の現前の様態」は受け入れるというのでは、対象・対象化や超越・内在の問題構制についての考え方が、あまりに安直にすぎるのではないだろうか。つまり対象の現前の様態は、対象それ自身にまったく劣らずに、対象的なのではないだろうか。それにアンリの理論にしたがって、そもそも「意志」は、意志するものと意志されるものとの区別を前提としてはいないだろうか。さらには「非脱自的な表象」などという表現は、それ自体が形容矛盾ではないだろうか。それゆえわれわれには、「高邁」は、少なくともマリオンが呈示しているようなかたちでは、「魂の完全な自己‐触発」を示すどころか、一種の脱自的自己表象に付随する感情にすぎないように思われるのである――もっともマリオンの問題の立て方とは別様に、自己表象している自己を直接に受け取る感情として捉えるのであれば、もちろん「高邁」も立派な自己感情の一つに数え入れられるのではあるが。

ちなみにマリオンのこの論文は、その最後の頁の註のなかで、「しかしながらこの結論は、デカルト自身にとって、つねにではないにしてもしばしば、自己‐触発が反省によって二重化されていないのかという問いについて、予断をくださない」(QC I, p. 187) との断りを入れている。けれどもこのためらいは、『デカルト的問いⅡ』所収の論文「エゴの根源的他性」では、一掃されている。「デカルトがわれ思う、ゆえにわれ有りの反省的捉え直しを遠ざけるのは、まずもって彼が、それを一つの表象にすることを拒むからでしかない。表象する(*repraesentare*)という言葉そのものが、観念一般を定義するためにはしばしば用いられるのだが、しかし(われわれの知るかぎり)われ思うに関しては、けっして介入してこない」(QC II, p. 14) というのである。「ラテン語原文は、それゆえ、表象のすべてを知らず、ましてや自己の自己への反省的表象のすべてを知らない」(Ibid., p. 15)。しかしながらこの論文は、「自己‐触発」と「他性」とに関して、新たな火種を残している。なぜなら「第二省察」で私の存在を証明する直前に二度用いられている「私が私に説得した(mihi persuasi)」(AT VII, p. 25 : FA II, p. 415) という表現等を捉えて、マリオンは、エゴは「根源的対話」(QC II, p. 26) によってしか、自己に接近しないと述べているからである。

つまり「私が(*ego*)と私に(*mihi*)とは、経験的には同一視されても、それらの発話内的機能(fonctions illocutionnaires)によっては、ラディカルに区別される」(Ibid.) のだというのである。そこからマリオンは、(α)存在は「自己措定」なしに、「説得」から結果する。(β)主格で存在する*ego*は、それ自身、与格の*mihi*から帰結し、後者の特権は、説得に、つまりは自らとは異なる「何か(*quid*)」に、受動的に譲ることにしか存していない。(γ)*mihi*と*ego*とは「同一人物」を演じず、「二つの声」が「対話」のなかで「二つの役」を演じている、という結論を導き出すのである(Ibid., p. 27)。「もし私が何かを私に説得したのであれば、たしかに私は有ったのである(Imo certe ego eram, si quid mihi persuasi)」(AT VII, p. 25 : FA II, p. 415) というデカルトの言葉は、「根源的な対話空間」にしたがって、

*ego*と*mihi*とを分かつ。そしてマリオンは、おそらく「この何かの還元不可能性」が、「ミシェル・アンリによる自己‐触発としてのコギトの解釈の、数少ない限界の一つ」（QC II, p. 27）を記すのだと付け加える。「存在は、三段論法からも、直観からも、自律的なパフォーマンスからも、自己‐触発からも帰結するのではなくて、私とは別の他者（un autre autrui que moi）による私の触発から帰結する」（Ibid., p. 29）。かくして「自己‐触発と異他‐触発、同と脱自とのあいだの区別」が確立される以前にさえ、「他性」（Ibid., p. 30）が活動しているとされるのである。

しかるにマリオンは、次の論文「真理の《一般的規則》」の或る註のなかでは、「この他性は、あらゆる外的な他（tout autre externe）の手前で、自己の自己への他性（une altérité de soi à soi）に留まる」（Ibid., p. 57）と述べているのである。けれどもこのような考えは、「私とは別の他者」という先の主張と、整合するだろうか。そのうえ先の論文では、マリオンは「私が私自身を思惟する以前に、他者が私を思惟している」と述べつつ、「思惟するもの（*res cogitans*）として以上にきわめて本質的に、エゴは自らを、思惟された思惟するもの（*res cogitans cogitata*）として体験する」（Ibid., p. 46. Cf. p. 44）と定式化しているのである。しかしながら、それはデカルト解釈としては、さすがにゆきすぎではないだろうか。それによって私が私を説得する不定の何か、その存在さえさだかではない仮定の何かは、私の存在の証明そのものにとって、さして重要ではない。それは神の存在が証明される以前にさえ疑われていなかった私の「観念」の存在であっても、何ら問題はない。また「説得」の事実でさえ、慎重な検討なしに、安易に引き受けてよいものだろうか。なぜならたとえ私が「説得」されているということが疑わしいままに留まったとしても、私が説得されていると思っていることだけは疑いえないというのが、デカルトの用いた論法だったからである。[35] 先のマリオンの定式*res cogitans cogitata*〔思惟された思惟するもの〕は、むしろ*res se cogitans cogitata*〔自らが思惟されていると思惟するもの〕へと、つまりは端的に*res cogitans*〔思惟するもの〕へと、あるいは少なくとも*res se cogitans*〔自らを思惟するもの〕へと、連れ戻されるのではないだろうか。それゆえわれわれとしては、ここでは先のケースとは反対に、「われ思う」から「われ有り」を確証するために要請すべきは、「私とは別の他者による私の触発」ではなくて、やはり「自己‐触発」でなければならないと考えるのである。さもなくば「われ有り」は、永遠に不可解のままに留まってしまうのではないだろうか。またそうでなければ、マリオンの著作『デカルトの受動的思惟について』の試みそのものが、ずいぶんと空しいものになってしまうのではないだろうか[36]。

ちなみに同書のなかで、マリオンは、ときおりメーヌ・ド・ビランの思想にも触れている。たとえば彼は、「思惟が存続するあいだに身体が無化されると想定するデカルトの懐疑は、われわれが考察するような原初的事実には、絶対に反している」というビランの言葉に対しては、むしろ「エゴ・コギトが存続するあいだにも私の身体（*meum corpus*）を無化しないデカルトの懐疑は、ビランが原初的事実として定義するものを、すでに述べている」（PPD, p. 115）と言わなければならないのだと反論する。しかしながら、デカルトにおける「私の身体」は、マリオンの理解するいかなる意味においても、ビランが主張するような努力としての自我からは区別された有機的抵抗としての自己の身体とは、同一視されない。またマリオンは、一六四三年のデカルト‐エリザベト往復書簡に見られるような、魂に認められるべき「伸張《エクスタンション》」（マリオンは「延長《エタンデュ》」と書いている）は、ビランの「自己の身体の内的空間」に「関連づけ」（Ibid., p. 158）られるとも述べているのだが、ここでもビランの「内的空間」とは、基本的には自我とは区別された有機的抵抗の空間のことなのだと、断っておかねばならないだろう。マリオンは、「可分的な身体への不可分的な魂の遍在は、一つの形而上学的な事実なのであって、それには《内的延長》についてのビランの見解に比較しうるようなものは、何も対応していないように思われる」（Gouhier, p. 362）という、大先輩の碩学グイエの言葉に、もう少し耳を傾けてもよかったのではないかと思われる。

(2)マリオンの解釈とアンリの身体論

しかし、いずれにせよ近年のデカルト解釈が、少なくともその一部は、心身の区別よりもむしろ合一の方を優先させ、「デカルト的二元論」というレッテルの浅薄さを糾弾するような傾向にあるということは、確かなように思われる。それではアンリのようなデカルト解釈は、旧態依然とした先入見の塊で、いまとなっては的外れとしか言いようのないようなしろものだったのだろうか。

冒頭でも述べておいたように、われわれとしては、そのようには考えない。「肉」や「自己-触発」のような諸概念の援用ということだけを取ってみたとしても、少なくとも心身問題に関するマリオンのデカルト解釈は、アンリ自身の問題意識や基礎概念の近くに位置する――というより、むしろそれはアンリの考えそのものである。われわれには、マリオンのそれのようなデカルト解釈は、アンリの「主観的身体」論や「肉」論なしには、成立しえなかったのではないかと思われるほどである。或る意味ではマリオンの『デカルトの受動的思惟について』は、アンリ現象学に対する一種のオマージュであるとさえ言えるのではないだろうか。

アンリ通には言うまでもないことかもしれないが、われわれとしては、ここでマリオンの解釈がとりわけアンリ哲学に依拠していると思われる箇所を幾つか析出しておいて、影響関係の証左としておくことにしたい。まず、当然のことながら、マリオンが同書で――必ずしもつねに正確とは言いがたい仕方で――多用している「自己-触発」（Cf. PPD, p. 132-3, 237, 239, 247-8）概念の出所は、明らかにアンリであり（Cf. QC I, p. 167）、「自己自身を体験すること（s'éprouver soi-même）」（PPD, p. 127）やそれに類した表現についても、同断である。第二にマリオンは、「受苦は魂の特権を構成する」（Ibid., p. 70）と述べていたが、「受苦」もまたアンリ哲学のキータームの一つである。たとえばアンリは、「感情の無力は感情の内的構造に関わり、自己自身を受苦することとしての感情における受苦することは、一つの形相的規定である」（EM, p. 592）と述べている。また、特にデカルト解釈に関しては、或る対談のなかではアンリの対談者が、彼の意を汲みつつ、「かくしてメルセンヌがその《われ受苦す、ゆえにわれ有り（Je souffre, donc je suis）》を提案するとき、彼はデカルトから、それほど遠ざかってはいない」（D, p. 82）と語っている――「自己の享受」（PPD, p. 239. Cf. EM, p. 593）やそれに類した表現や考えについても、同様である。そして第三に、そもそも『デカルトの受動的思惟について』が受動性を強調し、とりわけ「自らを思惟すること」のうちに「受動的に思惟すること」（PPD, p. 127）を求めようとするとき、その考えは、「自己に対する根源的受動性」（EM, p. 369）のうちに「根源的有論的受動性」（PPC, p. 227）を見ようとしたアンリのそれから、遠くない。

第四に、マリオンは「ただたんに延長しているだけのコール〔物体・身体〕」と「たんに私に属すのみならず、私自身でもあるような私の身体《コール》」（PPD, p. 62-3）とを区別していたが、そもそもこのような「一箇の〈私〉であるような身体（*un corps qui est un Je*）」（PPC, p. 11）という考え、すなわち「主観的身体」という発想自体、メルロ＝ポンティよりいっそう強い意味で、アンリのものと言うことができる。なぜならアンリ現象学においては、「〈元－身体（Archi-corps）〉」が「〔対象という意味での〕眼も手も耳も持たない」（PV IV, p. 32）のみならず、「われわれの身体」は、「自己の直接知」（PPC, p. 128）でもあるからである。「メルロ＝ポンティは、或る主観的身体を発見しはしたが、しかし〔それは〕志向的な主観的身体〔でしかなかった〕」（Ad, p. 219）。第五にマリオンは、「コール〔物体・身体〕と肉（chair）とのあいだの区別」（PPD, p. 74）をフッサールに帰せしめていたが、このような区別は、直近にはアンリの『受肉』（I, p. 8）が表明的に行っていたものであり、「肉のコギト」（I, p. 193 ; PV IV, p. 151）やそれに類したアンリの表現も、フッサールの『イデーン』第二巻以上に、マリオンのデカルト解釈との近さを証していると言うことができるであろう。

第六に、「けれどもたしかに私には、私が見、聴き、熱いと感じていると思われる（At certe videre videor, audire, calescere）」（AT VII, p. 29 : FA II, p. 422）という「第二省察」の言葉を、『デカルトの受動的思惟について』（PPD, p.

107, 264）のなかで、マリオンは少なくとも二度引用しているのだが、このような表現への注目や、その解釈自体、明らかにアンリの影響下にあるものである（Cf. QC I, p. 168）。アンリは『精神分析の系譜』の、その名も「《見ていると思われる（Videre videor）》」という第一章のなかで、「コギトはその最も究極的な定式化を、*videre videor*という命題のうちに見出す」（GP, p. 24. Cf. I, p. 101 ; PV II, p. 60, 101）と述べているのである。ちなみにマリオンは、『デカルトの受動的思惟について』の「結論」では、デカルトのこの文に、「そして私が見ているのを見、聞いているのを見、熱いと感じているのを見ているのは、確実である（Et il est certain que je me vois voir, que je me vois entendre, que je me vois s'échauffer）」（PPD, p. 264）という独自の訳を提示しているのだが、その理由は、すでに『デカルト的問いII』のなかで示されている。つまり*videor*は、たんなる「私には思われる」に弱められてはならないのであって、それというのもこの語は、「自己自身を触発するエゴの非脱自的で非対象化的な明証性」（QC II, p. 59）を記しているからだという。そしてわれわれとしては、このような「自己自身を触発する」や「非脱自的」といった説明の言葉自体、アンリ自身の基本タームであり、さらに言うなら、アンリ自身の考えを援用したものだと付言しておきたいと思う——もっともアンリならば、*videor*を、けっして「見る」とは訳さなかったであろうが。

　そして最後に第七に、マリオンは『デカルトの受動的思惟について』のなかで、やはり二度、「眠って夢を見ていても、ひとが自らを悲しいとか、何らかの他の情念によって動かされているとか感じることができるのは、魂が自らのうちにこのような情念を有しているということが、きわめて真である場合においてのみである」（AT XI, p. 349 : FA III, p. 973）という、『情念論』第二六節の言葉を引用しているのだが（PPD, p. 101, 235）、この言葉やそれについての解釈が有名になったのも、やはりアンリの『精神分析の系譜』の第一章（GP, p. 37-8. Cf. I, p. 96-7 ; PV II, p. 67, 79）のゆえであろう。マリオン自身、この言葉を、先の*videre videor*を「補う」（PPD, p. 107）ものと言明しているのだが、われわれとしては、このような関係づけのうちにも、アンリからの強い影響を指摘することができるのではないだろうか。

ところでアンリは、「デカルトのコギトについて反省した唯一のフランスの――そしてヨーロッパの――哲学者」は、「メーヌ・ド・ビラン」(Et. p. 127)であったと考えている。彼によれば、ビランにとって「私は一箇の《われ能う》」であり、この《われ能う》は「情感的にそれ自身に与えられている」――「運動は、自らを自己‐触発する」(PV III, p. 304)――のである。そしてアンリは、先に見た「われ散歩す、ゆえにわれ有り」に関するデカルトの主張に関しても、こう述べているのである。「それゆえ歩くことについての、すなわち歩くことがその一活動であるところの根源的身体についての、一つの主観的経験というものがある。かくして人類の思索の歴史のなかで初めて、おそらく暗黙的ではあるが、しかし異論の余地なき仕方で、主観的身体についてのラディカルな理論が定式化される」(Ad. p. 115)。しかしながら「主観的身体」という考えが、情念や感覚を超えて、さらに身体運動にまで広がるというテーゼは、ビラン解釈としてならともかく、デカルト解釈として本当に成立しうるのだろうか。

それゆえ本章の最後に、われわれはデカルト自身の心身合一論がおそらく孕むであろう問題点について、若干の考察を加えておかなければならない。そこにはおそらく、後世の心身問題への宿題となるような何らかの困難が、覆蔵されてはいなかっただろうか。

(3)デカルトと心身合一の問題構制

われわれは先に、『方法序説』第五部において、「船乗り」と「その船」以上に緊密な心身関係が、「おそらく」四肢を動かすためではないにしても、「感情や嗜欲」のためには、必要とされるであろうと述べられているのを見た。「理性的な魂は、おそらく自らの四肢を動かすためというのでないなら、船乗りがその船のうちに住むようにして、人間的身体のうちに住むだけでは十分ではなく、さらにわれわれのに似た感情や嗜欲を有して、かくして真の人間を合成するためには、いっそう緊密に人間的身体と結合され、合一される必要がある」(AT VI, p. 59 : FA I, p. 631-2)。また先にはわれわれは、心身合一が真に一つの統一として与えられるのは、「意志的な運動的努力の感情」のグループにおいてより、むしろ「感覚、嗜欲、情念」(Gouhier, p. 345)のグループにおいての方であるというグイエの見解も、紹介しておいた。そしてこの問題に関しては、アルキエも同趣の考えを示している。「デカルトは、どうにか(à la rigueur)運動の指揮《ディレクシオン》に関するかぎりは、魂と船乗りとの比較の妥当性を認め、じっさいこの比較は、魂を松果腺に結びつける図式に適っている。情感性に関するかぎり、彼はこの妥当性を否定する。情感性を理解するためには、いっそう緊密な合一を認めなければならない。真の人間は、心身の併合(réunion)によって人為的に定義された人間とは反対に、自己による有るもの(*ens per se*)である」(FA I, p. 632)。しかしながら、自らの身体運動を意志し努力する人間は、船の運航を外から指揮するだけの「船乗り」に、本当に譬えられるのだろうか。それではアンリの批判したように、実在的にして実効的な身体運動と、その身体運動についてのたんなる観念とのあいだの懸隔が、結局は埋められないままに終わってしまうのではないだろうか。そもそもデカルトにおいて、身体運動と思惟ないし観念とのあいだの関係は、どうなっているのだろうか。

　デカルトは、「私が思惟という名によって知解しているのは、われわれのうちにその意識があるかぎりにおいて、われわれが意識しているあいだにわれわれのうちで生ずるすべてのもののことである」(AT VIII-1, p. 7 : FA III, p. 95)と、あるいは「われわれの精神のうちには、われわれが意識していないようなものは、何一つありえない」(AT VII, p. 232 : FA II, p. 673)と述べている。そしてこのことは、当然のことながら、「意志」についても当てはまる。「われわれがそれを意欲しているということを、同じ手段でわれわれが覚知していないようないかなるものも、われわれは意欲することができない」(AT XI, p. 343 : FA III, p. 967)。あるいはデカルトは、或る書簡のなかで、こうも記している。「われわれは、われわれの知性のうちにあるすべてについてのみならず、意志のうちにあるすべてについてさえ、観念を持っているのだと、私は主張する。なぜならわれわれは、われわれがそれを意欲しているのだということを知ることなしには、何一つ意欲しえないし、観念によってしか、そのことを知りえないからである。しかし私は、この観念が行為そのもの（l'action même）と異なっているのだと、書いている（mettre）わけではない」（AT III, p. 295 : FA II, p. 314）。けれどもここでの「行為そのもの」は、デカルト哲学の根本構制からして、ただちに身体的行為というわけではないだろう。せいぜいのところ、それは意志の能動的作用のことでしかないだろう。デカルトはここでは、意志の直接知について語っているのである。それでは身体的運動と意志作用とのあいだの関係は、どうなっているのだろうか。

『哲学原理』の第二部第二六節は、「われわれの身体は、われわれの意志によって動かされるのがつねであるが、われわれはその意志を、内密に意識している」（AT VIII-1, p. 54 : FA III, p. 171）と述べている。また一六三八年の或る書簡でも、「省察や意志のみならず、見たり聞いたり、他の運動よりもむしろ或る運動へと決心したりなどする機能でさえ、それらが魂に依存するかぎりは、思惟である」（AT II, p. 36 : FA II, p. 51）と語られている。そのうえデカルトは、「存在」や「懐疑」や「思惟」とは何であるかについて、ひとはそれを「自己自身によって」とは別様には、つまり「自らの経験（propria experientia）」や「各人がものごとを吟味しているときに自己自身のうちに経験する意識（conscientia）や内的証言（internus testimonium）」によって以外には、学ばないのだとも述べている。「懐疑とは何であるか、思惟とは何であるかを認識するためには、ただ疑ったり思惟したりすればよい」（AT X, p. 524 : FA II, p. 1136-7）。それでは同じようにして、私が船乗りや指揮官のように或る運動の観念を有しているだけなのか、それとも私がじっさいに身体を動かそうと意志し努力しているのかの差異は、「経験」や「意識」や「内的証言」によって、直接に知られることにはならないのだろうか。そして、もしたんに運動の観念を思惟するだけのコギタチオと、運動を実効的に意志するようなコギタチオとが、内的に区別されるなら、感情や情念に留まらず、身体的運動に関しても、「肉のコギト」が認められるのではないだろうか。

しかしながら、デカルトは——われわれの気づきえたかぎりでは——「意志的運動は、たしかに思惟を原理とするが、しかしそれ自身は、思惟ではない」（AT VII, p. 160 : FA II, p. 586）と述べるのみである。デカルトには、「意志」や「努力」と「願望〔欲望〕」とのあいだのビラン的な区別は、見出されないのだろうか。じっさいのところ、彼は「願望〔欲望〕すること（cupere）」を、「意欲する様々な仕方」（AT VIII-1, p. 17 : FA III, p. 111）の一つとしてしか考えていない。「感受的であるのと同じ魂が、理性的であり、そのすべての嗜欲が、意志である」（AT XI, p. 364 : FA III, p. 990）と、『情念論』の第四七節でも述べられている。たしかに同じ『情念論』は、その第八〇節において、「将来」に関わる「情念」としての「願望〔欲望〕」と、「いまから（dès à présent）」愛の対象と結合して、ともに「一つの全体」を成すと想像されるような「意志」（AT XI, p. 387 : FA III, p. 1013-4）とを、区別してはいる。しかしながら、それは時間論的な観点からのことにすぎないのであって、そこにはビラン的な努力の感情の介入の有無というような観点は、残念ながら見出されない。

それゆえデカルトの心身合一論になお欠けているとわれわれに思われる第一の点とは、努力の実効性をともなう「意志」と、たんなる観念の夢想に留まる「願望〔欲望〕」とのあいだの、ビラン的な区別である。努力をともなう身体運動的な意志とその運動とのあいだの関係を、船乗りとその船との、あるいは指揮官とその軍隊との、さらにはまたたんなる「願望〔欲望〕」と三人称的で客観的な身体運動とのあいだの関係以上に「緊密」なものとして捉えるためには、われわれは、たんなる「観念」以上のものを、まさしく努力の実効性を、「意志」の働きのうちに認めてゆかなければならないであろう。

そして第二にデカルト哲学に欠けているようにわれわれに思われるのは、思惟や身体に関する発生論的な観点である。コギトに関して言うなら、デカルトは、「魂はつねに思惟する」（AT III, p. 478 : FA II, p. 909. Cf. AT VII, p.

356 : FA II, p. 797-8 ; AT V, p. 193 : FA III, p. 855 ; AT V, p. 150 : EB, p. 30）と考えている。「精神は、幼児の身体に注入されるや否や思惟し始め、同時に自分の思惟を自ら意識している」（AT VII, p. 246 : FA II, p. 691）のであって、「人間の魂」は、「母の胎内」においてさえ、「つねに思惟している」のだという。しかし、もちろん「幼児の精神」が、母の胎内で「形而上学的な事柄」を「省察」していたというわけではない。先にも見たように、「幼児の身体に新たに合一された精神」は、「その合一、言わば混淆のようなものから生ずる痛み、くすぐったさ、熱、冷やそれに類したものについての観念を、混乱して知覚し感覚することにのみ従事」（AT III, p. 423-4 : FA II, p. 360-1. Cf. AT VIII-1, p. 35 : FA III, p. 139 ; AT V, p. 150 : EB, p. 28-30）しているだけなのである。「精神」は、「大人の身体においてほど完全には、幼児の身体において働いては」（AT VII, p. 353-4 : FA II, p. 794）おらず、デカルトは、もし幼児が大人と「同じ本性」のものであるということを知らなければ、自分は「幼児が精神を具えているとは、判断しないことだろう」（AT V, p. 345 : FA III, p. 911）とさえ述べている。このように、デカルトにおいては、身体は精神に対してはマイナスにしか作用しないと述べられることがほとんどなのであって、少なくともそこには、身体とともにコギトが発展してゆくというような発生論的な構想は、まず見られることはない。

身体それ自身についての発生論的考察についても同様なのであって、先にも見たように、脳の一部が思惟を形成するのに協力すると考えるような者は、「幼児期からつねに足枷に縛りつけられていたということから、その足枷が自らの身体の一部であり、自分にはそれらの足枷が歩くのに必要だと思う」（AT VII, p. 133 : FA II, p. 555）ようなものだと、デカルトは説明している。しかしながら、幻影肢の現象を神経経路上の刺戟によってしか説明しようとしないデカルト哲学に、自己の身体を理論的に足枷から区別することが、本当にできるのだろうか。そもそも全体としての身体の形相化と松果腺への集中という二極化のあいだしか動かないデカルトの心身合一論は、身体諸部分の局在化や異他的物体とのその区別を、どのようにして説明するというのだろうか。またデカルトは、「リュート奏者は自らの手のうちに、その記憶の一部を有している」(AT III, p. 48 : FA II, p. 166. Cf. AT III, p. 20 : FA II, p. 158) とも述べているのだが、そのような、言わば「文化的な身体」の発生論的構成の問題は、彼の場合、どうなっているのだろうか。

感情・情念としての主観的身体のみならず、主観的運動の真の主体としての努力する身体をも考察しなければならないということ、これがわれわれが本章の結論として主張する第一点である。身体全体とその諸部分との関係、ならびに諸部分の局在化や異他的物体との区別、さらには文化的身体の構成についても、発生論的な観点を導入しなければならないということ、これがわれわれの主張の第二点である。そして第三に、この第一点と第二点とは、感情としての身体が努力としての身体に発生論的に先立ち、これを根拠づけるということによって、おそらくは結合されるであろう。

われわれが以上の三点を、デカルトの心身合一論によってなお取り残された主要な問題群とみなすのは、もちろんわれわれの側でのたんなる思いつきによるのではない。デカルト以降の心身論の歴史は、とりわけメーヌ・ド・ビランを経由して、現代のメルロ＝ポンティやミシェル・アンリの身体論・肉論にいたるまで、確実にそのような展開を遂げてゆくことになる。もしくは少なくとも、そのような道が、心身合一論の一つの有力な動向となって拓かれてくる――しかしそれは、本書の他の章が示すところとなろう。

第二章　マルブランシュの心身合一論

はじめに

デカルトが、少なくとも近世哲学における、或る意味では西洋哲学全体における心身問題の真の出発点であったということは、多くの研究者たちの指摘するところであろう。たとえば大著『心身の諸関係。デカルト、ディドロ、メーヌ・ド・ビラン』の著者ベルナール・バエルチは、「デカルト以前には、心身の差異は、正確には考えられていなかった」(Baertschi, p. 13)[(1)] と述べて、その判断の証人として、デガベ、マルブランシュ、メーヌ・ド・ビランという三人の哲学者の名を挙げつつ、後二者に関しては、以下のような言葉を引証している。「ひとはようやく最近になってしか、精神と身体の差異を十分明晰に認識しなかった」(マルブランシュ、RV I, p. 20)。「すべての形而上学者たちのうち、デカルトは物質の諸属性ならびに身体〔物体〕に属するものを、魂の諸属性ならびに思惟する実体もしくは力にしか固有に属しえないものから分離する境界線を考え、鮮明に立てた、最初の形而上学者である」(メーヌ・ド・ビラン)[(2)]。

しかしながら、デカルトが近世心身問題の創始者であったということは、心身の〈理論的な区別〉と〈事実上の合一〉との両面を孕んだ彼の思索が、この問題に対する最終決着たりえたということも、それが唯一可能な回答だったということも、意味するものではない。現にいまバエルチの挙げたマルブランシュやメーヌ・ド・ビランは——スピノザやライプニッツ等とならんで——デカルトの提起した問いに対するきわめて独創的な回答をもたらした者たちとして、哲学史上、確たる古典的地位を占めているのである。しかしそのバエルチでさえ、浩瀚な彼のこの著作のなかで、デカルトやメーヌ・ド・ビランが占めている割合に比しても、マルブランシュに捧げている頁数は、驚くほど少ない。このような格差は、いったい何に由来しているのだろうか。

　マルブランシュの読者なら誰しもがまず感ずるのは、ゲルーも指摘するように、自他ともに認めるカルテジアンたる彼が、その処女作にして生涯の主著の一つたる大著『真理の探究』の、すでに「序文」において、デカルトとは「まったく異なる風土《クリマ》」のなかを動いているということである。そこでの「出発点」はもはや「〈コギト〉の哲学的経験」ではなく、「われわれの《神との直接的できわめて内密な合一》の哲学的経験」(Gueroult, p. 9)なのである——「序文」は「人間の〈精神〉」が、「〈創造主〉」と「諸々の物体的被造物」とのあいだに位置することを、指摘することから始まっている。神との「合一」は精神を万物の上に高めてくれるが、反対に物体《コール》〔身体〕との「合一」は「人間を限りなく低下」させる。そしてこれこそが、今日において「人間のすべての誤謬と人間のすべての悲惨との主たる原因」(RV I, p. 9)なのである。「神はそれ自身のためにしか働きえない(Dieu ne peut agir que pour lui-même)」ということは明らかなのであって、「諸々の精神が神に対して持つ関係」が「自然的、必然的で、絶対に不可欠」であるのに対し、「われわれの身体に対するわれわれの精神の関係」は、「絶対に必然的というわけでも、不可欠というわけでもない」(Ibid., p. 10)。しかるに「最初の人間の罪〔=アダムの原罪〕」が、「われわれの精神と神との合一」をかくも弱めてしまったので、もはやそれは、浄化された心と照明された精神の持ち主にしか感じられないほどであり、また逆に、それは「われわれの魂とわれわれの身体との合一」をかくも強めてしまったので、「われわれ自身のこれら二つの部分が、われわれにはもはや同じ一つの実体でしかないように思われる」（Ibid., p. 11）ほどである……。

「神はそれ自身のためにしか働きえない」（TM, p. 176）という言葉は、マルブランシュのその他の著作のなかでも繰り返されていて、ロディス＝レヴィスはそれを「マルブランシスム全体の統制原理」（Rodis-Lewis, p. 289）とさえ呼んでいる。「神は自らのみを愛する」（RV II, p. 169）のであり、「神はそれ自身以外の主たる目的を持ちえない」のである。そしてこの「主たる目的」こそが、「神の栄光」（RV II, p. 11. Cf. TNG, p. 379）にほかならない。「神は自らの栄光のためにしか働きえない」（TNG, p. 181 ; EMR, p. 217）のであり、「神はそれ自身にとって、自らの目的である。神の究極目的は、自らの栄光である」（EPh, p. 31）。それゆえ、たとえばグイエのようなひとが、「神の栄光」こそが「マルブランシュの哲学と人生との本質的なテーマ」（Gouhier 1, p. 17）と考えたのだとしても、或る意味ではそれは当然のことなのである。ちなみにグイエは、「マルブランシュの哲学全体が、神の諸属性についての一つの省察である」（Ibid., p. 76）という、簡潔にして的を射た言葉を残しているのだが、この有名な発言はそのままロビネによって引用され、追認されている（Robinet, p. 18）。そしてマルブランシュ自身がその浩瀚な『真理の探究』の本文全体を締めくくる最後の頁のなかで、次の言葉を残しているのである。「真理を発見し、可能なかぎり最も純粋で、最も完全な仕様で神と合一するための最短で最も確実な方法とは、真の〈キリスト教徒〉として生きることである」（RV II, p. 454）。

ところで「マルブランシュの諸テーゼ」のなかでも「最も有名なもの」とは、すでにして『真理の探究』の第三巻のなかで、つまりは彼の思索の最初期において表明されていた、「われわれはすべてを神において見る（nous voyons tout en Dieu）」（Ducassé, p. 13）のそれであると言われている。つまり「神における見（la vision en Dieu）」というテーゼとともに、「それなくしては偉大な哲学が生まれえないような《親殺し》(=この場合、デカルト哲学からの離反)が、最初から成し遂げられている」(Rodis-Lewis, p. 21) のである。そしてわれわれはそこに、心身問題の一つの典型を見ることになろう。だが、それだけではない。少し幅を広げて、「マルブランシュの最も有名な三つの学説」を逐一考察してゆくなら、その「機会原因論」と「神における見」、また「彼の弁神論」(Nadler, p. viii)[3]——ちなみに哲学史的に見ても、「神における見」は「バークリの観念説」に、「機会原因論」は「因果関係と帰納とに関するヒュームの諸結論」に、「彼の弁神論」はライプニッツ自身の『弁神論』に、それぞれ多大な影響を及ぼしたと言われている (Ibid., p. x-xi) ——のすべてにおいて、マルブランシュ特有の心身合一論が、しかも神との連関において多彩に展開されていることを、われわれは認めなければならないのである。

　われわれは本章で、このようなマルブランシュ独自の心身合一問題を、「神における見」「機会原因論」「弁神論」という、これら三つの論点から検討してゆきたいと思う。しかしそのまえに、当然のことながら、彼の形而上学の骨格を、少なくともその概略においては押さえておかなければならないだろう。そしてすでにそのなかで、われわれは本章全体を貫くライト・モティーフとなるべき心身合一論に関する或る一つの問題点を、確認することになろう。それゆえ本章は、以下の四つの節に分節される。㈠形而上学的諸前提。㈡神における見。㈢機会原因論。㈣弁神論と恩寵論。

　しかし本論に移るまえに、あらかじめお断りしておきたいことがある。つまり——マルブランシュの専門家《スペシャリスト》にとっては周知の事実なのかもしれないが——一九六五年の大著『マルブランシュの著作における体系と存在』のなかで、アンドレ・ロビネはマルブランシュの思索を、ϕ^1(一六七四年)、ϕ^2(一六七五‐七七年)、ϕ^3(一六七七‐八三年)、ϕ^4(一六八三‐九五年)、ϕ^5(一六九五‐一七一五年)の「五つの段階(étapes)」(Robinet, p. 6-7) に分け[4]、五〇〇頁を超えるその著作の全体において、このような時代区分に基づきつつ、マルブランシュの思索の微妙な変化を、明晰かつ精緻に実証しているのである。けれどもわれわれは、アルキエとともにこのようなロビネの労作に対しては「最大限の考慮」(Alquié, p. 12) を払いつつも、そのような歴史的研究を本書の眼目とはなしえない。なぜなら歴史的・実証的な研究態度に囚われすぎると、心身関係をめぐるわれわれの探究のほんらいの目的が、見失われてしまうおそれがあるからである。われわれが本章でめざすのは、なぜ「神における見」「機会原因論」等々のようなマルブランシュ独自の、今日からすると或る意味では特異で風変わりで極端にすぎるような見解が登場してきたのか、その理論的背景を探ることである。そのような意味において、マルブランシュの心身合一論は、われわれにとっても思索の一つの典型を示してくれていると言っても過言ではないだろう。われわれには冒頭にも名前を挙げたメーヌ・ド・ビランこそが、このような思索の対極にある考え方を示しているように思われる。それゆえ本章は、マルブランシュとビランとの対比について考察する論攷の、準備作業を行うという位置づけも有しているのである。

第一節　形而上学的諸前提

(1) 実　体　論

実体論から見てゆくことにしよう。『真理の探究』に付された一七の「解明」のうち、その「第一二解明」のなかで、マルブランシュは「有るものすべて (tout ce qui est)」は「有 (être)」か「有の仕様 (la manière de l'être)」かに還元される、と述べている。「有」ということで彼が理解しているのは、「絶対的であるもの」、あるいは「それだけで、また他のものへの関係なしに考え (concevoir) られうるもの」のことであり、「有の諸仕様」によって解されているのは、「相対的であるもの」、もしくは「それだけでは考えられえないもの」(RV III, p. 174) のことである。また『或るキリスト教哲学者と或る中国人哲学者の対談』のなかでは、「私はそれだけで、他のもののことを思惟（penser）することなくわれわれが覚知しうるものを、一つの実体（une substance）と呼び、それだけではわれわれが覚知しえないものを、実体の変様（modification de substance）と、もしくは有り様（manière d'être）と呼ぶ」（EPh, p. 12）と言われている。このように、マルブランシュは実体と様態との区別という実体論の伝統的な枠組みを、一応は遵守しはするのだが[5]、冠詞等に関する彼の用法は必ずしも固定されてはおらず、両者はあるいは「一つの有（un être）」と「一つの有の仕様（la manière d'un être）」（RV I, p. 461）と、あるいは「一つの実体（une substance）」と「一つの有り様（une manière d'être）」（RV II, p. 425）と、あるいは「有（être）」と「諸々の有り様（manières d'être）」（RV III, p. 173）等々と呼ばれたりする。

『形而上学と宗教についての対談』のなかで、マルブランシュは「われわれがそれについて何らかの認識を有するところの、そしてわれわれがそれと何らかの絆を持ちうるところの、三種類の〈有〉しか存在しない」と述べて、デカルト同様、「神」（もしくは「無限に完全な〈有〉」）、「諸精神」、「諸物体」（EMR, p. 135）の三つを挙げている。しかし『真理の探究』第三巻のなかでは、彼はわれわれが有している「諸観念」によって「神が創造した有のジャンルの数」を決定などしてはならず、「すべての有」が「諸精神」か「諸物体」であるなどと性急に判断してはならないと忠告する。ただわれわれが「判明ないし特殊的」な観念を有しているのが「思惟」ならびに「延長」（RV I, p. 471）に依存する諸観念のみだというだけなのであって、われわれがいかなる「観念」も持たず、またいかなる「効果」も見ないような他のものがあるということは、「絶対に生じうる」のである。[6] そのうえ「神は一つの精神である」と考えることでさえ、「一つの性急な結論」（Ibid., p. 472）でしかない。理性がわれわれに告げるのは、神は「無限に完全な一つの有」であって、われわれの魂がわれわれの身体《コール》より完全であるからには、神は物体《コール》であるというよりはむしろ精神であるにちがいない、ということだけなのである。しかし、われわれの精神より完全な有るもの（êtres）が存在しないなどと、理性は保証してくれるわけではない。われわれが神にもわれわれにも用いる

「精神」という語は、「一義的」ではない。それゆえひとは、神が何であるかをポジティヴに示すためというより、むしろ神が物質的ではないということを示すためにこそ、神を「精神」と呼ぶのでなければならない。神の「真の名」は、「〈有るもの〉（CELUI QUI EST）」（Ibid., p. 473）なのである。

もっとも『キリスト教的会話』のなかでは、マルブランシュは彼の「代弁者」（Moreau, p. 24. Cf. Cch, p. XXII）たるテオドールに、「神は精神である」（Cch, p. 132）と、はっきり述べさせてはいる。しかし他の諸著作においても、神はもっぱら「有るもの（*celui qui est*）」と、あるいは「あらゆる意味において無限な〈有〉」と、もしくは端的に「〈有〉」（EPh, p. 3）と呼ばれ、また「無限に完全な〈有〉」（TNG, p. 185）とも規定されている。神性の「本質的属性」は「無限性」（Cch, p. 47 ; EMR, p. 387）なのであって、すべての実在は「無限」のうちにこそある。神は「無限」そのものであり、言うならば「無限に無限な無限（l'infini infiniment infini）」（EMR, p. 52）なのである。それゆえ神が「世界のうちに（dans le monde）」あるどころか、世界こそが「神において（en Dieu）」（Ibid., p. 182）ある。神は「物体的ではない」からこそ、「いたるところにありうる」（Ibid., p. 178）のであって、それゆえにこそ「神は延長している（Dieu est donc étendu）」（Ibid., p. 182. Cf. p. 403）とも言われうるのである。

次に「魂」は、「思惟し、感覚し、意欲する自我」であり、「それについて私が内的感情を持ち・それを感じる魂のうちにしか存続しえないすべての諸変様が、そこにおいて見出されるところの実体」（RV I, p. 123）である。ただしもう少し正確に見るなら、「感覚せず、想像せず、意欲さえしない精神」を考えることは容易だが、「思惟しない精神」を考えることは不可能であるからには、「思惟」のみが「精神の本質」（Ibid., p. 382）である。ちなみに『形而上学と宗教についての対談』のなかには、「無は諸特性を持たない。私は思惟する。ゆえに私は有る」という有名な〈マルブランシュ的コギト〉の定式があって、よくその形而上学的な前提が取り沙汰されるのだが、ここでは直後の以下の言葉を記すだけに留めておく。「しかし私が思惟しているときに思惟している私、私とは何で有るか。

私は一つの身体で有るのか、一つの精神で有るのか、一人の人間で有るのか。私はこれらすべてについて、まだ何一つ知らない。私が知っているのは、ただ、私が思惟しているときにおいては、私は思惟する何かで有るということだけである」（EMR, p. 32）。

第三に、「延長」も「一つの実体」であって、「実体の一様態」（Ibid., p. 75）ではない。なぜならひとは、「他のもののことを思惟することなく、延長のことを思惟しうる」（RV I, p. 123 ; EMR, p. 73, 75）からである。そして延長の観念は、「距離関係（rapports de distance）」（RV I, p. 123 ; EMR, p. 34, 72, 74, 77, 150, etc.）しか表象しえない。『真理の探究』第三巻は、「物質」から不可分な属性として、「形態（figure）」「可分性（divisibilité）」「不可入性（impénétrabilité）」「延長（étendue）」の四つを考えている。しかしながら、「形態、可分性、不可入性」の三つが「延長」を想定しているのに対し、「延長」は何も想定してはおらず、しかも「延長」が与えられるや否や、「可分性、不可入性、形態」もまた「与えられる」（RV I, p. 460）のだから、かくして「延長」のみが「物質の本質」（Ibid., p. 382, 460, 461, 462）だということになる。

諸実体は「無化され（s'anéantir）えない」（EMR, p. 377）。そのことは、まずもって魂の「不死」（Ibid., p. 368, 369）に関して是認されえよう。「心身の区別」は「〈哲学〉の主要学説」の、なかんずく「われわれの有の不死性」の「基礎」（Ibid., p. 35）なのであって、マルブランシュにとって「魂の不死性についての問い」は、「最も解決しやすい問いの一つ」（RV II, p. 25）なのである。ただし「思惟は延長の変様ではないので、われわれの魂は無化されない」といった類《たぐい》の推論が、推論として妥当とみなされうるのは、「死がわれわれの身体を無化する」という前提が成り立つ場合のみである。けれどもマルブランシュにおいては、物体〔身体《コール》〕でさえ、たとえ「破壊」されたとしても、「無化」されるわけではない。「実体」や「有」が「何ものでもないもの（rien）」（Ibid., p. 23）になるなどということは、ありえないのであって、「有から無への、もしくは無から有への移行は、等しく不可能」（Ibid., p. 23-4.

Cf. EMR, p. 367 ; RA1, p. 163) である。要するに物体は、「腐敗」しえたとしても、「無化されえない」(RV II, p. 24)のである。

「同時に一にして万物である」ということが、「無限の一特性」であり、それゆえ神は「諸物体を叡知的な仕様で、自らのうちに含んでいる」(RV III, p. 148) と言われる。われわれ〔=精神〕とて「神と一つの全体をなしている」のであって、われわれはその「無限に小さい一部 (une partie infiniment petite)」(RV II, p. 172-3) にすぎない――もっとも『真理の探究』第五巻のこの表現は、『或るキリスト教哲学者と或る中国人哲学者の対談』のなかでは修正され、「すべての有るもの (êtres)」は「唯一〈有〉」たる神の本質の「無限に限定された諸参与〔私は諸部分と言うのではない〕(participations, (je ne dis pas des parties) infiniment limitées)」(EPh, p. 10) だと述べられているのだが、編者ロビネも註記しているように、これは「スピノザ哲学」(Ibid.) との相違を意識してのことなのであろう(7)。

「人間」は、「精神」と「身体」の「二実体」からなる「合成体」(Ibid., p. 279. Cf. p. 104 ; RV I, p. 462 ; Mch, p. 190) である。ただし「精神」は、「身体と合一」されても「身体」にはならないし、同様に「身体」も、「精神と合一」されても「精神」とはならない。「各々の実体は、それがそれであるところのものに留まる」(RV I, p. 215) のである。それゆえ、たとえ「大多数の人たち」が「心身を唯一にして同じ一つのもの」とみなしたとしても、マルブランシュは「精神」と「物体《コール》〔身体〕」、「思惟する実体」と「延長せる実体」は、「まったく異なる有の二つのジャンル」(Ibid., p. 476) だと考え続ける。たとえば「見るのは眼ではなく、魂である」(RV III, p. 325)(8)。『形而上学と宗教についての対談』のなかで、テオドールがアリストに語っている言葉にしたがうなら、「われわれはまったくわれわれの身体には合一されていない」のだし、「精確厳密に語るなら、あなたの精神はあなたの身体には合一されていないし、合一されえない」のである。「精神と身体とのこの合一」をなしたのは――その理由は本章の以下に見るが――「神」(EMR, p. 149) なのである。この対談の続編『死についての対談』のなかでも、テオドールは「神は魂を、もっぱら身体の形相であるためにのみ、あるいは身体に運動と生とを与えるためにのみ、作ったのではない」（Ibid., p. 372）と述べ続けることになる。

ちなみに動物は、「たんなる機械（pures machines）」（RV I, p. 208. Cf. EMR, p. 286）でしかない[9]。「犬の生の原理」は「時計の運動の原理」と「たいして異ならない」（RV III, p. 212）のである。つきまとう犬を蹴り上げて、訝る友人に「それ〔＝犬〕は感じない」とマルブランシュが答えたというのは、フランスでは有名なエピソードの一つである（Voir p. ex. Rodis-Lewis, p. 207）。「動物たちのうちにはこのように、知性も魂もない〔……〕。彼らは快なしに食べ、痛みなしに叫び、それと知ることなく成長する。彼らは何一つ願望せず、何一つ恐れず、何一つ認識しない」（RV II, p. 394. Cf. p. 104, 391）。そしてマルブランシュの場合、このような動物機械論には、或る一つの神学的な理由がある。つまり動物たちのうちに「感受的な魂」が存在せず、彼らが「快も苦も感じない」のは、「義なる神」のもとでは「功績（mérite）も不功績（démérite）も絶対に能くしない者」は、「幸福も不幸も等しく能くしないのでなければならない」（EMR, p. 377）[10]からである。

⑵ 延長から見られた精神の諸能力

ところで精神、もしくは魂を解明するにあたって、マルブランシュには或る一つの特徴的なことがある。つまり先に引用した〈マルブランシュ的コギト〉――私は有るが、しかし私は私が身体で有るのか、精神で有るのか、人間で有るのか、まだよく分からない――の直後に、彼はこう続けているのである。「さてしかし（Mais voyons）。一物体は、思惟しうるだろうか。長さと幅と奥行きとを持った一延長が、推論し、願望し、感覚しうるだろうか。疑問の余地なく、否である。なぜならこのような延長のすべての有り様は、距離関係のうちにしか存在していないからであり、そしてこれらの〔距離〕関係が、知覚、推論、快、願望、感情ではないこと、一言で言うなら思惟ではないことは、明らかだからである。ゆえに思惟する〈自我〉、私自身の実体は、一物体ではない。というのも、たしかに私に属している私の諸知覚は、距離関係とはまったく別のものだからである」(Ibid., p. 32-3)。何が特徴的かと言えば、マルブランシュは、私が思惟する実体であるということを明らかにするだけのためにすら、まずもって物体が延長し、そして延長が思惟ではないことを、前提しておかなければならなかったということである。たとえばアルキエは、こう述べている。「この点において私の精神的本質が、直接的に把捉されるのではなく、諸実体の区別から出発して、また排除という否定的な手順によって確立されているのだと、告白しなければならないのではないだろうか」(Alquié, p. 65)。

そしてこのことは、マルブランシスムにおける精神ないし魂のすべての諸特性の解明において、きわめて顕著なことなのであって、それは『真理の探究』冒頭の精神の諸能力についての分析において、すでに十分に明らかなのである。ゲルーは言う。「この精神の本質と諸能力とを規定することが問題とされるや否や、マルブランシュが振り向くのは、延長ならびに延長の諸特性の方なのである。あたかもひとは、このような比較に訴えることなしには、精神において何一つ確実なものを分析しえないかのように」(Gueroult, p. 12)。じっさい『真理の探究』第一巻第一章第一節は、「単純不可分で諸部分のいかなる合成もない一実体」たる「人間の精神」に、それでも「悟性」と「意志」という「二つの能力」(RV I, p. 40-1)が区別されることを指摘することから始まっているのだが、それは「物質ないし延長」も、「様々な形態を受け取る能力」と「動かされる能力」という「二つの特性ないし二つの能力」(Ibid., p. 41)を、有しているからなのである。アルキエの表現にならうなら、「われわれは延長との類比によってしか、また空間的イマージュにしたがってしか、思惟については推論しえない」(Alquié, p. 93)のである。そしてそのような類比にしたがうなら、悟性とは「幾つかの観念を受け取る、すなわち幾つかのものを覚知する能力」だということになり、意志とは「幾つかの傾向性を受け取る、もしくは様々なものを意欲する能力」(RV I, p. 41)だということになる。ちなみに同書の「最初の三巻の結論」によれば、「精神もしくは悟性」は「まったく受動的」であり、「意志」は「同時に受動的かつ能動的」（Ibid., p. 488）である。また同書の「第二解明」は、「悟性と意志とがその主要なものたる魂の様々な能力」が、「魂そのものとは異なった存在者（entités）」であると勝手に思い込んではならず、もしわれわれが「物体についてわれわれが持つ観念」と同じほど明晰な「魂の観念」を有していたとするなら、われわれは「悟性」と「意志」とが「魂と異ならない」（RV III, p. 40）ことを見るはずだとも補足している。

　同様に、延長が狭義の「形態（*figure*）」〔＝物体の外的形態〕と「布置（*configuration*）」〔＝物体の内的組成〕という「二種類の形態〔広義の〕」を受け取りうるからこそ、魂の「知覚」〔＝広義の悟性〕にも「二種類」（RV I, p. 41-2）が区別されるのである。すなわち「純粋知覚」〔＝狭義の悟性〕と「感性的」知覚〔＝快苦や光、色彩、味、臭い等〕とであり、特に後者たる「諸感覚」は、「精神の諸々の有り様」にほかならないのだから、「精神の諸変様」（Ibid., p. 42）と呼ばれることになる。そして広義の「悟性」とは、「魂が容れうるすべての様々な諸変様を、それによって魂が受け取るところの受動的な能力」のことなのだから、そこには「不在の対象を想像」する「想像力」と、「現前する対象を感覚」する「諸感官」とが含まれる。両者は「身体諸器官によって諸対象を覚知する悟性」（Ibid., p. 43）なのである。かくして「魂」にとっての「純粋知覚」は、「物質」にとっての「形態」に、また「物質」にとっての「布置」は、「魂」にとっての「諸感覚」（Ibid., p. 44-5）に、それぞれほぼ相当するのだということになる――ゲルーも指摘するように、ここでもまた「ひとはこの悟性を、延長のうちで生じているものを参照することによってしか、記述しえない」（Gueroult, p. 15）のである。

　「意志」に関しては次項でも見ることになるが、『真理の探究』第一巻第一章第二節では、それは「われわれを不特定な善一般の方へと運ぶ印象もしくは自然的運動（*l'impression ou le mouvement naturel, qui nous porte vers le bien indéterminé & en général*）」（RV I, p. 46）と定義されている。ちなみに同書の「最後の三巻の結論」によれば、「善一般に対する傾向性」こそが「意志の不安（inquiétude）の原因」（RV II, p. 450）である。また「意志」のことを「われわれを善一般の方へと運ぶ〈自然の作者〉〔＝神〕の印象」と簡潔に定義する同書第三巻の或る箇所では、「意欲は知覚を想定するからには、精神の本質ではない」と言明されている。しかし、それでも「意欲」は「精神につねにともなう一特性」なのであって、精神からは「不可分」である。そしてそれはやはり、「動かされる能力」が「物質」には「本質的」ではなくても、「物質」からは「不可分」（RV I, p. 383）なのと、同様なのである。同書第四巻の冒頭部でも言われているように、「精神界に対する精神の諸傾向性の関係は、物質界に対する運動の関係に等しい」（RV II, p. 10）のである。

同書第一巻第四章は、事物を覚知する三つの仕方として、「精神的諸事物」や「延長」を覚知する「純粋悟性」（「純粋知解（*pures intellections*）」もしくは「純粋知覚（*pures perceptions*）」とも呼ばれる）と、「物質的諸存在」ないしは「感性的諸対象」しか覚知しない「想像力」や「感官」を列挙したうえで、魂は「この三つの仕様においてしか、何一つ覚知しない」（RV I, p. 66-7）と結論する。しかしながら「傾向性」や「情念」もまた、「きわめて強力にわれわれに働きかける」（Ibid., p. 67）のだから、全六巻からなる『真理の探究』は、結局のところ「感官」「想像力」「純粋悟性」「情念」「自然的傾向性」の五つのそれぞれについて、その「誤謬」の原因を探り、しかるのちに最後の第六巻で、「真理の探究において振舞うための一般的方法」（Ibid., p. 68）を与えるという構成を取ることになる。そのうち「〔狭義の〕精神もしくは〔広義の〕悟性」は、或る箇所では「感官」「想像力と記憶」「純粋精神もしくは純粋悟性」という「三つの能力」（Ibid., p. 488）に区分されていて、そこからはマルブランシスムにおける「記憶」の位置づけが、よく分かる。また狭義の悟性もこれを細分するなら、たんに事物を表象するだけの「単純知覚」と、諸事物間の関係を表象する「判断」、さらには諸関係間の関係を表象する「推論」（RV II, p. 249）というように区分することもできる。ちなみにマルブランシスムは「感官」と「想像力」という「これら二つの諸能力のあいだには、程度差しかない（ces deux facultés ne diffèrent entr'elles que du plus & du moins）」（RV I, p. 190）と考えるのだが、そのことについては本章でものちに――たとえば〈睡眠〉や〈幻影肢〉が話題になるところで――十分に理解することになろう。また広義の意志に属すべき「情念」と「自然的傾向性」に関しては、前者を「われわれをしてわれわれの身体と、われわれの身体の保存に有益たりうるすべてのものとを愛するように傾ける、自然の〈作者〉の諸印象」と、そして後者を「われわれをして身体への関係なしに、主として至高の善としての自然の〈作者〉と、われわれの隣人とを愛するように仕向ける、自然の〈作者〉の諸印象」（RV II, p. 128）と定義している箇所があって、両者のちがいがよく分かる。

ただしマルブランシュは、以上で精神の諸能力が尽くされたと考えているわけではない。そもそもひとは、「魂が容れうるすべての諸変様」（RV I, p. 388）を、知っているわけではないのである。精神のうちには精神の知らない「無数の様々な諸変様」（Ibid., p. 384）を、継起的に受け取るための能力がある。同様に「われわれのうちにはわれわれにはまったく知られていない無数の能力（une infinité de facultés ou de capacités）が、たぶんある」（RV III, p. 23）のだと、彼は考えるのである。

しかるにマルブランシュは、魂が「つねに」（RV I, p. 391）思惟しているということのみならず、「ひとは或るときと別の或るときと、つねに同じだけ思惟している」（RV II, p. 285）ということさえ、信じて疑わない。ゲルーも指摘するように、魂は本質上、つねに思惟するという点では、デカルトの考えを踏襲しつつも、マルブランシュは「延長とのその体系的な平行性のゆえに、はるかにもっと先をゆく」（Gueroult, p. 14. Cf. p. 16, 55）のである。つまり「人間の魂」は、言わば「特定量（une quantité déterminée）」なのであって、ひとは自らの精神の「容量や広がり（la capacité & l'étendue）」を、増大せしめうるなどと考えてはならないのだが、ここでもまたそのことは、「物体」ないし「延長」とのパラレルから説明されているのである。「或る物体が、或るときには別の或るときより、真にいっそう延長することなどできないのと同様に、そのように〔……〕魂は、或るときにおいて、別の或るときよりいっそう思惟することなど、けっしてできない」（RV II, p. 282）。そして同じことは、意志の領分においても反復されている。つまり神が「つねに」われわれを「或る等しい力で」神の方に押すのだということ、そしてちょうど神が「物質全体」のうちに「或る等しい量の力ないし運動」を「保存」するのと同様に、神が「われわれの魂のうちにつねに或る等しい容量の意欲を、もしくは同じ意志を保存する」のだということを、われわれが信ずることを妨げるものは「何もない」（RV III, p. 23）のである。

　このように――マルブランシュ自身は「第一解明」の冒頭を、「幾人かの人たちは、私があまりにも早く精神と物質との比較を断念していると主張する」（Ibid., p. 17）という言葉から始めているにもかかわらず――マルブランシュの読者なら誰しもが感じるのは、むしろ彼が精神の規定に関しては、あまりにも物体との比較を重用しすぎているのではないか、ということなのである。本項でも幾度か援用したゲルーは、「実体の観念は――それが思惟に適用されうるかぎりで――延長によってしか、われわれには叡知的な仕方で提供されない」（Gueroult, p. 60）と述べている。またロディス＝レヴィスによれば、「魂の認識は〔……〕物質のそれに対しては二番目で、それは類比と差異化とによって生じる」（Rodis-Lewis, p. 34）のだし、「物体についての明晰な認識が先で〔……〕、実体の二つのタイプの区別は、延長の観念から出発して、排除によってなされる」（Ibid., p. 174）のである。ロビネのみ「思惟と延長のあいだの平行〔性〕は、ますます厳密でなくなる意味において利用され、対照は、ますます逃げ腰《エヴァズィフ》となろう」（Robinet, p. 348-9）と述べて、ニュアンスの差を残してはいるのだが、しかしロビネ以後においても、たとえばアルキエなどは、「マルブランシュ自身、類比によって、そして物体についての考察から出発して、魂について推論することを躊躇しないであろう」（Alquié, p. 45）と言明している。このような「類比」や「差異化」や「排除」は、なぜ必要になってくるのだろうか――われわれは次節以降で、その理由をいっそう明晰かつ詳細に見ることになろう。

(3) 神の栄光

形而上学的問題の一環として、神について、もう少し詳しく見ておくことにしよう。神は「一般的善」（RV I, p. 47）と、もしくは「善一般」「無限の善」「至高の善」「普遍的善」等々と形容される。「自然的愛」は、われわれを神の方へと運ぶ。なぜならそれは、神に由来しているからであり、この運動を刻印しているのが、まさしく神だからである。それゆえ「この愛の運動に必然的にしたがうのでないような意志」などなく、われわれが神に対して持つこの「自然的愛」は、「われわれを善一般の方へ運ぶ自然的傾向性」と「同じもの」（Ibid., p. 405）なのである。魂を「幸福」にしてくれるのは、このような「無限の善〔へ〕の愛ならびに享受」（Ibid., p. 406）なのだが、「すべての人間は、幸福でありたいと意欲」する。なぜなら「この傾向性は自然的で、身体には依存しない」（RV II, p. 186）からである[11]。かくしてマルブランシュは、自らの哲学のうちに「目的因」を再導入することになる。『キリスト教的会話』のなかで、テオドールはこう語っている。「デカルトが主張するように、目的因の認識は、〈自然学〉にとってはかなり無益である。しかしそれは、〈宗教〉にとっては絶対に必要である。〔……〕おそらくあなたは、ひとは理性によっては、人間たちに対する神の意図について何一つ認識しえないと決め込んでいる。しかし、あなたは間違っている」（Cch. p. 60）[12]。

「マルブランシュは神的な自愛を神の行為の動機とみなすとき、この神的な自愛を、神の栄光と呼んでいる」（Gouhier 1, p. 16）と、グイエは註釈する。先にも見たように、神はその「主たる目的」として、「自らの栄光」を欲しているのだが、しかし神はまた「自らの栄光のため」に、「神の被造物の保存」（RV II, p. 11）をも欲しているのである。それどころか「神は自らの栄光のために〈宇宙〉を作った」（EMR, p. 202）のであって、「栄光」を「創造行為の動機」(Alquié, p. 413) とみなすアルキエは、「神に固有」な栄光を「本質的栄光 (gloire essentielle)」と、「創造から引き出される」栄光を「偶有的栄光 (gloire accidentelle)」(Ibid., p. 414) と呼んで、両者をターム的に区別する。マルブランシュが神の存在のアプリオリな証明〔次項で見る〕とならんで、アポステリオリな証明を認めるのも、このゆえである。つまり「正しく推論しさえすれば、神が創造した世界のなかの見えるもののうちで、そこからひとが〈創造主〉の認識へと高まりえないものなど、一つもない」(EPh, p. 11. Cf. Cch, p. 14, 15) のである。

ところでわれわれの精神の「自然的傾向性」も、神のそれに似て、神の「栄光」以外の「主たる目的」は持ちえないし、そのような神との関連において、自らや他の諸精神の「保存」以外の「第二目的」(RV II, p. 11-2) は持ちえない。そしてもし神がわれわれのうちに「善一般〔へ〕の愛」を絶えず刻印するのでなければ、われわれは「いかなるものも愛さない」(RV I, p. 443) だろう。かくして「善一般〔へ〕の愛」――それはわれわれの「意志」にほかならない――は、「われわれのすべての特殊的愛の原理」でもあるのだということになるのだが、ただし神がわれわれのうちに刻印するのは、「善一般〔へ〕の愛」のみであり、逆にわれわれに依存するのは、「特殊的善」(RV II, p. 12) を愛することだけなのだという。

詳しく見てみよう。もともとは「われわれの意志」が、すなわち「善一般に対するわれわれの愛」が神に由来するのみならず、「すべての人間に共通であるような特殊的善に対するわれわれの傾向性」〔われわれの有の保存のような〕もまた、「われわれに対する神の意志の諸印象」(Ibid., p. 13) なのであった。「第一解明」において整理されているように、第一に神は、「絶えず」また「或る打ち克ちがたい印象」によって、われわれを「善一般」の方に押す。第二に神は、「特殊的善」の「観念」をわれわれに表象したり、その「感情」を与えたりする。そして最後に神は、この「特殊的善」の方へとわれわれを運ぶ。しかるに「特殊的善」は「すべての善」を含んでいるわけではないので、「神は必然的にも、打ち克ちがたくにも、われわれをこの〔特殊的〕善の愛へと運ぶわけではない」(RV III, p.

18）ということになる。それゆえにこそわれわれの意志は、この「特殊的善」に立ち止まるべく、「強制も必然化もされない」（RV III, p. 19）のである。

したがって「善一般に対する傾向性」は、「特殊的善に対するわれわれの同意を中断する力」（RV II, p. 14）をも、われわれに与えているのだということになる。そしてこのようにして精神が、「自らの判断と自らの愛とを中断することができる」ということのうちにこそ、精神の「自由」が存しているのであって、われわれは「誤った判断」においても「乱れた〔放埒な〕愛」においても、「自由」（RV I, p. 48）だということにもなる。『自然と恩寵についての論攷』は、「特殊的善を愛したり、愛さなかったりするこの力能」のことを——直訳するとぎこちなくなってしまうが——「諸精神にはあらゆる意味においてすべての善を含んでいるようには思えないものを、諸精神が愛するように仕向ける運動において出会われる、非‐打ち克ちがたさ」とも言い換えている。マルブランシュにとってはこの「非‐打ち克ちがたさ（*non-invincibilité*）」こそが「自由」なのであって、「われわれの〈意志〉は自由である」という表現が意味しているのは、「善一般の方への魂の自然的運動は、特殊善（bien en particulier）に対しては打ち克ちがたくない」（TNG, p. 242）ということなのである——ちなみに「意志」は、それがつねに見出そうと希望しつつもけっして見出しえないものを探し求めるべく仕向けられているからこそ、「つねに不安（inquiète）」（RV II, p. 17）なのである。

「自然の〈作者〉が絶えずわれわれの意志のうちに刻印する第二の傾向性」は、「われわれ自身についての、もしくはわれわれ自身の保存についての愛」（Ibid., p. 45）であった。われわれは「神への関係によって」（Ibid., p. 46）しか、自らを愛してはならない。ところで「自愛（amour propre）」は「二種類」に、すなわち「自らの有と自らの有の完全性とについての愛」たる「大きさの愛（l'amour de la grandeur）」と、「自らが善く有ることについての、もしくは浄福についての愛」たる「快の愛（l'amour du plaisir）」（Ibid., p. 47）との二つに区分される。しかるにひとは、大きくなるにつれて惨めになることさえありうるのだから、「大きさ」や「卓越性」は、「それ自身によって被造物をいっそう幸福にするような有り様」ではない。けれども「快」は、われわれを「顕在的にいっそう幸福に」してくれる。かくして「善く有ることの愛（amour du bien être）」は、「有の愛（amour de l'être）」よりも強力で、しばしば「自愛」は、われわれが「善く有ること」を所持していないときには、われわれに「非有」（Ibid., p. 48）を願望させることさえある――『道徳論』の表現にしたがうなら、「有」は「善く有ることと悪しく有ることとのあいだの中間のようなもの」なのであって、何の慰めもなく永遠に痛みを耐え忍ぶくらいなら、いっそ「有らぬこと」を愛さぬような人間など、一人もいないのである。しかるに人間は、神のうちにしか「自らの幸福」と「自らの完全性」とを見出しえないのだから、「神と仲違いする（être mal avec Dieu）」くらいなら、「有らぬ方がまし」である。それゆえにこそまたわれわれは、「自己自身以上に神を愛さなければならない」（TM, p. 103. Cf. TAD, p. 53, 91, 201）のである。

　かくして「人間の精神」は、「純粋精神」としては「神」へ、「人間的精神」としては「自らの身体」へという、「きわめて異なる二つの本質的ないし必然的な諸関係」（RV II, p. 126. Cf. RV III, p. 102）を有しているのだということになる。しかるに「人間たちの精神と神との合一」が「直接的（immédiate, directe）で必然的な合一」であるのに対し、「彼らが感性的諸対象と持つ合一」は、「彼らの健康と彼らの生との保存のため」（RV III, p. 54-5）にしか確立されていない。そのうえ「精神と身体の合一」が増大し、強化されるにつれて、「精神と神との合一」はますます「弱体化され、減少」（TM, p. 172. Cf. RV III, p. 21）してしまう。「神へ」と「身体へ」という、精神の「これら二つの合一」は、「両立不可能」（TM, p. 272）なのである。

　同様にして精神と身体との二実体からなる人間には、「精神の善」と「身体の善」という「二種類の善」がある。神はこれらの善を識別するための手段として、「精神の善」のためには「理性」を、「身体の善」のためには「感官」を、換言するなら、「真の善」のためには「明証性と光」を、「偽りの善」のためには「混乱した本能」(EMR. p. 104. Cf. Cch, p. 36, 39 ; TM, p. 130) を、それぞれ与えたのである。要するに「われわれの身体」は、〈われわれに属してはいるが、それなくしてもわれわれが存続しうるようなもの〉なのであって、正確に言うなら、それは「われわれ」ではなく、したがって「われわれの身体の善」もまた、「われわれの善」(RV II, p. 161) ではない。それは「偽りの善」というよりも、むしろ「まったく善ではない」(TM, p. 130) のである。

「行為」すべくわれわれを規定するのも、「光」と「快」(RV III, p. 45) だけである。「魂の諸運動」を規制すべきは「光」であり、「身体のそれ」を規制すべきは「快」である。そして光が「けっして欺かず」、精神を「自由に」(TM, p. 133) してくれるのに対し、快は「つねに欺き」、「精神の自由」を「除去もしくは減少」(Ibid., p.134) させてしまう――ただし「第一四解明」には、「身体の快」と「魂の快」という「二種類の快」(RV III, p. 198) を区別している箇所もある。この箇所それ自身は恩寵を主題化しているわけではないのだが、「快」の問題にはわれわれが恩寵論を検討するときに、もう一度出会うことになろう。

同様に『真理の探究』第五巻においては、神がわれわれに欲するのは「盲目の愛、本能の愛、言わば強いられた愛」ではなくて、「選択の愛 (amour de choix)、解明〔＝照明〕された愛 (amour éclairé)、われわれの精神とわれわれの心とを神に服属させる愛」(RV II, p. 161. Cf. EMR, p. 105) だと述べられているのだが、この問題についても、われわれは恩寵論のところで、ふたたび検討することになる。

(4) 懐疑と真理

「真理」は「二つないし複数の事物 (choses) が相互間に有する関係」(RV I, p. 52) のうちにしか存していないと、『真理の探究』第一巻第二章は述べている。同書第六巻によれば、「真理」とは、「相等性 (égalité)」なのであれ

「不等性（inégalité）」なのであれ、「実在的な関係」である。つまり「真理の否定」でしかない「虚偽性」が、「偽にして想像的な関係」であり、要するに「有らぬもの（ce qui n'est point）」もしくは「有らぬ関係」でしかないのに対し、真理とは「有るもの（ce qui est）」であり、端的に言って「関係」（RV II, p. 286. Cf. p. 289 ; RV III, p. 136 ; TM, p. 19）――「真理とは、有る関係（un rapport qui est）である」（Cch, p. 66）、「虚偽性は、何ら実在的なものではない」（TM, p. 21）――である。

そして「関係もしくは真理」にも、「三つの種類」が認められている。すなわち「諸観念間」、「諸事物とそれらの諸観念とのあいだ」、「諸事物のみのあいだ」（RV II, p. 286-7. Cf. p. 383）の関係である。たとえば「2 × 2 = 4」は「諸観念間の真理」であり、「太陽がある」は「事物とその観念とのあいだの真理」であり、「地球は月より大きい」は「たんに諸事物間にのみある関係」である。このうち第一のもののみが「永遠不変」で、後二者（＝「被造的諸事物間にある、もしくは諸観念と被造的諸事物とのあいだにあるすべての諸関係ないしすべての諸真理」）は、「変化」（Ibid., p. 287）を蒙りがちである――このような考えは、「すべての関係」を「被造的諸存在（les êtres créés）間の関係」、「叡知的諸観念間の関係」、「諸存在とそれらの諸観念とのあいだの関係」という「三つのジャンル」に還元する『キリスト教的にして形而上学的な省察』においても繰り返されていて、ここでも第一者たる諸観念間の関係のみが「永遠不変で必然的な真理」（Mch, p. 38）と呼ばれているのだが、『或るキリスト教哲学者と或る中国人哲学者の対談』のなかでは、「真理とは、諸観念間にある関係でしかない」（EPh, p. 19, 50）というまったく同じ命題が、二度繰り返されている。それゆえひょっとして――永遠不変でなければ真理ではないというような――「真理」規定の変更が、どこかであったのかもしれない。

いずれにせよマルブランシスムは、「叡知的諸観念間」のなかでも、さらに「大きさの諸関係」と「完全性の諸関係」とを区別する。前者は、たとえば一トワーズ（≒一・九四九メートル）の観念と一ピエ（≒三二四・八ミリ）のそれとのあいだのような、「同じ本性を持った諸存在の諸観念」のあいだの諸関係であり、後者は物体と精神、あるいは丸みと快とのあいだにあるような、「異なる本性を持った諸存在や諸々の有り様の諸観念」（Mch, p. 38）のあいだの諸関係である。そして前者が「まったく純粋で、抽象的で、形而上学的な真理」であるのに対し、後者は「真理であり、そして同時に不変で必然的な〈法〔則〕〉（Loix）」（Ibid., p. 39. Cf. RV III, p. 136 ; Cch, p. 66 ; TM, p. 21）なのだという。ゆえに「大きさと完全性との実在的で不変で必然的な諸関係」は、「〈真理〉（*Vérité*）と〈秩序〉（*Ordre*）」（TM, p. 22）とも言い換えられるであろう。(13)

ところでデカルトと同様、マルブランシュにおいても、「悟性」は「覚知」するだけで、「判断」するのは「意志のみ」である。かくして「われわれを誤謬のうちに投げ込む」のも、「意志のみ」（RV I, p. 49. Cf. p. 50, 77 ; RV II, p. 250）だということになる。ひとは自分が見ているもの以上に判断するのだから、誤謬に陥ってしまうのであって（Cf. TM, p. 19-20）、「誤謬は悟性の知覚以上の広がりを持つ意志の同意のうちにしか、存しない」（RV I, p. 65）のである。ちなみに「善良さ（bonté）」に対しては「同意」と「愛」という「二つの行為」を認めるマルブランシュは、「真理」に対しては「同意（acquiescement, consentement）」という「唯一の行為」（Ibid., p. 53）しか容認しない。

現状ではわれわれは、諸事物を「不完全」にしか認識しない。したがって、われわれがそれによって「同意するのを差し控えうる」ような「無差別の自由」を持つことが、「絶対に必要」である。(14)「自由」はわれわれが誤謬に陥ることを差し控えるために、「神から与えられている」（Ibid., p. 54. Cf. TM, p. 70, 74）のである。『道徳論』は、「真理の探究」のためには「精神の力」を、「誤謬の免除」のためには「精神の自由」（TM, p. 71）を、それぞれに認めている。そして『真理の探究』第一巻第二章が「誤謬を避けるため」に推奨している「二つの規則」とは、以下のようなものである。つまり、その第一は「〈学〉」に関し、「きわめて明証的に真であるように思われるので、要するに理性の内的な痛みと密やかな非難とを感じることなしには同意を拒みえないような諸命題にしか、完全な同意を与えてはならない」という規則である。そしてその第二は「〈道徳〉」に関わり、「後悔なしに愛さないことができるなら、けっして或る善を絶対的に愛してはならない」(RV I, p. 55. Cf. p. 57 ; RV II, p. 246) というものである。ひとは「同意を与えることを明証性が強いるまでは、自らの同意を制止することができる」(TM, p. 79) のであって、そして「明証性のみが欺かない」(Ibid., p. 72) のである。

『真理の探究』第六巻の或る箇所では、ひとは「魂」について知りうるすべてを、「単純な視 (vue)」もしくは「内的感情」によって知るであろうと述べられている。それに対し「推論」のうちには、「誤謬」が生じうる。なぜなら推論のうちでは「記憶」が働き、そして「悪しき霊 (mauvais génie)」の想定のもとでは、記憶のあるところ、誤謬がありうるからである。しかし「欺く神 (Dieu trompeur)」といえども、「私が思惟することから私が有ることを私が認識する」とか、「2×2＝4」を私が認識するとかのような「記憶の使用なき単純な視」(RV II, p. 370) による認識においては、私を欺きうるものではない。算術や幾何学のような「最も確実な学」が「真の学」であることを確信するためには、神が欺かないことを知っておく必要があるが、神が欺かないということは、今度は「推論」によってではなく、「単純な視」によって知る必要がある。しかるに「無限についてわれわれが持つ観念から引き出された神の存在と諸完全性とについての諸証明」は、「単純な視の証明」(Ibid., p. 371) なのであって、「神は欺かない」(Ibid., p. 372) ということも、そこから分かるのだという——このようにマルブランシュは、単純な視による認識には、方法的懐疑さえ及ばないと考えている。「個人的には、彼はけっして誇張された懐疑を生きなかった」(Rodis-Lewis, p. 22) とロディス＝レヴィスは語り、「マルブランシュの哲学は、懐疑という禁欲を通過していない」(Alquié, p. 73) とアルキエも述べている。「懐疑」は「マルブランシュが、少なくとも明示的にはその全体において引き受けることを拒絶しているところの、デカルト的道程の唯一の段階」(Ibid., p. 74) なのである。

ところでマルブランシュは、神の「本体論的」証明をデカルトのみから借りていて、アンセルムスであれボナヴエントゥラであれ、「他の諸源泉を探し求めるのは絶対に無益」(Gouhier 1, p. 344) だと、グイエは述べている。しかもアルキエの表現にならうなら、「本体論的証明は、直接知覚に変貌する」(Alquié, p. 122) のである。現にマルブランシュは、「無限」を表象する「有限」など存在しないのだから、ひとは「それ自身において」しか「無限に完全な有」を見ることができず、その「存在 (existence)」を見ることなしにその「本質」(RV II, p. 96. Cf. EMR, p. 174) を見ることなどできない、と言明している。「もしひとが神のことを思惟するなら、それは有るのでなければならない」(EMR, p. 53. Cf. RV II, p. 96, 101, 372) のであって、「神が有ることを知るためには、神のことを思惟すれば十分」(EMR, p. 174. Cf. RA 1, p. 166) なのである。要するに、「神の存在の真理より多くの証《あかし》を有しているような真理など、一つもない」(RV II, p. 104) のである。

この最後の言明は、少々言いすぎだったかもしれない。「精神が直接的に (immédiatement & directement) 覚知するすべては、何かである、すなわち存在する」(EPh, p. 5) とマルブランシュは述べているが、このことは〈コギト〉に関しても、同断なのである。「私は有る、と私は結論する。なぜなら私は自らを感じ、そして無は感じられえないからである。同様に、神は有る、無限に完全な有は存在する、と私は結論する。なぜなら私はそれを覚知し、そして無は覚知されえず、したがって無限が有限のうちに覚知されることもありえないからである」(RV II, p. 103)。それゆえにこそマルブランシュにおいては、むしろ順序は逆にして、「神は存在する」という命題は「私は思惟する、ゆえに私は有る」という命題と「同じほど確実」(EMR, p. 54) と言われることもあるのである。それどころか或る書簡への返答のなかでは、マルブランシュは、デカルトが自らの形而上学を「私は思惟する、ゆえに私は有る」という「推論」から始めたのは、誤りだったとさえ記している。なぜならひとは、「有ることなく思惟することなどできない」からであり、デカルトは「彼が存在すると結論する以前に、彼が存在することを想定していた」[15]からである。つまり先にも見たように、またロディス＝レヴィスも指摘するように、「思惟」の存在もまた、もはや「誇張された懐疑の過剰」のうちに発見されるのではない。それは「一つの直接的な明証性」(Rodis-Lewis, p. 24) なのである。

しかし次節でも見るように、マルブランシスムの考えにしたがうなら、われわれは「神」に関しても「魂」に関しても、ほんらいの意味での「観念」を持つことができない。そして「観念」に関して言うなら、われわれがまずわれわれの精神を用うべきは、「数と延長の観念」に対してである。『真理の探究』第六巻第二章は、その「主たる三つの理由」を挙げている。つまり第一に、これらの観念が「あらゆる観念のうちで最も明晰で最も明証的」だからであり、第二にそれら、とりわけ「数」の観念が、「あらゆる観念のうちで最も判明で最も精確」(RV II, p. 373) だからであり、そして第三に、それらが「われわれが認識し、われわれが認識しうる他のすべての諸事物の、不変の規則にして共通の尺度」(Ibid., p. 374) だからである――われわれはこのような「数」と「延長」との特権視が孕む問題点について、いずれ検討せざるをえなくなろう。

第二節　神における見

前節ではわれわれは、マルブランシスムにおける基本的な諸前提を見てきた。本節では今度は、彼の哲学に最も固有のものとみなされた三つの考えのうち、まず最初に「神における見」――「マルブランシスムのうちで最も独自な諸テーゼの一つ」(Pellegrin, p. 43) ――を検討しておくことにしよう。

(1) 認識の四つの仕方

『真理の探究』第三巻第二部第七章には、有名な「認識の四つの仕様」(RV I, p. 448) の区別が見出される。まずそこを概観したのちに、他の箇所から若干補足しておくことにしたい。

その第一は、「諸事物をそれら自身によって認識すること」であり、第二は「諸事物をそれらの観念によって、すなわち〔……〕諸事物とは異なる何かによって認識すること」であり、第三は「諸事物を意識によって、もしくは内的感情によって認識すること[16]」であり、そして第四は「諸事物を推測（conjecture）によって認識すること」である。つまりひとは、諸事物が「それら自身によって叡知的」であるときには、諸事物を観念なしに、「それら自身によって」認識し、諸事物が「それら自身によって叡知的ではない」ときには、「それらの観念によって」（Ibid.）認識し、「自己から区別されないすべての諸事物」は、「意識によって」認識し、上記三つとは異なる諸事物で、それらが「認識される何か別の諸事物」に似ていると思惟されるときには、それらは「推測によって」（Ibid., p. 449）認識されるのだという。

詳しく見てゆこう。第一に、ひとが「それ自身によって認識する」のは、「神」のみである。われわれが「直接的な視（une vue immédiate & directe）」で見るのは——ここではそう言われている——「神」だけなのである。ひとは「何か創造されたもの」が「無限」を「表象」しうるなどと、考えることができない。したがって神は、「特殊な有」にして「普遍的で無限な有とは異なる有」たる「観念」によっては、「覚知されえない」（Ibid.）のである。

第二にひとは、「諸物体」を「それらの諸特性」とともに、「それらの観念によって」見る。諸物体は「それら自身によって叡知的」ではないのだから、われわれはそれらの諸特性とともに、それらを「神において（en Dieu）」見るのである。それゆえわれわれが諸物体について持つ認識は、「きわめて完全」である。「延長についてわれわれが持つ観念」は、「延長が容れうるすべての諸特性を、われわれに認識させるのに十分」（Ibid., p. 450）なのである。

第三に「魂」については、われわれはそれを「その観念」によって認識するのでも、「神において」見るのでもないのだから、「意識によって」認識するよりない。それゆえにこそ「魂」についてわれわれが持つ認識は、「不完全（imparfaite）」なのである。われわれは「われわれの身体《コール》の存在（existence）よりいっそう判明に、われわれの魂の存在を認識」しはするのだが、しかし「諸物体《コール》の本性についてほど完全な認識を、魂の本性については持たない」（Ibid., p. 451）。じっさい、しかじかの快苦や熱のような「魂の諸変様」をわれわれが「定義」できず、「語」に結びつけることさえできないのは、それらが「観念」によってではなく、たんに「感情」（Ibid., p. 452）によって認識されるにすぎないからである。しかしわれわれは、たとえ魂については「完全な認識（une entière connaissance）」を持たないのだとしても、それでもわれわれが「意識もしくは内的感情」によって「魂」について持つ認識は、その「不死性、精神性、自由」等を論証するには十分だという。「意識」によってわれわれがわれわれの魂について持つ認識は、「不完全（imparfaite）」とはいえ、「誤って」はいないのである。それに対し「感情」や「意識」によってわれわれが「諸物体」について持つ認識は、「不完全」であるばかりか、「誤って」もいる。それゆえにこそわれわれは、それらの感情を「修正」すべく、「諸物体の観念」（Ibid., p. 453）を必要としているのである。

最後に「推測」によってしか認識されえないのは、「他の人間たちの魂」、「純粋知性」である。われわれは他人の魂はわれわれの魂と「同種」だと推測し、自らのうちに感ずるものを、彼らも感じているのだと主張する。しかし、たとえば「2×2＝4」や「富んでいるよりは義である方がよい」といった真理や、「私は善と快とを愛し、悪と苦とを憎む」といった傾向性に関しては、他人や天使や悪魔でさえもが私と一致するであろうと信ずることはできるのだとしても、「身体」が関与するときには、私が「私自身によって」他人たちを判断するなら、「ほとんどつねに」（Ibid., p. 454）私は誤ってしまう。したがって「もしわれわれが、われわれ自身について持つ諸感情によってしか、他の人間たちについて判断しないのであれば、われわれが他の人間たちについて持つ認識は、おおいに誤謬に曝されている」（Ibid., p. 455）のである。

今度は他の箇所から、補足しておくことにしよう。第一に「無限は原型を、もしくは無限から区別されて無限を表象する観念を、持たないし、持ちえない」（RV II. p. 101）と、『真理の探究』第四巻は述べている。しかしアルキエの指摘を俟つまでもなく、「マルブランシュは、或るときは神の観念について語り、〔……〕或るときはわれわれは神の観念を持ちえないと言明し、〔……〕或るときには神は原型を持たないと断言し、また或るときには神はそれ自身がそれ自身の原型であると断言している」（Alquié, p. 115）ということは、マルブランシュの読者なら、誰しも気づくことなのである。現に彼は、たとえば「無限の観念」によって「無限」（p. ex. EMR, p. 57）そのものの存在を論証（あるいはむしろ直接視）しようとしたり、「神の、もしくは有一般、制限なき有、無限なる有の観念は、精神の虚構ではない」（RV II. p. 95）と、力強く断定したりもしている。けれども『形而上学と宗教についての対談』の或る箇所などは、「無限はそれ自身にとって、自らの観念である。それは原型を持たない」（EMR, p. 53）と述べたすぐ次の頁で、早くも「有はそれを表象する観念を持たない。〔……〕それはそれ自身にとって、自らの原型である」（Ibid., p. 54）と語っているのである。[17] しかし、おそらくそれは、語法の問題だけなのであろう。グイエも指摘するように、マルブランシュは「日常言語」にしたがい「広義」に解するときには、「神の観念」について語りはするのだが、自らの定義を尊重するときには、「観念」という語は「物体の表象」（Gouhier 1, p. 331）のために取っておく。同じくグイエの表現にならうなら、「無限〔的〕な観念は存在しない」からこそ、「無限〔について〕の観念は存在しない」（Ibid., p. 378）のであって、「いわゆる神の観念が必然的に存在を包むのは、まさしくそれが観念ではないから」（Ibid., p. 345-6）なのである。[18] またマルブランシュは、先にも見た「神は存在する」という命題は「私は思惟する、ゆえに私は有る」という命題と「同じほど確実」とする箇所で、われわれはさらに「神が何で有るか」を見るとも述べている。なぜなら「神と有、もしくは無限は、同じ一つのものでしかない」（EMR, p. 54）からである。アルキエ（Alquié, p. 120）も引証するように、自らが「無限に完全な有の観念」を持たないことを納得させようとする人たちは、それが「丸いか四角か」を尋ねられてさえ、「それについては何も知らない」（RV II. p. 94）と答えるほかなくなってしまうであろう。

第二に、われわれは「諸事物について持つ観念によってしか、諸事物を覚知しえない」(RV I, p. 62) という考えは、マルブランシュの諸著作のいたるところで主張され続けている、彼の中心思想の一つである。「ひとは物質的諸事物を、それ自身によって、観念なしに、見ることなどできない」(Ibid., p. 416) のである。マルブランシュは、「魂が身体の外に出かけ、〔太陽や星など〕こうしたすべての諸対象をそこで観想するために、言わば天空のなかを散歩しにゆくことなど、ありそうもない」(Ibid., p. 413. Voir aussi p. 156, 417) といった類《たぐい》の比喩を、好んで用いているのだが、アルキエによれば、それはヒッパルコスに由来し、プロティノスも用いていた「仮説」(Alquié, p. 153) なのだという(19)。もちろんわれわれは、「それについていかなる観念も持たない」ものがあるからといって、そのような諸事物が「有らない」(RV I, p. 470) などと、性急に判断してはならない。しかしながら、いずれにせよわれわれは、「諸物体の本性」については、「それらがわれわれのうちに引き起こす感情」によって判断してはならないのであって、ただ「それらを表象する観念」(EMR, p. 239) によってのみ、判断するのでなければならない。

第三に、「ひとは魂については明晰な観念を持たず、内的感情によってしか魂を認識しない」(TM, p. 106) という考えもまた、マルブランシスムのいたるところに散見される、彼の主張の定番の一つである。「外官」は「つねに」欺き、内的感情は「けっしてわれわれを欺かない」(RV III, p. 27) とはいえ、われわれが「魂」についてなす認識は、「延長」に対してなすそれに比して、「はるかにいっそう不完全」(Ibid., p. 163) である。たとえばわれわれは、「魂の一変様」としての「熱」について、「明晰な観念」を持つことなどできないが、その原因たる「運動」については、「判明な観念」(RV II, p. 367) を持つことができる。私は「私の有」については、「観念」を持つことも「原型」を見ることもない。そして「内的感情」は「私が有り、思惟し、意欲し、感覚し、受苦すること」を私に教えてくれはするのだが、しかし「私が何で有るか」についても、「私の思惟、私の意志、私の諸感情、私の諸情念、私の痛みの本性」についても、さらにはそれら相互の「関係」についても、「私に認識させてはくれない」（EMR, p. 67）のである。かくして「感じること（*sentir*）」と「認識すること（*connaître*）」（Cch, p. 158）とのあいだには、あるいはまた「自らを感じること」と「自らを認識すること」とのあいだには、おおいに「差異」があるのだということになる。魂は苦しみを受苦するために、あるいは他の苦しみではなくまさしくこの苦しみを受苦するために、「いかにして自らの実体が変様されるべきであるのか」を、知ってなどいない。しかるに神は、そのようなことを明晰に見ている。約言するなら、「神は苦しみを感じることなく認識し、魂は苦しみを認識することなく感じる」（RV II, p. 97）のである。

第四に他人の魂に関しては、一方では「すべての人間」が「永遠の知恵」によって照明されているがゆえに「理性的」なのであって、「〈永遠の御言〉」こそが「諸精神の普遍的理性」（TNG, p. 183）なのだということを、他方では彼らが彼らの感覚器官の性状の差異のゆえに、「同じ諸対象」から「同じ諸印象」や「同じ諸感情」や「同じ感覚」（Cf. RV I, p. 149, 151, 152 ; RV II, p. 185, 302, 303）を持つわけではないのだということを、マルブランシュが認めているということだけ、補足しておくことにしよう。結局のところ「ひとは自らの精神を他の諸精神と比較して、それらについての何らかの関係を明晰に認めることなど、できない」（RV III, p. 168）のである。

「第一〇解明」は「光によって」と「感情によって」という、認識の「二つの仕様」（Ibid., p. 141. Cf. Mch, p. 102）を大別する。精神は「光」と「明晰な観念」とによって「諸事物の本質、数、延長」を見、「混乱した観念」もしくは「感情」によって「被造物の存在」について判断し、また「自らの存在」（RV III, p. 142）を認識する。神の存在とわれわれの魂の存在とを除外するなら、諸存在者の存在についてわれわれが持つ認識のうちには、つねに「純粋観念」と「混乱した感情」とがある。「われわれの魂の存在」に関しては、もちろんわれわれは、それを「内的感情」によって知るのだが、「神の存在」に関しては、ここではマルブランシュは、ひとはそれを「純粋な、もしくは感情なき観念（idée pure ou sans sentiment）」（Ibid., p. 143）によって認めるのだ主張する。

ちなみにゲルーは、「悟性一般の様々な様態の総体表」を掲げて、「神についての認識」には「直観的悟性」の名を、「観念による認識」には「ほんらいの意味での純粋悟性」の名を与えている。第三の「意識もしくは内的感情による認識」は、(a)「コギト」等の「純粋な、すなわち身体を捨象した精神についての意識」と、(b)「想像力」や「感官」が帰属するような「感覚や情感的な感情」、すなわち「精神が脳の痕跡を機会にして自らのアフェクションについて持つ意識」との二つに区別され、そして列挙の最後には、もちろん「推測による認識」（Gueroult, p. 31）が挙げられている。またアルキエによれば、認識の「四つの仕方」のうち、第二と第四とが「間接的」であるのに対し、第一と第三は「直接的で、それゆえ有論的」である。ちなみに「他者は推測と類推によって認識される」という考えは、「すべてのカルテジアンたちに共通」（Alquié, p. 139）の思想であったという。

(2) 観念とその所在

(a) 神における観念の見

「観念」の問題に、的を絞ってゆくことにしよう。マルブランシュは『真理の探究』の第三巻第二部第六章において「神における見について初めて語った」（Gouhier 1, p. 212）と、グイエは述べている。そしてそれが彼の生涯のテーマにして彼の哲学の代名詞となることについては、すでに触れた。たとえば『形而上学と宗教についての対談』は、その「序文」のなかで、「われわれは神においてこそ万物を見る」（EMR, p. 10, 20）というまったく同じ表現を、少なくとも二度繰り返している。ところで『真理の探究』第三巻第二部の第一章では、「観念」は「精神が何らかの対象を覚知するとき、精神の直接対象、もしくは精神に最も近いものであるところのもの、すなわち精神が或る対象について持つ知覚によって精神に触れ、精神を変様するもの」と定義されている。ただし精神が「何らかの対象」を覚知するとき、「この対象の観念が精神に顕在的に現前していること」は「絶対に必要」だが、「この観念に似た何かが外に存在すること」は、「必要ではない」(RV I, p. 414)。しかも「無はいかなる特性も持たない」のだから、観念が無でないこと、すなわち「きわめて実在的な或る存在を有していること」(Ibid., p. 415)に、間違いはない。アルキエも指摘しているように、デカルトが「魂と外的事物とに、観念に対する何らかの優位を授けていた」のに対し、マルブランシュは「観念に、われわれの魂や被造的〈自然〉に対する優越性を与える。それゆえにこそ彼は、神においてしか観念を位置づけえないのだということになろう」(Alquié, p. 193)……。

『真理の探究』第三巻第二部は、その第六章で「神における見」を主題化するまえに、まずその第一章で、「観念」の由来に関する五つの可能性――(1)それらは「諸物体」や「諸対象」に「由来する」のか、(2)「われわれの魂がこれらの観念を産出する権能(puissance)を有している」のか、(3)「神がわれわれの魂を創造しつつ、われわれの魂とともに諸観念を産出した」のか、もしくは「ひとが何らかの対象のことを思惟するたび毎に、神が諸観念を産出する」のか、(4)「魂がそれ自身のうちに、これらの諸物体のうちにそれが見るすべての完全性を有している」のか、(5)「魂」が「まったく完全で、一般にすべての叡知的な完全性を、もしくは被造的諸存在のすべての観念を含んでいるような或る存在〔＝神〕」と「合一せしめられている」(RV I, p. 417)のか――を列挙したのちに、第二章以下の各章で、順に前四者の可能性を否定して、最後に残った五番目の可能性を第六章で肯定する、という手順を踏んでいる。われわれとしても以下、その順序どおりに、議論のあらましを見ておくことにしよう。

まず最初に「最も普通の見解」とは「ペリパトス派の人たちのそれ」のことで、「外にある諸対象がそれらに似る形質(espèces)を送り、これらの形質が外官によって共通感官にまで運ばれる」(Ibid., p. 418)というものである。マルブランシュはこの考えを、以下の四つの「理由」から斥けている。まず第一に、彼の考えでは――すなわちよく指摘されるように、彼の誤解によれば——形質とは「小物体」なのであって、しかも物体は「不可入性」によって特徴づけられるのだから、それらはぶつかり合って皺くちゃとなってしまうであろうし、さらには「一点」（Ibid., p. 419）に収斂することもできないだろう。第二に、対象が近づけば形質も大きくならなければならないはずなのに、いったい何が〔それを補充する〕諸部分となりうるというのか。第三に、「完全な立方体」をひとが見るとき、その諸側面の形質はすべて「不等」でなければならないはずなのに、ひとが「すべての面を等しく正方形と見ずにはおれない」のは、どうしてか。第四に、「顕著に減少することのない物体」があらゆる方面につねに形質を送り続けるなどということが、「いかにして可能か」（Ibid., p. 420）。

「第二の見解」は、「諸対象が身体に対してなす諸印象」によって刺激されて——たとえこれらの諸印象が「対象に似たイマージュ」ではないにしても——「われわれの魂」は「諸事物の観念を産出する権能を持つ」（Ibid., p. 422）というものである。しかし、観念は「精神的」なものなのだから、それはそれが表象する物体より「高貴」である。したがってもし「人間」が「観念を自らに形成する権能」を有しているのだとするなら、人間は「神が創造した世界よりいっそう高貴で、いっそう完全な諸存在を作る権能」を有しているのだということになってしまおう。しかし、そもそも人間は「創造する権能」など有していないのであるからには、人間には観念を「産出」（Ibid., p. 423）することもやはりできない。それにまた、たとえば「天使を石から産出すること」は——そのためにはまず石を「無化」して、しかるのちに天使を「創造」しなければならないのだから——「何ものでもないもの（rien）から天使を産出すること」より、「いっそう困難」である。そして精神が「諸対象から脳が受け取る物質的な諸対象」から「諸観念」を産出するのも、これと同断なのである。また、どれほど優秀であろうとも、画家が「見たことのない動物」は「描けない」（Ibid., p. 424）のと同様に、人間が「或る対象の観念」を「形成」しうるためには、彼は「あらかじめ」それを「知って」いるのでなければならない。しかし、もし彼がすでに「観念」を有しているのだとするなら、「新たな観念を形成すること」は、「無益」（Ibid., p. 425）である。

「第三の見解」は、「すべての観念は生得的である、もしくはわれわれとともに創造される」（Ibid., p. 429）と主張する人たちの見解である。[20] しかしその場合、「形態」を認識するだけのためでさえ、「無数の様々な形態」があるからには、精神は「無数の観念の無限性」を有しているのでなければならないことになってしまおう。しかし「神が人間の精神とともに、それほど多くの諸事物を創造した」（Ibid., p. 430）とは思えない。なぜならマルブランシュによれば、「そのようなことは、きわめて単純できわめて容易な或る別の仕様でなされうる」からであり、「神はつねに最も単純な道によって働く」からである。また、たとえ精神が「諸対象を見るために精神に必要なすべての観念の貯蔵庫」を有しているのだとしても、われわれには「いかにして魂が、それらの対象を表象するために、それらの観念を選択しうるのか」（Ibid., p. 431）が分からない。そして「われわれが異なる諸事物を覚知するのと同じだけの対象についての通知（nouvelles）を絶えず神が産出している」という考えも、「本章で述べられたばかりのこと」〔＝道の単純性に関する議論〕によって、「反駁」（Ibid., p. 431-2）されてしまうのである。[21]

「第四の見解」によれば、精神は諸対象を覚知するために「自己自身」しか必要とせず、彼は「自らと自らの諸完全性と」を考察することによって、「外にあるすべての諸事物を発見」するのだという。しかしまず、魂が観念なしに自らのうちに見るのは、魂の外にあるものは何一つ「表象」することのない「魂の諸変様」でしかないのに、「観念」はたしかに「魂の外にある何かを表象」（Ibid., p. 433）しているではないか。なるほど「神」ならば、「自己自身の諸完全性」を考察することによって、「すべての諸存在（les êtres）をそれ自身のうちに見る」のだし、それらの「存在（existence）」を「完全に認識」しさえしている。しかし「被造的精神」は「きわめて制限されている」ので、「すべての諸存在」を含むことなどできないのだから、精神が「自己自身の諸完全性を考察する」ことによって「諸事物の本質」を見ることなどないのだし、また諸事物は「存在するために彼の意志に依存していない」のだから、「精神が諸事物の存在をそれ自身のうちに見る」ことも「ない」(Ibid., p. 435) のである。
それゆえ「第五」の仕様しか、残されていないことになる。つまり神が「それ自身において、彼が創造したすべての諸存在の観念を有している」ということは「絶対に必然的」なのであって、しかも神は「われわれの魂にきわめて密接に合一」されている——或る意味で、「空間」が「諸物体の場所」であるのと同様に、神は「諸精神の場所[22]」なのである。かくして「精神は、神の諸作品を、神において見ることができる」(Ibid., p. 437) のである。

神が各々の精神のうちに無数の観念を創造するより、自らのうちにあって自らの諸作品を表象するものを精神に発見させることを欲するのだということ、このことを証明するように思える幾つかの「理由」(Ibid.) があるのだが、その第一に、そのことが「理性」に適っていて、かつ「自然全体の経済」にも見合っているということが挙げられる。すなわち「神はきわめて単純できわめて容易な道によってなされうることを、きわめて困難な道によってはけっしてなさない」のだし、「神は何一つ無益に、理由なくなさない」(Ibid., p. 438) のである。ただし「諸精神がこのような仕様で万物を神において見る」ということから、「諸精神が神の本質を見る」(Ibid., p. 438-9. Cf. RV III, p. 155: Cch. p. 63, etc.) などと結論してはならない。彼らが見るのは「絶対的に解された」神的実体ではなくて、「被造物に相対的」であるかぎりでの、もしくは「被造物によって参与可能」であるかぎりでの「神的実体」(RV I, p. 439) にすぎない。

「第二の理由」は、このことが「被造的精神」を「神への完全な依存」(Ibid.) のうちに置いてくれるということであり、そして第三にして「最強」の理由として、われわれは「特に何か」を思惟したいときでも、まずもって「すべての諸存在」に一瞥を投げ、それからそのものについて考えるのだということが挙げられる。つまり「すべての諸存在がわれわれの精神に現前している」(Ibid., p. 440) ということは確かなのだが、そのことは「神がわれわれの精神に現前している」からというのでなければ、可能ではないのである[23]。その他、マルブランシュは「類や種といった普遍的諸観念」や「抽象的で一般的な諸真理」の存在、あるいは精神と神との合一を顕わにする「無限」の観念からの「神の存在証明」（Ibid., p. 441）、さらにはまた観念は「有効」であって、精神を解明したり幸不幸にしたりしうるのだが、精神に直接働きかけうるのは、精神より「上位」にある「神」のみだということ、また神は神自身以外に「自らの諸行為の主たる目的」を持ちえないのだから、神が精神に与える認識や光が「神においてある何か」をわれわれに認識せしめることは、「必然」（Ibid., p. 442）だということ、等々の理由を挙げている。要するに「われわれが被造物について持つすべての特殊的諸観念は、〈創造主〉の観念の諸制限でしかない」（Ibid., p. 443）のである。

他の箇所から、若干補足しておくことにしよう。まず、ここで語られている「観念」とは、いわゆる「感性的観念」（RV II, p. 88, 304 ; RV III, p. 106 ; Mch, p. 103, etc.）のことではない。或る箇所でマルブランシュは、「観念によって、あるいは明晰な観念によって、私は同じものを解している」（RA I, p. 160）と述べている。つまりは「純粋観念」は「魂の諸変様」（RV III, p. 106）ではない、ということである。なぜなら「観念」が「永遠不変で、至高の〈理性〉に合一されたすべての諸精神に共通で、一言で言えば神的」（Cch, p. 73）であるのに対し、「あなたの精神の一変様たるあなたの知覚」は、「有限」（Cch, p. 74）で「束の間」（EPh, p. 51）のものでしかないからである。マルブランシュによれば、「観念はわれわれの知覚から区別されない」と主張するのは、「学のうちにはピュロニスム〔懐疑主義〕を、道徳のうちには放縦（libertinage）を」（Ibid., p. 50）、確立してしまうことなのであって、彼は「われわれが諸対象について持つ諸観念は、われわれの精神の諸変様や諸知覚からたしかに異なっている」という「この原理」のことを、「諸学の基礎」（Cch, p. 68）とさえ呼んでいる。

『真理の探究』第一巻第三章は、「必然的」と「偶然的」という「二種類の真理」を区別しつつ、まだ「その本性によって不変である諸真理」と「神の意志によって決定された諸真理」とを、「必然的真理」（RV I, p. 63）のうちに分類していた。ロビネによれば、マルブランシュが「永遠真理についての主意主義的なテーゼ」を「誤った原理」として斥けるのは、「一六七七年の危機」（Robinet, p. 235）以降のことであり、ロディス＝レヴィスも言うように、「デカルトの永遠真理創造説に対するマルブランシュの反対」が明示的になってくるのは、〔一六七八年の〕「第一〇解明」（Rodis-Lewis, p. 79）においてのことである。そこでは「すべての人間たちが参与する〈理性〉」は、「普遍的」で「無限」で、「不変にして必然的」なのだから、それは「神そのものの理性と異ならない」と述べられている。そのような「普遍的理性」は「創造」されたものではなく、つまりは「一被造物」ではない[24]。神でさえ、このような理性にしたがってしか行為しえず、或る意味ではこれに「依存」し、これを「参照」さえしているのだが[25]、しかるに神はそれ自身しか参照せず、何ものにも依存しないのだから、このような理性は、神それ自身から区別されない。それは神と「共永遠的（coéternelle）」にして「共実体的（consbstantielle）」（RV III, p. 131）なのである。かくして「永遠真理」は、「原因」など持たないのだということになり、したがって「こうした諸真理の不変性の決定命令（décret）」などというものも、「精神の虚構」（Ibid., p. 133）にすぎない。「秩序」に関しても同様なのであって、「神でさえ、それにしたがうように強いられる[26]」――「秩序を引き起こし（causer）た自由な決定命令」などというものもまた、やはり「精神の虚構」（Ibid., p. 134）なのである。ところで「神においてある叡知的諸観念や諸完全性」は、「絶対に必然的で不変」だが、「真理」とは「こうした叡知的諸存在のあいだにある相等性もしくは不等性の諸関係」のことであった。それゆえ「観念」と同様、「真理」もまた「不変で必然的」なのであって――繰り返すが――「デカルト氏が彼の『省察』に対する第六反駁への答弁のなかで」主張したように、「至高の〈立法者〉としての神がこれらの諸真理を確立した」ということは、「必要ない」（Ibid., p. 136）のである。

ロディス＝レヴィスはまた「「第一〇解明」以来、マルブランシュは大きさの諸関係や思弁的諸真理に対してと同じだけ、善に対しても永遠真理の創造を批判した」（Rodis-Lewis, p. 255）と述べているのだが、それはいま見たことからも、十分に明らかであろう。「叡知的諸存在のあいだには、大きさの諸関係があるがゆえに、永遠で必然的な諸真理があるのと同様に、同じ諸存在のあいだにある完全性の諸関係のゆえに、不変で必然的な一秩序もあるのでなければならない」(RV III, p. 138. Cf. Mch, p. 33 ; TM, p. 19 ; EMR, p. 17)。つまりわれわれは、「神において」永遠真理を見るのみならず、「〈道徳〉の不変の諸規則」(Cch, p. 66) をも見るのである。

神は「その有の単純性」のうちに、「万物の諸観念とそれらの無限の諸関係と」(EMR, p. 190) を含んでいる。そして「神が被造物について持つ諸観念」(RV III, p. 149)、この「叡知的、永遠にして必然的な諸観念」は、「可視的世界の原型」(EMR, p. 37) である。かくして「真理を認識する精神」は、何らかの仕様で「神が諸事物を認識するように、諸事物を認識している」(RV II, p. 168) のである[27]。

(b) 叡知的延長

「観念」の問題を引き継ぐかたちで登場する「叡知的延長」が、一六七八年の「第一〇解明」において初めて呈示されたことは、諸家の一致して指摘するところである (Cf. p. ex. Gouhier 1, p. 236, 353 ; Rodis-Lewis, p. 81 ; Alquié, p. 220 ; Leduc-Fayette, p. 20)。『真理の探究』の本文のなかでは、この概念は第四巻第一一章において見出される。「[……] 魂は自らの実体のうちにも、自らの諸様態のうちにも、或る無限なる実在を、たとえば叡知的延長を、見ることなどできない。ひとは叡知的延長が無限であることをきわめて明晰に見るので、魂がけっしてそれを汲み尽くさないであろうことを確信する」(RV II, p. 100)。しかし、それが一七〇〇年に「追加」(Rodis-Lewis, p. 82) されたものであるということは、ロディス＝レヴィスなども付言するとおりである。「第一〇解明」では、まずこう言われている。「魂は叡知的延長を、その有り様の一つとして含んでいるのではない。なぜならこの延長は、魂の一つの有り様としてではなく、一つの有として覚知されるからである」(RV III, p. 148)[28]。

分かりやすい説明から、見てゆくことにしよう。『真理の探究』第四巻第一一章では、「私は純粋知解によって、〈私が眼を開いて見る延長〉を無限に超える延長を見る」(RV II, p. 102) と言われている。『形而上学と宗教についての対談』の「序文」によれば、われわれが「眼を閉じている」とき、われわれは「限りを持たない或る延長」を精神に現前させている。そして「いかなる場所も占めないこの非物質的な延長」のなかで、われわれは「すべての種類の諸形態」を発見することができる。この「延長」とこれらの「諸形態」とは、「叡知的」である。なぜならそれらは、自らをまったく「感覚」させないからである。ところがひとが「眼を開く」とき、「この同じ延長」は、われわれの魂のうちに「色彩」と呼ばれる「まったく異なる無限の諸知覚」を産出しつつ、「いっそう生き生きとわれわれに触れる」ことによって、今度は「感性的に」(EMR, p. 19) なる——同様の説明は、その続編『死についての対談』のなかでも繰り返されている。すなわち「延長の観念」もしくは「叡知的延長」は、「魂の一変様」などではなくて、「神において (en Dieu)」しか見出されない。なぜならわれわれの精神は「有限」なのに、この延長は「無限」で、そのうえ「不変、必然的、永遠で、すべての諸知性に共通」だからである。そしてひとが「眼を閉じて」、「脳をイマージュなしに」しつつ、「延長」のことを思惟するとき、この「叡知的延長」は「純粋知覚」でもって魂を「触発」(Ibid., p. 407) する。けれども「野原の真中《まんなか》」でひとが眼を開くときには、「この同じ叡知的延長」は、「心身合一の諸法則」にしたがって、やはり「感性的になる」(Ibid., p. 408) のである。

『キリスト教的にして形而上学的な省察』の「第九省察」は、「叡知的」と「物質的」の「二種類の延長」を区別する[29]。「叡知的延長」は「永遠、広大、必然的」であって、それは「物体的被造物によって無限に参与可能 (participable) であるかぎりでの、〔また〕一つの広大な物質を表象する (représentatif) かぎりでの、〈神的な有〉の広大さ」であると言われている。それは「無数の可能的諸世界の叡知的観念」なのである。ひとはこの「叡知的延長」によってこそ、「可視的世界」を認識する。なぜなら「神が創造した世界」の方は、そもそも「見えない」からである。

「物質」は、「叡知的延長」というその「観念」によってしか、「叡知的」（Mch, p. 99）とはならない。ちなみにマルブランシュは、ときおり「見る（voir）」と「視る（regarder）」とを術語的に区別して、前者を叡知的にして観念的なものに、後者を物質的にして被造的なものに、割り当てようとしている。「たとえばひとが視る太陽は、ひとが見る太陽ではない」（RA 1, p. 95）――「私が物質的太陽を視ているとき、私が見ているのは物質的太陽ではない」（Cch, p. 62）――のだし、「あなたが見ている諸空間は、あなたが視ている物質的諸空間と、たしかに異なっている」（EMR, p. 95）。[30]

「第一〇解明」に戻ろう。「神において」は、「叡知的に可動的（mobiles）」な「叡知的諸形態」（RV III, p. 151）がある。しかし神は、「理念的延長もしくは無限な叡知的延長」（Ibid., p. 152）をも含んでいて、こちらの「叡知的延長」の方は、「叡知的にさえ不動（immobile）」（Ibid., p. 152-3）である――ちなみに『形而上学と宗教についての対談』のなかでは、「いかなる場所も充たさない叡知的諸空間」（EMR, p. 95）について語られている。先にも見たように、「この延長〔＝「叡知的延長」〕は、いかなる場所も占めない」（Ibid., p. 54. Cf. RA 1, p. 211, etc.）のである――。われわれは「諸物体」を、「それら自身において」見るのではなく、「叡知的延長（この延長が、叡知的に不動〔＝無限である場合〕と想定されていようと、そうではない〔＝諸形態である場合〕と想定されていようと）」によってのみ見る。本節次項でも見るように、たとえば「叡知的太陽」が大きく見えたり〔＝地平線上にあるとき〕、小さく見えたり〔＝天頂にあるとき〕するのは、われわれが「叡知的延長」の「より大きい部分」を見たり、「より小さい部分」（RV III, p. 153）を見たりするからである。このようにして叡知的延長は、「叡知界の太陽、馬、樹木」であることができるのだが、もしこうした「諸観念」が「感性的諸知覚」でもって「魂を触発する」なら、それは「可視的で感性的な太陽、馬、樹木」になることさえできる。かくして叡知的延長は、「諸物体のすべての差異を、自らのうちに含んでいる」（RV III, p. 154）のである。[31]

『形而上学と宗教についての対談』のなかで、テオドールはアリストに、こう説いている。「あなたが叡知的延長を観想しているとき、あなたはまだ、われわれの住む物質界の原型と、無数の他の可能的諸世界の原型しか見ていない。じつはあなたは、その場合、神的実体を見ている。なぜなら見えるのは、もしくは精神を解明〔＝照明〕しうるのは、神的実体だけだからである。しかしあなたは、神的実体を、それ自身において、もしくはそれがそれで有るところのものにしたがって、見ているのではない。あなたが神的実体を見るのは、物質的諸被造物に対してそれが持つ関係にしたがってでしかなく、それが物質的諸被造物によって参与可能であるにしたがって、もしくはそれが物質的諸被造物を表象するにしたがってでしかない。〔……〕あなたは無限な叡知的延長によって、神が有ることを確実に見ている。〔……〕しかしあなたは神が何で有るのかを、見ているのではない」(EMR, p. 51)。「叡知的延長」に関するマルブランシュの考えを凝縮するようなこの箇所を、以下の二点にわたって補足説明しておくことにしよう。まず第一に、「無限なる叡知的延長」は、「われわれの世界に似た無数の可能的諸世界」の「原型」(Ibid., p. 52) であり[32]、この「無数の可能的諸世界の原型」こそが、「幾何学的諸真理の汲めども尽きぬ資本 (fonds)」(Ibid., p. 409) である。「叡知的延長」は、「われわれが数学的諸形態について持つすべての諸観念」(Ibid., p. 47) を与えることができ、「この広大な観念」からこそ、「純粋に叡知的なすべての諸形態」(Ibid., p. 42) が形成されるのである。第二に、われわれが「神的実体」のうちに見る「叡知的延長」は、「物質的諸存在を表象し、物質的諸存在によって参与可能であるかぎりでの、この同じ実体」(Ibid., p. 55. Cf. p. 24) でしかなく、「諸物体にふさわしい諸制限や諸不完全性をともなって諸物体を表象し、諸物体によって参与可能であるかぎりでの神の実体」でしかない。したがって「叡知的延長」は、「神的な広大さ」(Ibid., p. 184) とは混同されえない。それゆえにこそまた「われわれは、神の実体そのものが何で有るかということよりも、むしろそれが有るということを見る」(Ibid., p. 55) のである。

「叡知的延長」は「永遠、無限、必然的」なのだから、それは「一被造物」(Ibid., p. 23. Cf. p. 19) ではありえない。

「この観念は作られず、永遠である」（EPh. p. 34）。そのうえ諸観念は、ときとして「抵抗」さえし（あなたは円のうちに、二つの不等な直径を見出すことなどできない）、「叡知的延長」は「それなりの仕方で不可入的」でさえある。この観念は「必然的、永遠不変で、すべての諸精神に、人々、天使、神にさえ共通」で、精神に「つねに現前」（EMR, p. 42）している――このようにしてわれわれは、本項(a)で見た「観念」のほとんどすべての諸特徴を、「叡知的延長」においても再確認することができる。グイエは「叡知的延長についての理論」は「諸観念についての学説」の「撤回」でも「変容」でもなく、その「自然な伸長」（Gouhier 1, p. 357）にすぎないと述べている。「第一〇解明」は『真理の探究』第三巻の定式に「或る内容」を与えただけなのであって、それを「深化」（Gouhier 1, p. 358）したのでさえないのだという。しかしグイエは、一六八三年に現れた『キリスト教的にして形而上学的な省察』の「第九省察」において、「すべてが変わった」（Gouhier 1, p. 366）と考える。つまり「第一〇解明」ではまだマルブランシュは、「神における見」を補完するというかぎりにおいてのみ、「叡知的延長」について語っていただけなのであって、それゆえ「神が諸物体について持つ観念」という、その「最初の定義」（Ibid., p. 371）を与えていたにすぎなかったのだが、しかし「第九省察」においては――われわれも見たように――「物体的諸被造物によって参与可能なかぎりでの神」という、その「第二の定義」（Ibid., p. 372）が与えられたのだという。

しかしながら、すでにして「観念」に「延長」という内容が与えられたということ自体が、些細なことではないだろう[33]。マルブランシュ自身は「神においてこそ、われわれは叡知的延長を見る」という、あるいは「神においてこそ、われわれは〈幾何学的〉諸形態を見る」という考えを、「聖アウグスティヌス」（EMR, p. 19）に帰してはいるのだが、しかしロディス＝レヴィスなども指摘しているように、観念から叡知的延長への「移行」には、もちろん「デカルト的な理由」（Rodis-Lewis, p. 85）というものがある。叡知的延長においては、観念の必然性・不変性・神的性格にまつわる「アウグスティヌス主義」と、延長に関わる「デカルト主義」という、「マルブランシスムの二つの独立した諸源泉」が「収斂」し、「相互に修正し合っている」（Ibid., p. 87）のである。

(3) 自然的判断

「観念」や「叡知的延長」とは異なり、マルブランシュは「感官」や「想像力」や「情念」については、むしろ功利主義的・実用主義的な解釈を貫徹しようとする。『真理の探究』第一巻は、「自らの諸感官の使用において誤謬を回避するための規則」として、「諸感官によってはけっして諸事物がそれら自身において何で有るかについて判断するのではなく、ただそれらがわれわれの身体と有する関係についてのみ判断すること」（RV I, p. 77-8）という規則を掲げている。なぜなら諸感官は、「われわれの身体の保存のため」（Ibid., p. 78）にしか、われわれに与えられていないからである。たとえば「眼」は物体の「大きさ」「諸形態」「諸運動」「光」「色彩」のすべてにおいて――これらの誤謬が『真理の探究』第一巻の主たる分析対象となるわけだが――「われわれを欺く」（Ibid., p. 79）ことになる。とりわけ「われわれが或る事物についての〔広義の〕観念を持つ」ということから、「その事物が存在する」ということは帰結しないのだし、ましてや「その事物が、われわれがそれについて持つ観念に、まったく似ている」（Ibid., p. 86-7）などということは、帰結しないのである。また「われわれの生の保存」のためには、近くにある物体の「運動や静止」について知ることは重要だが、諸事物が遠くにあるときには、「これらの諸事物の真理を精確に知ることは、われわれにはかなり無益」（Ibid., p. 119）である。たとえば「神」ならば、「人々が太陽を見るより無限倍大きい太陽を見ている」（RA 1, p. 244）はずなのである――このような発言は自ずから、ベルクソンの『物質と記憶』の諸分析を想起せしめるのだが、ロディス＝レヴィスは「マルブランシュは、見えないものは何一つ有害ではないと想定するほど、オプティミスト」（Rodis-Lewis, p. 53）だと述べている。

「諸感官」同様、「想像力」もまた「身体の善のため」（TM, p. 139）にしか語らず、「諸情念」（Ibid., p. 148-9）についても同断である。『道徳論』は「身体を介して精神に生ずる（arriver）すべては身体のためにしか有らない」という言葉を「格率《マクシム》」（Ibid., p. 149）と、もしくは「身体を介して精神に到来（venir）するすべては身体のためにしか有らない」という表現を「大原理」（Ibid., p. 139. Cf. TNG, p. 211 ; Mch, p. 53, etc.）と呼んでいる。「身体は身体のためにしか語らない」（TM, p. 205）のだし、「要するに諸感官は、身体に有利になるようにしか語らない」（Mch, p. 231）のである。「神は、諸感官が身体のためにしか身体に語らず、けっして精神を解明しないことを欲した」（RA I, p. 104）。しかしながら、なるほど「諸感官はわれわれの感性的有の保存のためにしか、われわれに与えられていない」とはいえ、それでもそれらは「この意図に関しては、完全によく規制されている」（TM, p. 130）のだとマルブランシュは考える。「生を保存するために汝が何をなすべきか」を、「短いが、しかし異論の余地なき感情という証拠」が知らしめるのだということ、このことを「秩序が欲する」（Mch, p. 112）のであり、「神はわれわれの諸感官によって、われわれの生の保存に十分配慮した」（RV III, p. 185）のである――要するに、「身体の保存」ということだけに関して言うなら、「われわれの諸感官の印象がそこへとわれわれを運ぶところの諸判断」は、「きわめて正当」（RV I, p. 142）なのである。

　このような諸判断についての具体的な諸記述には、メルロ＝ポンティの『知覚の現象学』やベルクソンの『試論』をさえ想わせるものがあり、特に『真理の探究』の第一巻は、こうした「知覚の現象学的諸分析」もしくは「知覚の現象学的諸記述」（Alquié, p. 177）の宝庫とさえ言えるほどである[34]。たとえば天頂の「月」が地平線上の「月」より小さく見えるということは、同書第一巻では少なくとも三度（RV I, p. 98, 116, 158）は取り上げられているし、同じことは「太陽」について、『形而上学と宗教についての対談』（EMR, p. 281-3, 285. Cf. RV I, p. 159）などでも詳述されている。「太陽が地平線から遠ざかるにつれて、ますます小さくなるとあなたが見るようにさせている点において、神はつねに精確」（EMR, p. 281-2）なのである。或る水平な線分の端から、同じ長さのもう一本の線分を垂直に引くと、両者はほぼ等しい長さに見えるというのに、水平の線分の真中《まんなか》から垂直の線分を引くと、後者の方がより長く見える（RV I, p. 93）。駆けながら月を視ると、月が同じ方向に駆けてくるように見える（Ibid., p. 99）。或るときには一時間が四時間にも思え、また別の或るときには四時間があっという間に過ぎ去ってしまって、「持続の真の大きさ」が分からない（Ibid., p. 103）。船から陸を見ると、遠ざかるのは陸と街であるように見える（Ibid., p. 105）。一〇ピエ〔一ピエ＝三二四・八ミリ〕先の子供と三〇ピエ先の巨人では、網膜像は等しいはずなのに、私にはちゃんと巨人が子供の三倍の大きさに見える（RV III, p. 328）、等々。

『真理の探究』第一巻で、「自然的諸判断」という言葉が最初に登場するのは、第七章第三節においてであるように思われる。そこではそれは、「感官の諸判断」（RV I, p. 96）とも呼ばれ、また同第五節では「視覚の自然的諸判断」が、「われわれのうちで、われわれなしに、そしてわれわれの意に反してさえ（en nous, sans nous & même malgré nous）」（Ibid., p. 99）行われるのだと言われている[35]。しかしながらロビネの指摘によれば、「一六七四年〔＝『真理の探究』の最初の三巻の初版の年〕の主意主義的なコンテクスト」のなかでも、「自然的判断」という言葉は現前してはいたのだが、そこではまだ魂に「或る能動性」が認められていて、自然的判断はむしろ「われわれの精神の」（Robinet, p. 305）作品であったという。けれどもそのような傾向を示すパッセージは、すべて第二版では「削除」ないし「変様」され、自然的判断は「諸感覚の判断」もしくは「複合的感覚」となって、「神的知性」（Ibid., p. 307）の管轄に委ねられるようになる。「自然的判断」は、もはや「人間精神の意志的作品」ではないからこそ、「われわれのうちで、われわれなしに、われわれの意に反して」（Ibid., p. 309）遂行されるのである。じっさいマルブランシュは、「諸対象の距離、大きさ等の諸判断」を形成しているのは、「われわれの魂」ではなく、「神」こそが「心身合一の諸法則」にしたがって、それらを形成しているのだと主張する。だからこそ彼は、それらを「自然的」と呼ぶのであって、それらは「われわれのうちで、われわれなしに、そしてわれわれの意に反してさえ行われる」（RV

I, p. 119）のである。われわれはそこに「〈全能者〉の手」（Ibid., p. 120）を感じるのであって、「自然的判断」は「一つの感覚」でしかない。そしてこのような判断のあとには、ほとんどつねに、「自由な判断」（Ibid., p. 130）が後続することになる。

「第一七解明」の説明を見てみよう。私が頭を傾げながら、もしくは草上に寝そべりながら、馬を見たとしても、網膜像の変化にもかかわらず、私は馬を、同じ様に見続ける。馬がじっとしていて、私が駆け出したとしても、私は馬を、不動と見る。馬に近づいても、馬の大きさは変わらない。対象のイマージュの高さは対象からの距離に反比例するのだということを、「〈光学〉」が私に教えてくれ、私は「同じ感覚」を獲得し続けるのだが、しかし、このような「諸判断と諸推論」を「われわれのためになしてくれる」のは、「神のみ」なのであって、それゆえにこそマルブランシュは、ここでもまたそれらを「自然的」（RV III, p. 345）と形容するのである。けだし「有限な精神」には、「一瞬のうちに無数の推論を行うことなど、できない」（Ibid., p. 346）のだから。

同様の分析は、『或るキリスト教哲学者と或る中国人哲学者の対談』のなかにも見られる。「われわれが諸対象について持つすべての諸知覚」の「原因」は、「〈幾何学〉と〈光学〉」を完全に知っているのでなければならないし、「いかにしてすべての人間の眼と身体四肢とが合成されているのか」や、「各々の瞬間にそこで生じる様々な変化」をも、完全に知っているのでなければならない。したがってこのような「原因」は、「無限に叡知的」である。「それにしたがってこの原因が絶えず、そして一瞬のうちにすべての人間のうちに働きかけるところの諸原理」から、このうえなく遠ざかった「諸帰結（conséquences）」でさえ、この原因は「単純な視で（de simple vue）」（EPh, p. 15）発見してしまうのである——ゆえにアルキエは、「感覚」はしばしばマルブランシュによって、「神的推論の結論（conclusion）とみなされるであろう」（Alquié, p. 159）と指摘する。神がわれわれの魂の代わりに「計算」してくれて、その結果を「感覚という形式」（Ibid., p. 171）のもとに、われわれの魂に伝えてくれるのである。「自然的諸判断」

とは、このような「われわれの代わりに計算してくれる神」が有する「科学」の「結果（résultat）」（Ibid., p. 172）のことなのであって、たとえば「神がわれわれの代わりに判断しつつ、天頂においてより地平線上においての方が太陽はいっそう大きいと、われわれに覚知させている」（Ibid., p. 176）のである。

　このような自然的判断のあとには、先にも見たように、自由な判断が後続する。ときとしてマルブランシュは、両者とも偽とみなしているようにも思われる。たとえば星々を〔叡知界においてではなく〕天空のうちに「見」て、それからそれらが天空のうちにあると「意志的に判断」する人たちは、「自然的」と「自由な」という「二つの誤った判断」を行っているのだという。すなわち、一方は「諸感官の判断」もしくは「一つの複合的な感覚（une sensation composée）」であり、それは「われわれのうちで、われわれなしに、そしてわれわれの意に反してさえ」行われる。そして他方は「意志の自由な判断」なのであって、もしひとが誤謬を避けたいと思うなら、それをなすことを「差し控える」（RV I, p. 156）こともできる。「自然的判断」と「自由な判断」とは、たとえ「生の保存にはおおいに有益」であろうとも、「それら自身においてはきわめて偽」（Ibid., p. 158）なのである。

　けれども本章第一節でも見てきたように、もともとマルブランシュは、誤謬は意志の自由な同意のうちにこそ存すると、考えていたのではなかったか。そこで他の箇所では彼はニュアンスを変えて、むしろ形式的には責任を、自由な判断の方に帰せしめがちであるように思われる。「諸感官の諸判断に合致するすべての自由な諸判断は、真理からきわめて遠ざかっている」（Ibid., p. 159. Cf. p. 141）のである。「われわれが直接に見ているすべての諸事物は、つねにわれわれが見ているままにある。そしてわれわれが誤るのは、われわれが直接的に見ているものが〔……〕外的諸対象のうちに見出されると、われわれが判断するからでしかない」（Ibid., p. 159）。このように、実質的には「誤謬」は、「われわれの諸感覚は諸対象のうちにある」という「われわれがなす諸判断」（Ibid., p. 160. Cf. p. 166）のうちにしかなく、そしてこの判断こそが「われわれの自由の同意」を含んでいるのであって、したがってそれは

「誤謬に曝されている」（Ibid., p. 161）のである。『真理の探究』第五巻は、「われわれの諸情念」（RV II, p. 178-9）に関しても、ほぼ同様のことを述べている。

ただし「第六解明」は、「外に諸物体が存在するかもしれない」ということは「きわめて確実」なのであって、逆に諸物体が存在しないということを証明するものは何もなく、われわれはむしろ諸物体が存在するということを信ずる「強い傾向性」を有しているのだから、われわれは「諸物体が存在しない」と信ずるより、「諸物体が存在する」と信ずる方が「いっそう正しい」（RV III, p. 63）と述べている。したがって、もちろん「われわれを取り巻く諸物体にわれわれが帰属せしめる感性的諸性質」に関しては、われわれは「自然的諸判断」もしくは「複合的諸知覚」を「修正」しなければならないのだが、しかし「諸物体の顕在的存在に関する自然的諸判断」については、たとえわれわれがそれらに合致するような「自由な諸判断」を形成することを「差し控えうる」のだとしても、われわれは「そうしてはならない」のだという。なぜならこれらの「自然的諸判断」は、「信仰と完全に一致している」（Ibid., p. 65）からである――しかしながら外的諸物体の「存在」に関するこのような問題については、項をあらためて検討し直すことにしよう。

(4) 物体の存在

アルキエも述べているように、結局のところマルブランシスムは、「事物の外在性」と「観念の外在性」という、精神に対する「二重の外在性」を認めているのだということになる。後者が前者に「送り返す」（Alquié, p. 206）のである。しかしながら前項でも見たように、ほんらいわれわれは、「観念」から「事物」の存在や観念とのその類似性を、結論することなどできない。『キリスト教的にして形而上学的な省察』のなかで、マルブランシュは「汝は諸存在者の本質（l'essence des êtres）については、それらを表象する諸観念によって判断しなければならないとはいえ、それらの存在（existence）については、けっして諸観念によって判断してはならない」（Mch, p. 100）と、対話者イエスに語らしめている。もっとも『真理の探究』第一巻第一〇章は、なるほど「或る人間の精神への或る観念の現前」と「この観念が表象する事物の存在」とのあいだに「必然的な絆」はないにせよ、それでも「延長、諸形態、諸運動」を見るとき、われわれは「通常は」それらがわれわれの外にあることを「保証」（RV I, p. 121）することができるのであって、たとえ論証は困難だとしても、それらが「実在的存在」を有しているのだと信じて「誤ってはいない」のだと述べてもいる。ただしマルブランシュは、「光、色彩、味、臭いや、他のすべての感性的諸性質」に関してわれわれがなす判断については、「事情は同じではない」（Ibid., p. 122）とも断っている——しかしながらわれわれは、マルブランシスムそのものの内部で、外界の存在についての判断における第一次性質と第二次性質のそれぞれの役割に関して、或る種の奇妙なる逆転を目撃することになる。

つまり「物質界」が存在すると判断するためには、神がそのことをわれわれに顕示〔啓示〕する必要があるのだが、神は「自らの被造物の存在」を、「二つの仕様」（EMR, p. 37）で顕示するのだという。そしてその「二つの仕様」が、「第六解明」においてはただ「明証性によって」と「〈信仰〉によって」（RV III, p. 62）とだけ言われているのに対し、『形而上学と宗教についての対談』では、それらははっきりと、「『聖書』の権威によって」と「われわれの諸感官を介して」（EMR, p. 37）と述べられているのである。つまり一般に顕示〔啓示〕には、「自然的」と「超自然的」との「二種類」（Ibid., p. 138）があるのだが、「〈信仰〉の超自然的な啓示」とともに名指されているのは、「諸感情の自然的な顕示〔啓示〕」（Ibid., p. 143）なのである。

じっさい、「被造物の本質を表象する」のが「観念」であるのに対して、「それが存在することを信じさせる」のは「感情」（Cch, p. 67）である。つまりわれわれが「感性的諸対象」を見るとき、そこにはつねに「明晰な観念」と「混乱した感情」とがあるのだが、それらはすなわち「感性的諸対象の本質を表象する観念」と、「それらの存在

（existence）をわれわれに知らせる感情」（EMR, p. 113）となのである。しかも感情ないし感官には、もう一つの重要な機能がある。つまり「色彩の諸感覚」は、「諸形態」を「特殊化」（RV III, p. 149）してくれるのである。ロディス＝レヴィスの具体例を借りるなら、私は円盤を見て、その「具体的な諸実現」からは独立して、その「幾何学的諸特性」を研究することもできる。しかし「太陽の円」と「月の円」とを区別してくれるのは、「諸色彩」や「諸感情」（Rodis-Lewis, p. 139）なのである。われわれは「諸色彩の多様性」によってのみ、「われわれが見ている諸対象の差異」（EMR, p. 46）について判断し、「諸対象の多様性を区別する」（Cch, p. 76）ことができる。それゆえアルキエが述べているように、「感覚は知覚において、同時に実在性判断（jugement de réalité）と同定判断（jugement d'identification）とを根拠づける」（Alquié, p. 238）のである。

　ちなみにその同じアルキエは、「われわれのうち」にあるはずの「諸感覚」が「対象のうち」にあるとわれわれが信ずるのは、われわれが諸感覚を「神においてある叡知的延長」のうちに「投影」するからだと解釈する。われわれが「諸物体を神において見る」（Ibid., p. 236. Cf. p. 234）のは、このようにしてなのであって、かくしてアルキエは、このような「投影」ないし「客観化」（Ibid., p. 499, 506）の考えによって、マルブランシスムをカンティスムに接近させようとする。マルブランシュにおける「感覚」は、カントにおける「経験的直観」と同様、「対象一般」を「その特殊的本質において与えられた対象」へと変貌せしめつつ、「有論的記号というかけがえのない役割」（Ibid., p. 505）を果たしているのだという――じじつマルブランシュは、たとえば『アルノー氏の著書『真なる観念と偽なる観念』への返答』の第九章において、こう説明しているのである。「見える諸対象を区別するものは、ほんらい色彩しかない。〔……〕そこに色彩を適用するために、〈画家〉には一枚のカンバスが必要であるのと同様に、そこに言わば色彩感情を付着させるために、精神は延長の観念を有するのでなければならない。〔……〕私としては、私はこの叡知的延長は、神においてあるのだと思う」（RA 1, p. 78）。ひとが見るのは、「色彩等と結びついた叡知的延長」（Ibid., p. 95）なのである。彼はまた『形而上学と宗教についての対談』の或る箇所でも、「延長のことを思惟することは、われわれに依存しているが、延長を感じる〔感覚する〕ことは、われわれには依存していない」（EMR, p. 117）と述べていて、このような考えのうちにも、われわれはカンティスムにおける〈自発性と受容性の区別〉との類似性を、見出すことができるのかもしれない。

しかし感官による顕示〔啓示〕は、「しかじかの物体の存在」について、われわれに確信させてくれはするのだが、もちろんそれは「不可謬」というわけではない。なぜなら、たとえばひとは「昔切断した腕のなかに、痛み（douleur）を感じる」（Ibid., p. 37）ことさえあるからである。[36] つまり当該部分に対応する「脳の諸繊維」が「同様に振動」せしめられさえすれば、魂はこのような「想像的な諸部分」のうちに「きわめて実在的な痛み」（RV I, p. 125）を感じるのであって、結局のところわれわれは、「私が本当に両腕を持っている」ということに関しては、完全には確信しえないのだし、「われわれを取り巻く諸物体が存在するか否か」（RV III, p. 58）ということも、確然とは知りえないのである。「われわれを取り巻くすべての諸物体」が「無化」されたとしても、動物精気の流れによって脳が振動せしめられさえすれば、われわれが諸物体を見るであろうということは、たとえば「睡眠」や「高熱」（EMR, p. 19. Cf. p. 114, 145 ; RV III, p. 59, 347 ; Cch, p. 72-3, etc.）といった諸現象が示すところでもある。そして「諸物体が有ることなしに、ひとは諸物体を見うる」のであるからには、ひとが「直接」見ているのは、「諸物体を表象する諸観念」でしかなく、したがってひとが「諸物体をそれら自身において見ているのではない」（Cch, p. 73）ということは、明らかなのである。だからこそマルブランシュは、「自然的な顕示〔啓示〕は〔……〕誤謬に曝されている」（EMR, p. 37）と、結論せざるをえないのである。

「デカルト氏」においては、「物質の存在は、まだ完全には論証されていない」（RV III, p. 60）と、「第六解明」は述べている。物体が存在するということについて十分に確信するためには、「神が存在し、神が欺かないということ」を論証するだけでは十分ではなく、さらには「神がじっさいに諸物体を創造したのだということを、神がわれわれに保証した」のでなければならない。しかるにそのようなことは、デカルトの著作のなかでは「証明されていない」（Ibid., p. 61）のである。

それゆえ本項の初めにも見たような、「第六解明」における「明証性」と「〈信仰〉」という「二つの仕様」において、たしかに「〈信仰〉は、諸物体が存在するということを、信ずるを余儀なくさせる」のだが、しかし「明証性」の方は、残念ながら「完全ではない」（Ibid., p. 62）。結局のところ諸物体が本当に存在するのだということをわれわれに納得させてくれるのは、「〈信仰〉だけ」（Ibid., p. 64. Cf. Mch, p. 99; EMR, p. 37; RA 1, p. 95）なのである。しかもマルブランシュによれば、そもそも神は、世界を「創造しない」こともできたのである。そしてもし神が世界を創造したのだとすれば、それは神が、そのことを「自由に欲した」（RV III, p. 64. Cf. EMR, p. 176; EPh, p. 30）からである。「物体界は、それを創造することが神の気に入ったからということでしか、存在しない」（EMR, p. 37）のである。そもそも「無限に完全な〈有〉」の概念のうちには、被造物への「必然的な関係」（Ibid., p. 137）などというものは、含まれてはいない。神は「十分に自足する」のであって、それゆえにこそ物質は、「〈神性〉からの必然的な流出」（Ibid. Cf. RV III, p. 64; TNG, p. 182, 234; TM, p. 18; RA 1, p. 186; RA 2, p. 752）ではないと言われるのである。[37]ただし、本章第一節でも見た〈神の栄光〉というマルブランシュの考えからも察せられるように、「世界は有らぬより、有る方がよい」。けれども被造物は、「依存性」という本質性格を担っていなければならないからには、世界は「永遠」（TNG, p. 235. Cf. EMR, p. 23）であってはならない。ゆえに「世界の〈創造〉」は、「時間のなかで」行われるのでなければならないのであって、この点においては、神でさえ「自由ではない」（TNG, p. 235）という。しかしまた、「〈諸実体〉の無化」は「それらを産出した者における無節操の印」でしかないのだから、それらはけっして「終わることがない」（Ibid., p. 182）。要するに「諸物体」は、「それらが有ることを神が欲する」がゆえに存在し、

「それらが有ることを神が欲するのをやめない」からこそ有ることをやめないのであって、この点においては「創造」と「保存」とは、神においては「同じ一つの行為」(Mch, p. 50) でしかないのである[38]。

結局のところ、「諸物体が存在することを厳密に論証することは不可能」(EMR, p. 137) なのであって、アルキエも指摘するように、「この点ではマルブランシュは、進化しなかった」(Alquié, p. 80) のである。それゆえ「諸物体の存在」は、「恣意的」である。そしてもしそれらが存在するのだとしたなら、それは神が物体を創造することを欲したからであった。そして「神が諸物体を創造せんと、たしかに欲した」ということをわれわれに保証してくれるのは、結局のところ「啓示」(EMR, p. 137) だけなのである[39]。やはりアルキエが指摘しているように、「諸本質が神の意志に依存していない」のに対し、「諸存在は完全に神の意志に依存する」(Alquié, p. 147) のであって、かくしてこのように限定された意味においてのみ[40]、マルブランシュも「神は〔……〕創造のために、彼の全能の意志の作用以外の原理を使用しなかった」(EPh. p. 52) と述べえたのである。

(5) 魂の闇

われわれが自らの魂については明晰な観念を持ちえず、それを意識か内的感情によってしか覚知しえないということに関しては、すでに見た。たとえばマルブランシュは、こう述べている。「ひとは延長についての明晰な観念を持つようには、思惟についての明晰な観念を持たない。なぜならひとは、内的感情によってしか、もしくは意識によってしか、思惟を認識しないからである」(RV I, p. 382)。そのうえ「観念と感情のあいだ」には、「光と闇のあいだ」(RA I, p. 164) と同じほどの差異がある。マルブランシュの有名な定式によれば、魂は当人にとって、「闇」なのである。「魂はそれ自身にとって、闇でしかない。彼の光は、他所から彼にやってくる」(RV II, p. 98)。「私は私自身にとって、私の光ではない。私は私において、私の〈諸観念〉を形成することができない。〔……〕私は私自身にとって、叡知的ではありえない。そして私が私しか視ないかぎり、私は私が何で有るのかを、けっして発見しないであろう。なぜなら私は私において、闇しか見ないからである」（Mch, p. 19. Cf. p. 18, 46, 102 ; RV III, p. 150 ; EMR, p. 67, 109, 116, 119, 401 ; RA 1, p. 138, 153, etc.）。

メルロ＝ポンティは『形而上学と宗教についての対談』のなかから、「私は私自身にとって、私の光ではない」、「私は［このことを］一種の恐れなしには思惟しえない」（Merleau-Ponty, p. 18）という言葉を引いているのだが、この引用は、字句のうえからも文脈《コンテクスト》のうえからも、正確ではない。むしろマルブランシュは、「私は私自身にとって、私の光であろう」というような思い上がりに対して、「私はそれを、何らかの種類の恐れなしには思惟しえない」（EMR, p. 115）と述べているのである。たとえばひとは、快と苦、熱と色彩などを、自らの精神の有り様として相互に比較して、その関係を明晰に認識することなどできないのだし、オクターヴや五度の音程の比例関係は発見しえたとしても、それらの音をあくまで魂の変様として、数的に比較しえているわけではない（RV III, p. 168-9）。そのうえひとは、「秩序についての明晰な観念」は有しているにもかかわらず、自分が「義であるか否か」、あるいは「愛されるに値するか、憎まれるに値するか」（Ibid., p. 170）ということさえ、はっきりとは分からないのである。われわれは「魂についての明晰な観念」を持たないからこそ、「たいていの〈道徳〉の言葉」は「混乱した〈感情〉」（TM, p. 3）をしか表現できないのであって、それゆえにこそマルブランシュは、精神に対して幾何学的な方法を適用しようとするスピノザの試みを、批判したのだという（Cf. Rodis-Lewis, p. 181）。

ただしわれわれが魂の観念を持たないということは、そもそも魂の観念が存在しないということではなく、そのことはゲルー（Gueroult, p. 54）やアルキエ（Alquié, p. 100）なども指摘するとおりである。現にマルブランシュは、「神の有のうちに含まれているわれわれの有について、神が持つ完全に叡知的な観念」（RV I, p. 416）について語ったり、またこうも述べたりもしているのである。「神は魂の本性を、明晰に認識する。なぜなら神は、魂についての明晰で表象的な観念を、それ自身のうちに見出すからである」(RV II, p. 97)。それゆえ「神の観念‐原型は存在しないが、魂の観念‐原型は存在する。しかしそれは、われわれには近づけない」(Alquié, p. 140) というアルキエの表現あたりが、妥当なところであろう。

　ではなぜわれわれは、自らの魂実体について、明晰な観念を持つことができないのだろうか。宗教的にはそれは、『キリスト教的にして形而上学的な省察』のなかで説明されている。つまり、もし私が何で有るのかを私が明晰に見るのであれば、もはや私は私の身体を私自身の一部とはみなさず、生の保存にさえ留意せずに、「神に捧げるべき生贄」(Mch, p. 104) さえ持たぬことになってしまおう。私はそれにならって私が形成されたところの「原型精神」を観想しつつ、あまりに多くの美や真理を発見するので、自らの「義務」(Ibid., p. 105) をさえ怠るようになってしまうであろう――神父マルブランシュにとって、たしかにそれは「何らかの種類の恐れ」なくしては思惟しえないことではなかったか。「神はわれわれが〔われわれ〕自身を賞讃するためにわれわれを作ったのではなく、神は神のためにわれわれを作った」(RA I, p. 156) のであって、神は「われわれがあまりにもわれわれの魂の卓越性に専念しすぎること」を恐れたからこそ、「われわれにわれわれの魂についての明晰な観念を与えなかった」(TAD, p. 14) のである[41]。

　それゆえにこそマルブランシュは、先にも見たように、われわれは自らの有は確実に認識しうるが、自らの本質は明晰に認識しえないと考えるのである。「われわれは、神においてわれわれの魂の観念を見ないので、なるほどわれわれは、われわれが有るということと、われわれのうちで顕在的に生じているものとを、感じはする。しかしわれわれには、われわれが何で有るかということも、われわれが容れうる諸変様のうちのいかなるものも、明晰に発見することは不可能である」(RV III, p. 151)[42]。ゲルーも指摘するように、なるほどマルブランシュは、「魂の存在を認識することは物体〔身体〕の存在を認識することより、はるかにいっそう容易である」と考えるという点では、

「デカルトと一致」（Gueroult, p. 42）してはいるのだが、しかし「われわれは精神の本質より諸物体の本質を、いっそう容易に、いっそうよく認識する」とみなす点では、「デカルトとは対立」（Ibid., p. 43）する。[43]「第一一解明」のなかには、「魂の本性が身体〔物体〕の本性よりいっそう認識される」（RV III, p. 169）という考えを、わざわざ疑問視している箇所も見出される。ただわれわれは、「外官（sens extérieurs）」は「つねにわれわれを欺く」が、「内的感情」は「けっしてわれわれを欺かない」（Ibid., p. 27. Cf. Mch, p. 61 ; RPP, p. 38 ; RA 2, p. 981）のだということ、またたとえば「われわれは自由であるということ」等々を教え、この限られた意味においては「われわれが何で有るのか」さえ教えてくれるのも、この「内的感情」（RV III, p. 30. Cf. RA 1, p. 163-4）だということも、すでに見た。それゆえにこそゲルーは、「擬似－理性的心理学（une pseudo-psychologie rationnelle）」（Gueroult, p. 108. Cf. Rodis-Lewis, p. 198）について語るのである――しかしながら、そもそもマルブランシュにおける「擬似－心理学」とは、いったいどのようなものなのだろうか。

われわれは本章第一節の(2)で、マルブランシュが「延長」を介してしか精神ならびに精神の諸能力について理解しえなかったという事実に、立ち会ってきた。「われわれの諸感情やわれわれの諸様態は、延長の観念など含んでいない」（EMR, p. 115）にもかかわらず。「思惟」を認識するために「延長」を使用しつつ、同時にこれら二実在は相互に完全に異質だと主張する方法の奇妙さを、ゲルーは「マルブランシュ心理学の逆説」（Gueroult, p. 52）と呼んでいる。その「驚くべき逆説」は、「類比の全面的な不在に基づく類比的な方法」（Ibid., p. 53. Cf. p. 46, 49, 50, 89. Voir aussi Moreau, p. 151）のうちにこそ、存しているのである。[44] メルロ＝ポンティもまた、「排除」と「類比」とによって「延長」の観念から構築される「魂の《擬似－観念》（une «pseudo-idée» de l'âme）」は、「真の認識」ではなく、「半－思惟（une demi-pensée）」（Merleau-Ponty, p. 21）でしかないと述べている。あるいはモローによれば、「マルブランシュが解するような自己認識は、言わば《否定心理学》（《否定神学》について語られるように）の仕方で、もしくは類比によって着手しつつ〔……〕或る《間接的》な言説のようにして建てられる」(Moreau, p. 98) のだという。

そしてマルブランシュ自身が、われわれが「魂」の「明晰判明な観念」(RV III, p. 164) を持たないことの証拠として、「カルテジアンたちでさえ」熱や痛みや色彩といった「感性的諸性質」が「精神の有り様」であることを確証するために、「延長の観念」を「参照」しているという事実を挙げているのである。つまり「延長」は「形態」と「運動」しか容れないのだから、感性的諸性質は「延長の諸変様」ではありえず、しかも「精神」と「物体」という「有の二つのジャンル」しか存在しないのだから、感性的諸性質は「精神」に属す、というのである。「ひとは感性的諸性質が自らの魂の有り様であるか否かを発見するために、延長についてひとが持つ観念を参照することを余儀なくされているからには、ひとが魂についての明晰な観念を有していないということは、明らかではないだろうか。そうでなければ、一度たりともひとは、このような回り道 (détour) をしようなどという気になるだろうか」(Ibid., p. 165)。マルブランシュは、数頁先でももう一度、この「回り道」(Ibid., p. 171) という言葉を用いている。そこに見出されるのは、ふたたびメルロ＝ポンティの表現を借りるなら、「自己から自己へゆくために回り道があらねばならないような或る哲学における、不可避的な分裂」(Merleau-Ponty, p. 23) なのである。けれども「物質から引き出された諸比較」には、むしろ「精神」を「自然化」(Alquié, p. 107) ――生ける自然ではなくて――してしまう危険さえ、潜んでいるのではないだろうか。

そもそもなぜわれわれは、自らの魂を明晰に認識しえず、魂はどこまでも不可解な闇に留まってしまうのだろうか。宗教的な理由はともかくとして、理論的にはそのことは、先にも見た「観念」とその観念についての「知覚」との「区別」(EPh. p. 50) という、認識の体制にまつわる一つの前提もしくは先入見に、起因しているように思われる。「観念は、真であるためには、《魂からは区別された》何かをわれわれに提供しなければならず、観念がなければ魂は、魂から区別されたものは何一つ、知覚しないであろう」(Alquié, p. 505) と、アルキエは述べている。しかしそのような現象化の体制からは、魂がまさしく自己自身について或る「観念」を持ち、自己自身を「知覚」するということが、絶対に不可能になってしまうということは、理の当然ではないだろうか。アルキエはまた、「認識についてマルブランシュが抱いている考えは、現代の志向性理論にきわめて近い」(Ibid., p. 106. Cf. p. 207, 504) と述べてもいて、しかもそのことを、むしろポジティヴに捉えているようなのである。しかしながら「志向性」が、意識それ自身の現象化の可能性というものを、結局は阻んでしまうのだということは、現象学それ自身の内部で、たとえば後期メルロ＝ポンティやミシェル・アンリなどが、繰り返し指摘し続けてきたことではなかったか。

「マルブランシュは、観念と客観的実在性〔*réalité objective* 表現的実在性〕とを、同義語とみなしている」(Gouhier 1, p. 269) と、グイエは指摘する。そしてゲルーによるならば、「もし観念がそれ自身、意識か魂であるなら、もはや対象意識は存在しないことだろう」(Gueroult, p. 20) ――つまりは自己意識は、けっして対象意識ではありえない、ということではないだろうか。しかるにマルブランシュにおいては、「あらゆる叡知的認識の諸条件」は、「観念としての対象」のうちにしか存せず、「主観それ自身についてのほんらいの意味での認識」でさえ、「対象認識の形式のもと以外には、可能とはみなされえない」(Ibid., p. 35) のである。しかしながら、それでは対象性〔客観性〕の地平を介してようやく獲得される自己認識が、もともとわれわれがそれで有ったところのものでまさしく有るのだということを、いったい何がわれわれに保証してくれるというのだろうか。そのためにはまず「内的感情」が、あらゆる迂回以前に、そして対象化や志向性とはまったくちがう仕方で、しかも根源的に、自己自身を顕示するのでなければならないのではないだろうか。それどころかむしろ、もし回り道によって獲得されたものが、依然として何ほどかの意味を保ちうるとするなら、それはそれ以前に根源的に獲得された内的な自己顕現が、このような対象化という仕方でようやく達せられる迂回的な自己認識をさえ、密かに導いているからではないだろうか。

けれどもマルブランシュは、「精神」を「外在性への純粋な開け」として「定義」(Alquié, p. 504) していると、アルキエは指摘し続ける。そしてマルブランシュ自身、こう述べているのである。「われわれはわれわれ自身にとって、闇でしかない。自らを見るためには、われわれは自らを、自らの外で視るのでなければならない」(RV III, p. 150)……。

第三節　機会原因論

(1) 心身の合一

第二の問題構制に、移行することにしよう。周知のようにデカルトは、一六四三年五月二一日付のエリザベト宛書簡のなかで、「心身合一を考える仕方」として、「特に身体」に関しては「延長」の概念、「魂のみ」については「思惟」の概念、そして「心身ともに」においては「両者の合一」の概念という、三つの「原初的概念(notions primitives)」(AT III, p. 665 : FA III, p. 19)を呈示している。しかしロディス＝レヴィスも指摘するように、マルブランシュにおいて「心身合一」は、デカルトのように「第三の原初的概念」という「一特殊圏域」に対応することはない。デカルトが「実体的」と呼んだ「合一」を「たんなる相関関係」によって説明するために、マルブランシュの採用したのが、「すでに幾人かのカルテジアンたちによって提案されていた機会原因論的な解釈」(Rodis-Lewis, p. 201)だったのであって、彼は「第三の原初的概念」のみならず、「第六省察」において見られたような「因果的推論」という考えさえ、斥けてしまう。精神と物体(身体)という「実体の二秩序」の異質性は、「あらゆる相互作用を排除する」(Ibid., p. 137)[45]のである。

その「機会原因論的な解釈」の検討に関しては、次項以降に回すことにして、本項ではわれわれは、その「たんなる相関関係」についてのみ、紹介してゆくことにしよう。先にも見たように、マルブランシュは「たいていの

〈哲学者たち〉のように、精神が身体と合一されるとき精神が身体になり、身体が精神と合一されるとき身体が精神になるなどと、勝手に思い込んではならない」（RV I, p. 215）と警告する。精神と身体とは、「二つのまったく対立した有のジャンル」なのであって、厳正・厳密な意味においては「精神はそれ自身によっては、身体と合一されえない」（RV II, p. 172）のだし、当然のことながら逆もまた然りなのである。それゆえ「われわれがそれから合成されているところの二実体」のあいだに、「必然的な関係」などありえない。「脳の或る部分〔マルブランシュはそれを「特定」しないと、ここで述べている〕の諸様態」のあとには、つねに「われわれの魂の諸様態もしくは諸感情」が「後続」しはするのだけれども、しかしそれは「これら二実体の合一のつねに有効な諸法則」にしたがってのことだけなのであって、両者のあいだには「いかなる因果関係も存在しない」（EMR, p. 96）――ちなみにアルキエによれば、マルブランシュが攻撃するのは「同時に魂でも身体でもあるような実在」の観念、すなわち「生」や「魂を付与された物質（matière animée）」の観念なのであって、ライプニッツがこれとちょうど「正反対の道」（Alquié, p. 255）をゆくのだという。

このような諸記述を見るだけなら、まだ「ひとが平行論について語りえた」（Rodis-Lewis, p. 204）ということも肯えるのであって、たとえばバエルチのように、「機会原因論」と「予定調和」とを「平行論の二つのヴァリアント」と言明する者も、出てくることになる。ライプニッツもマルブランシュも、「部分的平行論」を――「部分的」というのは、「各々の身体的出来事が、或る心的現象をともなうわけではない」のだし、「逆もまた然り」だからなのだが――「主張する」（Baertschi, p. 236）のである。じじつマルブランシュのテクストには、そのような平行論的な諸記述が、いたるところに散見される。「一言で言うなら、人生は血液の循環と、諸々の思惟や願望のもう一つの循環とのうちにしか、存していない」（RV I, p. 195）のだし、「われわれに知られている精神と身体との同盟（alliance）の全体が、魂の諸思惟と脳の諸痕跡との、また魂の諸情動と動物精気の諸運動との、自然的で相互的な或る対応（une correspondance naturelle & mutuelle）のうちに存している」（Ibid., p. 215）、等々。このような照応関係は、たとえば「イマージュ」と「動物精気が脳のうちになす諸痕跡」（Ibid., p. 275）とのあいだにも、指摘されている。「想像力と精神とに生ずるすべての諸変化は、動物精気のうちで、また脳を合成する諸繊維のうちで出会われる諸変化の、帰結でしかない」（Ibid., p. 274）。いずれにせよ心身の相互対応は、一方通行ではない。「脳の或る部分のうちに生ずる諸変化は、魂の諸感覚をともない、〔逆に〕魂の或る願望には、その身体の幾つかの部分を動かす精気の流れが後続する」（RV III, p. 327）。そしてもし「心身合一の諸法則」がなければ、「あなたの〈蔵書〉全体」が、せいぜいのところ「白と黒との紙」（EMR, p. 287）でしかないことであろう……。

ところでマルブランシュが「特定」しようとしない「脳の或る部分」とは、一六四〇年一月二九日付のメッソニエ宛書簡のなかでデカルトが「魂の主要な座（le principal siège de l'âme）」と呼んでいた、「松果腺」（AT III, p. 19 : FA II, p. 156〔ここでは *Conarion, conarium* と書かれている〕）に相当するもののことである。マルブランシュはそれを、ただ「脳の主要部分」と呼ぶのみである。「魂は直接的には、身体のすべての諸部分に合一されているのではなくて、それらすべてに呼応し・私が認識することなく主要部分と呼んでいるところの部分に、合一されている」（TM, p. 122）。もちろんデカルトがその『情念論』の第三〇節において、「魂は身体のすべての諸部分に一緒に合一されている」（AT XI, p. 351 : FA III, p. 976）と主張していたように、マルブランシュもまた「魂はその身体を合成するすべての諸部分に合一されている」と考える。しかも「魂がその身体のうちに広がる」のは、「主として感情によって」（RV II, p. 115）であるとも付言されている。「私の魂が私の身体に合一されているということ、もしくは私の身体が私の有の部分をなすということを、私が確信（persuadé）するのは、感情の本能によってである」（Ibid., p. 172）。さらには『情念論』第三三節が「諸情念の座は心臓のうちにはない」（AT XI, p. 353 : FA III, p. 979）と忠告していたように、マルブランシュもまた「ほとんどすべての〈哲学者たち〉は、心臓が魂の諸情念の主要な座だと勝手に思い込んだ、そして今日においてさえ、なおそれが最も普通の見解である」(RV I, p. 205-6) ということに警告を発する。しかし、やはりデカルトが『情念論』の第三一節で「脳のうちには一つの小腺があって、魂は、他の部分においてよりいっそう特殊的に、そこにおいてその諸機能を行使する」(AT XI, p. 351 : FA III, p. 977) と述べていたように、マルブランシュもまた、脳には「主要部分」というものがあって、それが「われわれの身体のすべての諸部分に呼応」し、またそれが「われわれの魂が直接的に居住しているところの場所」だということは、はっきりと認めてはいる。ただしマルブランシュは、そのことが「かなり無益」で「おおいに不確か」で、「ここでは証明されえない事実」であって「それについては何も言わない方がまし」だからこそ、この主要部分を「特定しない」(RV I, p. 193) のである。魂は「〈松果腺〉」にこそ「直接的に合一」されているとデカルトが考えたとき、彼は「誤ってしまった」のであって、むしろ「一つの主要部分があるということだけで十分」(Ibid., p. 194) だと、マルブランシュ自身は考えるのである。

『真理の探究』第二巻第一部第五章は、「脳の諸痕跡は相互に結合され、それらには動物精気の運動が後続する」のだということ、また「脳のうちで喚起された諸痕跡は、精神のうちで諸観念を喚起し、動物精気のうちで引き起こされた諸運動は、意志のうちで諸情念を引き起こす」のだということを、ただぼんやりと認識するだけでは不十分だと述べている。われわれは「こうしたすべての異なる絆《リエゾン》の原因」(Ibid., p. 214) をも、判明に知らなければならないのである。そこでマルブランシュは、まず後者たる「〔広義の〕諸観念と諸痕跡との絆」(Ibid., p. 216) について、その名も「身体との魂の合一について」(Ibid., p. 215) と題されたその第一節において、語っている。このリエゾンには「三つの原因」があって、「第一」にして他の二つが想定している原因とは、「自然」すなわち「〈創造主〉の恒常的にして不変なる意志」(Ibid., p. 216) である。たとえばわれわれの見ている樹木や山岳が産出する「諸痕跡」と、樹木や山岳の「諸観念」とのあいだには、あるいは人間や動物の態度・振舞いが産出する「諸痕跡」と、苦しそう・強そう・弱そうといった「諸観念」とのあいだには、「自然的でわれわれの意志には依存しない絆」というものがある。これらの「自然的な絆」は、三つのうちで「最強」で、一般にすべての人々において「類似」していて、「生の保存に絶対に必要」である。次に「第二」の原因とは「時間の同一性」のことであって、たとえばもし「神の観念」が私の精神に呈示されるのと同時に«*iah*»という文字か音が私の脳を打ったとするなら、これらの文字や音が産出した「諸痕跡」が喚起されるだけで、私が「神のことを思惟する」のに十分だし、逆に私が「神のことを思惟する」なら、私の脳のうちにはこれらの文字や音の「諸痕跡」(Ibid., p. 217) が、必ず産出されるのである。そして「第三」の原因とは「人々の意志」であり、それは前二者を「想定」(Ibid., p. 218) している。たとえば「正方形」を見て「正方形の観念」を持つさいの絆が「自然的」であるのに対して、「カレ〔carré 正方形〕」というフランス語の発音を聞いてわれわれが「正方形の観念」を持つさいの絆は、「意志的」である。したがって、ここでは「諸観念」と「われわれの脳の諸痕跡」とのあいだの絆は、「すべての人間において異なる」(Ibid., p. 219. Cf. RV III, p. 113) ということさえありうるのである。

ついでながら同章第二節「諸痕跡の相互的な絆について」(RV I, p. 222) は、同時に脳に刻印された諸痕跡は互いに密接に結びつき合い、或る痕跡が喚起されると、他のすべてが喚起されるという考えを呈示しており、また第三節「記憶について」(Ibid., p. 224) は、脳の繊維がひとたび動物精気の流れや対象の作用から或る印象を受け取ると、それは同じ配置性状《ディスポジション》を受け取るさいの容易さをかなり長時間保つという点に、「記憶」(Ibid., p. 225) の特質を見ている。そして最後に第四節「諸習慣について」(Ibid., p. 226) は、ほぼ同様の内容を習慣に対して適用して、「記憶」が〈「脳」のうちに動物精気が刻印した「諸痕跡」〉のうちに存しているのに対し、「身体的諸習慣」の方は〈動物精気が獲得した、「われわれの身体の或る箇所」を通過するさいの「容易さ」〉(Ibid., p. 228) ――楽器演奏なら指の、外国語の発音なら発声に役立つ筋肉の――のうちに存しているのだという。

⑵ 機会原因の諸相

今度は「機会原因論的な解釈」の方を見てゆくことにしよう。機会原因論の「最初の萌芽」は、ときとして「諸実体の共約不可能性」と「連続的創造」とをめぐるデカルトの諸理論のうちに指摘されることがある〔たとえばドレフュス。Cf. TNG, p. 20〕。あるいは「諸物体の運動を引き起こす力は神に由来する」という主張の典拠が、デカルトの『哲学原理』第二部の〔神は運動の第一原因であり、宇宙のうちにつねに同一の運動量を保存すると主張した〕第三六節以下の叙述のうちに求められることもある〔たとえばアルキエ。Cf. Alquié, p. 36〕。いずれにせよ機会原因論が、スピノザの平行論とライプニッツの予定調和とならんで「心身関係という問題に対してデカルトの後継者たちによって提示された三つの解決のうちの一つ」(Ibid., p. 252) だという見解は、むしろ哲学史の常識に属することである。哲学史はまた「機会原因論」という表現を用いた「最初のカルテジアン」が、マルブランシュではなく「ラ・フォルジュ」(Gouhier 2. p. 89. Cf. Baertschi, p. 185) であり、その「理論」を彫琢したのも、やはり「最初のカルテジアン」と称される「コルドモア」(Cf. Baertschi, p. 185) であったということも教えてくれる。けれどもグイエによれば、問題とされるのが「デカルト」なのであれ「コルドモア」なのであれ、他のいかなる者なのであれ、われわれが「機会原因論」について語るとき、「われわれが思惟するのはマルブランシュのこと」である。「われわれは彼〔マルブランシュ〕のためにこの語を構築した」のであって、たとえば「機会を与える原因 (les «causes qui donnent occasion»)」という表現程度のことなら、それはデカルトにおいても十分に認められたことであろう。けれども「機会原因論」となると、それは「マルブランシュの作品」(Gouhier 2. p. 123) なのである。

　ただしアルキエによれば、「機会原因論者たち」と呼ばれるゲリンクス、コルドモア、ラ・フォルジュらからマルブランシュが「借りた」ものと、彼自身の「個人的省察」がもたらしたものとを区別するのは、「困難」(Alquié, p. 252) だという。そして同じくアルキエの指摘するところによれば、デカルト、スピノザ、ライプニッツ等々、

「実体」の概念と「因果性」の概念とを「不可分」のものとみなした「一七世紀のほとんどの哲学者」たちのなかにあって、物体と精神とが「実体」であることは認めつつも、それらが「原因」たりうることを否定してしまったのは、「マルブランシュだけ」（Ibid., p. 148）なのだという。

じっさいマルブランシュは、たとえば次のように述べつつ、神以外の諸原因の存在を否定する。「どれほど私がそれ〔＝以下の力や権能〕を理解しようと努力したとしても、私は自らのうちに、被造物に帰属せしめられる力（force）や権能（puissance）が何でありうるのかを私に表象してくれるような観念を、見出すことなどできない」（RV III, p. 204）。「被造物の権能は、それについては当然われわれが観念を持たないところの〈精神の虚構〉なのだから、各人が各人の好きなようにそれを思い描いた」（Ibid., p. 207）。被造物のうちには、それが物体であろうと精神であろうと、いかなる力も権能も見出されえないのであって、「物体から精神へ」も「精神から物体へ」も、さらには「物体から物体へ」も「精神から別の精神へ」も、「いかなる因果関係も存在しない」。一言で言うなら、「いかなる被造物も、他のいかなる被造物にも、それ固有の実効（efficace）によって働きかけることなどできない」（EMR, p. 96）のである。「或る物体が別の或る物体を動かしうること」や、「あなたがあなたの肘掛け椅子を動かしうること」には、さらには「すべての天使と悪魔とが一緒になって、藁屑一本揺り動かしうること」にさえ、マルブランシュによれば「矛盾」（Ibid., p. 160）がある[46]。何らかの物体を動かしうる「被造的精神」（RV II, p. 313）など存在しないのだし、「魂の意志」が「腕の運動」の原因だと考えることすら「先入見」（RV I, p. 426）である。それゆえ「物質的にして感性的な世界」のうちに「真の力、権能、原因」が存在しないと言うだけでは足りず、「最も高貴な諸精神」でさえ、同様の「無力」（RV II, p. 314）のうちにあるのだと認めなければならない。たとえば人々が「意欲」するや否や、「諸事物の観念」が精神に現前するということ、あるいは〔知覚のさいに〕「諸対象」が現前するなら、魂がそれらを覚知するということ、これらのことから結論すべきは、「観念」を持つためには「意志」が、あるいは「観念」が現前するためには「対象」が、「通常は必要だ」ということだけなのであって、それらが真の「原因」だということではない。玉と玉とがぶつかって、後者が動き始めるとき、前者は後者の運動の「真の原因」ではない。ただ二つの玉の「衝突（rencontre）」が次のような「機会」、すなわち「物質の運動の〈作者〉」たる神が「万物の普遍的原因」たる彼の意志の決定命令を遂行するための「機会（occasion）」（RV I, p. 428）であった、ということにすぎない。それゆえにこそ「物体の運動」や「精神の意志」は、「自然的な、もしくは機会的な原因」（RV III, p. 242, 243）と呼ばれるのである。「真の原因」は〔超自然的な〕「神のみ」なのであって、「人間たちも、天使たちも、悪魔たちも、いかなる被造物も」、これらはすべて「機会原因」（TM, p. 163）でしかない。

『形而上学と宗教についての対談』のなかで、マルブランシュは「それにしたがって神がその〈摂理〉の通常の流れを規制するところの一般的諸法則」として、以下の五つを挙げている。第一は「運動伝達の一般的諸法則」で、「諸物体の衝突（choc）」がその「機会的もしくは自然的な原因」である。第二は「心身合一の諸法則」で、両者の「諸様態」がお互いに他方の「諸変化」の「機会原因」となる。第三は「神との、〔すなわち〕普遍的〈理性〉の叡知的実体との魂の合一の諸法則」で、その「機会原因」は「われわれの注意」である。「〈理性〉と経験」がわれわれに教えてくれるのは以上の三つのみだが、「『聖書』の権威」が以下の二つを追加する。すなわち第四は「善天使や悪天使に彼らの本性より下位にある諸実体たる諸物体への力能を与える一般的な諸法則」（EMR, p. 319）であり、そして「最後に、それによってイエス・キリストが、天と地における至高の権能を受け取ったところの諸法則」（Ibid. p. 320）がある[47]——ちなみにこの箇所についての注記というわけではないのだが、ロビネが諸原因間に以下の六つの「ヒエラルキー的秩序」を掲げているので、参照されたい。「(a)唯一なる真の原因たる神。(b)その聖なる魂の自由な願望による恩寵の配分の機会原因たるイエス・キリスト。(c)〈旧約〉では機会原因、〈新約〉ではイエス・キリストに従属した原因たる天使。(d)〈最初の契約〉の枠内〔＝原罪以前〕で、特別な力能を有している機会原因たるアダム。(e)秩序には関係なく、自らの注意と自らの意志という、区分された自らの諸能力を持つ罪人たる人間。(f)物質的領分における諸物体の衝突」(Robinet, p. 129)。

理性と経験のみが教えるとされる機会原因の三つのケース、すなわち「精神-物体〔身体〕」、「物体-物体」、「精神のみ」(Nadler, p. viii) のそれぞれについて[48]、もう少し詳しく検討しておくことにしよう。まず物体と物体の関係に関しては、いまも見たように、マルブランシュはもっぱらそれを、諸物体の衝突という観点から考察する。ではなぜ或る物体は、他の物体を動かすことができないのだろうか。その理由は、まずもって「いかなる物体も、独力では自らを動かすことができない」(RV II, p. 90. Cf. p. 347, 356 ; RV III, p. 208, 240 ; Cch, p. 21 ; EMR, p. 154, 155, etc.) というところに求められる。つまりマルブランシュは、物体は自らのうちに「運動力 (force mouvante)」(RV II, p. 313 ; RV III, p. 174, 208, 240, etc.) など有していない、と考えているのである。もし「運動力」が「動かされる物体」に属しているならば、それは物体という「実体」の「一つの様態」だということにでもなろう。けれども「諸様態」が「実体から実体へゆく」などということには、「矛盾」(RA 1, p. 515) がある。そのうえそもそも物体は、「動かされているか否か」、またどのような方向に「動かされているか」といったことに関しては、「無頓着」(RV II, p. 349) である。そして「純粋に受動的な実体」たる物体が、他の物体に「それを運搬する権能を伝えうる」(RV III, p. 209) などということが、考えられるだろうか。「諸物体が、それらが衝突する諸物体に、それら自身が有してもいない力を伝達するなどということが、私には信じられない」(Cch, p. 21-2) のである。それゆえにこそ「諸物体の衝突」は、「それらの運動の配分の機会原因」(EMR, p. 162) でしかなく、端的に言って「運動伝達の諸法則の機会原因」(Ibid., p. 246) にすぎないのである。

次に物体〔身体〕と精神との関係について。まず物体から精神への方向に関して言うなら、たとえば「火」は「熱の機会原因」(TM, p. 42) でしかなく、「諸物体は諸精神には働きかけえない」(EMR, p. 361)。魂のうちに働きかけて、魂を「幸福にする」(RV III, p. 96) ことなど、諸物体にはできないのであって、「諸物体は機会原因としてしか、精神には働きかけえない」(RV II, p. 171) のである。あるいはいっそう直接的には、「身体は精神には働きかけえない」(Mch, p. 119) と言った方が、身近な表現となるのかもしれない。けだし「魂に生じなければならないものの機会原因は、身体に生じるもののうちにしか見出されえない。というのも、神が一緒に合一したいと欲したのは、魂と身体だから」(EMR, p. 284) である。かくして「私の脳のなかで引き起こされる諸振動」が、「私の諸感情の機会的ないし自然的な原因」(Ibid., p. 289) となるのだし、「汝の諸感官を打つ諸対象」のみならず、「動物精気の流れ」もまた、「汝の諸感情 (諸感情ということで、ここで一般に私が解しているのは、何らかの仕方で身体が関与しているすべての諸思惟のことである) の機会原因」(Mch, p. 67) だと言われるのである。そしてその理由とは、ここでもまたやはり、「純粋に受動的な実体そのものたる物質」は、「精神には働きかけえない」(RV III, p. 326) ということなのである。「諸物体は無効 (inefficaces) な実体、純粋に受動的な実体なので、精神を変様しえない」(Cch, p. 28)。

　そして同様のことは、精神から物体〔身体〕への方向に関しても述べられえよう。「諸精神の意志は、世界にある最小の物体でさえ、動かすことができない。なぜなら、たとえばわれわれの腕を動かすという、われわれが有している意志と、われわれの腕の運動とのあいだに、必然的な絆など存在しないということは、明らかだからである」(RV II, p. 315)。われわれは「われわれの四肢を動かす能力」さえ、有してなどいない。「われわれの意志」もまた、「心身合一の一般法則にしたがった、われわれの四肢の運動の機会原因」(RA 1, p. 181) にすぎないのである。

　第三に、精神のみの関係について述べるなら、マルブランシスムにおいては私の「意志」や「願望」が、とりわけ私の「注意」が、よく「観念」の現前の、すなわち「光」の「機会原因」(Cf. Mch, p. 67, 145, 169 ; TM, p. 83, 120 ; EMR, p. 289 ; RA 1, p. 126, 127, 177, 181, etc.) と言われている。それらは言わば、われわれが真理の光に浴するための「自然な祈り」(RA 1, p. 126 ; RA 2, p. 1048, etc.) なのである。つまり「神のみ」が「われわれの諸認識の〈作者〉」なのだから、「われわれの特殊意志」は、その「機会原因」(RV III, p. 40) でしかない。あるいはまた「悟性」は「諸事物についての混乱した不完全な諸知覚」でしかないことが多々あるのだから、悟性こそが「われわれの諸誤謬」の「機会的もしくは間接的」な「原因」(RV II, p. 250) と言われることもある。いずれにせよ精神は、「自らを動かさず、自らを解明しない」(RV III, p. 145) のであって、それどころか「人間が自己自身に新しい諸変様を与えることなどない」(Ibid., p. 21) のである。

　ちなみに天使に関して言うなら、神は自らの行為に単純性と一様性とを与えるために、「諸物体」以外の「機会原因」を見出しえないわけではなく、「天使的本性」(EMR, p. 97) のうちにも機会原因が存在することが、指摘されている。それでも物体の運動の「真の原因」が「神」のみであって、「天使の意志」がその「機会原因でしかない」(RV II, p. 317) ということに、変わりがあるわけではない。たとえば「聖ミカエル」は「ユダヤ民族の指導者にして立法者たる天使」とみなされてはいるのだが、それでもそれは、「神の権能と知恵とのもとにある機会原因」(RA I, p. 598) であるにすぎない[49]――しかし、恩寵の機会原因としてのイエス・キリストという問題も含め、特殊宗教的な問題構制に関しては、本章第四節であらためて主題化し直すことにしよう。

(3) 真の原因としての神

　機会原因は、よく言われるような「デカルトの心身問題へのアド・ホックな〔その場かぎりの〕一解決」であるどころか、「因果関係の本性に関する一般的な哲学的諸考察」から、また「デカルトの物質概念と有限諸実体の必然的無力とについての或る分析」から、そして最も重要なことには「全能なる神と神が存在のうちに維持している被造的世界とのあいだの本質的な有論的関係についての神学的な諸前提」(Nadler, p. viii) から論じられているのだと、ナドラーは指摘する[50]。アルキエもまた機会原因論は、「心身合一の問題についての諸反省から出発して」構成されたとは「思えない」（Alquié, p. 253）と述べている。機会原因論の「初次的なインスピレーション」は、「神の全能を宣言しつつ、神を栄光化する願望」（Ibid., p. 245）から生まれたのであって、むしろマルブランシュは「心身合一」においてさえ、「キリスト教神学から引き出された或る合目的的な理由」を提示することによって、「デカルトから遠ざかる」（Ibid., p. 256）のだという。

じっさいマルブランシュの機会原因論の眼目は、神のみが「唯一にして真なる原因」（TM, p. 109）だという主張のうちに求められよう[51]。「私は力、実効、権能を、無限に完全な〈有〉の意志のうちにしか見出しえない」（RV III, p. 205）のである。「原因」や「作用力（puissance d'agir）」の観念は、「何か神的なもの」（RV II, p. 309）を表しており、それゆえあらゆる「実効（efficace）」は、どれほど些細なものであろうとも、やはり「何か神的で無限なもの」（Mch, p. 98）なのである。ゆえにマルブランシスムにとって、「真の原因は一つしかない。なぜなら真の神は、一人しかいないから」（RV II, p. 312）である。そしてそのことを支持する論拠の一つとして、彼は――彼自身、「諸精神は諸物体に対して、あるいは下位的な諸精神に対して、いかなる力能も持たない」（Mch, p. 58）と述べているにもかかわらず――「下位の諸事物は上位の諸事物に従属する」という「不可侵の法則」（Cch, p. 20）を挙げている。たとえば何ものも、もしそれが「精神より上位」でなければ、精神には「働きかけえない」（RV I, p. 442. Cf. RV II, p. 82, 167 ; Cch, p. 27, 56, etc.）のである。「真にして実在的なる原因（cause véritable & réelle）としてわれわれに働きかけうるすべては、必然的にわれわれの上に（au-dessus de nous）ある。〔……〕下位の諸事物が上位の諸事物に奉仕するというのが、不変の法則である。〔……〕物体〔身体〕は魂には働きかけえず、そして神以外には何ものも、魂の上にはありえない」（RV II, p. 310）[52]。

もう一つの論拠として、マルブランシュが「〔原因として〕引き起こす権能（puissance de causer）」と「創造する権能（puissance de créer）」とを、「同一」（Alquié, p. 247. Cf. p. 264）視しているということが挙げられる。たとえば

「諸物体を創造する者」だけが「諸物体を動かしうる」のであって、「最強の精神といえども原子《アトム》と呼ばれるものを動かす力を、本当に有してなどいない」(Mch, p. 49)のである。そして機会原因論は、先にも見た「創造」と「保存」とを「同じ一つの行為」(Ibid., p. 50)とみなす、いわゆる「連続的創造」(RV III, p. 26; EMR, p. 157; RA 1, p. 514, etc.)の教説によって、さらに強化される。「創造と保存とは、同じ一つの行為でしかない。諸物体が有るのは、諸物体が有ることを神が欲しているからである。諸物体が有り続けるのは、諸物体が有ることを神が欲し続けているからである」(Mch, p. 98)。つまり「諸物体」を「異なる場所」〔＝運動の場合〕や「同じ場所」〔＝静止の場合〕に「創造」ないし「継起的に保存」しうるのも、「神」(RA 1, p. 570. Cf. p. 514; EMR, p. 160-1)だけなのである。このようにして機会原因論は、デュカセの表現にしたがうなら、「万物とあらゆる人間とを、瞬間毎に神的全能に従属させている」(Ducassé, p. 37)のだということになる。

『道徳論』は、前項でも見た「人間たちも、天使たちも、悪魔たちも、いかなる被造物も」、これらはすべて「機会原因」でしかないと言明した箇所で、この主張を七番目として、そのまえに「神のみが権能を有する」という考えを、以下の六点にわたって敷衍している。すなわち「神のみ」が、(1)「われわれの有の真の原因」であり、(2)「われわれの有の持続の、もしくはわれわれの時間の原因」であり、(3)「われわれの諸認識の原因」であり、(4)「自然的な諸運動の、〔また〕われわれの諸意志の原因」であり、(5)「快、苦、飢え、渇き等といったわれわれの諸感情の原因」であり、(6)「われわれの身体のすべての諸運動の原因」(TM, p. 163)である。要するに、「神こそが一切をなす(C’est Dieu qui fait tout)」(Ibid., p. 117)のであって、「われわれの真の善」は、「神のみ」(RV I, p. 173)なのである。それゆえわれわれは、「物理的な悪〔＝身体的な痛み〕や不幸の機会原因」でしかないものを、「憎んだり、恐れたり」(TM, p. 165)してはならず、ただ神のみを「愛し」、「恐れる」(Cf. RV I, p. 175; RV II, p. 84, 162, 319; RV III, p. 245-6; TM, p. 162; RA 2, p. 962, etc.)のでなければならない。「人間の精神のうちに働きかけうるものは、神しかいないので、人間は神の外には、浄福を見出しえない」(RV II, p. 166) のである。[53]

そしてマルブランシュ自身は、「第二原因の実効〔性〕は精神の虚構である」と教えてくれる「〈哲学〉」は、「〈宗教〉と完全に一致する」(RV III, p. 244) のだと考えている。彼によれば、それこそが『聖書』の真意なのである (Cf. ibid., p. 232, 238)。少し長たらしくて、回りくどい表現ではあるが、『道徳論』は、次の「原理」ほど「キリスト教的」で「理性的」なものはない、と述べている。「神のみが一切をなす、そして神は、無限の知恵、不変の本性、普遍的原因といった性格を担う仕様で被造物によって働きかけるために、被造物を機会原因として確立することによってしか、自らの権能を被造物に伝えない」(TM, p. 161)。[54] グイエはこれとよく似た表現——「神は真の原因として一切をなし、被造物を一般法則にしたがった機会原因として確立することによってしか、自らの権能を被造物に伝えない」(Gouhier 1, p. 12, 53, 394; Gouhier 2, p. 106, 128) ——を、自らの諸著作のなかで、少なくとも五度、字句も強調も変えずに繰り返している。そして彼によれば、それこそが〔マルブランシュ的に考えた場合における〕「キリストの宗教とデカルトの哲学とに共通の真理」(Gouhier 1, p. 12) なのである。じっさい、マルブランシュによって「新しい」と形容される「〈哲学〉」は、デカルト哲学のことを指すのであろうが、この「新〈哲学〉」の諸原理のうちの「最大」のものは、「〈キリスト教的宗教〉の最初の原理」と「完全に合致」するのだという。そしてその原理こそが、「一人の神しか愛し恐れてはならない。というのも、われわれを幸福にしうるのは、神しかいないのだから」(RV II, p. 319) にほかならないのである。

ただし神が一切をなすとはいっても、神は機会原因を用いるのでなければならず、しかもグイエの言葉にもあったように、神はそれを「一般法則にしたがって」行うのでなければならない。[55] そして恩寵論のところでも見ることになるのだが、ここでもマルブランシュが好んで用いているのが、「最も単純な道 (les voies les plus simples)」という表現なのである。「神はつねに最短の手段によって、もしくは最も単純な道によって、働きかける」(Ibid., p. 504)。

なぜなら「神は理由なく、自らの意志を増やしたりなどしない」(RV III, p. 215) からであり、しかも「最も単純な諸原理」こそが、「最も豊饒」(RV II, p. 328) だからである。そのうえマルブランシュによれば、「最も単純な道」は「神の諸属性の不変の秩序」に「適って」(RV III, p. 216-7. Cf. TM, p. 118) もいる。神は「不変で必然的な意志」でもって、「不変で必然的な秩序を欲する」(Mch, p. 93) のである。

　このような一般法則の具体例として、心身合一の法則と自然法則との二つを、簡単に見ておくことにしよう。まず第一に、「心身合一の一般〈法則〉」――もしくは「〈創造主〉の一般的で有効な意志」――とは、先にも見た「脳の或る部分のうちに生ずる諸変化は、魂の諸感覚をともない、魂の或る願望には、その身体の幾つかの部分を動かす精気の流れが後続する」(RV III, p. 327) というものである。「〈神的〉な諸意志」のみが「魂」と「身体」という二実体の諸変様を「変化させうる」(TM, p. 121) のだが、そこには「これら二本性の合一の原因たる一般法則」というものがあって、それが「〈創造主〉の恒常的でつねに有効な諸意志」(EMR, p. 279) にほかならない。「神は、われわれの魂とわれわれの身体とのあいだに彼が置いた合一において、つねに同じ仕様で働く」(RV I, p. 148) のである。たとえば何らかの外的事象を機会原因として、神がわれわれのうちに「痛み」を引き起こすのは、「心身合一の一般法則にしたがって」(EMR, p. 152) のことなのだし、先にも見た〈自然的判断〉のようなケースにおいてさえ、たとえば正午より朝夕に太陽が大きく見えるという「諸感情」を「規制」(Ibid., p. 285) しているのは、まさに神なのであって、そのさいにこそ神は「つねに精確」(Ibid., p. 281) だったのである。

　次に、物体が直線的に動くことを神が欲したのは、直線が「最も単純」だからであり、マルブランシュは「諸物体の衝突」と「諸運動の伝達」という二点に関して、以下のような「二つの自然法則」を掲げるのをつねとしている。すなわち、その第一とは「あらゆる運動は直線的に生じる、もしくは生じようとする」というものであり、そして第二は「衝突において諸運動は、それらの圧力に比例して、またそれらの圧力の路線〔方向〕にしたがって、伝達される」（RV III, p. 217. Cf. TNG, p. 186 ; Mch, p. 71, etc.）というものである。

　ちなみにアルキエは、『純粋理性批判』に先立つすべての因果性理論のなかで、「最もカンティスムに近い」のは、「確実に機会原因論」（Alquié, p. 512）だと主張する。つまり両理論とも、因果関係によって結ばれるべき両項のあいだの異質性を強調することによって、因果関係を「分析的」ではなく「綜合的」なものとみなし、また両理論ともその因果性の「源泉」を、「両項に外的で上位にある或る精神」（マルブランシュなら「超越神」、カントなら「超越論的主観」）のうちに置く。そして両哲学において「因果関係の分析的性格の放棄」は、「懐疑論」をもたらすどころか、むしろ反対に「普遍性と客観性との或る原理の発見」（Ibid., p. 515）へと導いてくれるのだという。

(4) 機会原因論の問題点

　マルブランシュ自身に戻ることにしよう。現代の常識からすれば、かなり特異としか言いようのないこのような「機会原因論」の問題点は、奈辺に存しているのだろうか。とりわけそれは、どのような理論的背景に起因しているのだろうか。

　誰しもがまず抱くのは、「或る人間を殺すのは砲弾ではなくて、神こそがそれをなす」（cité in Baertschi, p. 184）ことになってしまうのではないかという、ディドロのような人の疑問である――この問題に関しては、多少とも本格的に、次節で検討することにしよう[56]。われわれがここで留意しておきたいのは、マルブランシュの諸著作を丹念に読む読者は、ときとしてそれとはまったく逆の印象を受けることさえある、ということなのである。たとえば彼は、こう述べている。「神はつねに一般法則によって自らの意図を遂行し、その実効（efficace）は、機会原因によって規定（déterminée）されている」（TM, p. 93）。「〈全能者〉を機会原因にしたがうようにではなく、〈全能者〉自身の〈法則〉に、〔……〕一般〈法則〉にしたがうように規定（déterminent）しているのは、機会原因のみである」（RA 2, p.

1079）。個別的に見ても、たとえば私の腕が動かされるとき、「神の実践的意志を規定（déterminant）」するのは、ほかならぬ「私の意志」（RV III, p. 226）なのであって、神が物体を動かすとき、その「一般法則の実効を規定（déterminer）している機会的もしくは自然的な原因」も、「諸物体の衝突」（EMR, p. 244）である。このように、マルブランシュは、真にして実在的な唯一原因たる神に対する諸々の機会原因の役割について述べるさいには、よく「規定」（Cf. RV II, p. 313 ; Cch. p. 156 ; Mch. p. 121, 129 ; EMR, p. 160, 177, etc.）という言葉を用いていて、そのことを別段気にするふうもない。しかし、それではわれわれとしても、たとえば「神がマルブランシュ神父に出現させたもうた敵対者[57]」アルノーのように、「一般法則の体系において、決定するのは機会原因であり、遂行するのは神である。そして遂行するより命令することにおいての方に、いっそうの知恵があると思わない者はいない」（TNG, p. 83）というような、皮肉の一つも言いたくもなるのである。マルブランシュはさらに、「機会原因がなければ、一般法則はありえない」（EMR, p. 246）とも述べている。神は「機会原因にしたがって（en conséquence de）しか、働きかけない」のであり、たとえば「諸物体が衝突するときにしか、諸物体を動かさない」（Mch. p. 75）のである。そして『道徳論』では、次のようにさえ述べられているのである。「われわれもまた独力では、誰に対しても善も悪もなしえず、ただわれわれの実践的願望によって、心身合一の法則にしたがって、他人たちに対して善や悪をなすように、神を強い（obliger）うるのみである」（TM. p. 164）――これではあたかも、自らは何の労力も用いずに、ただ神を自らに隷属せしめつつ、強制的にこれを働かせているのが、われわれ被造物だとでも言わんばかりではないだろうか[58]。

このように、実在的唯一原因が上位であろうと、機会原因の方が上にこようと、あるいはわれわれが操り人形なのであろうと、神こそがわれわれの労働者でしかないのであろうと、いずれにせよわれわれは、奇妙な結論に陥ってしまう。そしていずれの場合においても、現実問題としてはわれわれは、具体的な諸事象の説明においては

「神」なしに済ませたとして、何の問題があるというのだろうか。もし機会原因こそが、特殊的にして具体的な原因だということにでもなるのであれば、一般法則としての神の意志は、むしろ機械原因だということになってしまうのではないだろうか。じじつ、アルキエのような歴史家は、その「神学的アスペクト」にもかかわらず、「科学が形而上学から全面的に解放されて自律的になる」のは、デカルトからではなく、マルブランシュからだと指摘する。「哲学全体が、自然主義的にして機械論的になる」(Alquié, p. 448)のである。

では、そもそもなぜマルブランシュは、このような結果を招致するような機会原因論などという突飛な説を、あえて採用しなければならなかったのだろうか。「第一五解明」は、こう述べている。「腕を動かすという私が持つ意志と、動物精気の、すなわち私がその運動も形態も知らない幾つかの小物体の動揺とのあいだに、関係などありえない」(RV III, p. 226)。ポイントは、私が動物精気の運動も形態も知らない、というところにある。あるいは『真理の探究』第二巻では、こう述べられている。「腕が動かされることを、魂が欲するや否や、腕を動かすためには何をなさなければならないかということすら、魂は知らないにもかかわらず、腕は動かされる。また動物精気が揺り動かされるや否や、魂は自らの身体のうちに動物精気があるということすら知らないにもかかわらず、動かされる」(RV I, p. 216)。それゆえマルブランシュは——メーヌ・ド・ビランのように——自己の身体に関しては、客観知にはけっして解消されえないような独自の知の有り方を発見することによって、心身問題を考察すべく導かれたのだろうか[59]。もちろんそうではないことは、誰もが知っている。『真理の探究』第六巻では、次のように述べられているのである。「腕を動かすためには、動物精気を有しているのでなければならず、或る神経によって或る筋肉の方へと、動物精気を送り込むのでなければならない〔……〕」。自らが精気、神経、筋肉を有しているということすら知らない人々が、自らの腕を動かし、解剖学を最もよく知っている人々よりいっそう器用で容易にさえ、自らの腕を動かす。それゆえ人々は、自らの腕を動かしたいと欲する、そしてそのことをなしえて腕を動かしうる

〔savoir 動かすすべを知っている〕のは、神しかいないということである。〔……〕動物精気によって自らの指の一本を動かすために何をなすべきかということすら、知っている人間などいないのである」(RV II, p. 315)。

同様のことは、私が「火」に近づくようなケースにおいても述べられている。そのとき私は、「私の手のなかで顕在的に生じている運動の大きさについての認識」(Cch, p. 24) を、有してなどいないのである。また「あなたの脳がどのように合成されているのか、もしくはあなたの魂がそこにおいて居住しているところの主要部分がどのように作られているのか」(Ibid., p. 30) について、あなたは知っているだろうか。そしてもしわれわれが、その種の生理学的・解剖学的な知識など有していないのだとするなら、「ひとは自らが見ず、自らが認識しない精気を、圧《お》しやりたいなどと欲しうるだろうか」(Mch, p. 62)。あるいはわれわれが「話したり歌ったりしたい」と欲するときに、「話したり歌ったりするためには、どのような筋肉を動かさなければならないか」(RV II, p. 152) ということすら、われわれは知らないのである。「私は、私が躊躇なくあなたに述べるところのものを発音するために、声に奉仕する諸器官の配置がどのようなものであらねばならないかということさえ、知ってはいない。〔……〕神がこの細部を知っている。神のみが、私の願望のまさにその瞬間に、細部の運動を規制する。〔……〕呼吸しているのは、私ではない。私は私の意に反して、呼吸しているのである。あなたに話しているのは、私ではない。私はただ、あなたに話したいと欲しているだけである。〔……〕言わば神が、この空気を発話に、様々な音に変容しているのである」(EMR, p. 167-8)。

心身合一の問題において、マルブランシュが機会原因論に訴えざるをえなかったということの背景には、宗教的な理由を別とすれば、理論的には、デカルトさえ要請することがなかったとロディス＝レヴィスが指摘するところの「身体のメカニズムの細部についての完全な認識」(Rodis-Lewis, p. 202) の欠如ということがある。しかし、たとえば自己の身体を動かしたいと欲するさいの、解剖学的客観知の欠如から結論すべきは、本当に意志の無力なのだろうか。そこに要請されるのは、むしろ対象知とはまったく別の仕方での、自己の身体についての独自の知の有り方なのではないだろうか。それゆえにこそゲルーは、「自らを感じることと客観的に認識することとは、真に異なる二つのことである」とか、「マルブランシュは対象についての認識しか、認識と呼ばない」等々といったビランの言葉を引用しつつ、「いかにしてマルブランシュが、反対に対象認識のうちにのみ、あらゆる可能的認識の諸条件を求めるべく導かれたのか」(Gueroult, p. 107)を、究明しようとするのである。機会原因論の偏狭からの解放と、心身合一論の真の解決への道の鍵とは、このような対象性・客観性の地平からの脱却のうちにこそ、存しているのではないだろうか。

　メーヌ・ド・ビランの名が出たので、マルブランシュも語る「努力の感情」について、もう少し見ておくことにしよう。「第一五解明」によれば、自らの腕を動かすとき、ひとは「顕在的意志についての内的感情」のみならず、さらには「この意志にともなう或る努力についての内的感情」をも有しているのだという。しかるにマルブランシュは、「魂の一変様もしくは一感情」でしかないこのような「努力」が、それだけで「動物精気」に運動を与えたり、それを規定したりしうることを否定し、また「われわれの思惟」と「物質の運動」とのあいだに「関係」があることも、魂が動物精気について「最小の認識」を持つことさえ、同様に否認してしまう。たとえ魂が動物精気を「精確に認識」し、それらを運動せしめうるのだとしても、それでも彼は「魂がそれについてはいかなる認識も有していない神経管を選択しうる」などということを、やはり「否定」(RV III, p. 227-8)するのである。『キリスト教的にして形而上学的な省察』でも、「努力」と「運動に奉仕する神経の管のなかにある動物精気の規定」とのあいだに「何らかの関係があること」(Mch, p. 64)が、あいかわらず疑問視されている。「努力」と「実効」とは、別物なのである。「努力」は「それにともなう苦しい感情」によってしか、「他の実践的意志」とは異ならないのだが、それは「生の保存」に関して「魂の諸感情」を唯一規制する「神」が、「身体のうちに動物精気がきわめて少ししか存在しないとき」や、「筋肉の肉が労働によって具合が悪くなっているとき」に、「魂に弱さを、あるいは痛み（douleur）や苦痛（peine）を、感じさせなければならない」（Ibid., p. 65）からである。また『形而上学と宗教についての対談』では、われわれのすべての「意志」が「実践的」というわけではなく、或る「努力の感情」をともなう意志だけが「実践的」だと言われている。「われわれが、われわれに与えられている権能を、顕在的に用いているということ」を、「努力の感情」がわれわれに教えてくれ、そして現在のわれわれには、この「努力」がしばしば「苦しい」のである。「〈福者〉（les Bienheureux）」には——復活後の身体においてのように——そのようなことはなく、彼らは疲れることもないのだという。しかし、それでも「おそらく彼らの権能の使用は、それについて彼らが内的感情を持つであろうところの彼らの努力の量（quantité）によって、彼らに知られるのであろう」（EMR, p. 434）……。

　ここでもまたやはり、マルブランシュが客観性の地平のなかをしか動いていないということは、その解剖学的な諸記述や、「努力の量」といった表現からも窺い知ることができる。そこにはビランが鋭く批判した「客観的身体」とは別の身体の現象化の可能性は、ほとんど見出される余地はないのだと言わざるをえない。それゆえにこそゲルーは、ふたたびビランを援用しつつ、次のような疑問を呈するのである。「マルブランシュがわれわれの外の諸実在に帰属せしめている実効性（efficacité）や原因の観念そのものが、われわれには、われわれの内的感情によってしか発見されず、もともとはわれわれの意識のうちで汲まれたのではなかったか。というのも、無力な努力についての感情は、そのようなものとしては、有効〔実効的〕な努力についてのあらかじめの感情によってしか、われわれにとって可能ではないからである」（Gueroult, p. 113）——いずれわれわれは、心身問題における二つの典型的な考え方として、マルブランシュのそれとメーヌ・ド・ビランにおけるそれとを対比させつつ、この問題についての考察を深めてゆくという作業に、取りかからなければならなくなるであろう。しかしそのまえに、マルブランシスムの独自性として提示された三つの思想のうち、その第三のものを検討するという課題が、まだわれわれには残されている。

第四節　弁神論と恩寵論

(1) 無秩序の存在と弁神論

万物の唯一原因は、無限に完全な神であるにもかかわらず、この世にはあまたの無秩序が溢れ返っている。マルブランシュが好んで引き合いに出す実例を借りるなら、たとえば「怪物」は「不完全な作品」(RV I, p. 245) でしかないし、「罪人」はもちろん「秩序」(RV III, p. 99) から外れている。そのうえ「アフリカの砂地、アラビアの砂漠、大洋の広い海、近づきがたい岩壁、つねに雪で覆われている山々」(Mch, p. 72) など、いったい何のために神は創造したのだろうか。わざわざ子供を「キリスト教徒」にするために「教会」に連れてゆく途中で、誤って母が子供を落として「殺し」(RA 2, p. 720) てしまうのは、不条理ではないか……。

『真理の探究』には、「怪物は、それだけなら不完全な作品であろうとも、それでも残りの被造物と結合されるときには、それは世界を不完全にはしない、もしくは〈創造主〉の知恵に不相応にはしない」(RV I, p. 245) という――時代錯誤的にはライプニッツ的な、あるいはむしろ元祖デカルト的な――考えも、呈示されてはいる。つまり「特殊者のこうした欠陥が、〈作品〉全体の完全性に貢献しているか、神がこうした欠陥を持つ者たちそのものの善のために、それらの欠陥をつねに利用しているか」(RV III, p. 341) と、信じた方がよいのである。また『自然と恩寵についての論攷』のなかでも、「〈宇宙〉のうちに一種の美さえなす幾つかの特殊的な無秩序」(TNG, p. 189) について、語られている箇所がある。しかし『形而上学と宗教についての対談』においては、「自然の乱れ（déreglements）、怪物、不信心者でさえ、作品には力を、形態には立体感を与える、絵画の影のようなものではないか」と問うテオティムに対して、マルブランシュはアリストに、「〈宇宙〉を合成する諸部分のいずれのうちにも何一つ乱れたものがなければ、〈宇宙〉はいっそう完全であろう」（EMR, p. 212）と答えさせている。「影のない絵画、不協和音のないハーモニー」（RA 2, p. 765. Voir aussi p. 769, 770）の方が、はるかにいっそう美しく、はるかにいっそう完全なのである。グイエによれば、「神の作品には非の打ちどころがない」という、あるいはまた「われわれのトラブルに唯一責任があるのは、神的意図についてのわれわれの無知である」という「キリスト教哲学の二つの原理」に対して、マルブランシュは罪を犯している。彼が「自然の無秩序」を列挙するとき、彼の言葉は「キリスト教徒の耳を傷つける」。それでもマルブランシュにとって「怪物は怪物、悪は悪」（Gouhier 1, p. 71）なのである。

　無秩序についてのマルブランシュ的問題構制に関して、グイエは「二つ」ないし「三つ」の「アンチノミー」を掲げている。前者（＝「二つ」）の箇所では、無秩序は「神は作品を可能なかぎり完全にしはするが、それでも神の作品のうちには欠陥が溢れている」ということ、そして「神は万人を救済したいと欲しはするが、それでも劫罰を受ける数多くの者たちがいる」ということの、二点に整理されており（Ibid., p. 70）、後者（＝「三つ」）の箇所では、やはり万人の救済と、神がその「原罪」を予見していたのに創造した「最初の人間」と、最後にその「結果」が「神の善良さ」を感じさせないような「恩寵」の配分の三つが指摘されている（Ibid., p. 121）。次項で扱うことになるアダムの原罪をここでは除外するとするなら、以上は「欠陥」の存在、万人の「救済」（Cf. RV III, p. 222 ; TNG, p. 197. 200 ; Mch. p. 130）、無駄で無益な「恩寵」の三点に整理されえよう。マルブランシュはこうした無秩序の存在に対して、どのようにして神を弁護したのであろうか。

　周知のようにマルブランシュは、ここでもまた「最も単純な道」や「一般意志」といった考えによって、自らの弁神論を展開してゆくのである。たとえば神は、たとえ「われわれ全員を救済したい」と欲していたとしても、それでも「最も単純な道によって救済しうる者たちしか救済しない」（RV II, p. 506. Cf. TNG, p. 232 ; Mch, p. 89）であろう。同様に、神は「ポジティヴに、もしくは直接的に」怪物が存在することを欲しているわけではないのだが、しかし自然法則の「単純性」が、「不規則な運動」や「怪物的な配列」（RV III, p. 89）といったものを、生み出してしまうのである。もし神が「特殊的変化」のために「特殊法則」を確立していたとするなら、これほど多くのはっきりとした乱れに対して神の知恵を「正当化」するなどということは、困難であったろう。それゆえ神の摂理を「正当化」するためには、「一般法則の単純性」（Ibid., p. 90. Cf. TNG, p. 369 ; EMR, p. 145）に訴えることが、是非とも必要なのである。さらにはまた、「もし神が大地を肥沃にする意図で通常の雨をまき散らすのであれば、そしてもし彼が特殊意志によって働くのであれば、砂地や海には雨が降らないであろうことは確実である」（Mch, p. 134）。そのうえもし神が「特殊意志によって働く」ならば、仮に雨が降ったとして、われわれが「雨宿り」するのさえ、「罪」（RA 1, p. 42）を犯すことになってしまうであろう……。

　もっとも神は、つねに一般意志によって働くわけではない。そもそも神が「人間」や「動植物」を「形成」（創造）し、「物質の最初の諸運動」を「規制」したのは、「特殊意志」（RV III, p. 339）によってである。なぜなら「〈宇宙〉の創造」においては、神が「機会原因」として利用しうるような「被造物」は、「まだ存在さえしていなかった」（RA 2, p. 684. Cf. p. 780, 782）からである。[60] しかし『聖書』も教えるように、「いま神は休息している」。それは神が「働くのをやめている」ということではなくて、むしろ神は「絶えず働いている」のだが、しかし神は、「もはや彼が確立した一般〈法則〉にしたがうだけ」（RV III, p. 340. Cf. EMR, p. 267 ; RPP, p. 52 ; RA 1, p. 594 ; RA 2, p. 759）なのである。それゆえ「創造」は、厳密には「保存」から「区別」（Alquié, p. 456）される。そしてグイエの表現にならうなら、「神の休息を乱すよりは、怪物を生まれさせる方がまし」（Gouhier 1, p. 83）なのである。なぜなら

「怪物」のような「自然の些細な乱れ（petits dérèglements）」が、神への「評価」を「減少させてはならない」（Cch, p. 53）からであり、「些細なこと（petites choses）は、無視しなければならない」（RV III, p. 219）からである。あまつさえ、「神が自らの不可侵の〈法則〉よりも、われわれの方を好む」などということを欲するのは、「不当で狂った主張」（TNG, p. 374. Cf. RA 1, p. 43）なのではないだろうか。

もちろんマルブランシュは、創造以後の神といえども「自然法則にしたがうだけ」で、「特殊意志によってはけっして働かない」と、主張したいわけではない[61]。ただ彼は、「神は大きな理由がなければ、彼の道の単純性や彼の行為の一様性を、けっして離れない」（EMR, p. 293）と主張したいだけなのであって、要するに神は、「神がつねにしたがっている秩序がそのことを要求するときにしか、奇蹟を起こさない」（RV III, p. 219. Cf. TNG, p. 230, 368-9, 386 ; EMR, p. 95 ; RA 1, p. 528, 590 ; RA 2, p. 661, 738, 740, 1116）のである[62]。グイエの簡潔なる整理によるなら、(1)「神はたいていは一般意志によって働く」、(2)「神はときおりは特殊意志によって働く」、(3)「神はつねに秩序にしたがいつつ働く」（Gouhier 1, p. 58-9）のだということになる。「〈自然〉だけで十分」なときには、神は「けっして奇蹟を起こさない」（TNG, p. 239）のである。われわれ人間としても、「奇蹟なしに何らかの悪から解放されうるとき」に「神に奇蹟を要求すること」は、「神をためすこと〔tenter Dieu 危険な企てをすること〕」（Mch, p. 86. Cf. RV II, p. 507）でしかない。病気を直したいのであれば、薬を飲まなければならないし、訴訟に勝ちたいのであれば、証拠書類を探し出すのでなければならない——「神がわれわれのために奇蹟を起こしてくれるだろうなどと、勝手に思い込んではならない」（Mch, p. 88）。そのうえ奇蹟が「神の特殊意志の結果」であるのは、じっさいは「稀」なのであって、それはほとんどつねに、「汝には知られてはいない何らかの一般法則の結果」（Mch, p. 91. Cf. RA 2, p. 661）なのである。そして結局のところマルブランシュにとって、「つねに奇蹟であるところの特殊意志」によって結果を産み出すより、「きわめて単純できわめて一般的な〈自然〉法則」によって「かくも驚くべき結果を産み出す」ことの方に、神のいっそうの「知恵」（TNG, p. 240）が認められるのである。

そのようなマルブランシュの見解に対しては、たとえばアルノーのようなひとが、「作品のために道があるのであって、道のために作品があるのではない」（TNG, p. 65）と、きわめてまっとうな異議を唱えている[63]。それでもマルブランシュは、「或る作品の美しさについて、またそのことによって職人の知恵について判断するためには、たんに作品をそれ自身において考察するだけでなく、作品を形成した道と作品とを比較するのでなければならない」（Mch, p. 70. Cf. RV III, p. 341 ; TNG, p. 185, 199 ; EPh, p. 29）と、強固に主張し続けるのである。「すべての可能的作品」と「それらの制作のすべての道」とを比較しつつ、神が「選択」するのは、「神の諸属性の性格を最も担う」ような「道と結合された作品の複合体（le composé de l'ouvrage joint aux voies）」（TNG, p. 382）なのであって、「たしかに神は、最も一般的で最も単純な道によって、最も完全な作品を作った」（EMR, p. 271. Cf. EPh, p. 29-30）のである――その結果、どれほどの無秩序や乱れが、巷に溢れようとも。「神が自然法則を確立したのは、善のゆえである。反対に悪が生ずるのは、ただ自然法則にしたがってのみである」（Mch, p. 77）。けれども「絶えず特殊意志によって働くこと」は、かえってわれわれ人間なみの「限られた知恵と予見と」（EPh, p. 28）の印でしかない。「無益」で「不愉快」な結果が生ずるからといって、神は「自らの行為の一様性を変えてはならない」（TM, p. 26. Cf. TNG, p. 198）のであって、要するに「神は、わずかな不都合（légers inconvénients）を改善するために、自らの道を合成したいとも、自らの行為の一様性や一般性を乱したいとも、欲しない」（EPh, p. 29）のである。

「すべての人間を救済したいという実践的な意志を神が持つことを妨げる何かは、神そのもののうちに見出されるのでなければならない」と、マルブランシュは述べている。そしてその妨げの理由とは、「神は神の諸属性の性格を担うような仕方で行為しなければならない」ということであり、いっそう正確に言うなら、「神は自らの〈作品〉よりも自らの知恵の方をいっそう愛する」（RA 1, p. 35. Cf. p. 533, 534 ; RA 2, p. 722）ということなのである。マルブランシュにおいて、「神的諸属性」は「等質」でも「完全に相補的」でもない。「いっそう知恵のある（plus sage）神」は、必然的に「いっそう権能のない〔moins puissant いっそう無力な〕神」（Pellegrin, p. 194）なのである。そして「マルブランシュの神」は、確実に「知恵が他の諸属性に、とりわけ権能（puissance）に対して優勢であるような神」（Ibid., p. 192）である。マルブランシュ自身が、自らは神に「絶対的な、すなわち自らの知恵から独立した意志」を与える者たちの見解からは、「遠く離れている」（RA 2, p. 738）のだと述べている。そしてそのことが、彼の神を「言わば無力（impuissant）[64]に」する。たとえば神は「誤りえない、悪を選択しえない、自らの知恵、自らの愛すべき不可侵の法〔則〕を無視しえない、一言で言うなら、神として行為しないことが、もしくは考えられうるかぎり最も賢明な仕様で行為しないことが、できない」（Ibid., p. 1109）のであり、あるいはまた「神は全能ではあっても、2×2が4でないように見ることも、そうすることもできない」（RPP, p. 102）。要するに「神は自らを否定しうるという、〔あるいは〕最も賢明ではない道によって〔……〕行為しうるという意味では、全能ではない」（RA 2, p. 655-6. Cf. TAD, p. 103; RPP, p. 99, 123, etc.）のだという[65]――そしてその結果が、すでに見た、神の道による神の作品の犠牲なのである。

　ちなみにロビネは、「神的作品の欠陥の理由」に関しても、「初期思想」と「成熟期の哲学」とを区別する。初期思想（ϕ^1－ϕ^2）においては、「神的知恵の行為」が「素材とみなされた作品の美しさ」にしたがって評価され、「作品の欠陥」は「相対的な美」（Robinet, p. 100）とみなされていた。怪物は「自然の些細な乱れ」もしくは「些細な無秩序」（Ibid., p. 100-1）でしかなく、欠陥はそれでも「一種の美」（Ibid., p. 101）を呈していた。しかるに成熟期の思想において、「秩序－知恵」の考えが導入されるとともに、無秩序は「一般法則からの必然的な一帰結」（Ibid., p. 102）となってゆく。「単純な道」を変様しないために、また「一般法則」を無益に中断しないために、神は無秩序を「許容」（Ibid., p. 103）するのである。ロビネはさらに成熟期の思想を二つに分けて、その第一期（ϕ^3）においては

「意図」としての神の「作品」が「道」の採用以前に課されていたのに対し、その第二期（ϕ^4）においては「意図」そのものが、初めから「道とバランスの取れた」（Ibid., p. 200. Cf. p. 137-8）ものとして考えられるようになってくるのだという。

　マルブランシュ自身に戻る。『自然と恩寵についての論攷』の「要約（Abrégé）」のなかで、彼は「或る作品がいっそう完全であり、いっそう優れていればいるほど、それはますます職人の優秀さと完全性とを表現する」と、あるいはまた「優れた作品を制作する道がいっそう単純で、同時に豊饒であればあるほど、それはますます職人の知恵もしくは知性を表現する」（TNG, p. 367）と述べたあとで、道と作品との関係を、数量化して例示する。つまり、たとえば神的属性を「八」として表現する作品が、それを「二」として表現する道によって産出されるなら、それは神的属性を「一〇」としてしか表現しないのに対し、神的属性を「六」として表現する作品が、それを「六」として表現する道によって産出されるなら、それは神的属性を「一二」として表現することになるのだという（Ibid., p. 367-8 ; RA 2, p. 1085）。しかしながら、神の行為を正当化することが問題とされているときに、なぜマルブランシュは、このように散文的な数量比較に訴えるのだろうか。このような数値計算は、あいかわらずマルブランシスムが客観性の地平のなかをしか動いていないということを、如実に物語っているのではないだろうか。

　アルキエによれば、神は創造以後には、彼がまず作ったものの諸帰結の実現と発展との世話を、「機械論の諸法則」（Alquié, p. 456）に委ねてしまうのだという。「一般意志」は、もはや真の「意志」ではなく、「神の意志」は「〈自然〉それ自身と一体化」（Ibid., p. 423）してしまうのである。神の休息は「合目的的な行為」に対する「機械論的な行為」の「勝利」を示しているのであって、次の世紀が「休息する神」を「解雇」（Ibid., p. 460）してしまうのに、たいして苦労は要らない。「マルブランシュの神」はまさしく、すでにして「一八世紀の多くの著者たちが満足することになる、不在にして物理学者〔自然学者〕的な神（le Dieu absent et physicien）」（Ibid., p. 519）なのである。[66]

(2) アダムの原罪と心身問題

「恩寵」の問題に移行するまえに、心身合一に関するかぎりでの人間のステイタスについて、多少とも考察しておくことにしよう。それはアダムの原罪の以前と以後で、大きく異なると言わざるをえない[67]。

「神はまず人間を、義にしていかなる欠陥もなきものとして創造した」(EMR, p. 210) と、マルブランシュは述べている。それゆえ「その罪以前の人間」は、「〈理性〉を糧として生きる」(Mch, p. 192) ことができたのである。たしかにアダムは「われわれと同じ諸感官」を持ち、われわれと同じように「快」や「苦」を感じてはいた。しかしこれらは彼を「奴隷」にも「不幸」(RV I, p. 75) にもしなかった。なぜなら「秩序は精神が身体を支配することを要求する」(RV III, p. 34) からである。かくして「自らの諸感官や自らの諸情念の〈主人〉」たる「その罪以前の最初の人間」は、そのことを願うや否や、ただちにそれら〔＝諸感官や諸情念〕を「沈黙」(TNG, p. 221-2. Cf. EMR, p. 103) させることができた。何とアダムは、「そのことを彼が欲するときには、痛みを引き起こす動物精気の運動を止めることができた」(RV II, p. 143. Cf. RV III, p. 74, 94 ; TM, p. 122 ; EMR, p. 140, 296 ; RPP, p. 53) というのである[68]。

「罪以前、魂は身体の善のあまりに生き生きとしたイマージュを脳から消去して、このイマージュにともなう感性的な快を、消滅させることができた。身体が精神に従属していたので、一瞬のうちに魂は、ただ自らの義務について考察するだけで、脳の繊維の振動と精気の情動とを止めることができた」(RV II, p. 164)。罪以後には、われわれはその能力を失ってしまったのだが、今日でもわれわれは、感性的諸対象の印象が軽微なときには、「省察の力」によってこの印象が「脳の主要部分」にまで伝わるのを妨げることで、「この能力の名残り」(Cch, p. 40. Cf. EMR, p. 102) を体験しているのだという[69]。ちなみに『キリスト教的会話』によれば、「アダムは快の奴隷となることなく快を味わうことができた」(Cch, p. 177) とのことだが、しかし『形而上学と宗教についての対談』のなかでは、「彼は快なしに食べることができた」(EMR, p. 103) と言われている。いずれにせよアダムは、「自らの精神と自らの諸思惟との主人」であり、「自らの注意の主人」なのであって、「あらゆる意味において完全に自由」だったという。そもそも彼は、「欲望（concupiscence）」（Mch, p. 145. Cf. RV III, p. 74）などというものを、持ち合わせてはいなかったのである。

「第四解明」は、「感じのよい先立つ快（plaisir prévenant）」と「喜びの快（plaisir de la joie）」とを区別する。前者は理性に「先立ち（prévenir）」、後者は理性にしたがう。そして精神を「まったく自由に」してくれるのは、後者たる「純粋に知的な喜び」（RV III, p. 47）の方である。それゆえアダムは「感じのよい先立つ快」を、必要としてはいなかったのだし、感じてさえいなかった（Cf. RV I, p. 73 ; RV III, p. 46 ; Cch, p. 39）。彼は「彼のうちに働きかけうる」のは「神だけ」（RV III, p. 48 ; EMR, p. 139）であって、また「彼の善」や「彼が享受する快の真の原因」は「神だけ」（TNG, p. 246）だということを、判明に認識していた。「最初の人間は、万物のうちに明晰に神を見ていた」（Cch, p. 95）のである。

けれどもアダムは、「神が彼の善である」ということを「認識」してはいたが、「感じて」はいなかった。彼は「無限の精神力」など有していなかったので、彼の快や喜びが、「神が彼の善である」ということを彼に認識させてくれる彼の精神の「明晰な視」を、減少させてしまうことになる。ゆえに「神の現前」や「自らの義務についての思惟」は、彼の精神から次第に消失していってしまう。かくして「放心的」となってしまったアダムは、「堕ちることができた」（RV III, p. 75）のである――『キリスト教的会話』には、「アダムをして禁断の木の実を食べるように仕向けた主たる動機は、彼の愛しい妻に対する愛と好意との過剰であった」（Cch, p. 97）という一節もあるのだが、しかし、たとえばロディス＝レヴィスなどは、あくまで「自己満足（complaisance à soi）」がマルブランシュにとって本質的なのであって、原罪の他の二つのアスペクト、すなわち「木の実の欲望」や「イヴに対する愛」は、それに「従属」（Rodis-Lewis, p. 237）していたのだと主張する。

罪以来、神と人間のあいだには、「或る密やかなる対立」(RV II, p. 320 ; RV III, p. 204) が生じてしまった。最初は「魂」は、「身体の主人」(EMR, p. 396) だった。いまや人間は、もはや「神が作ったとおり」にあるのではなく、むしろ人間は、「身体の奴隷」(Ibid., p. 393) になってしまった。「最初の人間が罪を犯した」ので、「彼の肉が彼の精神に反抗した」(TM, p. 113) のである。いまや「心身合一」は、「依存」(Cf. RV I, p. 15 ; RV III, p. 36 ; TNG, p. 227, 230 ; EMR, p. 101, 386, 396 ; RPP, p. 51-2, 53, 123 ; RA 2, p. 981, etc.) の関係に変わってしまった。そしてそのことは、「秩序」が欲することでもある。なぜなら神は、「自分に逆らう諸精神」を愛することも、「そこには何一つ悪いものや、何一つ神が憎むものもないような諸物体〔諸身体〕」より、そうした諸精神の方を好むことも、「できない」(RV III, p. 141) からである。「欲望 (concupiscence)」を導入したのも、「最初の人間の罪」(TM, p. 120) である。ひとはあたかも「欲望」が「自然的」なものであるかのようにみなしているが、じつはそれは、「罪の一帰結」(RV III, p. 117. Cf. p. 36, 109 ; Mch, p. 228) なのである。

われわれ現在の人間もまた、「欲望」や「原罪」とともに生まれてくる。なぜならそれは、「身体によって伝達される」(RV I, p. 248. Cf. Cch, p. 105) からである。「罪と欲望」という「最大の悪」を引き起こしたのは、すでにしてわれわれが母の胎内にいたときから有していた、母との「合一」(RV I, p. 377. Cf. RV III, p. 107) である。『キリスト教的会話』は、胎内にいたときに母から受け取った原罪と、世間との交渉から受け取った原罪という、「二重の原罪」(Cch, p. 109) について語っている。いずれにせよ、まぎれもなく「幼児」は「罪人」(RV III, p. 77, 78, 79) である。「生まれてきた幼児は罪人で、神の怒りに値する」(TM, p. 49) のである。ただし、幼児が「イエス・キリストのうちで生まれ変わった」ときには、もはや「欲望」が心のうちで君臨することもなく、欲望は「もはや罪ではない」(RV III, p. 80) のだという。

つまり「欲望の運動」に抗うためには、「光」の恩寵（＝創造主の恩寵）だけでなく、「感情」の恩寵（＝イエス・キリストの恩寵）もまた、必要になってくるのである（Cf. TNG, p. 226 ; RV III, p. 49）。罪以前のアダムは、習慣的に「光の恩寵」を受け取っていたので、彼は「慈愛」を有していた。光の恩寵は「自然」の秩序に属しているので、われわれとて、それを欠いているわけではない。しかし「欲望」が「光の好み」を、われわれから奪い取ってしまった（Cf. Gouhier 1, p. 113）。そこで「誘惑が強い」か「愛が弱い」ときに必要になってくるのが、「歓喜（délectation）」（RV III, p. 50）だということになる。「現在われわれに必要な恩寵」とは、それゆえ、「感じのよい先立つ歓喜（délectation *prévenante*）」（RV III, p. 49）なのである。

神は「最初の人間の罪」と「彼の罪が彼のすべての子孫たちに伝達されるであろうということ」とを、たしかに「予見」（TNG, p. 379. Cf. RPP, p. 23, 24）していた。それではなぜ神は、あえてそのような人間を、創造したのだろうか。マルブランシュによれば、神が「最初のアダム」を創造したとき、すでにして神は「第二のアダム（＝イエス・キリスト）」（Cch, p. 48 ; TNG, p. 237）のことを考えていたのだという。神がわれわれを「悪魔の牢獄」のうちに突き落としたのは、「彼の息子」が「そこからわれわれを引き出すという栄誉」（Cch, p. 52）を得んがためである。そのうえ「イエス・キリストによって償われた〈宇宙〉の方が、その最初の構築における同じ〈宇宙〉より、いっそうよい」（EMR, p. 205）のであって、神はそのことも「予見」（Ibid., p. 270）していたのだという。このように考えることによって、マルブランシュは自らの弁神論を完成させるのである。

ちなみに『形而上学と宗教についての対談』は、死や復活ののちにふたたび魂と合一されることになるわれわれの身体についても、若干の諸考察を加えている。それは「イエス・キリストの身体をモデルとして」形成し直された、「栄光の」（Ibid., p. 392）身体である。われわれの魂は、死においてさえ、われわれの身体から「分離されることはない」（Ibid., p. 404）であろう。幻影肢においても見られたように、両腕を切断したひとは、なおも「別の両腕」を有しているのである。[70] もともと前者の〔物体的・物質的な〕両腕は、後者〔理念的・叡知的な両腕〕がなければ、善も悪もなすことはなく、そもそもそれらはわれわれの両腕ではないことになってしまおう。そして死において失われるのは、前者のみなのであって、後者は「腐敗しえない」(Ibid., p. 405) のである。つまり「動物的で地上的」な身体は、「霊的〔精神的〕で天上的」な身体として、「復活」することになろう。それはまた「精神に完全に従属」(Ibid., p. 427) した身体でもあろう。もちろん「身体が精神に従属する」のは、まずもって「精神が神に従属」(Ibid., p. 432) するからである。そして復活ののち、われわれの身体は「無苦〔impassibles 非受情的〕」(Ibid., p. 429) となるであろう――ただしマルブランシュによれば、「身体の復活」は「未来の浄福 (félicité)」にとって「本質的なもの」ではなく、むしろ「われわれの至福 (béatitude) の本質」は、「神性そのものの享受」(Ibid., p. 435) のうちに存しているのだという。

しかし、復活後の栄光の身体はともかくとして、原罪以前のアダムは、いったいどのようにして自らの身体の主人たりえていたのだろうか。われわれと同様、「無限の精神力」を有してなどいないアダムが、やはりわれわれと同様、筋肉や脳の解剖学的構造についてのみならず、動物精気の運動や神経や脳の繊維の振動についても客観的に知りえていなかったということは、自明の理ではないだろうか。それでも彼が、たとえたとえば省察や集中といった仕方によってなのであれ、必要とあらば一瞬のうちに身体の一部をコントロールできたということは、むしろ身体についての客観的な知とは別の有り方をした独自の知が、われわれ人間にも現前するのだということを――マルブランシュの意には反して――はっきりとわれわれに示してくれているのではないだろうか。

しかしマルブランシスムにおける客観性の地平の優位に関して批判的に総括するまえに、われわれはあらかじめ「恩寵」についての彼の考えを、もう少し正確に検討しておかなければならない。

⑶恩寵の問題構制

すでに見たように、マルブランシュは「幸福でありたいと欲することは、われわれには依存しない」（RV III, p. 23）と考えている。[71]「善一般〔へ〕の愛」は「けっして悪しくはありえない」ので、それは「自由」ではありえないのである。しかるに「特殊的善〔へ〕の愛」は、この愛に関係づけられる「第二原因」についての誤った判断のゆえに「悪しくありうる」ので、その運動に「同意したり抵抗したりすること」は、「われわれの権能のうちに」（Cch. p. 78）ある。「神は汝が善一般を愛するように打ち克ちがたく仕向けるが、汝が特殊的善を愛するように打ち克ちがたく仕向けるわけではない」（Mch. p. 65）のである。同様にして「あらゆる快や物理的〔自然的〕な動機」は、それが動かす「意志」に対しては「それ自身によって有効」だが、「意志の同意」に対しては「それ自身によって有効」ではない。「感じのよい先立つ歓喜（délectation prévenante）」としての「イエス・キリストの恩寵」もまた、「意志」に対しては「それ自身によって有効」であろうとも、「意志の同意」に対しては「それ自身によって有効ではない」（RV III, p. 32）。つまりは「われわれは、恩寵に抵抗することができる」（RPP, p. 77）のである。

それでもマルブランシュは、「神の恩寵」は「われわれの意志に先立たなければならない」と考える。ペラギウス派の人たちの主張するように、神は「協力（coopérer）」するのではなく、「働く（opérer）」のであり、神こそが「始める」のである。われわれは「同意する（consentir）」以前に、「感じる（sentir）」（Ibid. Cf. p. 29, 177 ; TAD, p. 165, 178, 229 ; RPP, p. 4, 17, 18, 31, 92, etc.）のでなければならない。けだし「もし何ものもわれわれに触れないのであれば、何であれ意欲することは絶対に不可能」（TAD, p. 9）だからである。この意味で、少なくともこの問題構制に関するかぎり、「純粋無差別」（RV III, p. 29）は否定される。『マルブランシュ全集』第一四巻に収録された「神の愛についての論攷」や「神父ラミ師への三通の書簡」や「神父ラミ師の書簡への一般的返答」が繰り返し強調しているのは、「最も純粋な〈愛〉、最も脱利害関心的（désintéressé）な〈愛〉といえども、それが幸福たらんとする願望に依存していて、恩寵の歓喜が利害関心を与える（intéresser）という意味においては、必然的に利害関心的（intéressé）」（TAD, p. 163. Cf. p. 21, 118, 164, 165, 176, 230, etc.）だということなのである。

　マルブランシュは「モリナを読んだことがない」（Gouhier 1, p. 194）という。[72] そして「モリナを読んだことがないと言うマルブランシュ」は、「あらゆる動機づけから独立した絶対的無差別の自由」などというものを、「まったく支持しない」（Rodis-Lewis, p. 252）。他方、「ジャンセニスム」にとっては、「顕在的恩寵」の欠けるところでは「義人」でさえ「誘惑に抵抗しえない」のに対し、マルブランシュにおいては「異教徒」でさえ、「幾つかの例外的な機会」においては、自らの自由によって「欲望に抗して、〈秩序〉に適って」（Ibid., p. 248. Cf. TM, p. 54, 57）行為することができるのだという。グイエの表現にしたがうなら、「神がわれわれに呼びかけ、返答はわれわれに依存する」というのが「キリスト教的真理」であるにもかかわらず、「神の呼びかけ」を聞かない「ペラギウス主義」も、「人間の返答」を聞かない「ルターやジャンセニウス」も、「救済の仕事は一つの対話である」（Gouhier 1, p. 145）ということを理解していない。じじつマルブランシュは、一方では「ひとは恩寵によってしか自然を完全には克服しえない」（RV I, p. 357-8）と述べ、さらには「選ばれた人たち（élus）」がすべて「神の善き意志によって予定（prédestinés）されている」（TNG, p. 203. Cf. RV II, p. 506）ことも否定しないのだが、しかし他方では「キリストの恩寵そのものが、打ち克ちがたい力をわれわれに与えてくれるわけではない」（RV I, p. 350）ということも、彼にとっては否定すべからざる事実なのである。そもそも幸福は「一つの報酬」なのであって、幸福を所有するためには、まずはそれに「値する（mériter）」（TM, p. 180）のでなければならない。そしてキリストは、「恩寵」を施すまえに、「祈られることを欲している」（Mch, p. 30）のである。

　ではなぜこのような「対話」が、必要となってくるのだろうか。グイエによれば、「マルブランシュに親しいイマージュ」の一つに、「われわれの魂は一つの天秤のよう」というものがある。天秤の一方には魂を「天」に運ぶ

「重り」があり、天秤の他方には魂を「地」に引き留める「重り」がある。堕罪以来、後者の皿が「積みすぎ」（Gouhier I, p. 159. Cf. RV I, p. 72）になってしまったというわけである。そして「秩序」を回復するためには、まず「感性的な善」の方へと傾ける「重り」を取り除き、次いで神に「彼の〈恩寵〉の重り」を求めるという、「二つのこと」（RV I, p. 76）が必要となってくる。つまりは「感性的な快の連続的な努力に対してバランスを取って（contre-balancer）くれる恩寵の歓喜」（RV II, p. 81）というものが、必要となってくるのである。人間は、「慈愛」が心のなかで支配するときには、「恩寵の状態」にあり、「欲望（concupiscence）」が君臨するときには、「罪の状態」（Mch, p. 181）にある。もっとも「歓喜なき慈愛」というものもあるのであって、多くの誘惑に打ち克つのに、それで「十分」（TNG, p. 265）な場合もある。つまり魂の運動を規定するのは、「感情」や「快」だけでなく、「光」（Cf. Mch, p. 143; TM, p. 57, 116, 133）もまたそうなのだが、マルブランシュがいたるところで繰り返しているように、「光の機会原因」が「注意」（p. ex. Mch, p. 169）であるのに対し、「感情の恩寵の機会原因」は「イエス・キリスト」（p. ex. TNG, p. 226）である――「感情のあらゆる恩寵は、イエス・キリストの恩寵である」（Ibid., p. 263）――。そしてしばしばわれわれは、「精神の視」だけではけっして「欲望の諸努力に抵抗」しえないからこそ、或る「心の感情」（RV I, p. 409）を必要としているのである。けだし「精神を顕在的に幸福にしてくれる」のは、「快」（TNG, p. 262）なのだから。

『キリスト教的会話』の「第九会話」は、イエス・キリストの恩寵の有効性と十分性とについて、以下のように説明している。すなわち「〈恩寵〉の実効（efficace）」は、通常は「感性的な善」に対してわれわれが存しているところの「状態（disposition）」に依存している。「天秤」において一方の重りは、他方の重りが抵抗するときには平衡を失ってしまうように、あらゆる〈恩寵〉がわれわれを、神の方へと運んでくれるわけではない。それゆえ「イエス・キリストのあらゆる〈恩寵〉は、それが動かす「意志」に対してはつねに「有効」にして「十分」なのであろうとも、それに抗う「意志の同意」に対しては、「有効ではない」(Cch, p. 189)。つまり、われわれのうちにそれが引き起こす「善い運動」に「同意するか同意しないか」は、やはり「われわれに依存」(Ibid., p. 190) しているのである[73]。

『自然と恩寵についての論攷』では、もう少し詳しく、次のように述べられている。つまり「イエス・キリストの恩寵」もしくは「感情の恩寵」は、「それ自身によって有効」であり、それはつねに「欲望の努力」を「減少」(TNG, p. 254) させてくれはする。しかしその「効果」は、「それが与えられる者の顕在的な状態(dispositions)」に依存している。「欲望の重り」が、それに「抵抗」しているのである。しかし「光の恩寵」もしくは「〈創造主〉の恩寵」に関しては、事情が異なる。それは「それ自身によって有効」ではなく、魂に「運動」を与えてくれることもない。ただしそれは、「完全に自由で慈愛によって強化されている人間〔=原罪以前のアダム〕」にとっては、「十分」なのだという。それに対し、「欲望の快に対してバランスを取るためにわれわれに与えられている恩寵〔=イエス・キリストの恩寵〕」の方は、「真の善〔へ〕の愛に惹かれるためには快が必要な、弱い人間〔=われわれ原罪以降の人間〕」において、「有効」(Ibid., p. 255) だというのである。そして「〈欲望〉」が「人間の自由」――つまりは特殊的善への同意の自由[74]――を「完全には破壊」しなかったからこそ、「イエス・キリストの〈恩寵〉」といえども、どれほどそれが「有効」であろうとも、それでもやはり「絶対に打ち克ちがたいというわけではない」(Ibid., p. 256) のである。

ちなみに『自然と恩寵についての論攷』は、「感情の恩寵」と「光の恩寵」のほかに、義人たちはさらに「彼らを神の意に適うようにさせ、彼らを救済に値する諸行為をなす状態に置く」ような「習慣的な恩寵(grâce habituelle)」(Ibid., p. 264) をも、有しているのだと語っている。そして『道徳論』によるならば、神が魂を裁くのは、「魂のうちにあって神が認識する束の間の顕在的なもの」に即してではなく、「魂の安定した性向(dispositions)と魂の永続的な習慣」に即してなのだから、魂を正当化してくれるのは、「秩序」への「顕在的な愛」ではなくて、ただ「習慣的な愛」（TM, p. 98. Cf. p. 50）のみなのだという。

　ところで『自然と恩寵についての論攷』は、「イエス・キリストの恩寵は、欲望よりいっそう強い」ので、われわれはそれを「勝利の恩寵（grâce victorieuse）」と呼ぶことができると述べている。なぜなら「われわれの心の天秤が、相対する〔二つの〕快の〔重さの〕等しい重りによって完全に平衡状態にあるときには、最も堅固で最も理性的な快が、つねに優る」（TNG, p. 259）からである――しかしながらわれわれは、恩寵の「重り」と自然のそれとの「等し」さを、いったいどこから学んだのだろうか。われわれはそれぞれの重りの重さを、そもそもいかにして測り、そして両者の重さの量的差異を、どのようにして比較・測定することができたのだろうか。われわれが知っているのは、ただ両者のバランスから生じた一つの結果にすぎないのではないだろうか。しかもわれわれには、本章第二節(5)でも見たように、自らが「義であるか否か」、「愛されるに値するか、憎まれるに値するか」（RV III, p. 170）ということさえ、はっきりとは分からないのである。いったい今度はわれわれは、どのような「回り道」を迂回することによって、これらのことを知りうるというのだろうか。

　けれどもマルブランシュは、神がわれわれから欲しているのは、「盲目的な愛」や「本能的な愛」ではなくて、「選択の愛（amour de choix）」、「解明〔照明〕された愛」（RV II, p. 161. Cf. RV I, p. 73 ; EMR, p. 105, etc.）だと述べ続けるのである。しかしながら「解明〔照明〕された愛」とはすなわち、「選択〔選り抜き〕の愛」、つまりは天秤の二つの重りのなかから比較考量の末に選び取られた選択肢に対する愛のことではないだろうか。結局のところマルブランシュは、「自然の〈秩序〉は恩寵のそれに従属する」（EMR, p. 256）と考えてはいるのだが、しかし、たとえそうであったとしても、「恩寵は自然を破壊しない」（TM, p. 270）ということに、変わりがあるわけではない。むしろ「恩寵」は、「自然に反対」なのではない。「恩寵の秩序をなす神の意志」は、「自然の秩序をなす意志」を「変える」

ためにではなく、ただそれを「改善する」ためにのみ、「自然の秩序をなす意志」に「付け加え」(RV II, p. 131) られるのである。したがって両者は、客観性の地平のうちに投影された同質のものとしてこそ、天秤計算の数量比較の諸対象となりえたのではないだろうか。ここでもまたアルキエは、マルブランシュにおいては「イエス・キリストの恩寵の作用」が、「物理的な力のそれ」に「類比的」(Alquié, p. 482) なものとしてしかみなされていない旨を指摘する。イエス・キリストの恩寵は、「快」としてその「本質」において「自然的」であるのみならず、天秤の「重り」という仕方で平衡を再確立するという「自らの作用が行使される仕様」においても、やはり「自然的」(Ibid., p. 481) なのである。それゆえ「自然」の秩序においてばかりか、「恩寵」の秩序においてさえも、マルブランシスムによって確立されているのは、「機械論の支配」(Ibid., p. 442) だということになる。そしてアルキエに言わせるなら、そのようなマルブランシスムがまさに「忘却」しているのが、「物理学者や数学者の理性は、物質や空間についての研究においては勝利を収めようとも、キリスト教徒たちの神についての神学を構成することなどできない」(Ibid., p. 406) ということなのである。

おわりに

われわれは本章の冒頭で、マルブランシスムはデカルトとはまったく異なる「風土《クリマ》」のなかを動いており、その出発点はもはやコギトの経験ではなくて、神との直接的合一の経験であるという、ゲルーの見解を紹介しておいた。じじつわれわれは、議論の肝心要《かんじんかなめ》の箇所となると、マルブランシュが神に、しかもはっきりとキリスト教的と限定されうるような神に訴えるのを、何度も目撃してきた。キリスト教徒ならざるわれわれ、しかも哲学史的な解釈をめざしているのではなく、心身合一の問題に関して、あくまで理論的に取り組んでゆきたいと考えているわれわれは、そのような思想に対して、どのような態度で接してゆけばよいのだろうか。

哲学史の重鎮のなかでも、マルブランシスムのうちに神学より哲学を見ようとするか、哲学より神学の優位を結論しようとするかに関しては、意見が分かれている。たとえばグイエなどは、「マルブランシュは一人の哲学者であり、彼は哲学者として神学を考える」(Gouhier 1, p. 204) と、はっきり述べているのだし、ロディス＝レヴィスもこれに続く。「神学者である以前に、異論の余地なく、彼は哲学者である」(Rodis-Lewis, p. 27) ――もちろんそうであるからこそ、われわれも本章で、マルブランシュを研究対象としたのである。けれどもロビネのようなひとは、この見解に反対する。「彼はキリスト教徒としてしか、カルテジアンとして思索しえない。そのように、彼はできている。〔……〕一言で言うなら、彼は自然を超自然化する」(Robinet, p. 499)。そして彼〔ロビネ〕の大著『マルブランシュの著作における体系と存在』の最後を飾るのは、以下の言葉なのである。「われわれは、一人の《哲学者》を捜し求めていた。われわれは、一人の《神学者》を見出した。われわれは、それに対して何もできない。歴史家として、われわれはそのことを確証する」(Ibid., p. 501)。しかしながら、それでもわれわれは、そのような「神学」的な問題構制に対してさえ、どこまでも哲学的に対処してゆくことはできないのだろうか。たとえばなぜマルブランシュが「自然を超自然化」することができたのかを、哲学的な議論の枠内で究明することは、おそらくは可能なのである。何よりマルブランシスムが、たんに哲学史の一頁を飾るだけの過去の遺物でしかないわけではなく、そこには現代哲学の様々な動向が、萌芽のようにして含蓄的に含まれていることは、多くの解釈者たちが指摘するだけでなく、われわれ自身もまた本章で、ずっと確認し続けてきたことなのである。

これまでの叙述と若干重複するところもあろうが、彼の思想や哲学の現代性を強調する幾人かの歴史家たちの証言を、思い起こしておくことにしよう。たとえばデュカセは、「《諸感官の誤謬》についての分析によって、記憶、想像力、観念連合、習慣についての研究によって、マルブランシュは現代心理学の真の先駆者である」(Ducassé, p.

39）と述べ、またルデュック＝フェイエットも、「彼〔マルブランシュ〕が内的感情を、具体的諸状況における精神の特殊的生を――数学的言語が復元しえない、ほんらい質的なその強度における体験（le *vécu*）を――強調するとき、彼は繊細な実存的諸分析に従事するのだが、これらの諸分析は様々な資格において、メーヌ・ド・ビラン、ベルクソン、さらにはまたメルロ＝ポンティの注意を引くことになろう」（Leduc-Fayette, p. 50）と語っている。特にベルクソンの哲学・心理学に対しては、マルブランシュの影響は、ゲルーの繰り返し指摘するところでもある。「ベルクソン氏は〔……〕マルブランシュに多くを負っている」（Gueroult, p. 92）。「マルブランシュは、われわれがなおも思惟していたより、はるかにいっそうメーヌ・ド・ビランやベルクソン氏が属しているような、反‐主知主義的で内観的な傾向を持った心理学の大きな運動の、源泉にあるものとして現れよう」（Ibid., p. 99）。これまで本章は、功利主義的・実用主義的な「自然的判断」や質的な「持続」の捉え方に関しては、ベルクソンとマルブランシュの近さを指摘しておいたのだが、さらにはマルブランシュには、「くすぐり」の「原因」を二倍にしても、「結果」は二倍の「快」（EMR. p. 80-1）になるわけではないとか、音の「協和」のうちには、「弦」のあいだにあるような「量の関係」（Ibid., p. 82）は見出されないといった、やはりベルクソンの『試論』を彷彿とさせるような諸記述も見出せる。そしてこの点に関しても、ゲルーはこう述べているのである。「心的なものと量的なものとの異質性という、この原理は、精神物理学の諸法則〔へ〕の批判におけるベルクソン氏のそれとなるであろう原理を含んでいる。そして『意識の直接的所与』の第一章において、ベルクソン氏によって分析された諸実例そのものが、マルブランシュによって議論された諸実例のことを、打ち克ちがたく思わせる」（Gueroult, p. 47）。

　ゲルーはまた、「観念‐実在へと転換された道徳的諸価値についての真の直観」としての「神における秩序の見」や、「情感的‐情動的な直観の重要性」、さらにはまた「愛による有への参与」等々に関して、マックス・シェーラーを「マルブランシュの後継者の一人」（Ibid., p. 99）とみなしうるとも述べている。別の観点からアルキエも、マルブランシュは「あらゆる他者認識」を「類比」によるものと説明しつつも、たとえば「聞かれた叫び」と「痛みの観念」との連合を「自然で万人に共通の絆」のうちに数え入れたことで、シェーラーのように他者認識を「直接的なもの」とみなす現代理論を「告知」(Alquié, p. 51) するように思われると評価する。そのアルキエ (Ibid., p. 177, 178) やロビネ (Robinet, p. 297) が、さらにはまたメルロ＝ポンティ自身 (Merleau-Ponty, p. 28, 29, 34) が、マルブランシスムとメルロ＝ポンティ現象学との近さを指摘していることに関しては、本章第二節(3)の本文や註の箇所ですでに見たとおりである。たとえばメルロ＝ポンティは、「ひとはマルブランシュにおいて、今日の諸問題がすでにあり、神話や夢においてのようにして現れているのを見る」(Ibid., p. 29) と述べてもいるのである。

だがわれわれとしては、さらにマルブランシュ哲学とリクールやミシェル・アンリの哲学との関係について、多少とも付言することができるかもしれない。たとえばリクールは、「私は有る」には「必当然性 (apodicticité)」が認められて然るべきだが、「私が何で有るか」については「十全性 (adéquation)」は認められないという、マルブランシュに酷似した立場を取っている。「私は有る、しかし有るところの私、私とは何で有るか。それこそもはや私が知らないところのものである。〔……〕私が何で有るかは、私が有るということが必当然的であるのと同様に、問題的 (problématique) なのである」[75]。本章でも引用した、メルロ＝ポンティがマルブランシスムに適用した表現、すなわち「自己から自己へゆくために回り道があらねばならないような或る哲学における、不可避的な分裂」(Merleau-Ponty, p. 23) という言葉は、あたかもリクール解釈学に対して発せられたかのごとくである。他方、マルブランシュに対するミシェル・アンリの態度は、若干両義的である。たとえば一方ではアンリは、「情感性」についての考え方のうちに、「マルブランシュの天才的な予感」[76] を指摘する。しかし他方では彼は、マルブランシュが「一元論の地平〔＝現象学的ないし有論的な一元論、すなわち客観性・対象性のうちにしか現象化の可能性を認めない立場〕」という「先入見」[77] に囚われたままであるということ、またそのために「感情の非叡知性〔＝不可解性〕という先入見」[78] に陥ってしまっているということを、強く糾弾してもいるのであって、結局のところマルブランシスムに対するアンリの態度は、どちらかと言うと反面教師的なものであったと言わざるをえない。

じっさい、明晰な認識が問題とされるときには、マルブランシュはつねに外在性や対象性の地平にのみ訴え、内面的なものに関わるものを理解しなければならないときでさえ、彼は客観性という「回り道」を迂回せざるをえなかったということは、本章が絶えず検証し続けてきたことなのであって、そのことは彼の実体論、魂論、諸能力論、心身合一論、機会原因論、弁神論、恩寵論のすべてにわたって、逐一指摘されうることなのである。「マルブランシュもまた、喜んで《神は幾何学者である》と言うであろう」(Ducassé, p. 33) と、デュカセは述べている。そして〈生ける自然〉という意味においてではなく、〈機械的自然〉という悪しき意味において、アルキエがマルブランシュにおける「自然主義」を糾弾し続けてきたことも、本章の見てきたとおりである。ロビネがマルブランシュに対して非難していた「自然」の「超自然化」も、あらかじめ〈超自然的なもの〉さえもが、或る意味ではすでに〈自然化〉されてしまっていたからこそ、可能となったのではないだろうか。そしてこのような対象知・客観知のマルブランシュ的優位こそが、とりわけ心身合一の問題構制を不可解にし、ひいてはメーヌ・ド・ビランのような哲学者の厳しい批判を招き寄せることになったのではないだろうか。

＊　＊　＊

本章のもともとの意図は、マルブランシュの身体論をビランのそれと対比させ[79]、とりわけ両者の理論的背景にあるものに留意しつつ、心身合一の諸問題について考察してゆくための第一歩を踏み出すことであった。そのような意図のもと、ひょっとしてわれわれは、外在性の哲学者としてのマルブランシュのイメージを、いささか強調しすぎたのかもしれない。しかしながらマルブランシュにおける「自然」は、「自然的判断」の「自然」でもあり、それはけっして数学的知性や計算的悟性には解消されることのない、「生」のための「自然」でもあった。そのような「自然」のうちに、われわれは「生ける自然」の一つの有り方を、見出すことはできないのだろうか。また本章でも見たように、アルキエはマルブランシュの超越神とカントの超越論的主観とのあいだに、或る種のパラレルを見ることによって、マルブランシスムに一定の歴史的意義を与えようとしていた。しかるにもし「生」のための主観が心身合一の主観であって、文字どおり「受肉した主観」であるなら、われわれはアルキエの示唆さえ超えて、たんに記述のレヴェルにおいてのみならず、理論的基礎づけのレヴェルにおいてさえも、マルブランシュ哲学とメルロ＝ポンティ現象学との相互解明の可能性を、図ってゆくことができるのではないだろうか。また、これもわれわれのもともと意図していたことでもあるのだが、もしわれわれがメルロ＝ポンティの身体論それ自身を、ビランやアンリの観点から読み直すことができるとするなら、そのときにはこのようなマルブランシュの心身合一論とメルロ＝ポンティの知覚論の相互解明という企てそのものを、もう一度、ビランやアンリの観点から洗い直すという可能性さえ、生まれてくるのではないだろうか——しかしわれわれは、本章ではまだそのような諸課題については詳述しえないし、将来のわれわれの問題として、それらの検討を約束することすら、現時点ではまだできない。いまはわれわれは、ただそのような解釈の可能性は可能性として、ここに記しておくだけに留めておくことにしたい。[80]

第三章　メーヌ・ド・ビランのマルブランシュ批判

はじめに

前章ではわれわれは、マルブランシュの「心身合一論」について検討したきた。そのさいとりわけわれわれに訝しく思えたのは、明晰な認識が問題とされるときには、彼はほとんどつねに外在性や対象性の地平に訴え、内面的なものが問われるときでさえ、彼は客観性や機械的自然という「回り道」を迂回せざるをえないということであった。そしてこのことは、彼の実体論（延長実体からの思惟実体の区別）、諸能力論（悟性と意志の区別や純粋知覚と感覚の区分、精神からの意欲の不可分性、思惟や意志の定量性）、魂論（その闇、延長の観念という「回り道」）、心身合一論、なかんずく機会原因論（生理学的・解剖学的客観知への指示）、弁神論（道と作品との数量計算）、恩寵論（天秤の重量比較）等々のすべてにわたって、逐一指摘されうることであった。なかでもその心身問題に関しては、ゲルーのような解釈者が――〈自らを感じること〉と〈客観的に認識すること〉との区別[1]、対象認識へと認識を限定してしまうことに対する異論、われわれの内的感情からの原因の観念の由来、無力な努力にさえ前提とされている有効な努力といった問題構制に関して――マルブランシュとは対極に位置するような哲学者として、ときとしてメーヌ・ド・ビランの批判を援用するのも目撃してきた。

本章ではわれわれは、この最後の観点を引き継ぎつつ、メーヌ・ド・ビランのマルブランシュ批判を本格的に主題化してゆきたいと思う。それはまとまったものとしては、中期のいわゆる「ビラニスム」期に属する、マルブランシュに関する彼の『ノート』類と、最晩年の彼の『人間学新論』の、とりわけ第一三章において見出されよう。ただし、これまでも両者の関係については、ゲルーのそれのようなそのときどきの断片的な発言はさておき、デルボス、ブランシュヴィック、メルロ＝ポンティといった研究者たちの本格的な対照において、様々に議論されてきた。われわれとしては、そのような先行研究も踏まえたうえで、われわれ自身の一応の――発生論的解釈への展望を含んだ――結論を、導き出してゆきたいと思う。

したがって本章は、以下のように分節される。㈠ビラニスム期ビランのマルブランシュ批判。㈡後期ビランのマルブランシュ批判。㈢マルブランシュとメーヌ・ド・ビラン――解釈者たちの諸見解。㈣総括――発生論的解釈の必要性。

以上の考察に基づき、次章ではわれわれは、メーヌ・ド・ビラン自身の身体論について、その発生論的な解釈を貫徹してゆきたいと思う。それゆえ本章は、「マルブランシュの心身合一論」と「メーヌ・ド・ビランの身体構成論」とを結ぶ、言わば橋渡しの役割を担っているのだということになる。

第一節　ビラニスム期ビランのマルブランシュ批判

グイエの名著『メーヌ・ド・ビランの諸回心』によれば、「メーヌ・ド・ビランがビラニアンになった」のは、

「一八〇四年三月二三日と四月二五日のあいだ」[2]とのことである。同年の四月三〇日頃に書かれたとされるトラシー宛書簡のなかで、さっそくビランは、デカルト以来、「意志」が「情感的願望（*désir affectif*）」（Œ XIII-2, p. 365）から区別されていない旨を嘆いているのだが、われわれはこのような批判は、むしろマルブランシュの方に向かうことになるのを、のちのビランにおいて目撃することになろう。そしてビラニスム期（一八〇四―一三年）の最初の著作たる『思惟の分析』（一八〇四年）では、もしわれわれが「意識の領分」を逸脱して、「原因」の概念をその外に見出そうとするなら、もはや「思惟する存在やその諸能力についての固有の学」はなくなってしまって、「形而上学」は「マルブランシュのようなひと」によっては「神学」のうちに、「スタールのようなひと」によっては「生理学」（Œ III, p. 35. Cf. p. 321）のうちに、移し置かれてしまうことになろうという、いかにもビランらしい批判の言葉が残されている。

しかしながら、ところどころに散在する断片的な言及を別とすれば、ビラニスム期ビランの本格的なマルブランシュ批判は、一八一二年頃から一八一三年にかけて書かれたとされる『マルブランシュについてのノート』と、一八一三年頃のものと言われる『マルブランシュとボシュエの数節についてのノート』のうちに見出される。ただしわれわれとしては、さらにこの期のビランの主著と目される『心理学の諸基礎』（一八一二―一三年）のなかからも、若干の補足を付け加えておくことにしたい。

(1)『ノート』におけるマルブランシュ批判

『マルブランシュについてのノート』[3]は、マルブランシュの『キリスト教的にして形而上学的な省察』を扱う前半部と、『真理の探究』に基づく後半部との二つに分かれており、前半はさらに四つの部分に細分されている。まずその第一の箇所では、マルブランシュは「客観的」と「主観的」との「二種類の認識」を「混同」している、あるいはむしろ彼は「対象認識」しか「認識」と呼ぼうとしていない、という批判の言葉が述べられている。もちろんビラン自身は、「われわれがわれわれ自身について、もしくは意欲し行為するわれわれの自我について持つ感情」というものを認め、むしろ「あらゆる客観的な認識」は、「この内的な認識」にこそ「依存」するのだと主張する（p. 116）。私が絶対的・即自的に何で有るのかも、「意識の事実」によって内的に私に知られるものの「結果」としてしか、考えられないのである。なるほど私の「諸感覚」や「諸情念」といった「私の感性のすべての諸変様」は、私にとって「闇」でしかなく、この意味では「私の実体」は、私を取り巻く諸物体以上に「叡知的（＝知解可能）」とは言いがたいのかもしれない。けれどもビランの思想に基づくなら、「諸感覚」はまだ「自我」ではない。それとは反対に「内感（sens intime）」によるならば、「われわれの因果性」は「それ自身において完全に叡知的」なのであって、私は「対象」という仕方で私自身を「見る」ことなしに、自らを「行為する原因もしくは力（cause ou force agissante）」として「感じて」いる。そして「内的、主観的なこの認識」こそが、「私の持ちうる最初の、最も明証的な」認識なのである（p. 117）[4]。

第二にマルブランシュの思想にしたがうなら、「願望」も「神の贈り物」のはずなのに、神はこの願望に対してでなければ何ものも与えないということになってしまう。われわれはこのような「循環」から、いかにして抜け出せばよいというのか。この「困難」を、ビラン自身は「意志」と「願望」とを区別することによって解決しようとする。つまりわれわれは、まず「われわれの自由な活動」によって、「われわれが愛さず、願望しないもの」さえをも意欲し、これをなすことによって、「愛し、願望するという恩寵」に「値する（mériter）」ようになるのだという（p. 118）。

第三に、マルブランシュの言うように、「われわれのすべての諸感覚」に結びついてそれらを一種の「原初的複合体」にする「外在性判断」は、（内的感情という意味での）「意識」（Ibid.）とは本質的に異なる。それゆえまずわれわれわれが考察すべきは、「筋肉感覚」を「原初的な意欲や努力」に、もしくは「この意欲やこの努力の感情」に結びつける「内密な関係」なのであって、ビランは「意欲する作用」を、「この作用の感情」から「区別」する必要はないと主張する。しかるにマルブランシュは、われわれの意志や努力がわれわれの運動を産出することをわれわれが「内的感情」によって認識するのだということを、否定してしまう。そしてそれは、そのようなことが生じうるのだということを、われわれが「理性」によっては見ないからだという。たしかに、もしわれわれが「内的感情」によってそのようなことを「直接覚知」してしまっているのでなければ、「理性」によってもわれわれは、それを見ることはないであろう[5]。けれどもビラン自身は、「自由な努力の意識」にこそ訴える (p. 119)。そしてここでもまたビランは、われわれには依存しないものを欲するだけの「願望」と、まさにわれわれの支配下にあるものを意欲する「意志」とを、マルブランシュは混同しているのだと批判する。たとえばもし私が「願望」する瞬間に、親切な手が私を動かしてくれるのだとするなら、私は「私の願望」が「運動の原因」だとは、けっして思わないだろう。「願望」と「出来事」とのあいだには、「たんなる継起の関係」しか存在しない。しかるに――「理性」ではなく――「内的感情」は、「身体の運動を産出する力」がたしかに存在するのだということを、われわれに教えてくれるのである (p. 120)[6]。

第四にマルブランシュは、「感性的諸性質」はたんなる諸性質たるかぎりでは、「諸物体の実在性」を「保証」してくれないということは正しく見たが、神を「唯一の実効因 (cause efficace)」とみなしたために、「諸物体の存在」を積極的に証明する手段を失ってしまった。なぜなら――このテクストのビランによれば――「諸物体の実在性」は、「諸感覚の原因」としてのみ保証されるからである (p. 121)。

『真理の探究』を題材とする『マルブランシュについてのノート』の後半部には、アルノーへの言及など、直接のマルブランシュ批判とは言いがたい箇所も多々含まれているので、ここでは以下の二点のみ、取り上げておくことにしよう。第一に、「努力」は「動物精気」に運動を与えも、動物精気を規定しもしえないと主張するマルブランシュに対して、逆にビランは、こう問い返す。「或る行為の原因たるために〔……〕たんに意志の現在的対象たるこの行為のみならず、さらにはそれによって行為が産出されうるところのすべての仲介的諸手段をも認識することが、不可欠的に必要だということを、証明してごらんなさい」。もちろんビラン自身は、このような「仲介的諸手段」の認識は、行為を産出するためには不必要だと考えている（7）。それどころかビランにとっては、たとえば「腕の運動についての客観的知覚」でさえ、もはや「意識の事実」でも「意欲の直接的対象」でもないのである（p. 122）。

そして第二に、「ほとんどつねに」マルブランシュは、「観念」という語を「たんに客観的な」意味で理解しているのだが（p. 124）、広義には「観念」には、「表象的」と〔魂の変様として〕「変様的」という「二種類」が認められている。しかるにビランによれば、「直接的内的覚知」はそのどちらにも属さず、そもそもそれは「観念」ではなくて、むしろ「あらゆる観念の条件そのもの」なのだという（p. 123）。

次に『マルブランシュとボシュエの数節についてのノート』のなかにも、ボシュエのみへの言及等が多々見られるので、ここでも以下の三点のみ、紹介しておくことにしたい。

第一にビランは、努力と神経管内の動物精気との関係を疑問視するマルブランシュに対して、ここでは彼は「心理学的と有論的という二つの観点」を「混同」し、かくして「ヒュームやその同類の懐疑論全体」に道を開いているのだと警告する。ビラン自身が唱える「われ思う、われ意欲す、ゆえにわれ有り（Je pense, je veux, donc je suis）」は、「われわれの学全体の心理学的原理」（p. 128）なのだが、そのさい私はこの努力が身体運動の真の原因たることを、〔動物精気のように客観的に〕「想像」（p. 128-9）しているわけではない。むしろ私は、自我が自我の外でもはたして自我で有るのかを知りたいようなときにのみ、それを「想像」するのである。したがって私は、私の努力が有効たることを内的に確信するために、私の意志と動物精気や神経管との関係を「認識」〔＝想像〕する必要などまったくない。そのうえ「私の努力」が「私にとって、もしくは私の内感において」有効であるや否や、それは「自己自身において〔＝即自的に〕絶対的に、そして神の眼に」さえ「有効」なのであって、それこそが「道徳的作因の責任をなすもの」なのだビランは考える（p. 129）。

第二にビランは、われわれはわれわれの「諸変様」や「諸観念」を思うままにしないという点では、マルブランシュの見解を認めはするのだが、しかしこのことはむしろ逆に、われわれが「われわれの身体の諸運動の自由な作者」たることを、間接的にはまた「これらの諸運動の結果ないし産物たる諸変様や諸観念」の作者たることを、証明しうるのだ主張する（p. 130）。

そして第三にビランは、「マルブランシスム」が「作出因（causes efficientes）」を「一般法則」と混同するような「無神論者たち」の体系を、かえって助長するような可能性を有していたのだと批判する。「神の行為は恒常的、斉一的」で、「神は自らが確立した単純法則につねに必然的にしたがう」と述べることは、神のうちに「盲目的で、あたかも自動的のような或る力（une force aveugle et comme automatique）」を置くことでしかない（p. 132）。そしてビラン自身はといえば、彼は人間的被造物が神の介入なしに神の意図を遂行するようにと、神が人間的被造物に「或る力ないし能力（certaines vertus ou facultés）」を与えたとのだとみなす者は、けっしてマルブランシュの言うように「神の至高性」を「傷つけてなどいない」と考えるのである（p. 133）。

(2)『心理学の諸基礎』におけるマルブランシュ批判

『心理学の諸基礎』[8]においては、われわれはビランが直接マルブランシュについて言及している断片的な箇所より、むしろ彼の名を挙げることなくその内容に関わるような発言をなしている以下の二箇所を、取り上げておくことにしたい。

まず第一の箇所では、ビランは「たんなる願望」や「たんなる反応」、あるいはまた「自然の諸現象や諸々の働き」とはちがって、「意志」には「成功についての一種の予感ないし予見」が含まれているのだと主張する（p. 162）。そのさい「四肢へのわれわれの本元的な力能（pouvoir primordial）もしくは意志の支配」は、「内において感じられる、もしくは覚知される」のであって、もちろん「われわれに疎遠なメカニズム」のように、「外に表象される」わけではない（p. 163）。じっさい「解剖学者や生理学者が認識しうるようなわれわれの諸器官の位置、働き、機能についての表象的な認識」と、「これらの機能に対応する〔意志の〕存在についての内密な感情」や「抵抗する連続体のうちに局在化された諸部分についての内的な認識」とのあいだに、いったい「どのような種類の類比」があるというのか（p. 163-4）。むしろ、もし「意志」が四肢の一つを動かそうとする瞬間に、「運動性の諸器具」が「表象」されるなら、「意志はけっして生まれない」だろう[9]――それはもしわれわれが「網膜の神経や光の因子」を表象するなら、「われわれはもはや色彩を見ないであろう」のと同様なのである（p. 164. Cf. Œ XI-2, p. 15）。

第二の箇所は、デカルトの名を挙げつつ、じつはマルブランシュの心身合一論を批判する。つまりビランは、いかにして「われ思う、もしくは私は私が存在していると感じる、ゆえに私は実在的に存在する」と述べたまさにその同じ哲学者が、「私の身体への運動的力能」の存在を否定して、「身体を動かす」のは「或る別の権能」だと述べえたのかを問うのである（p. 186）。「唯一の実効因たる神」は、風任せに風上を向いて、それが自らの願望だと勘違いしているベイルの「風見鶏」に対して「風」がなしているのと同じことを、「身体の運動」に対してなしている――それが「機会原因の有名な体系」なのであって、ここでも「意志」は「願望」と「混同」されているのである。しかしながら、自我が運動の「直接的な産出原因」として「力能」を感じ、自らに「運動」を帰属せしめるときに、もし働いているのが「神」だとするなら、そのときにはむしろ「神」と「自我」は「同定」されなければならないだろう（p. 187. Cf. Œ X-2, p. 226）。ビランは「非物体的である精神」が「身体」を動かすことができるということをわれわれが知りうるためには、「推論」も「比較」も必要なく、それは「確実で明証的な経験」が日々明らかに認識せしめてくれることなのであって、「他のものによって説明」しようとすると、かえってそれを「昏《くら》く」してしまう、という一六四八年七月二九日付のデカルトの、有名なアルノー宛書簡を――やや不正確に――引用している（p. 188）[10]。それゆえ「機会原因の体系」がそれに基づくところの「アプリオリな推論」、すなわち「非延長的な実体は、いかにしても延長的実体には適用されえない。ゆえに魂が身体に働きかけるということは、アプリオリに考ええない。ゆえに魂は、身体に働きかけない、もしくは実在的に影響を及ぼさない」という推論は、「内感の証言に基づく経験の原初的事実」とは矛盾する。けれども「身体運動における私の固有の力能や私の固有の因果性についての明証性」は、「二実体の本質的な差異や本性上の異質性についての明証性」より、「上位」で「先行的」な次元に属しているのではないだろうか。なぜなら「非延長的な実体」、すなわち〔ビランによれば〕「力」の観念や、「延長的実体」、つまりは〔同じくビランによれば〕「連続的抵抗」の観念すら、もともとは「意欲された努力の主体」が「抵抗する項」から自らを区別するような「意識の事実そのもの」によってしか、知られなかったからである（p. 189）。そして結局のところ「機会原因の体系」は、「意識の原初的事実」を変質ないし否認してしまうという点では、「予定調和の体系」と「完全に一致する」のだと、ビランは考えるのである（p. 189-90）。

第二節　後期ビランのマルブランシュ批判

『人間学新論』（一八二三―二四年）[11]の第一三章でも、ビランはまず、マルブランシュにおいては「われわれのすべての認識手段」のなかで、「内的感情」もしくは「内感」が「最も不完全で最も混乱している」とされているということから、話を始めようとする。つまりマルブランシュによれば、「明証性と実在性との固有の性格」を内に担う「われわれの第一次的諸観念」は、「本質的に客観的」なのであって、逆にわれわれの魂やその諸変様は、「内的感情」によってしか知られない。それゆえわれわれは、それらについてはいかなる「観念」も、またほんらいの意味でのいかなる「認識」も、持たないというのである(p. 199)。かくしてビランは、デカルトが「主観」ないし「思惟する自我について主観が持つ感情」のうちに求めていた「最初の真理」を、マルブランシュがもっぱら「対象」のうちにしか見出そうとしていないことを嘆くのだが、ここではビランは、この「原初的自我」は「絶対的なもの」とは「同定されえない」と、付け加えてもいる(p. 200)[12]。

第二に、ここでもまたビランは、マルブランシュが「願望」と「意欲」とを同一視していることを批判する(p. 200-1)。ひとは「継起」なく瞬時に運動が対応するような「意欲や努力」の真の「因果性」を、「幾つかの調和的なケース」において「都合よく」運動が後続するような「願望」におけるたんなる「継起」と、「混同」してはならないのである[13]。ただし、ここではビランは、「結果への原因の関係の誤った適用」を行うだけのためにさえ、われわれはあらかじめ「産出原因の概念」を有していなければならないはずだと付言する。しかるにマルブランシュは、この概念が「内に」由来するのか「外に」由来するのか、「生得的」なのか「反復された経験もしくは習慣の産物」なのか、その区別さえ行っていないのである(p. 201)。

第三に、ここでもビランは、私は私の努力については「想像」するのではなく、「内的感情」を有するのだと述べている。そしてそれは「意欲」や「自我」に疎遠な原因を持ちえない「完全に自由な作用」についての感情なのであって、またこの「同じ内的感情」は、同時に不可分的に、「有機的変様」をも顕わにしてくれるのだという(p. 202)――つまり意志の因果性(原因‐結果の関係)は、内的に知られるのである。

第四に、前節でも見たように、「努力」と「神経管内の動物精気の規定」との「関係」(Ibid.)を疑問視するマルブランシュに対して、ビランは自分もまたそのような関係を「見ない」のだと断ったうえで、ここではこう問い返す。「私の意欲についての、〔また〕私の顕在的努力についての内的感情より、私にとっていっそう確実で、いっそう明証的な、何が存在するだろうか。〔……〕反対に、私の想像力が自由な諸運動や諸作用の必然的な有機的諸条件であると心に描く精気の働き、神経の振動的運動より、いっそう昏く、いっそう不確実な、何が存在するだろうか」[14]。このような関係を考えることは、そのためには私が「私自身にまったく外的な観点」のうちに身を置いて、そのことによって「私が説明したいと欲していた事実」をまさしく「破壊」してしまわなければならないだけに、「ますます不必要」である。要するにマルブランシュは、やはり「二つの観点の混同」を犯しているのである(p. 203)。

第五に、前章でゲルーも援用しているのを見たように、ときとして「無力」な努力が存在するということから、「努力」と「実効〔性〕」とは別物だと結論するマルブランシュに対して、ビランは「〔四肢の麻痺などの〕幾つかのケースにおいて、われわれがわれわれの努力を無力だと感じうるのは、あらかじめわれわれが努力の実効〔性〕を体験した、もしくは感じたかぎりにおいてのことでしかない」と反論する。「以前の実効〔性〕についてのこのような思い出そのもの」こそが、「同じ原因は同じ結果を産出するであろうという予感」をともなって、「同じ努力の反復」を規定するのである(p. 204)。

第六に、ふたたびビランは、「有機的諸手段」についての認識は「努力」の産出のためには必要ない旨を強調するのだが[15]、後期の彼は、それを神の創造の問題に結びつけて語ろうとする。たしかに私は、私が作ったのではない「心身合一の一般法則」にしたがってしか、私の腕を動かしえないのではあるが、しかし、だからといって「創造主から私にやってくる力能」を、私が意志的ないし自由に用いるときに、はたして私の顕在的な意欲や努力が、「無効」だということになるだろうか[16]。そのように考えることは、むしろ「あらゆる自由、あらゆる人格性」を「無化」(p. 205)してしまって、神のそれも含めた「すべての個体的存在」を飲み込む淵に沈むような「汎神論」や

「スピノザ主義」に、陥ることになってしまうのではないだろうか。ここではマルブランシュは、「二つの意志」を混同しているのだということになる（p. 206）。つまり、たしかに「私の意志」は「それを作った至高の力」を想定してはいるのだが、しかし、ひとたび私の意志を「その圏域のうちで自由に動くべく定められた、個体的にして一なる力」として創造したあとでは、神でさえ、もはやそれに「協力」[17]したり、「代わりに」働いたりなど、しえないのである。たしかに私は、全能者とその実体的な諸結果（＝われわれ被造物という諸実体）とのあいだに「必然的な絆」が存在するのだということを、「間違いなく確信」してはいる。しかし「何よりもまず」、そしてたとえ「別の仕様で、別種の明証性をともなって」なのであれ、私は「顕在的な私の意志、私の努力」と「それが産出する結果たる変様」とのあいだに「共存と因果性という原初的な関係」が存在しているということを、「確信」してもいるのである。そして「意識のこの最初の確実性」がなければ、「理性」と「推論」との確実性でしかない他方のそれは、「生じさえしえない」だろう（p. 207）[18]。

かくしてビランは、「意欲の実効（性）」と「願望からの意欲の本質的区別」という「二重のテーゼ」に反対してマルブランシュが立てた諸論拠は、むしろこのテーゼを確立しようとする側の証明が有している力を、「確証」してくれているのだと結論するのである（Ibid.）[19]。

第三節　マルブランシュとメーヌ・ド・ビラン――解釈者たちの諸見解

このようなビランのマルブランシュ批判は、これまでどのように受容されてきたのだろうか。「はじめに」でも述べたように、以下われわれは、代表的な先行研究のなかから、デルボス、ブランシュヴィック、メルロ＝ポンティという三人の思想家の解釈を、検討してゆくことにしたい。

⑴ヴィクトル・デルボス

一九一六年の論攷「マルブランシュとメーヌ・ド・ビラン[20]」の冒頭部を、デルボスはこの二人の哲学者たちの学説を分かつ諸テーゼのもとに、それでも「いっそう収斂的な幾つかの見解」が存しているのではないか、と自問することから始めている。たしかにビランは、いかなる点で彼がマルブランシュと対立するのかを説明する労を、厭いはしなかった。けれども彼は、マルブランシュを「近代の真のプラトン[21]」とも呼んで、幾つかの点ではしっかりと彼に専心さえしているではないか（p. 147）。

以下デルボスは、マルブランシュの機会原因論を簡単に振り返ったあとで、前節までにわれわれも見たビランのマルブランシュ批判を、比較的丁寧に取り上げる。すなわち、ビランが「機会原因の体系」の責任者とみなすのは「デカルト」（p. 149）なのだが、マルブランシュはさらにデカルトの形而上学を「或る神学」に結びつけ、しかもこの神学は「一般法則」に「作出因」の役割を演じさせるような「無神論者たちの考え」を助長させてしまう、したがってマルブランシスムは、スピノズィスムに近いのだということ。またマルブランシュの学説は、「意識の決定的な証言」には反していて（p. 150）、彼は「原因」や「実効的な力能」についての自らの概念を、じつは「内的感情が彼に発見してくれるもの」から引き出しているにもかかわらず、異論の余地なきこの「心理学的諸真理」を、「有論的な考え」のために犠牲にしてしまって、かくして「諸実体の交流」という問題を、「純粋理性によって一挙に」解決しようとしているのだということ（p. 151）。さらには「無力な努力」についての感情は、「有効な努力」についてのあらかじめの感情に対置されることによってしか特化されえないというのに、マルブランシュは「努力」と「実効（性）」とを別物とみなしてしまったということ（p. 151-2）。また身体に働きかけるために、「外的表象」など必要ないということ（p. 152）。そして「願望と意志の混同」が「機会原因論の大誤謬」なのであって、マルブランシュにおける「身体運動」にとっての「神」は、ベイルにおける「風見鶏」にとっての「風」でしかないということ（p. 153）。そしてデルボスは――われわれ自身は留意してこなかったのだが――マルブランシュが「魂が感じるものを身体に関係づける自然的判断」を「一種の複合感覚」とみなしたことは、たしかに正当だが、しかしそれを「感性的印象」と「主観の意志的努力」との二要素に分析する代わりに、「錯覚」呼ばわりしてしまったというビランの評価[22]を取り上げたあとで、ビランのマルブランシュ批判を、こう総括するのである。「かくして機会原因論は、そのすべての諸テーゼにおいて、またそのすべての諸帰結において、内的直接的覚知よりも表象的で客観的な認識の方を、恣意的に優先するということから生まれた」（p. 155）。

しかしながらデルボスは、ここからマルブランシュの思索とビランのそれとの「可能的対照」の道を探ってゆく。つまりマルブランシュも、「観念による認識」と「内的感情もしくは意識による認識」を、区別したではないか（Ibid.）。そしてスピノザが「魂」を「幾何学的認識の対象」にしようとしていたのに対し、マルブランシュは「ほんらい合理的な認識」は「物体」に限定しつつ、「意識」の提供する知がどれほど「不完全」であろうとも、魂に関するかぎり、意識が嫌疑に見舞われるという考えには「反対する権利」を「遵守」しているのだという。「意識の所与の還元不可能で特異な性格」をこのように肯定するという点で、ビランはマルブランシュと「共感」しえたであろう（p. 157）。「われわれ自身についての認識」は、「諸事物についての認識」をモデルとしてはならず、自我は「主観」に留まりつつ、自らを「対象」として理解しようなどとしてはならない。かくしてマルブランシュが「自らを感じること」と「自らを認識すること」とを区別したのは、正しかった。ただ彼は、「観念による認識」を「あらゆる確実な認識の原型《プロトタイプ》」とみなすような自らの体系に引きずられて、「自らを感じること」は「真の知の射程を有していない」と結論してしまったのである。けれどもビランも言うように、「あらゆる客観的な認識」は、「内的認識」にこそ「依存」しているのではないか（p. 158）。それゆえもしマルブランシュが、幸いにも「内的感情による認識」を「観念による認識」から区別したあとで、誤って前者の射程を制限してしまってさえいなければ、彼は人間主観に「自由」を認めたのと同じ理由で、それに「因果性」をも認めていたことであろう……(p. 159)。
もちろんこのような見解の展開を認めることは、マルブランシュの体系全体を変容することなしには、済まされないだろう(Ibid.)。それゆえ問題なのは、マルブランシュとビランとを「調停」することではない。ただデルボスは、いかにしてこのうえなく対立するこれら二人の哲学者の諸テーゼが、それでも「意識」と「理性」とのそれぞれの「機能」や両者の「関係」をめぐる真理についての「相補的なアスペクト」とみなされうるのかを、示したかっただけなのだという(p. 162)。

このようにデルボスの論攷は、いまから一〇〇年近くまえに書かれたものであるにもかかわらず、マルブランシュとビランという正反対の傾向を持つ哲学者たちの対立点をよく捉え、しかも両者の可能的接近の道をも、かなりの程度妥当なところで示している。ただし問題は、デルボスが称揚する「内的感情による認識」は、マルブランシュにおいては、〈われわれの有〉のみならず〈われわれの諸変様〉をも含んでいるのだということ、つまりそこにはビランが〈努力の感情〉の明証性の対極にあるとみなしていた〈アフェクション〉もまた、含まれているのだということである。ビランを扱うとき、われわれはそのことを忘れてはならないだろう。

(2) レオン・ブランシュヴィック

六部からなるブランシュヴィックの一九二二年の大著『人間的経験と物理的因果性』[23]の第一部は、その第一巻(第一、二章)でマルブランシュとヒューム、第二巻(第三~五章)でビラン、第三巻(第六~八章)でミルを扱うという構成を取っているのだが、ここではわれわれは本章の主題に即して、第五章までの、マルブランシュとビランに関わる議論のみを取り上げておくことにしたい。そのさい、あらかじめ注意しておきたいことがある。つまりブランシュヴィックは、その第一章に入る直前に、「数学的物理学の知性に基づかせつつ、カルテジアンたちが展開したような自然的因果性についての批判は、哲学の決定的な進歩を記すであろう」（p. 3）と述べているのだが、すでにこの言葉からも察せられるように、彼はビランに対してはきわめて手厳しい態度で臨みながら、あからさまにマルブランシュ寄りの解釈を行うのである。

その第一章で、彼はまずマルブランシュが「明証性の転移（*un transfert d’évidence*）」を行っている旨を指摘する。スコラ哲学の明証性は「感性的次元の明証性」だったのだが、マルブランシュが後ろ盾にしている「デカルト的明証性」は、「叡知的次元の明証性」である（p. 5）。そしてマルブランシュは、「内的感情への訴え」が「因果性についての経験説の要《かなめ》」であることを、トラシーやビラン以前によく理解していたのみならず、その曖昧さや混乱性をも解明したのだという。つまり彼は、そこでは「意志」と「努力」と「運動」という三つの契機がたんに異なるだけでなく、さらには「実在において相互に分離されている」ということも、示したのである（p. 6）。たとえば幻影肢等においても実証されているように、まず「運動の実在性」は、「感情の主観性」と必然的に結びついてなどいない（p. 7）。そのうえ「マルブランシュの天才」（p. 8）は、「心理学的活動の明晰な形式」たる「意志」と、「感性の昏い形式」たる「努力の意識」とのあいだには――「知的努力」も含めて――関係が成り立たないということをも立証したのである（p. 9）。「因果性の錯覚」は、「願望の出現」と「出来事の完遂」とのあいだの「心理学的インターヴァル」のうちに位置づけられる諸契機の分析とともに、「消失」してしまうのである（p. 10）。

ヒュームについて論じた短い第二章のなかでも、ブランシュヴィックは「自然的因果性の批判のうちにマルブランシュがもたらしていた正確さ、豊かさ、深さ」を讃えている（p. 11）。「直接経験」のうちに「物理的因果法則を正当化してくれるもの」を見出すことは、「不可能」なのである（p. 15）。

そして第三章によれば、ビランにおいてふたたび「明証性の移動（*un déplacement de l’évidence*）」が行われるのだが、それは「感官の所与」の方ではないにせよ、少なくとも「或る経験の確実性（une certitude d’expérience）」の方への移動なのであって、それはビラン自身がその「毒」を排除せんとしていた「懐疑論」を、かえって利するおそれがあるのだという（p. 17）。ビランは「数学的明証性」から「心理学的明証性」（もしくは「形而上学的明証性」）を区別するのだが（p. 18）、後者は「或る経験的な方法（une méthode d'expérience）」に対応し、しかもこの明証性は「直接的」なのであって、顕現のための他のいかなる「記号」も持たない（p. 19）。そこでは「想像力」や「理性のみ」でさえ、「悪しく無能な判事」にすぎないとされているのである（p. 20）――以下、ブランシュヴィックは、ビランにおける意識の原初的事実が、二項関係からなる旨を指摘している。

続く第四章は、「マルブランシュからメーヌ・ド・ビランにかけて、哲学的思索は一つの全体的な革命（une révolution totale）を遂げた[24]」と述べている。あたかも二人は「互いに対蹠的に生きるべく定められている」かのように。また、あたかもビランにとって「判明」で「確実」であるものが、マルブランシュにとっては「完全な夜」でしかないかのように。じじつマルブランシュにとって、「あらゆる反省に必然的な出発点」とは、「思惟実体についての明晰な観念と延長実体についての明晰な観念とのあいだのデカルト的な区別」だったのだが、ビランにとっては「相互に分離された諸項の各々の絶対的実在性」の方こそが、むしろ「神秘」なのである（p. 28）。そしてブランシュヴィックはといえば、彼はこのようなビランの態度においては、「心身合一の問題は、問題としては消失してしまう」と糾弾する（p. 29）。しかも彼によれば、「ビランの因果性説」は、「知性と表象との諸要求」をかくも「突飛」な仕方で「忌避」しつつ、あらゆる種類の批判を拒んでしまうような「絶対的肯定」たることを求める、「哲学史上ほとんど前代未聞の特異なる主張」へと到達するのだという（p. 30）。さらにブランシュヴィックは、「個体的で自由なもの」から「普遍的で必然的なもの」が出て来ることの「不可能性」から、ビラン哲学が「科学的因果性」（p. 34）の探究よりも、「精神の哲学」に適地を見出すと論ずるのだが（p. 35）、しかしここでも彼は、ビランにおいては「絶対的な力」と「相対的な力」、もしくは「潜在的な力」と「顕在的な力」という「二つ」の因果性観念が見出されることに、注意をうながす（p. 36）。けだしブランシュヴィックによれば、「自己」の所有と「自己の彼方」の所有とをわれわれに保証するような経験は、「一箇の心理学的な怪物（un monstre psychologique）」でしかないからである（p. 37）。したがって彼は、「原初的事実の単純性」そのものが「危険に曝されている」（p. 38）と判断しつつ、「意識の経験論」は「因果律の誕生と適用とを釈明するには、不十分」と結論するのである（p. 39）。

第五章はふたたび、そもそも意識の原初的事実は「一つの」事実ではなくて、「二つ」だとの指摘を繰り返す（p. 42）。そしてこれら「二つの事実」は「個々別々に（séparément et individuellement）」意識に呈示されるのであって、両者のあいだに「連結《コネクション》」があるということは、なおもって「正当化」される必要があるのだという。ビランはヒュームに対して彼自身が向けた批判に、自ら服するように思われる。つまり彼は、「同じ一つの箱」のなかに「二つの玉」しか見ないのである。そのうえ「原初的事実」が「経験の条件」とみなされる瞬間から、それは「経験の所与」たりえないことになってしまう（p. 43）——以下、ブランシュヴィックは、実生活においてビランが克己的に生きえていなかったということまであげつらうのだが、それについては、ここではもはや論ずる必要もなかろう。

とりあえずわれわれとしては、こう反論しておきたい。ブランシュヴィック自身、要素心理学的な先入見に囚われすぎてしまっているのではないか。またアンリが唱えたような「関係の自己‐触発」という現象学的体制を、つまりは関係が自らを受け取るさいの現象的単純性を、彼はどう考えるのだろうか。そして同じくアンリがそのビラン解釈において述べたような、「経験の可能性の条件はそれ自身、一つの経験である[25]」という言葉を、彼ならどう聞くのだろうか——しかしながら、このようなブランシュヴィックの解釈に対しては、すでにメルロ＝ポンティがかなり踏み込んだ批判を行っているので、次にそちらへ移行することにしよう。

(3) モーリス・メルロ＝ポンティ

一九四七‐八年のメルロ＝ポンティの講義録『心身の合一――マルブランシュ、ビラン、ベルクソン[26]』のうちには見るべきものも多く、逆にまた批判的に検討すべき箇所も多々あろうかとは思うのだが、しかし、ここでは主として彼のブランシュヴィック批判と、また次章におけるわれわれ自身のビラン解釈に裨益すると思われる箇所だけに絞って、紹介しておくことにしたい。

その第八講でメルロ＝ポンティは、われわれも見たブランシュヴィックのマルブランシュ解釈やビラン批判を概観したのちに、ブランシュヴィックが考えているような「ビランの《非‐哲学》」は、じつはむしろ「哲学に新しい領土《テリトリー》を付け加える、或る増大された意識へと向かう努力の表現」なのではないかと反論する。ブランシュヴィック自身、ビランが「努力の経験」をマルブランシュと同様に綿密に記述していることは、認めざるをえないだろう(p. 49)[27]。ビランは「意識を運動性に連れ戻した」のではなく、「運動性と意識を同一視した」(p. 50)のである[28]。それゆえ問題とされているのは、「経験論的な哲学」ではなく、むしろ主体と項との「対立(antithèse)[29]」を「根源的」とみなすような一つの哲学なのである(p. 50-1)。ブランシュヴィックはこのような「対立」を斥けてしまうのだが、しかし、もしそのような対立が「普遍的」で、「観念」についての意識をさえ包含するようなものだとするなら、それでもひとは、それを「不可解」とみなし続けうるだろうか。むしろ「ブランシュヴィックのカント主義」が認めているような「哲学者の精神への真なる観念の現前化」さえもが、「一つの事実」なのではないだろうか。心身合一の問題をまえにして、デカルトはそれが「その固有の明晰さ」を有していることを認め、マルブランシュもまた、このような「明晰さ」は忌避しつつも、合一の根拠を神のうちに見出すことによって、けっして問題を「回避」しようとはしなかった。しかるにメルロ＝ポンティに言わせるなら、ブランシュヴィックの方こそが、「問題を削除」してしまっているのである(p. 51)。

「あらゆる哲学は、或る一つの事実から出発する」（Ibid.）と、メルロ＝ポンティは述べている。そしてブランシュヴィックがビランに対して批判した「明証性の転移」は、むしろ「哲学の進歩そのもの」なのである（p. 51-2）。哲学とは、「不断の問いかけ」なのであって、「理念的な明証性〔＝観念の明証性〕それ自身」でさえ、問いに付されなければならないというのに、ここでもまたブランシュヴィックは、問題を「削除」してしまっている。たとえば彼は、「自己意識と外的感性との絶対的な区別」を自明のものとして疑わないが、そのようなことは「観念論論駁」の「カント哲学」においてさえ、成り立たない。さらにはブランシュヴィックがマルブランシュに続いて援用する「幻影肢」の「デカルト生理学」的な説明も、今日では四肢切除のあとにも存続する「身体イメージ」という理論によって、超克されている（p. 52）。「科学」は「われわれの経験の一部」でしかなく、哲学は「経験全体」に従事しうるのでなければならない。ビランの真の問題点もまたそこにあるのであって、もしビランがしばしば「哲学以下」の「心理主義」に留まってしまったとするなら、それは彼が「〈有〉そのもの」を問わなかったからだという（p. 53）。

　メルロ＝ポンティは第九講でも、もしビランが「有の一部」しか主題化しない代わりに、「身体性、生きられた世界、他人たち」を「新たなる次元」のうちに再発見するのでなければ、彼は「心理学」を脱しなかったであろうと批判する。ビランはたいていは「心理学」を「有論」に対置し、たとえばマルブランシュが「有論の観点」に身を置いてしまったことを、攻撃する。しかしそのことによっては、むしろビランは自らを「たんなる心理学者」とみなしつつ、自らが「哲学を行っていない」ことを告白しているのではないか（p. 65）――ただし第一〇講では、メルロ＝ポンティはこのような非難の論調を多少とも抑えて、ビランはそのマルブランシュ批判のなかで、「まずは」心理学を有論に「対置」していたのだが、「次いで」両者を「同一視」しようとして、「心理学的なものの新たな、拡大された定義」を、垣間見たのだと評価する（p. 70）。つまり、われわれも前々節で見たように、ビランは私の努力が私の内感のうちで私にとって「有効[30]」であるなら、それは即自的に絶対に「神の眼」にさえ「有効」だと考えているのである(p. 71)。ゆえに「有論」を「原初的事実」という「その真の領分」において再確立しなければならないのであって、ビランは「デカルト主義」をさえ超えて、「〈コギト〉についての或る独自の考え」の方に向かっているのである(p. 72)。

またメルロ＝ポンティは、「自己ならびに自己の彼方の所有」を保証しようとするような努力の経験は、「一箇の心理学的な怪物」でしかないと批判するブランシュヴィックに対しても、「まさしく人間は、一箇の怪物である。なぜなら人間は、自らを時間化する(時熟する)からである」(p. 64)[31]と述べることによって、むしろビランを擁護する。ビランは「いかにして経験の反省的統一性(すなわち全体性)があるのか」ということと、「いかにして経験の時間的展開(すなわち発生)があるのか」ということとを、「同時に理解させようと欲している」のである(p. 57)。すなわち彼は、「自らが存在することを意識しつつあり、そのために事前の不透明と闘っているような存在、(つまり)《自我に成》ろうとしている存在」から出発しているのであって(p. 54)、そのことは、「記号」の創設以前に、またその創設のために前提されていた(最初の)「内的覚知」と、記号の使用による(後発的な)「明示的な反省」との関係からも証せられる。つまり、最初から存在していた「自己意識」は、「自らを征服するために記号を必要としている」ような、言わばまだ「自己についての無知」であるような「自己意識」でもあったのであって、それゆえビランにおいて「自己意識」は、「一つの生成、一つの過程」として考えられているのだという(p. 75)。

第四節　総括——発生論的解釈の必要性

総括しよう。㈠外在性の哲学者としてのマルブランシュと内在の哲学者たるビランとは、ブランシュヴィックも述べていたように、まさに「対蹠的」な立場に立つ二人の思索者であった。それゆえビランのマルブランシュ批判は、おおむね以下の五点に整理されえよう。

(1) 外在性の批判。心身問題は、生理学的・解剖学的な「表象」や「想像力」、あるいは絶対的・形而上学的な二実体についての「理性」からの「推論」によっては、解決されない。むしろ、もし「意志」が生ぜんとする瞬間に「表象」が介入するなら、意志の誕生は妨げられてしまうだろう。

(2) 「内」の優位。意志や努力が身体を動かすということは「内」から知られ、因果性概念の起源もそこに求められる。マルブランシュは「内的感情による認識」を過小評価してしまったが、心身合一の問題構制に関するかぎり、内的感情の証言は明証的なのであって、むしろ昏いのは表象の方である。それゆえ対象化や客観知には還元されえない、独自で根源的な知というものがある。

(3) 「内」から「外」へ。因果性や意志的な力を神や外的な継起に適用したり、（メルロ＝ポンティも述べていたように）身体的諸手段の客観的表象に関係づけたりするだけのためにさえ、直接的で内的な自己の因果性や力が、あらかじめ前提されているのでなければならない。「実体」や「絶対的なもの」の概念も、それに基づく。

(4) 「意志」と「願望」の区別。意志や努力に対するマルブランシュの批判は、「願望」にこそ的中すれ、かえってそのことは、「意志」と「願望」との相違を際立たせる。無力な努力（それはたんなる願望に似る）でさえ、有効な努力の想起と予感とを想定しているではないか。

(5) 特殊神学的な問題構制に関して。神の定めは人間的自由とは次元を異にするのであって、たとえ「神」の創造を斟酌したとしてさえ、神の意志は人間の意志に取って代わることなどできない。逆にマルブランシュの機会原因論は、神を「一般法則」に服する「自動的《オートマティック》」なものにしかねず、神自身をも含めたあらゆる人格的個体性の存立をさえ脅かしてしまい、そのうえ物体の存在証明にもマイナスに働く——ただしこの最後の点に関しては、中期・後期のビラン自身のうちに或る動揺が見られることは、以前にわれわれが指摘したとおりだが[32]。

㈡われわれは、両者の関係をめぐる幾人かの研究者たちの見解をも検討してきた。そしてわれわれにはやはり、ビラン寄りのデルボスやメルロ＝ポンティの解釈の方が妥当に思え、理性の抽象のみに依拠しがちのブランシュヴィックのマルブランシュ礼讃やビラン批判は、実態にはそぐわないように思われた。じっさい若きビランは、「いかなる思弁も経験に逆らうことなどできない」（Œ I, p. 83）と述べているのだが、理性偏重のストア派の考えに対して、以下のように抗弁しているのは、マルブランシュ自身なのである。「ものごとは〔そう〕あらねばならないとわれわれの理性がわれわれに言うようにあるのではないのだということを、経験が十分にわれわれに証明してくれる。そして経験に逆らって哲学するのは、滑稽なことだ[33]」。

ただしデルボスの解釈のおりにもわれわれが述べたように、マルブランシュの「内的感情」が顕わにするもののうちには、ビランにおいてさえ昏くて意のままにならないとみなされていた「諸変様」や「諸感覚」、すなわち特殊ビラン的な意味における「アフェクション」も含まれている。しかし、それもまた一つの心身問題ではないだろうか。それゆえビランの解釈者が彼の身体論を主題化するときには、この点を考慮することも怠ってはならないだろう。

またメルロ＝ポンティの解釈に対しても、彼は正当にも「生成」や「発生」をビラン哲学のうちに認めはしたものの、しかし、彼はそれをもっぱら「自我」や「自己意識」の問題に関してしか論じていないということは、指摘しておかなければならないだろう。われわれは以前に、前期・中期・後期のビラン哲学の各々について――空間形式や時間形式の発生という問題まで含めて――全般的に発生論的な解釈を試みたことがある[34]。われわれがメーヌ・ド・ビラン自身の心身合一論を取り上げるさいにも、身体の発生論的構成という観点は、不可欠のものとなろう。そしてこのことは、ビランがマルブランシュ批判のさいに俎上に載せた類《たぐい》の客観的・表象的な身体も、やはり発生論的に事後的に構成されるのだということ、またビランがこれほどまでに重視してきた「意志」や「努力」でさえ、「アフェクション」の存在を前提としなければ、発生論的には成立しえないであろうということを考え併せるなら、ますます必須の課題となってくる——しかしそれについては、章をあらためて検討し直すことにしよう。

第四章　メーヌ・ド・ビランの身体構成論

はじめに

「もしわれわれが、魂と身体とのこの絆《リエゾン》を認識しうるのであれば、われわれはすべてを認識するであろう」（Œ X-2, p. 230）[1]——たびたび引用するこの言葉を、メーヌ・ド・ビランは誤ってデカルトに帰しているが、しかしデカルトの解決を批判しつつ、心身の絆というこの問題を独自な仕方で引き継いでいるのは、メーヌ・ド・ビラン自身なのである。たとえば彼は、こう述べている。「或る抗いがたい明証性が、内感の基底において、同じ事実の二要素に、〔すなわち〕力から抵抗への関係の両項に、結びつく。〔……〕身体が無化されても思惟は存続すると想定するデカルトの懐疑は、われわれが考察するような原初的事実には、絶対に反している」（Œ VII-1, p. 151）。

周知のようにビランは、自我を意志的努力の主体として、身体をその努力に対する最初の抵抗として、把捉しようと試みる。したがって身体の有機的抵抗なしに自我のみが存続すると考えることなど、ビランにはできないのである。「自我は、身体の共存についての感情や内的直接的覚知を持つことなしには、それ自身にとって存在しえない。それこそがまさに、原初的事実である」（Œ VII-2, p. 287）[2]。あるいはデカルト的な定式を用いるなら、原初的事実はこう表現される。「私は意欲する、私は行為する、ゆえに私は存在する。私は行為する、私は身体の運動を始める、ゆえに私は純然たる一箇の抽象体ではなく、一箇の人格である。この資格において、意欲する自我たる私は、感覚し動く身体と共存する」（Œ IX, p. 117）。

かくしてビランにとっては、心身の「合一」こそが、「原初的事実」[3]だということになる。『人間学新論』でははっきりと、両項の「分離された実在」を信じる可能性の方が、むしろ「神秘」（Œ X-2, p. 113）なのだと言明されている。「存在し、自らが個体的に存在していると感じているのは、人間であって、魂のみではなく、ましてや有機的身体ではない。／それゆえ形而上学者たちの誤謬とは、心身の絆《リエゾン》や関係が、人類のおおいなる神秘だと信じていることである。〔反対に〕両項の実在的ないし可能的な分離こそが、神秘なのである」（Ibid., p. 108）。それどころか、同じく『人間学新論』のビランによれば、「人間」とは「しかじかの身体に合一されたしかじかの魂」（Ibid., p. 1-2）でさえある。

ところでビランにとって「自己の身体」は、まずもって「有機的抵抗」として存在するが、しかし事後的には、いつかはそれは、他の物体とならんだ「異他的抵抗」という資格で、さらには外的に表象された対象という資格においてさえ、物的身体として構成されることになろう。そして前者の場合、それは「自己の身体の内的空間」をともなうが、後者の場合、それは「三次元の外的空間」[4]のうちに位置づけられるであろう。ということはつまり、ビランにおいては「身体」も「物体」も、そして「内的空間」や「外的空間」でさえ、発生論的に考察されているということではないだろうか。

これまでにもわれわれは、メーヌ・ド・ビランを扱うさいには、つねに発生論的解釈を遂行するように心掛けてきたし、そのことは個別的に彼の身体論や空間論を主題化するときも、同断であった[5]。本章ではわれわれは、特に物体や空間の発生論的構成の問題と絡めつつ、彼の身体構成論を、もう一度綜合的に捉え直したいと思う。そのさいわれわれは、以前のようにアンリの解釈に直接依拠することはしない——アンリの身体論については、いずれ別個に考察することになろう。ここでわれわれがめざしているのは、前章や前々章でも見たマルブランシュにおける心身合一論のように、身体を外在性の地平のうちに把捉するのではなく、ビランに即しつつ内から捉えること、あるいはむしろ、身体が内から外へと生成してゆく過程に立ち会うことなのである。

しかし発生の問題は、発生の根源への問いでもあろう。われわれのもともとの意図は、ビランの思索に同行しつつ、まだ身体も、自我さえ存在していないような〈生の基底〉から出発して、いかにしてそこから身体や内外の諸空間が発生論的に生成してくるのかを、見届けることにあった。それゆえ本章は、以下、㈠まずビラニスム期（＝中期）のビランの主著『心理学の諸基礎』をベースに——このことは本章全体の一応の基本方針でもあるのだが——彼の哲学の理論的諸前提を再確認したのちに、㈡まだ自我も身体もない単純直観や純粋アフェクションの状態を、発生の根源ないし前提として立て、併せてそこに見出される「原初的空間」について考察する。続いて㈢ビラニスムにおける発生の原動力となる「意志」それ自身が、いかにして成立するのかを見定めるために、ビラン哲学における「自発性」の役割について検討し、しかるのちに㈣まず異他的抵抗に出会う以前の有機的身体の発生論的構成を、そのさいの空間構成の問題と併せて考察する。㈤物体としての身体の構成について論ずるさいには、異他的物体そのものの構成についても検討しておかなければならないのだが、㈥自己の身体に触れることによって物的身体を構成するという身体発生論のこの最終段階は、自ずからビランにおける「反省」のステイタスについての再検討を余儀なくするであろう。そして㈦最後にわれわれは、以上のような、必ずしもビラン自身が統一的・綜合的に捉え尽くしているとは言いがたい「身体」「物体」「空間」の発生論的諸構成の問題群の複雑な流れを整理しつつ、特にビラニスムにおける「身体」と「空間」の生成ならびに発生の根源という問題について、総括的に論じてゆくことにしたい。

第一節　理論的諸前提

(1) 努力と抵抗

『心理学の諸基礎』（以下、『諸基礎』と略記することもある）の「プロローグ」は、「諸原理の学」がそれに基づくところの「内感の原初的諸事実」が、ないがしろにされている旨を警告する「ベルリン・アカデミー」の言葉を紹介することから、始まっている（Œ VII-1, p. 1）。ビランによれば、「事実」はそれが「認識」されなければ、すなわち「認識する個体的で永続的な主観」がなければ、何ものでもない。つまり「意識（自己意識（*conscium sui*）、自己支配（*compos sui*））[6]」がなければ、そもそも「事実」も「認識」も存在しない（Ibid., p. 2）。人間は、「自らの自我についての内的意識」を持つかぎりにおいてしか、「何一つ知覚したり認識したりしない」――それが「内感の原初的事実」なのであって、それは「あらゆる学の基盤ないし始源」（Ibid., p. 73）なのである。

周知のようにビラニスムにおいては、「自我」は「意志」と呼ばれる「行為する力」と「完全に同定」され、しかも「力」は「抵抗する、もしくは惰性的な項」に「適用」されうるかぎりにおいてしか「行使」（Ibid., p. 9）されない。つまり「超有機的な力」たる意志は、まずもって「生ける抵抗」（Ibid., p. 125）たる身体に適用されなければならず、また逆に言うなら「関係や意識の生（vie de relation ou de conscience）」は、「意欲された努力（effort voulu）」（Œ VII-2, p. 201. Cf. Œ VII-1, p. 72）のうちにこそ、その原理を有するのである。かくして原初的事実は、「二項関係（rapport à deux termes）」（Œ VII-1, p. 47 ; Œ VII-2, p. 465 ; Œ XI-2, p. 108）から成り立っているのだということになる。それはビランがアンシオン（J.-P.-F. Ancillon）から借りた言葉を用いて表現するなら、「原初的二元性（*dualité* primitive)」(Œ VII-1, p. 4, etc. Cf. Œ VII-2, p. 536 ; Œ XIII-3, p. 621) なのである。

それゆえビランは、「悟性」を「意志」から区別するすべての体系を、批判する。人間の「知性」と「道徳性」とは、「唯一にして同じ原理」(Œ VII-1, p. 53) に依拠するのであって、「意欲すること」と「認識すること」とは、「唯一にして同じ働き」(Œ XI-1, p. 36) なのである。そのうえ前章でも見たように、ビランは「意欲」と「行為」とを分離するマルブランシュのような立場も批判する。「同じ存在こそが、意欲し行為する」(Œ XI-2, p. 63) のである。ただしトラシーが考えるような「運動感覚 (sensation du mouvement)」は、ただちにまだ「原初的事実」(Œ XIII-1, p. 1) というわけではない。「筋肉感覚」とは、ビランの生理学的表現によるなら、「ふたたび逆方向に脳まで伝えられた筋肉の反応の産物」(Ibid., p. 30) でしかない。それゆえアンペールのように、「努力の感官 (sens de l'effort)」を単純に「筋肉感官」(Ibid., p. 24) と同一視することもできない。むしろ「努力の感官」は、ビランによって「能動的な筋肉感官」(Ibid., p. 30) と呼び直されるであろう。

「努力の感情 (sentiment d'effort)」という言葉を、すでにビランは、前期の彼の『第一習慣論』の時代から用いていた (Cf. Œ II, p. 71-4)。ビラニスム期のビランは、はっきりとこの「感情」に、「デカルトが原理とみなす基礎的思惟」(Œ VII-1, p. 98) の役割を担わせるようになる。「意志の感情がなければ意志はなく、自我はない」(Œ XI-3, p. 2) のである。それゆえ努力の感情には、ビランはコギトの根拠性と明証性とを授けることになる。「すべての証明に、それ自身根拠として奉仕する」ような「内感の原初的事実」は、むしろ「証明」されるのではなく、ただ「確証」(Œ VII-1, p. 73) されることだけが肝要なのであって、したがって「原初的で基礎的」であるがゆえに「真に説明不可能」なこの事実を、あえて説明しようなどとしてはならない。「この事実のあらゆる説明は、アプリオリに不可能」(Ibid., p. 12. Cf. Œ X-1, p. 168 ; Œ X-2, p. 34 ; Œ XI-2, p. 44) なのである。

他方、意志の適用「項」に関して言うなら、まずもってビランは、これを「動機」や「手段」というより、むしろ「目的」として捉えようとする。「行為する諸動機がある以前に、運動や行為の権能があるということは、まったく確かである。この運動が手段になってしまう以前に、それはそれ自身、意欲の目的ないし固有の項であることから始めた」（Œ VII-1, p. 124）。ちなみにビランが身体にも自我と同様の確実性を付与したことは、すでに見たとおりである。曰く、「私は行為する、私は努力である、私は存在する、ゆえに努力の直接項は存在する」（Ibid., p. 142）。あるいは「私は意欲する、私は行為する、私は努力する、ゆえに私は存在する、私の顕在的努力の項は存在する」（Œ XI-1, p. 88）、等々。そしてこの種の抵抗の存在が疑いえないのは、おそらくそれが「いかにしても外に対象化されたり、表象されたりはしえない」（Œ VII-2, p. 287）からであって、それは主観の諸作用が「絶対に表象不可能」（Œ III, p. 40）なのと、同様なのである。それゆえにこそビランは、「抵抗の統一」と「努力の統一」との「二重の統一」についても、それは「想像力や諸感官には絶対に表象不可能」（Œ VII-2, p. 291-2）だと述べるのであり、また先に見た原初的事実の二項関係に関しても、それは「見えない二項の関係（rapport à deux termes invisibles）」（Œ VII-1, p. 110）だと補足しもするのである。

ところで抵抗にも、身体が示す「有機的抵抗」と、外的物体の供する「異他的抵抗」（Œ III, p. 139, etc.）との二種類がある。『諸基礎』は、たとえば前者を「意志的努力に譲る、もしくはしたがう自己の身体の抵抗ならびに惰性」と、後者を「打ち克ちがたくもありうる異他的物体の絶対的抵抗」（Œ VII-1, p. 118）等々と規定する。そして「意志の努力に譲る筋肉の抵抗や惰性そのもの」については「まったく直接的な覚知」が適用されるのに対して、「絶対的な異他的抵抗」には「間接的な感情」（Ibid., p. 169）しか当てはまらない。それゆえ、たとえ努力の主体は身体の生ける抵抗から不可分であったとしても、「自我の認識」は、「外的宇宙の認識」からは「分離されうる」（Ibid., p. 125）のだということになる——このことはのちにビランの身体構成論を検討するさいにも、重要になってくるであろう。

(2) アフェクションと直観

ところで『思惟の分析』がその「二つの原理」のうちに数え入れているのは、「意欲する、もしくは努力を創造する権能」とならんで、「アフェクティビリテ（情感性）」（Œ III, p. 79）である。ビラニスムの考えがもう少し進んだかもしれない『心理学の諸基礎』においては、両原理は「アフェクションや直観もしくは感受的印象なき、純粋自我の感情」と「自我なき、感性的印象」（Œ VII-1, p. 76）と、あるいは「アフェクションや外的直観なき、自我の内的直接的覚知」と「自我なき、もしくはあらゆる人格的な形式を欠いた、諸アフェクションと諸直観」（Ibid., p. 109）等々と呼ばれたりする。つまり感性の受動的印象のうちには、「アフェクション」のみならず、「直観」もまた含まれているのである。

『諸基礎』第二巻冒頭の「序論」のなかから、まず「アフェクション」について、簡単に見ておくことにしよう。ここではビランは、「努力の感官」が活動して「関係の生」が始まる以前にも、「生ける化合物（*combinaison vivante*）によって受け取られた諸印象」や「本能によって規定された諸運動」が、あるいは「快や苦」があるのだと述べている。なぜなら「生きること」とは「感じること」であり、「感じること」とは「その有機組織において快適な、もしくは不快な仕様で触発されること（être *affecté* アフェクションを蒙ること）」だからである。ビランは「アフェクション」を、ここでは「自我のあらゆる参与の外で、したがってまた異他的諸存在との認識されたあらゆる関係の外で、純粋に感受的もしくは動物的な或る生を構成するところの、快や苦のすべての単純で絶対的な諸様態」（Œ VII-2, p. 201）と――「絶対的」というのはもちろん、「あらゆる関係」を欠いているからだが――定義する。そして「感受的存在のアフェクティヴな、もしくは受動的な諸能力の体系」と「知性的で道徳的な存在の能動的な諸能力の体系」は、本質的に異なっていて、相互に還元不可能であるとはいえ、それでも両者は互いに「連続的影響」を及ぼし合って、「関係の生」が広まるにつれ、ますます密接に「結合」（Ibid., p. 202）してゆくのだという。

ビランが好んで引くオヴィディウスの言葉にしたがうなら、純粋に感受的な状態においては、生は「生キ、ソシテ自ラハ自ラノ生ヲ知ラナイ（*vivit et est vitae nescius ipse suae*）」（Œ VII-1, p. 72, etc.）という状態に留まる。しかるに同じくビランが好んで引用するオランダの医学者ブールハーフェの言葉によれば、「人間ハ、生命性ニオイテハ単純ダガ、人間性ニオイテハ二重（*Homo simplex in vitalitate, duplex in humanitate*）」（Ibid., p. 133, etc.）なのである。

アフェクションと直観の区別に関しては、一例として『諸基礎』には、以下のような言葉が残されている。「たとえば、いかなる表象もともなうことなく、諸印象を受け取る、もしくは諸印象に成るような感性的存在を、たんに触発するだけにかぎられているような諸印象がありうる。〔逆にまた〕快適な、あるいは苦痛的なアフェクションのいかなる混淆もない外的諸直観もありうる」（Ibid., p. 111-2）。一八〇八年一〇月のアンペール宛書簡のなかでは、ビランは自分が「直観」という語を選んだのは、それが「或る視覚や或る表象を、努力なしに（une vue ou une représentation et sans *effort*）」（Œ XIII-1, p. 142）指し示すからだと述べている。端的に言って直観とは、「努力なき視覚（*vue sans effort*）」（Ibid., p. 151）なのである。

しかし直観もアフェクションも、たんに「自我なき」状態に留まるだけではない。両者はそれぞれの仕方で、「形式的諸要素」を提供する「真の能動性原理」と結合されるために、「われわれの複合的諸感覚の言わば素材的な諸要素」（Œ VII-2, p. 264）を供与することになろう。すでに『ベルリン覚書』（=『直接的覚知について』）において、「直接的アフェクション」は「傍系的に努力に、したがってまた自我の感情に、連合」されることによって、「ほんらいの意味での完全な感覚」を構成し、「直観」は「はるかにいっそう密接な仕様で、人格的様態と結合」することによって、「同様に完全な知覚」（Œ IV, p. 146）を構成するのだと言われている——しかしながら、アフェクションや直観の問題は、身体や空間の発生論的構成の問題とも密接に結びついているので、ここでは概略を示すだけに留め、詳細についてはまた節をあらためて検討し直すことにしよう。

(3)『心理学の諸基礎』第二巻の構成

そのまえに、そもそもビランが自らの体系をどのように構想しようとしていたのかを、『心理学の諸基礎』第二巻の構成から確認しておくことにしたい(7)。なぜなら次節以降に検討することになる個別的諸問題が、彼の体系構想全体のなかのどこに位置づけられているのかを見誤ると、まったく場違いな諸考察を行ってしまう危険が、つねにつきまとうであろうからである。

二巻から成る『諸基礎』は、その第一巻の第一編で内感の原初的事実にまつわる他の哲学諸体系の考えを批判的に検討したのちに、第二編で自らの立場の基盤を提示する。第二巻は四編から成っているが、その第一編は「情感的《アフェクティフ》な、もしくは単純感受的な体系」(p. 209)と、第二編は「能動性の表明的な協力なく自我が諸情感《アフェクション》や諸直観やそれらの諸痕跡と結合することによって合成された感受的体系」(p. 229)と、第三編は「能動的な知覚的体系もしくは注意の体系」(p. 263)と、第四編は「反省的体系。諸記号の創設、記憶、知的直観、演繹、推論、知的で道徳的な諸感情」(p. 365)と題されている。未完成に終わった同書の、特に未完結部分の目立つ第二巻の内容の、一応の輪郭と概略とに関しては、その冒頭の「序論」において予告されている。すなわち、

(一) まずビランが考察するのは、「われわれの情感性《アフェクティビリテ》もしくは受動的感性の単純で基礎的な諸様態」である。それゆえ、いかにして「情感的《アフェクティヴ》諸印象」から派生した「様々な受動的諸能力」が、それらの「本性」によって「認識の体系の外に」――「外に」と言うのは、それらはまだ「認識」とさえ言えないからだが――見出されるのかが、まず示される(p. 203)。

(二) 「意欲された努力」が行使されるや、「人格性」が構成される。それはもはや「自己自身の生を認識することなく生きる、もしくは触発される感受的存在」ではなくて、「感性の様々な諸変様」を覚知し、諸変様が絶えず変化するときにも「同じもの」に留まりつつ、けっしてそれらと「同一化」することのない「自我」である。

しかしこの段階では、まだこの「個体的主観」は「彼なしに、もしくは彼の構成力の協力なしに、生ける有機組織のうちで産出された受動的諸様態」の「たんなる傍観者 (simple spectateur)」にすぎない[8]。けれどもこの主観は、「情感的諸印象」を「直接感じ」、それらを「有機的諸記号〔＝身体ないし身体諸部分〕」や「彼とは別の何らかの諸原因」へと関係づけ、「局在化」する (Ibid.)[9]。そこから「私は感じる (je *sens*)、私は具合がよく、あるいは悪しく有る (je *suis* bien ou mal)」という「人格的判断の最初の陳述形式」もまた生まれる。ビランは「自我が、自己自身の行為によって協力することなしに、或る感性的印象と結合し、関わりのある傍観者 (spectateur interessé) として参与する」ような「これら最初の複合的諸様態」のことを、端的に「諸感覚」とも呼んでいる。かくして「諸感覚のクラス」もしくは「感受的体系 (système sensitif)」は、「能動的参与なくたんに自我に結合しただけのすべての諸アフェクションと諸直観と」を含むことになる (p. 204)。

(三) 「意欲された努力」によって自我が「参与ないし協力」するような「或る別種の諸様態」には、自我は「はるかにいっそう内密な仕様で」結びつく (Ibid.)。ここではこの「力」は、まだ「異他的対象のいっそう非情感的《モワン・アフェクティヴ》な印象に従属」しているとはいえ、それでもライプニッツのいわゆる「多における一」の形式を、感覚に与えることに協力するのだという。ビランは「外的対象の作用の結果として生ずる自らの作用〔＝行為〕によって自我が参与するような、あらゆる非情感的な印象」を、「知覚」と呼ぶ。ゆえに「知覚的体系 (système perceptif)」は、「意志の最初の展開を引き起こす、もしくは動機づける諸印象にまだ従属した意志の作用〔＝行為〕と結合した感性的諸対象の作用から生まれるすべての諸現象」を、包括する (p. 205)。

(四) 「運動的意志の表明的な作用〔＝行為〕」なしには始まりも存続もしえないような「すぐれて能動的な諸様態」には、「自我」は「自然的に、そして不可分的に」結合されている (Ibid.)。先の体系でイニシアティヴを握っていた外的因子は、今度は「従属的」となる。なぜならその印象は、「意志が規定する作用」の結果としてしか、生じないからである。ビランは「自我の作用が規定する感性的な結果から自らを区別しつつ、自我が自らを産出原因として認めうるようなあらゆる印象」を、ここでは「覚知」と呼んでいる。彼が不正確にライプニッツから引用した言葉にしたがうなら、「覚知トハ、反省ト結合サレタ知覚（*apperceptio est perceptio cum reflexione conjuncta*）[10]」なのである。けだし「意志」が「諸印象」に対してイニシアティヴを握るとき、自我は「自己自身の原因性」を誤認することができずに、彼は彼の努力に由来する「感性的な結果や成果」について「直観」を持つと同時に、自らがそれであるところの「原因」についても、「内的直接的覚知」を持つことになるからである。ゆえにビランはこの体系を——多少とも誤解を招く表現ではあるが[11]——「覚知的もしくは反省的（aperceptif ou réflexif）」と名づける（p. 206）。

以上がビラニスム期ビランの頂点を示す『心理学の諸基礎』の、体系部門の全体構想である。先走るようだが、われわれとしてはあらかじめ、ここで一つのコメントを加えておくことにしたい。つまりビランが示す四つの体系のなかにあって、最も重要な区分は、おそらく㈠と㈡のあいだにある。なぜならそこには端的な受動性から様々な度合いの能動性への、あるいは単純な一項状態から志向的二項関係への、本質的にして決定的な移行ないし断絶が、あるいは「飛躍」が見出されるからである。それに比べれば㈡から㈣までの区別は、言わば同じ能動性の枠内での程度問題にすぎない。アンリの意図とはまた別様に、ここでアンリの表現を借用するなら、㈠と㈡以下とのあいだの差異が「有論的差異」だとするなら、㈡㈢㈣の区別は、たんなる「実存的差異[12]」にすぎない。

第二節　自我なき直観とアフェクション

それでは発生の第一段階としての、あるいはむしろ発生の根源ないし前提としての、単純直観と純粋アフェクシヨンから始めることにしよう。われわれはまず、両者についての比較的まとまった諸規定を、確認することから開始する。

⑴アフェクションと直観の諸規定

『諸基礎』第一巻は、その最初の章で、こう述べている。「そこからは個体的人格性とそれに内属するすべての諸形式とが排除されているような、或るクラスの感性的諸印象や内的諸情感《アフェクション》がある。〔……〕受動的感性のうちにあるすべては、だからといって意識のうちにあるわけではない」(CE VII-1, p. 116) ——このようにビランは、表面的には「受動的感性」を無意識と規定し続けようとする。たしかに自我の能動性と結びつく以前のアフェクションや直観は、まだ二項関係からなる志向的意識ではないのかもしれない。しかし、それが本当にあらゆる現象性を排除された無意識であるのか否かは、さらなる検討を要する問題であろう。

ともかくも、同書第二巻の「アフェクション」の定義から見てゆくことにしよう。[13]「ひとは単純アフェクションを、次のようなときに完全な感覚から残るものだと言うことによって、定義しようとすることができよう。すなわちそれは、そこから人格的個体性や自我を、そしてカント主義者たちの表現を利用するなら、自我とともに時間空間のあらゆる形式を、外的内的な因果性のあらゆる感情を、分離するときであり、あるいはロックの言葉では、感覚の観念が、いかなる種類の観念もなく、単純感覚に還元されているときであり、あるいは最後にコンディヤックの観点においては、立像が感覚に成って、それ自身にとってはまだそれ以上の何ものでもないときである」。けれどもそれは、「その存在の類においてポジティヴで、完全な様態」(p. 209) なのだという。

つまり「感受的存在」は、「その存在の最初の瞬間」から「受苦したり享受したり、有ることや感じることに幸福であったり不幸であったり」しはするのだが、しかし、そのために「或る状態と或る別の状態とのあいだのいかなる比較も」必要としているわけではない。なぜなら「関係の快」は、「知的な生」とともにしか始まらないからであり、それは「有機的ないし動物的な生」のうちには生じえないからである。ゆえに感受的存在は、「一般的変様」と「同一化（s'identifier）」し、それに「成る（*devenir*）」であろう。[14] もし「新しい印象」が「系全体」を興奮させ、「一般的生のトーン」が「印象を受け取った器官のトーン」に比例して高まるのであれば、アフェクションは「快適」で、感受的存在は「享受」しつつ、「ますます生き」て「いっそう生を感じる」ことであろう。逆にもし新しい印象が「系全体の均衡を破る」なら、感受的存在は「受苦する」ことであろう（p. 212）――かくして「絶対受動的性格に還元されたアフェクション」は、「あらゆる知覚的性格」、「空間時間のあらゆる形式」、「人格的ないし異他的な因果性のあらゆる観念」を欠いて、「存在のいかなる観念の起源」でもありえず、「名前」も「観念」も持たない（p. 216）。それを特徴づけているのは、むしろ「意識の絶対的な無さ（nullité absolue de conscience）」や「思い出の無さ（nullité de souvenir）」（p. 224）なのであって、われわれのすべてのアフェクションにとって、「関係性格」は「ただたんに偶有的」（p. 232）にすぎないであろう。

　このようなアフェクションが、自我と結びついてどのような発展を遂げるかについては、次項以下に詳しく見る。ここではアフェクションは、大別して「感受的な系全体から帰結する変様」としての「一般的アフェクション（affection générale）」と、「器官の直接的で部分的なアフェクション」たる「特殊的アフェクション（affection particulière）」とに分類されるのだということだけ、付け加えておくことにしたい。前者は「一種の内的存在についての或る漠然とした感情」だが、この存在は「非人称的」でしかない。なぜならそこにはまだ「覚知したり認識したりしうる人格や自我」というものが、存在しないからである。『感覚論』の著者（コンディヤック）は、少なくともこの「一般的生」と「それに結びつく類《たぐい》の混乱した感情」とを、前提すべきだった。なぜならもし立像が、「生ける存在としてすでにそれ自身の内部で何か」であるのでなければ、それは「感じる存在として香に成る」ことさえできなかったであろうからである（p. 211）。「感じる存在」は、「受苦する」のであれ「享受する」のであれ、それが蒙る「一般的アフェクション」と「必然的に同一化」する。これらのアフェクションは、「生の一般的感情」のうちで一体となるであろうが、もちろんわれわれは、それらを「覚知」することも「釈明」することも、有機的な部位や原因に「関係づける」ことさえできない（p. 213）。

特殊的アフェクションに関しては、たとえばビランは「視覚的印象」について、それは「その固有の感官に局在化」されても「アフェクティヴな部分」を保持し、そのことによってまた「視覚の直接的感官に快適な」しかじかの色彩、しかじかのニュアンスが、「比較の快」から独立にさえ、存在しているのだと述べている。それらは「絶対的で直接的な快」をもたらすのである（p. 218）。

直観についても、その発生論的な変遷や、とりわけ空間との関係については、次項以下に詳しく見てゆくが、ここではアフェクションとの関連においてのみ、押さえておくことにしたい。ところで『諸基礎』第二巻の第一編第二章は、「特殊的諸情感《アフェクション》について」と題されてはいるのだが、その冒頭での「知覚」の素材をめぐる記述は、むしろ直観にこそふさわしい。すなわち「生の始源」においては「受け取られたすべての諸印象」は、まだ「一般的アフェクションという性格」を有しているのだが、この一般的アフェクションが弱まるにつれ、「特殊的で局在的な印象」が、「その第一次的な昏さ」から抜け出して、「まったく新しい諸産物」を生み出してゆく。ほどなく「判明な知覚の素材」の活動準備が整って、それは「人格的要素」と結びついて、「外的表象の最初の諸現象」を完成しようとする。感性的諸印象のうちには、多少ともつねに「一般的アフェクションの優勢な性格」を保持しているようなものもあるが、逆に「それらの本性そのものによって、それら固有の諸器官のうちに局在化されたり配列されたりするように、いっそう按配されている」ものもある。後者は「努力の感官」にいっそう近くて「人格的要素」と結合しやすく、「空間や時間の諸形式」を認めやすいのである（p. 215）。

もう少し先で、ビランは若き日の『習慣論』を想起しつつ、「一般的印象」が「習慣の影響」によって「その情感的ないし興奮的な性格」を失うにつれ、「直観的要素」がこの一般的印象から浮かび出てくるのだと述べている。つまり「アフェクション」に限定されたあらゆる感覚が、「習慣の効果」によって「完全に消滅」してしまい、いかなる「感性的痕跡」も残さないことがありうるのに対して、「優勢な直観的部分を含むあらゆる感覚」は、アフェクションが減少するにつれ、ますます「明晰判明化」されるのである（p. 233）。

もう一つ、大きな相違がある。すなわち『諸基礎』の或る附論は、「単純アフェクションは、直観のように、隣接によっても類似によっても、連合したり配列されたりしない」（p. 493）と述べている――けれどもわれわれは、空間的配列に関するこのような問題構制は見かけほど単純ではないことを、すぐ見ることになろう。

(2) 内も外もないアフェクションと直観

今度は発生論的な観点を交えつつ、アフェクションと直観とについて見てゆくことにしよう。『存在の観念についてのノート』のなかで、ビランはこう述べている。「それ自身に現前的な人格を構成する努力や意欲という超有機的な条件から切り離すなら、判明な諸直観も混乱した諸感覚も、自我から区別されないだろう。自我のみが、それらをそれらの有機的な部位に関わらせつつ、それらを局在化する」（Œ X-2, p. 262）。

かくして「受動的で単純な感覚」においては、まだ「主観と客観は一体（confondus）」（Œ XI-3, p. 313）だということになる。人間は、「その感性的諸印象のいずれからも〔……〕自らを区別しない」（Ibid., p. 163）のであり、したがって「自我なき感性的印象」（Œ VII-1, p. 76）というものが、存在するのである。しかもそのことは、「自我なき純粋に情感的《アフェクティフ》な実在的諸様態」（Ibid., p. 108）についても、「自我に先立つ単純直観」（Œ XI-3, p. 206）についても、等しく当てはまることなのであって、それゆえにこそビランは、「自我以前にある諸直観と諸アフェクション（les intuitions et les affections qui sont avant le *moi*)」（Œ XI-1, p. 76）とか、「自我なき諸アフェクションと諸直観（des affections et des intuitions sans *moi*)」（Œ VII-1, p. 109. Cf. p. 76 ; Œ XI-3, p. 198）といった表現を用いるのである。

『諸基礎』によれば、このような状態においては、「感受的存在にとって外も内もない」（Œ VII-2, p. 212）のだという。それでは内と外は、どのようにして分かれてゆくのだろうか。『〔アンシオンの〕『懐疑論についての試論』についてのノート』のなかで、ビランはそれを、以下のように説明している。まず「起源」においては、「自我」は「快適もしくは苦痛的な諸アフェクション」からも、「それらが関係づけられる有機組織」からも、区別されない——あたかも心身脱落のように！——。さらには自我は、「現象的諸直観」を「実在的諸対象」から区別することもない。かくして「まだ反省や抽象をしていない人間」にとって、「諸対象から自らを区別すること」は、「諸対象を表象する諸直観から自らを区別すること」であり、「諸直観から自らを区別すること」は、「諸直観を外的なものとして、もしくは有機組織に固有の諸アフェクションから、区別すること」（Œ XI-3, p. 171）なのだという。このように、われわれはまず、内外の区別をはじめ、ビランにおける「区別」の問題は、諸印象の帰属の問題と不可分であることを、忘れてはならないだろう。

じっさいにはいかにしてこのような区別が生じてくるのかについて、今度は『諸基礎』の論述を見ておくことにしよう。まずアフェクションに関して、同書第二巻の或る箇所は、こう述べている。「まずは絶対的な一般的生の混乱した感情と一体となっている純粋に情感的《アフェクティヴ》な諸印象」は、「たんなる一致によって努力や自我と結合」することによって、「或る関係性格」を獲得する。かくして諸印象は、「一塊となった身体に関係づけられる」〔＝一般的アフェクションの場合〕か、あるいは「特殊的諸器官のうちに局在化される」〔＝特殊的アフェクションの場合〕であろう。前者の場合、「努力の主体」は当該の「すべての情感的諸印象」と「共感」し、自発的興奮が「努力と抵抗の感官」を「吸収」させるまでに諸印象を高めるならば、主体は諸印象と「同一化」する、もしくは「一体化」するほどになるだろう。したがって「一般的アフェクションと自我の結合」は、いかなる「固定性」も持たず、そこでは「素材」が「形式」に優ろうとするであろう。次に後者の場合、自我は「それが部分的抵抗を感じるところ」に「アフェクション」を関係づけ、「感性的印象」と「有機的抵抗」を混同することもなく、感性的印象を「有機的抵抗と同じ場所を占める」ものとして知覚するであろう（Œ VII-2, p. 231）。それゆえ逆に言うならば、それだけでは「区別」も「局在化」もされないような「感性的印象」のうちに、「諸器官への最初の帰属関係」の「第一次的基盤」を見出すことなど、できないのである（Ibid., p. 232）――『諸基礎』はもう少し先で、「局在化されないあらゆる一般的アフェクション」には、「あらゆる種類の想起や思い出」（Ibid., p. 242）も欠けている旨を付け加えている。

次に「直接的直観」に関して言うなら、「第一に」、もちろんそれにも「自我なき」直接的直観というものが存在しうる。「第二に」自我は、「受動的な傍観者」として諸直観に結合することができる。そして「最後に第三に」、自我は「表明的な意志」によって、とりわけ「注意」によって、諸直観に「参与」することができる（Ibid., p. 304）――ここでは述べられていないのだが、直観の構成するのが内的な感覚ではなく、外的な知覚だということは、すでに見た。また、なぜ身体構成論では取り立てて指摘されていなかった「受動的な傍観者」と「表明的な意志」との程度差が、ここでは問題になってくるのかについては、のちに見る。いずれにせよ外的空間の構成については、まだいろいろ検討しなければならない問題が残っている。

そのまえに、そもそも発生の根源としての自我なき直観やアフェクションが、つまりは色彩視覚や快苦が、本当に無意識なのか否かを、検討しておくことにしたい。われわれは久しい以前に――自我に結びつきやすい直観は言わずもがなだが――ビランにおける快苦の単純アフェクションは、或る独自の体験性格を有しているのだと主張したことがある[15]。それが公的には「意識」の圏外に置かれるのは、ビラニスムにおいてはたいていの場合、「意識」が志向的二項関係によってしか定義されていないからであって、われわれとしてはむしろ、主客合一の非志向的意識というものを、単純アフェクションや直接的直観については認めるべきだと考える。ビラン自身、たとえば「われわれは快や苦を、たんに体験（éprouver）することができる」（Œ III, p. 297）等々と述べてもいる。その意に反してさえ「快適な、もしくは苦痛的な諸印象」が「感じる存在」を「触発」することを、この「感じる存在」自身に教えてくれるのは、「まったく恒常的な一つの経験」（Œ VII-1, p. 122）なのだし、「精神的《モラル》〔道徳的〕な自由」との対比において、「一種の有機的〔＝身体的〕な必然性」をわれわれに「顕現」してくれるのも、やはり「内感の事実」（Œ VII-2, p. 214）なのである。『思惟の分析』や『ベルリン覚書』は、この事実を指し示すために、よく「直接的感情」や「絶対的感情」といった「感情（sentiment）」系の術語を用いているし（Cf. Œ III, p. 78, 91, 198, 366, 367, 381, 391 ; Œ IV, p. 195, 198）、また両書を含め、とりわけ『コペンハーゲン覚書』（＝『人間の心身関係』）は、「内的触知」や「直接的触知」といった「触知（tact）」系の言語を多用している（Cf. Œ III, p. 294 ; Œ IV, p. 139 ; Œ VI, p. 106, 110, 128, 171）。そのうえ「純粋に動物的な受動的感覚の観念」は、或る程度まで「内的経験」に接近可能なのであって、じじつ内的経験がそれを「確証」（Œ X-2, p. 245）しうるのだし、逆に「魂によって覚知されていないような快苦の諸様態」などというものが存在することを認めるには、われわれは「つねにおおいに苦労」（Œ XI-1, p. 126）する。それどころか「快苦」といった「内的感覚」は、「欺きえない」（Œ X-1, p. 169）とさえ述べられているのである。

　ところですでに局在化された色彩等々の諸直観が、情感的部分を保持していることについては、先に見た。むしろビランは、「直観」と名づけられる「知覚的部分」は、「自我とのその結合以前にさえ、生来のその単純性状態」においては、「まずもってアフェクションと一体化」されているのだと考える。アフェクションは、それを「吸収」もしくは「覆い隠して」（Œ VII-2, p. 233）いるのである。「とりわけ生の始源において、色彩や触知知覚に付着したアフェクションがあることは、確かである」（Œ XI-2, p. 296）。そして「情感的諸感覚」や「諸直観」といった諸印象は、もしそれらが「努力の感官」と「多少とも直接的に結合」するなら、「知覚され、局在化され、したがって自我から区別」されはするのだが、しかし逆に、もしそこから「この感官の行使」が除去されるなら、これらの諸印象によって「人間」は、「自然と同一化」(Œ X-2, p. 259) してしまうのだという――それでは自我と分かれる以前の諸直観と諸アフェクションとが一体となって形成していたこのような「自然」とは、とりわけその空間性とは、いったいどのようなものなのだろうか。

(3)「原初的空間」の問題構制

晩年のビランは、或るところにこう記している。「空間は、視覚的諸直観と触覚的諸直観との固有の形式である。自我や人格が存在するや否や、人格が空間から、したがってまた人格が空間に関係づけるところの諸直観や諸感覚から、自らを区別したり自らを分離したりすることに、疑いはない。しかし、行為し思惟する力として自我が存在したり、自己自身を内的に覚知したりする以前には、非人称的な諸直観と諸感覚とが存在していて、感受的な魂は、色彩を帯びた空間や延長と、同一化する (l'âme sensitive s'identifie avec l'espace et l'étendue colorés)」(Œ IX, p. 281)[16]。つまりビランは、「自我がそこにいなくても」(Ibid., p. 141)、空間は存在しうると考えているのであって、しかも始源において色彩空間が魂と一体化しているという考えは、すでに『諸基礎』の時代から主張され続けていることなのである。「ここで私が直接的直観というタイトルのもとに指し示そうとする現象の主たる要素に関しては、それは〔……〕或る空間のうちに自ずから広がり、並置され、配列された色彩諸様態の、一種の自然的な、言わば有機的な区別のうちに存している。この空間は、自我がそれ自身にとってまだ存在していないかぎりにおいて、もしくはこの自我が自らを諸色彩の世界から区別していないかぎりにおいて、自我に外的とは言われえない」(Œ VII-2, p. 218)。要するに「視覚的諸印象や触覚的諸印象」が「自我に外的な現象界」のうちに配列されて表象されるのは、あくまで「自我の起源以来」(Œ XIII-1, p. 163-4) のことなのであって、自我の誕生以前には、先にも見たように、まだ内も外も存在してはいないのである。

　それでも空間は存在する。そして「延長の変様ないし偶有性」（Œ XI-2, p. 165）たる「色彩」が、「まずもって不可分的に結びついている」のは、「漠として限定されざる延長（l'étendue vague et illimitée）」（Ibid., p. 161）にである。アンペール宛の或る書簡のなかで、ビランは「自己視《オトプシー》以前には、すべてが感受的で単純だ」（Œ XIII-1, p. 135）と記している。[17]『ド・トラシー氏の『イデオロジー』についてのノート』（以下、『トラシー』と略記することもある）では、「空間」は、まずもって「唯一の同時的直観」（Œ XI-3, p. 20）によって、もしくは「客観的直観の最初の作用」によって、「一度に与えられる」（Ibid., p. 21）とも述べられている。そして「最初の唯一的直観」によって「同時に」与えられる「空間」とは、「非区分で不可分の一つの全体（un tout indivisé et indivisible）」（Ibid., p. 19）なのである。じっさい、とビランは問う、「諸部分はすでに、一つの全体的延長を想定してはいないだろうか」（Ibid., p. 12）。したがって「空間」は、「その観念が諸部分の観念に先行するような一つの全体（un tout dont l'idée précède celle des parties）」という形式のもとに、「綜合的に与えられる」（Ibid., p. 21-2）のである。

　色彩は「漠として限定されざる延長」に結びついているのだが、他方、「この延長の諸部分間に知覚された関係」のうちに存しているところの「形態」は、「実質的（＝素材的）印象によって直接」与えられているわけではないのだと、ビランは主張する（Œ XI-2, p. 161）。つまり直観には、色彩等の純粋に感覚的な諸要素のほか、「大きさ」「延長」「類似」「差異」のような「諸関係」（Œ XIII-1, p. 134）もまた含まれているのであって、ときとしてアンペール宛書簡は、前者を「感受的諸直観（intuitions sensitives）」と、後者を「比較的諸直観（intuitions comparatives）」と呼んでいる。しかし「自己視《オトプシー》」以前には、すなわち自我の直接的内的覚知以前には、「諸関係の配列」はまだ認められていないのであって、「最初の比較的諸直観」は、まだ「感受的諸直観」から「実在的に異なって」はいないのだと、ビランは考える。比較的諸直観が「比較的」と呼ばれるのは、そこから精神が「のちに様々な関係の諸観念」を導出しうるような、「比較する能力」を想定してのことでしかないが、しかるに「自己視《オトプシー》」以前には、まだ比較の能力は存在しない[18]。要するに「私は諸関係を、諸直観や諸アフェクションに内属的なものとしては、また実効的な比較作用なしには、考えることができない。そして私は、比較する主観なしに、比較作用を考えない」（Ibid., p. 135）――ちなみにアンペール宛書簡は、「比較的アフェクション（affections *comparatives*）」（Ibid., p. 131-2. Cf. p. 178）の存在を初めから否定しているのだが、ビランの立場からすれば、けだし当然であろう。

　ところで「延長の諸部分」は、「一連の意欲された諸運動」によって認識される。しかるに「われわれの身体の運動や手の移動についてわれわれが持つ知覚」は、もちろん「そのなかをわれわれが動く、与えられた固定的な延長や空間」というものを、すでに「想定」（Œ XI-3, p. 13）している。「抵抗」でさえ、「与えられた固定的な延長や空間」を「前提」（Ibid., p. 12）しているのであって、「空間や延長」が「一つの原初的所与（une donnée primitive）」だからこそ、われわれは「われわれ自身の運動」（Ibid., p. 18）を認識しうるのである。オイラーの或る論攷についてのノートのなかで、ビランはこう記している。「運動は、空間や延長を、与えられたものとして前提している。この第一次的な所与は、或る混乱した知覚でしかなく、それは能動的な視覚と触覚とに続く意志的運動によって、判明化される」（Œ XI-2, p. 215）。そしてこのような初次的な空間を、『トラシー』は「原初的空間」と呼ぶのである。「〔……〕運動がわれわれに与えるのは、測定された延長（*étendue musurée*）であって、原初的空間（*espace primitif*）ではない。原初的空間は、すべてに先立つ独立した一つの所与（une donnée indépendante, antérieure à tout）である。延長や空間が、諸部分に区分可能（divisible en parties）なものとして、もしくは互いの外に区別された諸部分を持つものとしてしか顕れないのは、われわれが継起的に動くかぎりにおいて、もしくはわれわれがこの空間のなかで、継起的諸運動を覚知するかぎりにおいてのことでしかない。／運動のあいだに、あるいは運動以前にさえ与えられた空間がなければ、われわれはこの運動を認識せず、この運動はわれわれにとって、純然たる一箇の内的感覚に還元されてしまっていることだろう。〔逆に〕運動がなければ、われわれは空間や延長を、諸部分に区分可能なものとして認識しないことだろう」（Œ XI-3, p. 18）。

あらかじめ先取り的に述べておくなら、自我と世界、内と外の区別もない原初的空間と、身体の意志的運動が生み出す区分され・比較され・測定された空間とのあいだには、つまりは『諸基礎』第二巻の第一編と第三編とのあいだには、非意図的な努力によって構成される中間段階というものがある。それはすでに内外の区別を知ってはいるが、しかし、ただ空間的配列を配列としてのみ受け取っていて、ことさらに諸部分を諸部分として比較しようなどとはしない、一種の漠然たる空間経験のようなものなのであろう。判明な区別や測定は、運動を俟つ。そして「運動」は、「空間」とともに、「時間」も「測定」（Ibid., p. 19）してくれる。というよりはむしろ、「運動」は「時間や空間のこのような区分の、自然的で唯一の手段」なのであって、「あらゆる区分」は「時間のうちで」遂行される。「区分されたものとして、また区分の作用そのもののうちで、考えられた空間」は、「時間から不可分」（Ibid., p. 20）であり、したがって「区分された空間（espace divisé）」は、「時間」（Ibid., p. 22-3）がなければ存在しない――このようにビランは、不可分の全体としての空間から、区分された諸部分からなる空間への進展を、あからさまに時間論的に、すなわち発生論的に捉えているのだということになる。さればこそ「これらの諸部分の分析ないし区別は、一連の諸直観と思い出（une suite d’intuitions et de souvenirs）とによって遂行される」（Ibid., p. 22）と述べられもするのである。けれども――繰り返すが――「運動の以前」には、「運動の条件」として、「空間や延長」（Ibid., p. 19）がある。「運動なくして区分された延長はないが、一つの空間なくしては一連の覚知された諸運動もない」（Ibid., p. 23）。要するに「永続的な固定空間」は、「一つの原初的な所与（une donnée primitive）」（Ibid., p. 21）なのである。

第三節　本能・自発性・意志――「意欲と人格性の起源」をめぐって

前節でわれわれは、まだ内と外の分かれていない単純アフェクションや直接的直観、またそれらを非区分のまま包んでいる一つの全体としての原初的空間について、通覧してきた。それではそのような純粋な単純状態から、いかにして自我と非我、努力と抵抗の二項関係が生じてくるのだろうか。言い換えれば、発生論的構成が依拠するところの意志は、今度はそれ自身、どのようにして発生論的に誕生するのだろうか。

ところで『心理学の諸基礎』は、或る箇所で、「いかにして或る運動が、まずは本能によって、次いで自発的に、最後に或る意志もしくは自己を-動かす或る力能（un pouvoir soi-mouvant）によって、実行されうるのかを考えるために、私は努力と人格性の起源についての先行箇所に、送り返す」（Œ VII-1, p. 182）と述べており、また『人間学新論』も、「本能から意志へのこのような仲介的移行をなし、純粋に動物的な生の発展の終項であるところの諸運動の自発性は、能動的生の始源でしかなく、能動的生のサイクルを開くことしかしない」（Œ X-2, p. 161）と語っている。「本能」から「意志」への移行を仲介するのは、このように「自発性」なのである。しかし、それでは意志の誕生は、「自発性」をあいだに挟むことによって、本当に解明されうるのだろうか。

この問題は、主として『諸基礎』第一巻第二編第二章「努力と人格性の起源についての探究」のなかの、「意欲と人格性の起源」と題された後半部（Œ VII-1, p. 132-8）と、『人間学新論』の第一〇章「意欲や人格性の起源」（Œ X-2, p. 153-71）において、詳細に論じられることになる[19]。本節ではわれわれは、(1)まず本章全体の大きな方針に基づいて、『諸基礎』の論述を紹介し、若干箇所についてのみ『人間学新論』から補足したのちに、(2)この問題構制について批判的に検討し、(3)最後にこれと関連すると思われる幾つかの諸問題について、考察を加えておくことにしたい。

(1)「自発性」の問題構制

『諸基礎』の当該箇所は、生理学的諸考察から始まっている。すなわち「運動規定」に関わる有機的中枢が、「感受的諸器官」から伝わった諸印象の結果として「反応」するだけなら、このようにして産出された「諸運動」は、それらの「興奮原因」と異なるものとして覚知も感覚もされえないのだから、「意欲」され始めることさえできないだろう。なぜなら第一に、自我を構成する「意欲された努力」の外では、「覚知したり認識したりしうる個体的主体」が存在しないからであり、第二に「本能的諸運動」が引き起こす「騒々しいアフェクション」が、必然的に「感覚」を昏くしてしまって、それを「識別」さえさせてくれないからである（Œ VII-1, p. 132）。

しかし人間には、「本能の専一的支配」が終わろうとするような時期がやってくる。すなわち「習慣」のおかげで、「まずはきわめて情感的《アフェクティヴ》」だった諸印象の激昂がおさまり、さらには諸器官の「収縮」が容易になって、「運動中枢」が「自発的に」活動できるようになる（Ibid., p. 133）。この「自発性」は、まだ「意志」ではないのだが、意志に直接先行するという。かくして「本能的諸運動」を「判明に覚知したり感じたり」できなかった「魂の超有機的な力」が、「自発的諸運動」についてはこれを「感じ」始め、同時にその「力能」をわがものとする。つまり「自らを認識するかぎりにおいてしか、それ自身にとって、もしくは自我として存在せず、自由に行為し始めるかぎりにおいてしか、自らを認識し始めない或る超有機的な力（＝意志）」の「最初の完全な行為」とともに、「人格性」が始まるのである（Ibid., p. 134）。

以上のような「生理学的なシンボル」は、しかし、或る程度まで「内的経験」によって検証されうるのだとビランは考える（Ibid.）。たとえば「自発性」によって産出された「運動、発話、声」によって、はっとして目覚める場合などがそうである。この目覚めの瞬間には、「覚醒状態」のように「努力」をともなってではないが、個体は「自らの諸運動を行うことができるという感情」を、つまりは「努力の思い出」をともなって、自らの諸運動を「感じる」のだという。かくして「自我」が生まれ、「自発的運動」は「努力」をもたらすのである。自発的運動においては、「自我の覚醒」を特徴づけるのは「すでに行使された力能の感情や思い出」だが、努力においては、「完全な人格性と意識の最初の事実とを特徴づけ、告知する同じ力能」の「予感や生まれいずる覚知」が、始まるのである(Ibid., p. 135)。

しかしながら、このようなビランの論述は明らかに、すでに意志や努力の存在を前提としていて、意志の最初の誕生を説明してはいない。そこでビランは、「純粋に本能的な諸規定」は、直接「意欲された努力」に変容することはできないと述べたあと、ふたたび生理学的な説明と、それについての体験的な検証とを、反復することになる。つまりまず、「感性的ないし動物的な有機的収縮」は、けっして「意志的(随意的)」収縮に変容などしない(Ibid.)。それゆえ、一方で「有機的中枢の反応(=反作用)によって遂行された純粋に動物的な収縮性」と、他方で「第一次的には努力の作用と言われる或る作用によって実行された意志的収縮性」とに結びつきうるような、或る「仲介的な様態」に訴えるのでなければならない。それが「自発的収縮性」なのであって、それは「超有機的な力が直接行使されるような中枢のうちで開始された作用」によって、実行されるのだという(Ibid., p. 136)。

そしてそのことを「正当化」するために、ここでビランが訴えようとする「経験と観察」は、先ほどよりは、意志の最初の誕生を示すにふさわしいように思われる。つまり「生まれたばかりの幼児」において、「移動(locomotion)」や「声」は、まだ「本能」によってしか行われず、幼児が動き叫ぶのは、受苦したり、欲求や食欲によって触発されたりするからにすぎない。そしてこのような「純粋に感受的な状態」が持続するかぎり、「意志や覚知」はけっして行使されない。しかしアフェクションの専一的支配のほかに、幼児は「運動中枢と移動や声の諸器官とによって結ばれた諸規定や諸習慣」のおかげで、叫んだり動き回ったりすることがある。そしてビランによれば、このような状態においてはこれらの諸運動は、「自発的で覚知されている、もしくは覚知可能」なのだという（Ibid.）。これらの諸運動は、ほどなく幼児自身によって「意欲」され、「意志的記号（*signes volontaires*）」へと変容される（Ibid., p. 136-7）。幼児は「助け」を呼ぶために、それらを「利用」するのである。これが「人間の第一歩」であり、「生まれいずる人格性の最初の印」なのであって、「それゆえ求められていた通路は、乗り越えられた」ことになる。このような「本能」から「自発性」へ、また「自発性」から「人格、自我を構成する意志」への移行において、「動物」も最初の二つは「迅速に」乗り越えはするのだが、しかし第三段階に到達するのは、「人間」のみである。ただし人間とて、そこにはもちろん「漸次的（progressivement）」にしか、到達しえないのである（Ibid., p. 137）。

『人間学新論』の第一〇章でも、ビランは「本能的運動は、感じられも意欲されもしない。自発的運動は、動物において感じられ、実行されうる。運動は、人間において直接意欲され、意欲によって遂行される」と述べている（Œ X-2, p. 162）。生まれたばかりの幼児の生は、まだまったく「動物的」だが、ほどなく幼児は、ただ「習慣」によって、あるいは「同じ諸運動がすでに幾度か反復された」というだけで、「欲求や苦しみの外」で、動いたり叫んだりするようになる。すでに「諸運動」は、「本能」から「自発性」へと移行したのである。幼児は「そのときは自発的な自己自身の叫び」を、「知覚」しうるようになる。そして「自発的諸規定」のうちに「知覚」されたこれらの諸運動は、「動物」においてはまだ「習慣」だが、「人間」においては「意志が遂行し、知性が知って、或る目的の方へ導く諸行為」という性格を、帯びるようになるのだという（Ibid., p. 165）。

⑵その検討

「自発性」をめぐる以上のようなビランの諸考察を検討するまえに、あらかじめ「知覚」と「意志」との関係についてのビランの基本的な立場を、再確認しておくことにしよう。『諸基礎』に付された或る短い附論のなかで、ビランはこう語っている。「〔……〕もし判明な知覚が、私の信ずるように、意志の何らかの行使より先ではないのだとしても、意志もまた何らかの度合いの知覚以前には、ありえない。そして思惟する存在は、それが行為し意欲し始めるかぎりにおいてしか、認識し始めることができないと言うことが、真だとしても、それでもやはり、通常の表現にしたがって、ひとはいかにしても認識しないものを、表明的に意欲することはできないということは、真なのである。／もしここで、ひとが一種の悪循環のなかを回っているように思えるとするなら、それは真に原初的な事実を認めてしまわないので、ひとはこの事実のなかで一に還元されるような二つの作用を、区別ないし分離したいと欲しているからである〔……〕」(Œ VII-2, p. 485)。このような立場からするなら、知覚や認識と意志や意欲とは、同時成立することになって、われわれは、意志から出発して知覚や認識を導出することも、逆に知覚や認識に基づいて意志の成立を説明することも、等しくできないのだということになってしまうだろう。

しかるに先のビランの説明を見れば、自発性の段階での「覚知」や「知覚」が、自らの力能について意志に気づかせるのだという構図になってしまっている。たとえば『諸基礎』では、魂は「本能的諸運動」を「判明に覚知したり感じたり」しえないのに、「自発的諸運動」を「感じる」ことはできるのだとされていたのだし、おまけに「自発的で覚知されている、もしくは覚知可能 (spontanés et aperçus ou aperceptibles)」な諸運動についてさえ、語られていたのである。『人間学新論』でも、「感じ」られない「本能的運動」との対比において、「感じ」られる「自発的運動」について語られていたし、それは「知覚」されるとも言われていた。これでは暗に「自発性」に「意志」の一性格を認めたうえで、そこから「意志」の成立を証明しているようなものである。また、自発的諸運動が「動物」においてはまだ「習慣」だという『人間学新論』の発言も、通常のビラン哲学の立場とは、相反する。なぜなら『習慣論』以来、ほんらいの意味での「習慣」は、意志的能動性に関わる諸現象においてしか成立しないというのが、ビランの恒常的な考えだからである。それでは自発性は、すでにして意志の能動性を、分かち持っているとでもいうのだろうか。

ベルジュラックの医師会における或る講演で、ビランは「自然においては何ものも、このようにして突然に、そして飛躍（saut）によってのようにしては、行われない」（Œ V, p. 30）という、ライプニッツ的な言葉を残している。しかし、もし「自発性」に「覚知」や「知覚」を認めるならば、「自発性」はすでにして「意志」の領分に一歩を踏み入れ、「本能」と「自発性」のあいだには、或る種の「飛躍」を認めなければならなくなってしまうであろう。逆にもし「自発性」には、アフェクションと同様に、通常の意味での「意識」が認められないというのであれば、今度は「自発性」が「本能」の側に立ってしまって、「自発性」と「意志」とのあいだには、やはり「飛躍」が存在するのだということになってしまおう。いずれにせよビランの説明は、きわめて説得力に乏しいと言わざるをえない。

けれども『諸基礎』は或る箇所で、こう述べている。「自発的諸運動の行使には、特殊的で独自ノ（*sui generis*）或る感覚が結びついている。この感覚は、その起源においては、まだ運動的力能の感情をともなってはいない。しかし超有機的な、もしくは命令されたのではない力が、それ自身、この運動性中枢に働きかけるや否や、その感覚にはこの感情が、直接的な仕様で結びつく。そのときには、そしてそのときにのみ、努力と自我が生まれる」（Œ VII-2, p. 227）。われわれ自身が、アフェクションには独自の――非志向的な――意識というものを認めたように、ビランもまた自発性に、たとえ意志の「感情」からは区別されるのであれ、それでも独自の「感覚」という現象性を、認めているのだろうか。しかしながら、たとえそうであったとしても、われわれにはやはり次のような疑問が残る。つまりこの現象性は、純粋アフェクションにおいてのように、端的な単純性から成り立っているのだろうか。それともそれは、すでに意志や通常の「意識」においてのように、志向的二項関係についての感情なのだろうか。前者の場合、われわれはやはり「自発性」から「意志」への移行には、単純状態から原初的二元性への「飛躍」を、認めなければならなくなるだろう。そして後者の場合、「飛躍」はすでに「本能」と「自発性」とのあいだで、起こってしまっているのでなければならないだろう。それゆえ、いかにして「本能」から「意志」への移行が生ずるのかは、たとえこのように「自発性」をあいだに挟んだとしても、けっして説明などされうるものではない。ドゥヴァリューの言うように、「われわれにとって努力の誕生は、感性の発生と同様に、不可解（incompréhensible）」[20]なのである。それゆえわれわれとしても、「意志」や「努力」は、アフェクションを（あるいはひょっとして自発性も）前提としつつも、なぜだか分からないが突然に成立するのだとしか、言いようがないであろう。[21]

(3) 意志と努力の起源をめぐる幾つかの諸問題

しかし、意志の成立が説明不可能だということは、或る意味では自明の理であって、ビラン自身もそのことは、よく自覚していたと言うべきなのかもしれない。『諸基礎』のなかで、彼自身がこう述べているのである。「〔……〕単純な感覚やアフェクションが、上位の秩序にある能動的諸能力の発展の手段であるとしても、これらの諸能力が、それ〔＝感覚やアフェクション〕のうちに含まれているわけではない。それは時間の順序のなかではそれらに先立つが、それらの派生原理ではない」（Œ VII-2, p. 227）。アフェクションを前提としてでなければ、意志や努力は成立さえしえないであろうが、しかし、前者は後者の「派生原理」ではありえない——たとえあいだに「自発性」を挟んだとしても、このことに本質的な変化はないであろう。

では幼児は、そもそもの初めから、「意志」を有していたとは考えられないだろうか。次節に詳しく述べるが、ビランは覚醒時の人間は、意図的に何かをしようとしてはいなくても、それでも身体全体に「一般的努力」「共通的努力」ないし「非意図的な努力」というものを、及ぼしているのだと考えている。このことは、生まれたばかりの幼児についても、同様なのではないだろうか――しかしながらこの件に関しては、今度は逆に「自発性」の問題構制が、ネガティヴな回答を与えてくれる。ビランはその晩年にいたるまで、たんに理論的・構造論的にのみならず、客観的な時間地平の上でさえ、「意志」はアフェクションや自発性から区別され、したがってそれはいつか後発的に生じてくるのだということ、したがってまた意志や努力のまだ成立していない生というものも、現に存立しているのだということを、たしかに認めているのである。

　意志と努力との起源にまつわる「自発性」以外の諸問題についても、若干の考察を加えておくことにしよう。後期ビランは、ときとして「意欲」と「努力」を区別しているように思えるような発言をなすこともあるのだが、このことはどう考えるべきなのだろうか。たとえば『願望の章のためのノート』[22]と題された断片のなかでは、こう述べられている。「本来的に語るなら、人間は、現実的に彼の力能のうちにありうる〔＝彼の意のままになりうる〕ものしか、意欲しない。そして彼が、このような力能やこのようなエネルギーについての直接的感情を有してはおらず、彼の努力の成功について疑っているようなケースにおいては――自我は疑ってはおらず、ただ彼は、彼には外的な出来事が、〔誰かによって?〕なされる努力や彼自身によってつねに自由であるような彼の努力のおかげで、完遂されることを願望しているだけなのである〔……〕。それは習慣的に〔＝不断は〕意志的〔＝随意的〕な四肢の諸運動において、たまたま四肢が、何らかの仕様で、それらの移動機能において麻痺したり、切断されたり、損なわれ妨げられたりするときに、生じることである。これらすべてのケースにおいて、努力のみが自由で、運動はそうではない。それゆえ意欲の直接的対象たるのは、運動ではない。なぜならこの意欲と、自由に規定された努力とのあいだには、精神の或る仲介的な働きが、すなわち以前に遂行された運動の思い出が〔……〕存在したからである」（Œ X-1, p.

220)。しかしながら、「運動」をともなわないような「努力」、さらにはまた「自由に規定された努力」から区別された「意欲」などという考えは、明らかにビランの通常の考えには反しているし、そもそも「以前に遂行された運動の思い出」は、このようなケースにおいては、むしろ「意欲」することそのことのためにこそ、要請されるであろう。『人間学新論』のなかでもビランは、「筋肉的諸運動」は、「それらが自由であるかぎりにおいてしか、意識事実を生ぜしめない」(Œ X-2, p. 168)と述べている。それゆえここでの「意欲」や「努力」といったタームは、比喩的な意味においてしか用いられていないのであって、じっさいにはそれらは、この断片のタイトルからも示唆されているように、そして現に用いられている「願望しているだけ」という表現からも察せられるように、むしろ「願望」の何らかの構成分を分析するために用いられた言葉にすぎないのではないだろうか。

よく似た立場の言明は、『人間学新論』それ自身のうちにも見出される。「じっさい、私が私の腕を挙げたいと意欲している瞬間に、私の腕が、麻痺に襲われると想定してごらんなさい。意欲と努力は生じるであろうが、しかし自然的な伝達手段がなければ、有機的成果をともなわないだろう。その場合、原因の感情には一種の欠如様態が、もしくは慣れ親しんだ結果の欠如の感情が、結びつくであろう。/そこからわれわれは、こう結論することができる。つまり筋肉的な身体運動が、魂の意欲の直接的対象となるのは、習慣によってなのであって、自然によって(もしくは魂が身体とのその合一について持つ生得観念によって)ではなく、この意欲は原初的には、そこから最初の運動的諸規定が出発するところの有機的中枢に展開される努力そのもの以外の直接的対象を、持ちえないということである」(Ibid., p. 167)。ここでも「結果」をともなわないような「原因」だけの感情という考えは、ビランの基本的な立場からは逸脱していて、このような記述は、やはり願望にこそふさわしいと言わなければならない。ほんらいの「意欲」なら、このように「努力」を「対象」化することもないであろう。逆にまた、身体運動が「意欲」の「直接的対象」たりえないという主張も、彼のつねの立場からすれば不可解である。おそらくそれは——次節で詳しく見るが——「習慣」という言葉からも示唆されているように、身体の発生論的構成に関わる問題なのであろう。つまり、身体のいかなる抵抗にも対応しないような意欲や努力などというものは、依然として考えられないのだが、しかし「私の腕」等々、特定器官の区画や画定は「生得観念」ではなく、それは諸器官への特殊的で個別的な努力の行使による構成を、発生論的に俟たなければならないのである。

このように、意志は必然的に二項関係をともなう。しかるに単純アフェクションには、内外の区別がない。それでは「自発性」の問題に戻ったとして、この段階では非我意識は、すでに存在しているのだろうか。『諸基礎』は、「願望への抵抗」に基づいた「非我原因についての信念」(Œ VII-2, p. 252)について語っている。しかも「幼児期」においては、「何らかの特殊的なアフェクションや情動」をともなった「あらゆるイマージュ」は、その「最初の欲求」が「感動すること」であるがゆえに「信じること」でもあるような存在〔=この場合、幼児〕によって、「信じられる」、もしくは現実化される」(Ibid., p. 254)とも述べられているのである。では幼児の欲求や自発性は、非我や他我への訴えを、すでに含んでいるのだろうか。しかしながら同じ一連の文脈のなかで、ビランは「直接的アフェクション」は「自我と連合」することによって、「産出原因についての信念ないしまだ漠然とした観念と、複合化される」(Ibid., p. 252-3)と言明してもいるのである。それゆえ「自我」の誕生以前には、すなわち意志や努力の成立以前には、まだ非我原因についての信念もない。おそらく幼児の欲求には、まだ本当の意味での顕在的な非我意識は、自我意識と同様に存在せず、そして欲求の桎梏から解放されたばかりの幼児が自発的に動き回ったり叫び声を上げるようになったとしても、事態にまだそれほど本質的な変化は見られないというのが、ビランの考えなのだろう。

最後に「自発性」の段階では、「空間」の問題構制はどうなっているのだろうか。詳細は次節に譲るが、ビランは「原初的空間」について語ったあとには、身体の内的延長についてにせよ異他的物体の外的空間に関してにせよ、次は「努力」――まずは非意図的な、次いで意図的な――の介入する空間構成についてしか語ろうとしない。それゆえ意志の成立のためにはことさらに強調された「自発性」も、他の諸々の問題構制においては、さしたる地位を占めてはいないのだと言わざるをえない。「自発性」の分析に或る種の中途半端さの印象がつきまとうのも、そのあたりに一因があるのかもしれない。つまり本能と意志との中間にあって、自発性のステイタスは、つねに曖昧なままなのである。

第四節　身体と空間の発生論的構成

身体と空間の発生論的構成にも、幾つかの発展段階がある。われわれは先に、内も外も区別のないような、つまりは身体としての身体さえ存在していないような、アフェクティヴで直観的な原初的空間について見てきた。本節ではわれわれは、意志の誕生による最初の区別から始まって、まだ自我が異他的抵抗には出会わずに、自己の身体の有機的抵抗をともなうだけの段階までに留まりつつ、そのような段階における身体と空間とについて考察する。

つまりは自己の身体にも、異他的物体なみの対象として扱われる段階と、それ以前の段階とが区別されなければならないということである。先にわれわれは、「自我は、身体の共存についての感情や内的直接的覚知を持つことなしには、それ自身にとって存在しえない。それこそがまさに、原初的事実である」という『諸基礎』の言葉を取り上げた。そのあとビランは、こう続けているのである。「しかし自我は、まだその身体を〔……〕表象や直観の対象として認識することなく、存在しえよう、もしくはこのような覚知を持ちえよう。身体についての表象的認識の起源を問題化しつつ、〔コンディヤックのような〕ひとは、すでに存在の問題が解決されたと想定している、あるいはむしろ、ひとは一つの問いを立てる余地があると信じていない。しかしながら、様々な〔身体の〕諸部分の上を継起的に散策し、感性的表面の尺度単位となるこの動く手は、眼が自らを見ないのと同様に、自己自身を触診しない。それでも手は、道具として使用される以前に、知られうるのである」(Œ VII-2, p. 288)。

客観的身体、表象としての身体以前に、有機的抵抗としての身体との共存の感情というものがある。『思惟の分析』は「イマージュなく直接的に覚知される身体的延長」についての認識のことを、また『諸基礎』は「意欲された努力と有機的抵抗との返答にのみ基づく身体についての直接的認識」のことを、それぞれ「第一次的認識」(Œ III, p. 439 ; Œ VII-1, p. 149) と呼んでいる。ひとは「眼を閉じているあいだ」でさえ、「自己自身の身体についての認識」を、「持たないことができない」(Œ XI-1, p. 33) のであり、それどころかわれわれは、「われわれの身体の外的表面を一度も見たことも、それに触れたことも」なかったとしても、「自我が一つの身体を持ち、身体に或る運動的力能を行使している」ということを、「それでもやはり知っている」(Œ XI-2, p. 278) のである。そしてこのことは、たんに全体としての身体のみならず、身体の諸部分についても――もちろん身体諸部分がすでに局在化されているとして――妥当する。「われわれは、努力の主体とは異なり、努力の主体の外に局在化されるものとしての身体諸部分の存在について、確信するために、随意に動く身体の諸部分を、外から見る必要などない」(Œ X-2, p. 204)。たとえば私が「私の腕を動かしている」という意識を持つとき、私は「私が腕を持っているのだということを、知らないわけにはゆかない」(Œ XI-3, p. 58) のである。

身体は有機的抵抗として、まずもって内から知られる。本節が扱うのは、そこまでである。

(1) 最初の区別

内外の最初の区別が生まれるのは、意志ないし努力においてのことであって、どうやら自発性においてではなかった。それゆえ努力以前には、まだすべてが単純で、そこには一つの全体しか存在していない。『思惟の分析』は、こう述べている。「努力のこの一般的感官の行使の外では、感性のすべての諸印象は、触覚の諸印象も含めて、単純、受動的、絶対的であり、あるいは何らかの異他的存在に対してであれ、諸印象を諸様態として自らに帰属せしめることによって諸印象を知覚する唯一主体の存在に対してであれ、関係を欠いているであろう」(Œ III, p. 439)。同様の内容を、『ベルリン覚書』は、もう少し簡単にこう言い表している。「努力の感官の初次的行使の外では、感性のすべての諸印象は、触覚の諸印象さえ含めて、受動的で、実質的〔＝素材的〕に単純かつ絶対的である、もしくは、いかなる人格的な存在にもいかなる異他的存在にも、関係を欠いている」(Œ IV, p. 134)。

正確に言うなら、自我と非我の最初の区別のために、まだ「異他的存在」は必要ない。第一節でも見たように、「自我の認識」は、「外的宇宙の認識」からは「分離されうる」(Œ VII-1, p. 125) のであり、ビラン特有のタームで表現するなら、原初的二元性は、異他的抵抗を俟たずとも、有機的抵抗さえあれば、十分に成立しうるのである。『諸基礎』はこう述べている。「因果的な絆《リエゾン》の真の原理に遡るなら、努力はただ意志にのみ属し、そして抵抗は、異他的抵抗と複合化される以前にさえ、まずもって諸筋肉における惰性にのみ属す」(Ibid., p. 173)。『思惟の分析』の表現にならうならば、「外在性判断」が存在する以前にさえ、すでに「さらにいっそう単純な最初の種類の諸関係」(Œ III, p. 139) が、存在しているのである。

「われわれがわれわれ自身の身体について持つ認識の起源」と題された『諸基礎』第一巻第二編第三章は、「意欲された努力」において、「原因」としての「自我」が「結果」としての「〔筋肉の〕収縮や運動」をわがものとし、それを自らの外に「筋肉的な抵抗ないし惰性」として置くことについては、すでに論じてしまったので、今度はこの「自我の外」が、すなわち「意識の原初的事実を完成する個体性の基礎的関係の第二項」が、いかなる点に存しているのかを論じる番である旨を、説くことから始まっている。この「事実」を「外的知覚」のうちに捉える者たちにとっては、第二項は「空間のうちに表象されたイマージュや表象」でしかないであろう。けれども「外」にも

「二種類」があるのであって、一つは「内的直接的覚知」に相対的な項であり、もう一つは「外的な直観ないし知覚」に相対的な項である。つまり大切なのは、「感性的で運動的な存在が、その自己の身体について根源的に得る二重の認識」に、このような区別を適用することによって、こうした区別の諸動機を正当化することなのであって、自己の身体は、同時に「内的」覚知と「外的」覚知の項たりうる「唯一の対象」なのだという（Œ VII-1, p. 139）。

　このように、身体の発生論的構成が有機的抵抗としての身体から始まらなければならないということは、ビラン哲学にとっては、言わば公然の事実なのであって、そのことに何ら問題はない。けれども『諸基礎』は、さらに或る箇所で、「あらゆる障害から分離された筋肉感官の行使だけで、或る原初的な空間形式をもたらしうる」（Ibid., p. 171）と述べてもいる。身体構成の問題は、この段階でも、空間構成の問題と不可分なのである。しかしながらこの「原初的な空間形式」とは、自己の身体の内的延長のことなのだろうか、それともそれは、異他的物体をも含みうるような外的空間のことなのだろうか。デカルトの『省察』について書かれた或る註釈のなかで、ビランはこう記している。「しかし自我の外（*le hors de moi*）とは、空間（われわれ自身の身体も含めて）であり、この空間は、運動の感官の直接的で固有の対象である。ちょうど抵抗が、あらゆる運動から不可分の努力の感官の、固有の対象であるように」（Œ XI-1, p. 71-2）――自我以前の原初的空間には、まだ内外の区別がなかった。自我の最初の成立とともに、最初の「外」というものが誕生する。そしてそこには異他的抵抗も異他的物体も、まだ存在してはいなかった。それでは原初的空間は、自我が生まれた瞬間に、ただちに身体空間へと変貌してしまうのだろうか。しかし「空間（われわれ自身の身体も含めて）」とは、何を意味しているのだろうか。

　まだ異他的物体を含んでいないような空間は、身体空間でしかないとする立場を支持しそうな考えも、ビランのうちに見出されないことはない。たとえばビランが好んで引証する、一つの思考実験がある。つまり、もし「運動的で知性的な存在」が、「自らの努力に譲る抵抗」にのみ取り囲まれていて、「絶対に打ち克ちがたい」抵抗に出会うこともなく、しかも「いかなる他の受動的印象も」感じないのであれば、彼は「彼の自己の身体」と「それに異他的であるような諸物体」とのあいだに「絶対的な諸限界」を引くこともできずに、「彼の意志」は、「多少とも彼の努力に従順なこの自然の、魂のよう」だろうという。それが、たとえば「ストア派の人たち」が唱えるような、「世界霊魂という哲学的観念」の根拠となりうるような想定なのである（Œ VII-2, p. 290. Cf. Œ III, p. 207-9 ; Œ IV, p. 158 ; Œ X-2, p. 279）――このような言葉が示しているのは、ちょうど自我以前には内と外の区別がなかったように、自我の成立後、しかし異他的抵抗との遭遇以前には、まだ自己の身体の内的空間（＝最初の外）と外的空間との区別が、存在していないということなのかもしれない。だからこそビランは、自我は自らを「世界霊魂」や「この自然の魂」として捉えるのだと述べているのかもしれない。しかしながら、「いかなる他の受動的印象も」感じないのであれば、というビランの付加は、今度はいったい何を意味しているのだろうか。

内外の最初の区別における身体空間と外的空間の関係という問題は、見かけほど単純ではない。われわれは項をあらためて、特にそれらに帰属せしめられる諸印象の問題構制も考慮に入れつつ、両空間の関係という難問について、検討してみることにしよう。

(2) 身体空間と外的空間の区別？

(a) アフェクションと直観の帰属の問題

そもそも最も初次的な努力とは、どのようなものなのだろうか。われわれは先に、努力以前と努力以後とのあいだには有論的差異があるが、努力の誕生以降には、非意図的な努力からまだ努力が従属的なものを経て努力が優勢になるものまで、幾つかの諸段階が区別されるが、それは程度問題（実存的差異）にすぎないとも主張しておいた。

それでは最初の努力もしくは最低限の努力とは、いったいいかなるものであろうか。

先にも触れたように、ビランはよく「一般的努力」や「共通的努力」、あるいは「非意図的な努力」について語っている。たとえば『諸基礎』によれば、「共通的努力」とは「覚醒状態において、一なる力の活動圏に帰するすべての諸器官に同時に行使される」(Œ VII-2, p. 263-4) ような努力のことであり、「覚醒が持続するかぎり、もしくは私が私自身にとって存在するかぎり、私が私の身体に行使する連続的な努力」(Ibid., p. 517) のことである。『視覚についてのノート』と題されたトマス・リードについての或る註釈のなかでは、「覚醒が持続するかぎり」努力と同様に永続的な「有機的な抵抗ないし惰性」は、「われわれの活動〔=能動性〕の創造」ではなく、「意欲なしに、そして意欲からは独立して、存続する」(Œ XI-2, p. 159) とも述べられている。しかしながら、もし額面どおりに、本当に「意欲」が皆無なら、そもそも努力も抵抗も存在しえないことだろう。トラシー宛の或る書簡のなかでは、ビラン自身が「覚醒においては、たとえ表明的な意図 (intention expresse) なしに、願望なしになのであれ、諸々の筋肉を動かす、もしくは収縮させる一般的意志 (volonté générale) が、つねに存在する」(Œ X III-2, p. 344) と述べている。それゆえそこには、最低限の非表明的で非意図的な意欲というものが、要請されなければならないのだろう。

ところで『思惟の分析』の身体構成論は、「連帯して動く唯一の塊とみなされた身体の一般的移動」のうちに、「一つの共通的努力」(Œ III, p. 432) を認めることから始まっていて、「一般的移動 (locomotion générale)」と「共通的努力 (effort commun)」(Œ IV, p. 124) を結びつけるこのような手順は、『ベルリン覚書』でも踏襲されている。けれどもわれわれは、覚醒時、つねに「移動」し続けているだろうか。『存在の観念についてのノート』は、「まさに覚醒状態を構成する努力」について、こう述べている。「人間の魂が、その身体を所有するのは、一塊としてのこの身体に対してではなく、魂に自然的に従属している移動的諸部分 (parties locomotrices) に対して魂が行使する、一般的努力 (effort général) によってである。〔……〕しかしこの覚知が完全なものとなるためには、もしくは意志に従属する各々の部分が、自我から見て局在化され、有機的全体のなかで位置づけられるようになるためには、時間において同時的であったものが、継起的になる、あるいは全体的な努力（effort total）が、小分けされるのでなければならない」（Œ X-2, p. 267-8）。一般的ないし全体的な努力から始まって、諸々の特殊的努力へと進んでゆく身体の発生論的構成の過程については、次項以下に詳しく見る。また、一見するとここで否定されているかのように思われる「一塊としての」身体も、むしろ努力の及ぶ範囲を顧慮してそう述べられているだけなのであって、身体の構成が一つの全体から出発して、諸部分の画定に進展してゆくという手順に、変わりがあるわけではない。問題は、運動可能な筋肉に行使される一般的な努力によって、本当に身体が「移動」しているのか、それともそこには、身体の「移動的諸部分」全体への或る種の緊張感〔＝最低限の努力〕の保持のようなものがあれば、十分ではないのか、ということなのである。『諸基礎』はこう述べている。「〔……〕意志が作用しうる、もしくは共通的努力（effort commun）の感官の部分をなす、すべての諸器官は、顕在的知覚（perception actuelle）が存在していなくても、それらの固有の諸対象を知覚しうる（*aptes*）ようになる。すべての随意筋に広がるこのような非意図的な努力（effort non *intentionné*）が、自我ないし同一的人格という持続的なものとともに、関係や意識の生に協力するこれら様々な諸感官の覚醒状態を、構成するのである」（Œ VII-2, p. 239）。ここでの「顕在的知覚」は、先の箇所での「移動」と同じ役割〔＝意図的能動性〕を担っていると考えられるであろう。そしてたとえ一塊の身体全体に対する共通的努力によってなのであれ、身体の「移動」に――本能的運動や自発的運動なら話は別だが――何らかの「意図」がともなわないなどということは、少し考えにくいことである。逆にわれわれは、ことさらに「移動」せずとも、たとえば身体全体に走る緊張感などによって、しっかりと覚醒状態を保つことはできる。それゆえわれわれとしては、ビランの「共通的努力」にも二段階を認めて、まだ移動能力が「顕在」化されていない段階と、それが「顕在的」に実効化されている段階とを、区別することにしたい。後者については、次項以下に見る。ここでわれわれが取り上げたいのは、前者のみである。

いずれにせよ、ここではまだ身体諸部分が区別されていないのだから、アフェクションも、諸部分に局在化されることはない。それでは直観は、この段階では、どこに帰属するのだろうか。身体全体が移動するなら、先にも見たように、当然のことながらこの運動は、すでに外的空間の存在を前提しているのでなければならない。けれども身体の一般的移動はまだないが、非意図的な努力によって身体全体が自我の支配下にあるような状態では、たしかに自我は身体空間から区別されてはいるが、身体空間は今度は、はたして外的空間から区別されているのだろうか。それとも世界全体が世界霊魂たる自我に従属しているような状態にあっては、外的空間は外的空間として、意識さえされていないのだろうか。

ビランは「アフェクション」とはちがって、「視覚的諸直観や触覚的諸直観」は、「或る空間のなかで相互に自然的に配列されて」(Œ XIII-1, p. 141) 感官に提供されるのだと考えている。「並置による配列 (*coordination par juxtaposition*)」は、「視覚と触覚の感官そのものにおいて生じる」(Ibid., p. 173) のである。それゆえにこそ、「自我の起源以来」、この種の諸印象は、「自我に外的な現象界のうちに、すでに配列されて表象されている」(Ibid., p. 163-4) と述べられるのである。しかし身体空間も、「自我の起源以来」、すでに「自我に外的」であった。この「現象界」は、はたして外的空間のそれでありうるだろうか。

アフェクションが自我と結合すると、「感覚」を産み、直観が自我に結びつくと、「知覚」を構成することについては、すでに見た。或る箇所でビランは、「感覚」が「或る部位ないし或る原因に局在化され、関係づけられたアフェクション」であるのに対して、「知覚」は「諸直観」を「距てる (mettre à distance)」(Ibid., p. 173) のだと述べている。「知覚〔比喩的な意味において〕されたすべての他のアフェクティヴな諸印象」が、「自己の身体の諸部分のうちに局在化される」のに対して、「視覚と触覚の諸直観」は、「空間」のうちに「局在化」(Œ XI-3, p.314) されるのである――アフェクションとのこのような対比は、ここでは外的空間が問題にされているのだということを、暗に物語っているのではないだろうか。

「直観は固有の感官において、外の諸事物に適用される」（Ibid., p. 397）と、ビランは述べている。「視覚や受動的触覚」の諸感官は、「それらの諸直観の原初的で本質的な形式」として、「空間ないし延長」というものを認めるが、そこでは「受動的諸変様の原因」は――われわれも次節で見るように――「いっそう規定された性格」を帯びるようになる。なぜならそれは、「たんに非我としてのみならず、さらには自我に外的なものとして、また自己の身体の外で」（Œ XI-2, p. 253）知覚され、考えられるからである。けれどもそれは、「原因」にかぎった話だろうか。また内的延長と外的空間とのこのような区別は、自我の発生直後のことではなくて、発展のずっとのちにおいてのことなのだろうか。しかしながらビランは、こうも述べているのである。「自我が存在するとき、自我は諸アフェクションも諸直観も、自我の外に知覚する、もしくは自我自身から区別するのだが、しかし後者〔＝諸直観〕のみが客観的な性格を有し、外在性関係に根拠として奉仕する。他方〔＝諸アフェクション〕は因果関係しか生ぜしめない。ところで内的感性を変様する非我原因は、意識によって自我から区別されようとも、けっして自我や自己の身体の外には表象されない。〔逆に〕私が空間のなかに見る色彩は、けっして自我の状態としても、内的感性の状態としても知覚されない」（Œ XI-3, p. 414）。ここでもこのようなアフェクションとの対比は、「自我が存在」するかぎり、「諸直観」はやはり「自己の身体の外」に「表象」されているのだということを、証言してくれているのではないだろうか。

結局のところわれわれとしては、自我が誕生するや否や、たとえそれが異他的抵抗には出会わなくても、自我は自らを身体から区別するのみならず、アフェクションと直観とを区別し始める、つまりはアフェクションの帰属する内的空間（初次的には一塊の身体全体の）と、直観の帰属すべき外的空間（まだ異他的物体とは言わないまでも）とを、区別し始めるのだと考えておくことにしたい。先に世界霊魂のところで見た「いかなる他の受動的印象も」感じないなら、という付帯条件も、自然的に配列された諸直観の外在性のことを示唆していたのだと、解すべきなのであろう。それに世界を支配せんとする意志なら、たとえ外的空間の存在を認めたとしても、そこにまだ異他的抵抗さえ見出さないなら、つまりはこの世に自我以外の力が存在することがまだ確認される以前なら、十分に成立しうることであろう……。

(b) 最初の「外的」空間

それでは最初の外的空間とは、どのようなものなのだろうか。われわれは主として『諸基礎』第二巻第二編第二章「或る空間への帰属による諸直観との自我の結合」(Œ VII-2, p. 233-7) と、同巻第三編第三章四「客観的諸帰属。外在性関係と合成された諸直観」(Ibid., p. 297-300) とに依拠しつつ、この問題に取り組んでゆきたいと思う。後者はすでに「能動的な知覚的体系もしくは注意の体系」に属してはいるものの、それ以前の空間についても詳しく論じているし、またそれ以降の空間性との対比という意味でも、役立つであろう。

第一の箇所でビランは、「自我」は「諸直観」とは、「諸アフェクション」とのようには「共感」も「同一化」もしないと述べている。自我が直観と「結合」するや否や、直観は「それに付加された新しい関係性格」を、アフェクション以上に斉一的かつ恒常的に保持する。というのも、「単純諸直観」には固有の「空間のなかでの或る原初的な配列の仕方」というものがあって、「人格性や認識の起源そのもの」以来、自我は単純諸直観から自らを「区別」し、「分離」さえしなければならないからである。しかし自我は、ここではまだ「受動的な証人」にすぎないのだから、それは「直観の固有の性格や形式」には何ら変更は加えずに、むしろ「意欲の権能には疎遠な有機体の諸法則」にしたがって、それを「まったく出来合いのまま (toute formée)」受け取るだけなのだという (Ibid., p.

234）。

ビランはふたたび、「自我」は「それ自身にとって存在する」と想定されるや否や、「諸色彩」とは「同一化」されえないのだと述べ、そしてその理由を、「直観」には「或る空間のなかで隣接し、並置され、あるいは配列された諸部分」があって、自我はそれを「自らの外に」置かざるをえないということのうちに求めている（Ibid., p. 235-6）。そして彼は、「視覚器官」（や「他のすべての直観の諸感官」）は、まずもって「直接的」な仕方で、そして「覚醒をなす一般的努力の固有の項」として、また「外的直観の諸対象に適用された、意欲や注意の表明的なあらゆる作用からは独立に」、局在化されるのだとも主張する。それゆえ諸色彩は、「異他的世界の認識のうちへなされたいかなる歩み」も刻まれる以前には、また「視覚や触覚のいかなる連合」もなされる以前には、まだ「器官そのものの上に、もしくは器官のまえに」知覚されうるのだという。かくして生まれながらの盲人は、術後にはあたかも色彩が「彼の眼の上に」適用されたかのように知覚するのであり、またわれわれも、眼球が斜めに押されたなら、「眼そのもののうちに」色彩を帯びた空間を見るのである（Ibid., p. 236）。

われわれはふたたび、外的空間と身体空間との未区分に、舞い戻ってしまったのだろうか。しかしながら「異他的世界」の認識はまだなくても、外的空間はもちろん存在しうるのだし、また眼のうちに色彩を見るという異常体験は、むしろ眼の外に色彩を見る正常経験を前提とするであろう――さもなくば、「うち」という意識はそれ自身、成り立ちうるだろうか。『視覚についてのノート』のなかで、われわれは「感覚」とはちがって、「色彩」は「器官そのものの上にであれ、器官の外にであれ」、「知覚」（Œ XI-2, p. 165）するのだと、ビランは述べている。ここでは「色彩」が、身体にこそ局在化されるべき「感覚」との対比のうちに語られているのだから、「器官そのものの上」とはむしろ、「器官の外」に属する、その最初の境界面なのであろう。そしてこのニュアンスは、『諸基礎』の第二の箇所において、いっそう明らかとなる。

そこではまず「諸直観」が、「かくも不適切に第二次性質と名づけられてきたわれわれの感性の諸変様」と、「本質的な第一次性質として諸物体のうちに知覚ないし判断された抵抗の諸様態」との、中間に位置する旨から語り始められている。つまり「自我が存在するや否や、自我が自己から区別するところの或る空間の広がり（vague）のうちに、自然的に配列ないし投影されたこれらの諸直観」は、「情感的諸印象」のように「諸器官に帰属」せしめられることもなければ、「抵抗する連続体たる客観的延長」のうちに「局在化」されることもない。「客観的帰属」と呼ばれるこの種の局在化は、むしろ「他の諸外官の同時的行使と結びついた、触覚と意志的移動との反復された経験の産物」なのだという（Œ VII-2, p. 297）。

「まったく外的なこの最初の経験」のレッスン以前には、「視覚の諸直観」も「受動的触覚の諸直観」も、「或る抵抗しない空間（un espace non résistant）」もしくは「固定性なく一貫性なき或る二次元延長（une étendue à deux dimensions sans fixité, sans consistance）」の形式のもとに、表象されていたのである――ちょうど、ときとしてわれわれが、「われわれの疲れた眼」のまえを、いかなる触覚対象にも付着することなく、この種の「色彩を帯びた雲（nuages colorés）」が漂うのを見るように（Ibid., p. 297-8）。こうした「飛び回る雲（nuages voltigeants）」を「固定」し、「われわれが自由に動く空間」のなかでそれらに「堅固な基盤」を与えつつ、「特定の距離や方向」を割り当ててくれるのは、「触覚のレッスン」である。しかし、もちろん「触覚以前にあるこの空間形式を、触覚が創造するわけではない」。なぜなら触覚固有の諸直観が、「まず第一に、そして運動性のあらゆる行使や異他的抵抗を顕現する努力からは独立に」、その空間形式のうちに「配列」されていなければならないからである。自我はまず、諸色彩や触覚的諸性質を「自我の外」に、「必ずしも距離の諸関係も方向の諸関係も含まない、まだ漠として限定されざるこの形式」のもとに、知覚する。しかし「触覚と意志的移動との行使」が、自我の外に「固定した抵抗」を局在化し、「抵抗する連続体の三次元延長」を規定してしまうや否や、諸色彩や触覚的諸性質のみならず、音も香も味でさえ、この「抵抗する連続体」の上に重ね合わされるようになって（Ibid., p. 298）、それらは「外的諸物体に帰属せしめられることになるであろう（Ibid., p. 298-9）。

結論としてわれわれは、「諸器官」にも「客観的延長」にも帰属することのない、この最初の外的空間は、まだ「二次元」的で眼前に浮遊し、そこにはまだいかなる固定性もないのだと言っておこう。それはまだ異他的抵抗に遭遇していないからこそ、「抵抗しない空間」とも言われるのである。しかし、それはすでに特有の配列形式を具えた空間である。そしてこのような初次的空間性に「距離」と「方向」とを与え、「三次元」性をもたらすのが、触覚と意志的移動とのレッスンなのである。

(3) 全体としての身体運動と空間の構成

ビランが自己の身体の構成について本格的に論じているのは、内容的に重複する『思惟の分析』の附論II（Œ III, p. 431-9）、『ベルリン覚書』の第二部第一編第二章第五節（Œ IV, p. 124-35）、『諸基礎』の第一巻第二編第三章（Œ VII-1, p. 139-51）であり、特に『思惟の分析』と『ベルリン覚書』は、よく似ている。『諸基礎』はその第二巻第三編第三章一（Œ VII-2, p. 287-90）を補填すれば、他の二つのテクストの内容に、いっそう近づくであろう。ここではまず(a)『諸基礎』の論述を中心に、『思惟の分析』からの補足も多少交えながら、ビランの身体構成論の第一段階（全体としての自己の身体の構成）を取り上げたあと、(b)この段階で問題とされるように思われる外的空間の構成について、検討してみることにしたい。

(a) 身体構成の第一段階

『諸基礎』第一巻第二編第三章「われわれがわれわれ自身の身体について持つ認識の起源」のなかで、ビランは

「同じ超有機的な力にしたがうすべての〔身体〕諸部分」は、「同じ唯一性中枢」に対応するのだと述べている。それゆえわれわれは、これらすべての諸部分が「統合」されて、「唯一の同じ瞬間的な努力」によって全部分を収縮させるような力に恒常的に譲っている「唯一の筋肉的複合体」を、合成しているのだと想定することができる。「この努力の主体」は、「一にして単純、あるいは個体的」なのだが、「抵抗する直接項」は「並置された隣接的諸部分」から合成されているので、主体は自らを抵抗から区別せざるをえないのだが、しかし「自我がそこから自らを区別するところのこの抵抗についての一般的感情」は、この段階ではまだ「諸限界も諸形態もない漠たる延長（étendue vague sans limites ni figures）についての、もしくはまったく内的な或る空間様態についての感情」しか、含んではいない。ライプニッツは「外的延長という現象」に「抵抗ノ連続（*continuatio resistentis*）」という言葉を適用したが、この定義は「自己の身体についての第一次的認識」をそのもとに考察するようなまったく新しい観点を、完全に表現しさえしているのである（Œ VII-1, p. 141）。

そしてもしひとが「客観的表象」に関わりうるすべてを捨象して、「努力と抵抗との筋肉感官」のみを参照するのだとしても、ひとはこの「抵抗の連続性」のうちに、「一種の延長」の独自で単純な類型を見出すことであろう。そしてちょうど「そこにおいてわれわれの外的移動が行使されるところの空間」が、「客観的諸直観の場所」であり、もしくは「何か表象されたものがそのもとにあるところの形式、必要条件」であるように、「自我がそこから区別はされても、けっして分離はされえないところの直接的覚知の対象たる身体のこの内的延長」は、「すべての内的諸印象の場所」（Ibid., p. 142）なのである。けれども――繰り返すが――もし「身体のすべての移動的諸部分」が、このようにして「同じ生ける力、もしくは唯一にして同じ意志の衝動」に従属する「唯一の塊」へと統合されたと仮定するなら、「顕在的努力の主体」は、「内的な、しかしまだ諸限界も諸部分の区別もない或る延長（une étendue intérieure mais encore sans limites ni distinction de parties）」の覚知しか、持たないであろう（Ibid., p. 142-3）

……。

先にも見たように、『思惟の分析』は、「連帯して動く唯一の塊とみなされた身体の一般的移動」のうちに、「一つの共通的努力」というものを認めている。この「共通的努力」の唯一的展開には、「まずもって漠として限定されざる一種の内的延長（une sorte d'*étendue intérieure* d'abord vague et illimitée）の感情」が、対応しているのでなければならない[23]。そしてもし「人格的存在」についての感情が、「惰性的な、もしくは連続的に抵抗する諸部分に、同時的に展開される共通的努力」についての感情から不可分だとするなら、「身体的な空間ないし延長の或る内的形式」は、起源以来、「時間のうちでそれ自身にとって存在し始める自我についての相対的な感情」に、不可分的に結びついているのだということになる。また、ちょうど「外的空間」が「距離を置いて（à distance）、そしてまったく自我の外に」知覚されなければならない「諸対象や非情感的諸様態」の「場所」であるように、「自己の身体のこの内的空間」は、「個体によって感じられた情感的《アフェクティヴ》諸印象の場所」である。そしてもし「人間身体」が、「触発可能で、或る意志的な一般的移動を容れうる唯一の有機的な塊（une seule masse organisée affectible et susceptible d'une locomotion générale volontaire）」であるなら、「その諸部分の場所」や「その諸部分の各々によって受け取られた特殊的諸印象の場所」もまた、「明瞭に画定（nettement circonscrits）」されているとは信じがたいのである（Œ III, p. 432）。

それゆえ身体の発生論的構成のこの段階では、諸印象の帰属の問題もまた、単純である。すなわち全体としての身体がじっさいに移動していようが、緊張状態に留まったままであろうが、まだ身体諸部分の区別が成立していないからには、まず情感的《アフェクティヴ》諸印象は、一なる身体全体にしか関係づけられえない。それはビランが好んで用いる表現を借りるなら、「われわれの存在の一般感情」（p. ex. Œ V, p. 76）のうちへと、同化吸収されてしまうであろう。次に「筋肉感覚」もまた、やはり「自我」の「外に」（Œ VII-1, p. 125）放逐されるのであるからには、この段階では運動感覚も、一塊としての身体全体にその居場所を見出すよりないであろう。

(b) 全体としての身体運動による空間構成

われわれがあえてビランの「共通的努力」に二段階を区別しようとしたには、理由《わけ》がある。なぜなら先にも見たように、ビランはすでに自我と非我が分かれてはいても、まだ身体運動の考えられていないような、言わば漠とした二次元的な外的空間というものの存在を認めていたからである。それゆえわれわれは、最低限の努力に対応する〈身体運動以前の内的・外的空間〉と、それよりは進んだ〈身体運動以後の内的・外的空間〉とを、区別しなければならない。ところで局在化以前の一塊としての身体全体の構成や、そのさいの諸印象の帰属の問題に関しては、身体運動の以前と以後では、大差が見られなかった——おそらく後者には、或る特別な運動感覚についての判明な意識が、付け加わるだけだろう。それでは外的空間の場合はどうだろうか。もう一度確認しておくなら、ここで問題とされているのは、自我の成立以降、まだ身体運動をともなわないまでの段階と、身体運動はともなうが、まだ身体諸部分の局在化や異他的抵抗との衝突を体験していないまでの段階との区別である。

先にわれわれは、「色彩」が「まずもって漠として限定されざる延長に不可分的に結びついている」（Œ XI-2, p. 161）という、『視覚についてのノート』のなかのビランの言葉を見た。この『ノート』は、「形態をともなった二次元延長の直観[24]」は、「自我の外」に「自我から独立」して考えられてはいても、まだその「外」は、「そこから自我が完全に分離されている外」ではないのだから、「いかにして直観が自らに距離を置く（se mettre à distance）のか、もしくは三次元空間のうちで後退するのかを、知らなければならない」（Ibid., p. 163）と述べつつ、「三次元延長」は「視覚経験のみ」によって与えられるのか、それとも本質的に「能動的触覚と移動との行使」（Ibid., p. 165）に基づくのか、という問いを立てている。そしてビランによれば、「同じ一つの平面上に位置づけられた色点の距離や位置《ポジション》に関して」なら、「視覚の感官」は「自然的（＝適切）な判事」だが、しかし「異なる諸平面のうちに位置づけられた諸色彩」は、まだすべて「同じ平面上」に現れ、「奥行における距離」を認めさせるにはいたらないのだという（Ibid., p. 163-4）。つまり「すべての色点」は、「眼から距たってはいない同じ一つの平面上」を動くように思われ、視軸内の諸対象は、相互に隠し合ったり、遠くのものが小さく見えたり、暗く見えたりはするものの、それでも「同じ距離」に見られてしまって、「異なる諸平面」を見させてはくれないのである（Ibid., p. 165）。それゆえ「三次元空間」や「三次元延長」を与えてくれるのは、「運動感覚」や「触覚」、もしくは「筋肉感官」（Ibid., p. 166-7）だけだということになる。「もし随意に動く身体の一部に努力が展開されるということだけによって、この部分が、意志の働きかける他の部分全体の外にあるものとして、局在化されるのだとするなら、原初的事実が自己の身体の延長と三次元空間との知覚を含んでいるということが、必然的に帰結する。なぜなら距離を置いて有ること（être *à distance*）は、たしかに必然的に、この第三の次元を想定しているからである」（Ibid., p. 168）。けれどもこの最後の発言は、すでに身体諸部分の局在化を前提している。それではまだ一塊でしかない身体は、このような「第三の次元」を示しうるのだろうか。そのためには自己の身体と外的空間とのあいだに、或る「距離」が設けられなければならないであろうが、いまだ未分化の身体の運動は、それをもたらしうるだろうか。

　われわれは先に『トラシー』のなかで、「われわれの身体の自由な運動」は、「与えられた固定的な延長や空間」（Œ XI-3, p.12）を前提しているのだということを見てきた。「一つの空間なくしては一連の覚知された諸運動もない」（Ibid., p. 23）のである。しかるに「運動」がなければ、「諸部分に区分可能」なものとしての「空間や延長」（Ibid., p. 18）も存在しないのだし、端的に言って「区分された延長」（Ibid., p. 23）は存在しない。そして「区分されたものとして、また区分の作用そのもののうちで、考えられた空間」は、「時間から不可分」（Ibid., p. 20）であって、諸部分の分析や区別は、「一連の諸直観と思い出」（Ibid., p. 22）によって遂行される。そしてこれもその前半をすでに引用したオイラーについての或るノートのなかで、ビランはこう記しているのである。「運動は、空間や延長を、与えられたものとして前提している。この第一次的な所与は、或る混乱した知覚でしかなく、それは能動的な視覚と触覚とに続く意志的運動によって、判明化される。ひとは視覚的で触覚的な延長が、まずもって混乱したものとして与えられるが、続いて抵抗なしに判明化されると想定することができよう」（Œ XI-2, p. 215）。

運動は、もちろん外的空間の存在を前提してはいるが、しかしそれはまだ漠とした空間で、必ずしも三次元性の判明な意識をともなってはいないのかもしれない。しかし私は動いているという意識は、努力とともに必然的に成立するであろう記憶（＝「思い出」）の介入によって、自己の身体と外的空間とのあいだに、或る種のずれの感覚を生み出すに相違ない。そして私はおおいに動いたとか、わずかに動いたという意識は、眼前の光景の変化をともないはするが、光景のたんなる移ろいとはまた別の覚知を、私にもたらしうるであろう。それはまだ異他的物体に付着した諸印象の堅固さを獲得してはいなくても（＝「抵抗なしに」）、それでもすでに何らかの仕方の比較・区分・測定の意識（＝「判明化」）を含んだ三次元空間についての、初次的な経験なのであろう。そして異他的物体ではないにせよ、そのような外的空間にこそ、色彩等の諸直観が帰属せしめられる。まだ異他的「抵抗」に出会う以前の最初の明示的な三次元空間とは、一塊の身体としての私がそのなかを顕在的に動くところの空間のことなのである。

(4) 身体の発生論的構成

(a) 身体構成の第一段階から第二段階へ

ほんらいビラン的な意味での身体の発生論的構成は、いかにして一塊の全体としての身体（第一段階）から出発して、諸部分の局在化された身体（第二段階）が出現するのかという問いに集約され、そのことは前項冒頭でも見た

『思惟の分析』『ベルリン覚書』『諸基礎』の当該箇所においても、議論の中心がそこにあることからも確認されえよう。しかしこの問題は、他の箇所でもしきりに反復されている、言わばビランのお気に入りの主題の一つであったようで、たとえば彼は、こう述べている。「意志の影響の広がりうる身体のすべての諸部分において、努力の感官が十分に行使されると、これらの諸部分の任意の一つが、或る特定の努力（un effort déterminé）に抵抗する判明な〔=他から区別された〕項として、そして何らかの異他的印象がその種別的（spécifique）な感性を外から興奮させにくる以前にさえ、直接的に局在化されうる」（Œ IV, p. 143）。たとえば「願望」においてであれば、「魂」をわがものにしようとするのが、「感受的諸器官」なのかもしれない。しかし「意欲」においては、「身体の諸部分」を「わがものとする」のが、「魂」なのである（Œ X-2, p. 181）――ビランはそれを、「一種の内的認識」（Œ VI, p. 165）と呼んでいる。

しかし、「収縮性諸器官に努力を展開することだけ」によって獲得されるのは、「これら分離された諸器官についての認識」だけではない。「それらの部位への諸印象の関係」（Œ XIII-1, p. 10）もまた、それによって成立するのである。たとえば『存在の観念についてのノート』は、こう述べている。「各々の個別的努力（effort individuel）には、〔すなわち〕特定の同じ運動的意志の各々の継起的作用には、その部位において区別された一つの印象が対応する」（Œ X-2, p. 268）。そしてそれもまた、やはり外的に認識された身体諸部分への諸印象の「外的で間接的な局在化」からは区別された、「直接的な、内的な局在化」なのである（Ibid., p. 260. Cf. p. 261）。

『諸基礎』の当該箇所を見ておくことにしよう。身体構成の第一段階で見出されたのは、「内的な、しかしまだ諸限界も諸部分の区別もない或る延長」であった。ところで、ちょうど「外からの諸感覚」が「外的空間」のうちに「局在化」されるためには、まえもってこの空間が、「触覚の感官」や「われわれの継起的で反復された諸運動」によって限定され測定されていなければならないように、同様に「諸印象」が「自己の身体の内的空間の様々な諸部分のうちに局在化」されうるためには、あらかじめ諸部分が、「それらの固有で直接的な感官の行使」によって「区別」されているのでなければならない。しかるに一般的な筋肉系は、「幾つもの部分的な系」に「自然的に区分」されていて、相当数の「異なる諸項」を、「同じ運動的意志」に対して提供する。そして「区分点」が増えても、「努力の主体」は「一にして同じもの」に留まるので、諸項が多様化するにつれ、「内的直接的覚知」はますます明晰化されるであろう。自我は自らを各々の項の外に置きつつ、諸項を互いの外に置き、それらの「共通の諸限界」を認識して、そこに「諸印象」を関係づけることができるようになるだろう（Œ VII-1, p. 143）。かくして「デカルトの学派」においては「生得的」とみなされ、「コンディヤックのそれ」においては「外在性の関係」と混同されていた「身体の様々な諸部分への諸感覚のこの最初の関係」は、じつは「努力の感官の行使の直接的（direct et immédiat）な成果」でしかなく、それゆえ「内的経験」のうちにこそ、「その動因ないしその支点全体」を有しているのだということになる（Ibid., p. 144）。

そしてそのことを、ビランは「経験の諸事実や生理学的諸観察から引き出された幾つかの実例」によって、確証しようと試みる。たとえば感性は残っていても、筋肉が麻痺してしまって、「努力の感官」が閉塞状態にあるようなときには、もはや個体は身体諸部分についての存在感情を持たない。つまり、諸器官が「アフェクティヴな諸印象」を受け取り、伝達しえたとしても、諸印象はもはや「特定部位」に「局在化」されることができず、自我はそれらを相互に「区別」することもできないままに、「それらの各々と同一化」してしまうのである（Ibid.）。ビランが好んで引証するモンペリエ大学の医師レイ・レジスの報告によれば、卒中の発作によって半身不随になってしまった或る患者は、ベッドカヴァーの下で強く指を圧されても、苦痛の叫びを上げこそすれ、どこにもそれを特定できない（Ibid., p. 144-5）。ところが運動が戻ってくると、彼は諸印象を「局在化」できるようになったという。ここからも分かるように、「努力の感官」は、まずは「われわれの身体の様々な諸部分を画定（circonscrire）」し、次いで「諸印象を局在化」するのに協力する。つまり「印象の部位」は、「外的な場所」として認識される以前に、そして「すべての偶有的諸印象」からは独立に、まずもって「努力の項」として画定され、認識されておかねばならないのである（Ibid., p. 145）。

同様に、もし全身が運動的に麻痺して生まれた子供が、それでも生存しうるとするなら、その子はたとえ感覚能力を具えていたとしても、「自らの身体についての観念や認識」も、「自我の内的覚知」すら持てずに、「個体的人格の地位《ランク》」には高まりえないことだろう。われわれとて睡眠中はそうなのだし、覚醒時でも「努力の感官に絶対に疎遠な諸器官」を部位とする内的諸印象は、画定されず、「漠として一般的で、覚知されない」ままに留まるのである（Ibid., p. 146）。

そこからビランは、一応の結論を導き出す。㈠任意の感覚は、「努力」と連合されうるかぎりにおいてしか、「特定部位に局在化」されない。㈡ロックの考えるような「感覚の観念」は、すでにして「最初の複合体」である。㈢「まだ漠として限定されざる内的空間のこの形式」は、たしかに「知覚され局在化されたあらゆる感覚や印象の必然的形式」ではあっても、それは「努力の特種（spécial）な感官の行使」のうちに「一つの起源」を有し（Ibid.）、カントの考えるように「感性のあらゆる変様に本質的に内属」しているわけではない（Ibid., p. 146-7）。㈣「身体の特定部分への受容印象の関係」や、とりわけ「この自己の身体の諸部分の認識および画定」は、「魂に生得的な諸観念」でも「まったく外的な或る感官の行使の諸産物」でもない（Ibid., p. 147）。

『諸基礎』の当該箇所は、このあと「デカルトの学派」の考えと「コンディヤックのそれ」の考えとの批判的検討に移るのだが、それについてはもはや、省略することにしよう（コンディヤックに関する部分については、次節以降、客観的身体の構成を扱うときに利用する）。また『思惟の分析』（Cf. Œ III, p. 433-4）や『ベルリン覚書』（Cf. Œ IV, p. 126-9）の当該箇所に関しても、そこでは『諸基礎』とほぼ同様の内容が、いっそう簡単に述べられているだけなので、それぞれの箇所から以下の言葉を引用するだけに留めておくことにしよう。「各々の特殊的努力（effort particulier）、意志の各々の表明的作用は、このようにして行為の項を局在化しようとする、もしくは抵抗する連続体のうちに諸々の分離点を記そうとする」（Œ III, p. 433）。「各々の個別的努力（effort individuel）、もしくは同じ意志の各々の特殊的作用は、このようにしてその適用の直接的諸項の一つを局在化しようとし、抵抗する連続体のうちに一つの区分点を記そうとする」（Œ IV, p. 126）。

先にも見たように、この段階においてようやく、「特殊的アフェクション」は身体諸部分に局在化される――薬指が痛い――ようになるが、しかし「一般的アフェクション」の方は――気分は良好である、いや絶不調である――あいかわらず身体全体にしか関係づけられようとしないだろう。身体への「直観」の局在化に関しては、この段階ではまだ問題とならない。そして「運動感覚」は、やはり意志的努力の及ぶ範囲で、筋肉諸器官に局在化されうるであろう。

(b)内的空間と外的空間の関係について

身体諸部分の局在化が完成した段階で、外的空間についてのわれわれの経験は、どのように変化するのだろうか。残念ながらわれわれの気づきえたかぎりでは、このことに関するビランの記述は、ほとんど皆無と言わざるをえない。唯一われわれは前項(b)で、『視覚についてのノート』のなかから、以下のビランの言葉を引用した。「もし随意に動く身体の一部に努力が展開されるということだけによって、この部分が、意志の働きかける他の部分全体の外にあるものとして、局在化されるのだとするなら、原初的事実が自己の身体の延長と三次元空間との知覚を含んでいるということが、必然的に帰結する。なぜなら距離を置いて有ること（être *à distance*）は、たしかに必然的に、この第三の次元を想定しているからである」（Œ XI-2, p. 168）。しかしながら、じっさいに身体の局在化の方が先か、それとも身体の全体的移動の方が先かという問題はともかくとして、少なくともビラン自身の議論の進行においては、明らかに身体全体の移動というものが、自己の身体の局在化以前に主題化されている。そしてこのような「運動（mouvement）」ないし「移動（locomotion）」は、外的な三次元空間の構成の過程のなかで、まさに中心的な役割を担わされていたのである。それゆえ身体の局在化以前に、まず身体の移動が、それ自身の距離の産出によって、初次的な三次元空間というものを作り出していた。そしてここで問題とされているのは、そのあと身体諸部分が局在化されたとして、いったいどのような変化が当初の三次元空間に生じるのか、ということである。

　真暗闇のなかを一塊の身体だけが移動していると仮定してみよう。ビランの手順にしたがって、いまはまだ移動させているのが私の両足だという意識はないし、右手と左手等々、諸器官の区別もない。しかし、移動のためには当然前提されていなければならないはずの空間は、まさに私の身体の移動によって測られ、区分され、比較されるようになる。私はおおいにまえにゆき、少しうしろに退き、右に進んだあと、また左に戻る。三次元空間の或る原初的な形態がそこにあり、私は暗闇の漆黒を、まだ漠とした三次元空間に、それでも大掴みに帰属せしめてゆく。

　ここで身体の分化が始まり、進展してゆく。私の右手が触れる湯気の熱気は、左手の感じる冷気とは、たしかに異なるようだ。しかしこれは、ビランに言わせるなら、まだアフェクションでしかないのかもしれない。そこでわれわれは、次節でも見るビランの論証の手続きを予想しつつ、pressionというものを想定してみる〔この語はふつう「圧力」とか「圧迫」とか翻訳されており、pression tactileなら「触覚的圧迫」とか「触圧」とかに訳されることになろうが、しかしビランの意図にしたがうなら、彼はこれらの日本語が示唆するような「力」や「抵抗」といったニュアンスを、ここからは排除したいと考えているようである。それはたんに或る面に身体が触れているという、或る受動的な感覚を表すにすぎないのだが、「触感」だとむしろアフェクションを想起させそうだし、「接触」という言葉は、われわれとしてはむしろ、諸物体相互間の関係を示すために取っておきたいと思う。そこでわれわれは、多少とも語源のニュアンスを留めつつ、ここでは「圧触感」という造語を使用することにする」。私は右肩に圧触感《プレッション》を感じる。それはビランも気にするであろうように、たんなる右肩のしびれなのかもしれない。しかし、今度は私は左手に圧触感《プレッション》を覚え、次に右手にそれを感じる。ちなみに最初のはたまたま冷たく、真中のは熱く、最後のはザラザラとしていたかもしれない。私は次節でも見るビランの手順にしたがって、まだこれらの圧触感《プレッション》を、異他的物体の性質だと断定することはできない。しかし、それでもこれらの圧触感《プレッション》は、それらにともなうアフェクション以上に、「抵抗しない空間」としての外的な三次元延長に、帰属せしめられるであろう。そのうえ私は、右肩、左手、右手といった異なる場所に、同時にこれらの圧触感《プレッション》を感じることさえできよう——記憶がなくても、三次元空間の局在化は、立派に成立するのである。

身体諸部分の局在化が発展した段階での外的空間の構成は、おそらくここまでである。直観的諸印象は、まだ固定し安定した異他的諸物体には帰属せしめられないので、依然として浮遊する三次元空間そのものに関係づけられたままである。それでもそれは、身体が一塊の全体でしかなかった段階に比すれば、はるかにいっそう——たとえ程度問題であったとしても——位置と方向とにおいて緻密さを増した空間経験となるであろう。

第五節　異他的物体と自己の客観的身体の構成

われわれの身体は、たんに有機的抵抗としてのみならず、一物体としても考察されうる。しかし物体にも異他的抵抗ないし絶対的な力としての物体と、たんに表象とみなされただけの物体とが区別される。それゆえわれわれは、まず絶対的抵抗としての物体の構成についてのビランの考えを参照し、次いで物的身体の構成について検討したあと、客観性のレヴェルで見られた内的空間と外的空間の諸関係について、考察してゆくことにしたい。

⑴ 異他的物体の存在証明

物体の存在証明は、最も明確なかたちでは、『諸基礎』第二巻第三編第二章四「能動的触覚の諸知覚について。いかにして注意が最初の外在性諸関係を発展させるのに協力するか」(Œ VII-2, p. 277-86) において、展開されている。しかし、この箇所を検討するまえに、あらかじめ「注意」しておきたいことがある。それはこの表題からも察せられるように、また本文のなかでも述べられているように、ここでの諸考察は外在性関係を「発展させる」(Ibid., p. 277) だけ、もしくは「補完する」(Ibid., p. 281) だけのために行われたものであって、それはすでに外在性を前提しているのだということである。そもそも『諸基礎』第二巻第三編は、「注意」の体系に、すなわち「様々な諸外官の覚醒状態を構成する努力より上位にある度合いの努力」の体系に属していて、ここでの「ポジティヴで表明的な意志」は、「まずもって混乱していた知覚」を「いっそう判明に」(Ibid., p. 265) しようとするだけなのである。そのうえ注意は、特種的には「すでに空間と時間のなかで配列された表象的諸感覚」(Ibid., p. 266) にしか適用されない。さらには、「注意」は「何らかの比較作用」(Ibid., p. 316) がなければ存在しえず、したがって「比較」は、「注意とは絶対に異なるものではない」(Ibid., p. 317) とさえ言われている。つまりこの体系は、たんに配列されているのみならず、すでに「比較的諸直観」を比較する作用の働いているような、相当程度発展してしまった外的空間を、前提としているのである。(25)

もう一つ注意しておきたいのは、すでに『思惟の分析』の時代から——先にも見たように——「願望への抵抗」に関しては、「感じる存在の外に存在する何かについての信念」(Œ III, p. 163-4) について、語られていたということである。『諸基礎』の他の箇所でも、「われわれの力や原因に似た諸力や諸原因についての信念」(Œ VII-2, p. 390) や、その「帰納」(Ibid., p. 251) については触れられている。なるほどそれは、まだ真の「外在性」(Œ XI-2, p. 158) や「外界」(Œ XI-3, p. 198) を証するものではないのかもしれない。しかし、「受動的諸感覚にともなう第一次的信念の対象たる非我という不特定な原因」に必要なのは、それが「絶対的なポジティヴな力として規定」されることだけなのであって、それゆえにこそここでは、「能動的触覚の行使」は「因果性関係の前件を正確化するだけで、それを構成するのではない」(Œ VII-2, p. 296)と言われているのである。

　このように、絶対的な力としての異他的物体の構成は、外的延長と異他的原因への信念との組み合わせというかたちで、進行してゆくことになる。「ただ一つの感官は、外在性観念を与えない」(Œ XIII-3, p. 664)のである。そして『諸基礎』の当該箇所を含め、ビランがもっぱら訴えようとするのは、受動的触覚と努力の感官との連合である[26]。

　それでは例の箇所を見てゆくことにしよう。ここでもビランは、まず「触覚の感官によって行使された努力」に直接対立することによって顕わとなる「絶対的なポジティヴな力」は、「たんなる否定的観念」や「たんなる幼稚な信念」以上のもの、つまりは「不特定の非我以上の何か」ではないかと自問する。そのためにビランは、触覚が他のすべての感官、とりわけ視覚から隔離され、かくして四肢の意志的移動だけに還元されてしまった個体が、障害をなす対象に出会うことなしには運動しえないというような状況を、想定してみる。この個体の運動が妨げられるとき、この個体は、彼の運動を止めたのは彼の意志ではないということに、ただちに気づくだろう。しかしこの「非我原因」は、〔彼の筋肉の〕「伸張性の欠陥」や、「瞬間的〔一時的〕な麻痺」によるものかもしれない(Œ VII-2, p. 279)。同様にして彼の手か両肩に、或る物体がのしかかるとき、まずもって彼はこの「圧触感《プレッション》」を、「自己の惰性の増加」としてしか感じないかもしれない(Ibid., p. 279-80)。じっさいわれわれは、このような効果を、「われわれの四肢の或るしびれ状態」において、体験しているではないか(Ibid., p. 280)[27]。

　このように、まずは自由な、次いで強制された運動の感覚しか想定しないかぎり、ひとはこのようなコントラストの感情のうちに、「非我原因の観念の起源」を見出すことはできても、「われわれの身体に異他的な、抵抗する或る物体についての顕在的な知覚の起源」を、見出すことはできない。そこでビランは、今度はこれら「二つの要素」を「統合」してみる（Ibid.）。つまり「筋肉的惰性の増大」は、仮定によりつねに不変的に、「運動的努力からは独立した触覚的圧触感《プレッション》」と結びついている。そして「顕在的努力の外で、同時に同じ器官で感じられた圧触感《プレッション》と抵抗とのこのような連合」こそが、「外在性関係を補完」して、「異他的諸物体についてのわれわれの客観的ないし表象的な認識全体」を、根拠づけてくれるのだという。けだしまず、「身体の延長的部分に対する触覚的な圧触感《プレッション》」は、ちょうど「一つの空間のうちに配列された視覚的諸表象」と同様に、すでに「客観的に」知覚されていた。この「延長的表象」が「異他的物体についての完全な観念」になるためには、ただわれわれの諸運動を止めうる「知られざる原因」についての観念が、「触覚的諸印象」と「内的な絆《リエゾン》」を結びさえすれば、十分なのである。以後、この「不特定の原因」は、「或る感性的形式」を身につけて、「その原因に顕現と承認との記号として奉仕するような触覚的延長」のもとに身を置くことによって、「想像力」のうちで「規定（＝特定化）」されることになるだろう（Ibid., p. 281）[28]。そして「絶対的な力」として「規定」されたこの原因は、もはや「たんなる筋肉抵抗」と、混同されることはないだろう（Ibid., p. 282）。

「異他的物体の本質」をなすこのような「絶対的抵抗の力」は、もちろん「直接的に覚知」されるわけではない。むしろそれゆえにこそ、それは「自らを顕現するための記号」を必要としていたのであって、この「自然的な記号」が、「打ち克ちがたい惰性ないし抵抗の増加に連合された、触覚的延長の表象」なのである（Ibid.）。そのさい「他の諸外官」とはちがって、「能動的触覚の行使」においてのみ、「努力の感官そのもの」が、「印象を受け取るのと同じ感官」なのである（Ibid., p. 283）。それゆえビランは、他の箇所では「能動的触覚」は「努力の感官」の「一器官でしかない」（Œ X-2, p. 296）ということを十分に認めつつも、このような連合ゆえに、こと異他的物体の存在証明に関するかぎりは、能動的触覚の働きを特権視するのである。

以上、われわれは『諸基礎』における異他的物体の存在証明について見てきた。われわれは以前、このようなビランの証明は、不十分だと主張したことがある。(29) ここではもはや、同じ反論は繰り返さない。いまはわれわれは、このような論証が本当に異他的諸事物の実在性に到達しているか否かは別にして、このようにして構成される異他的物体の発生論的一段階が存在するのだということ、そしてそれはすでに配列され、相互に比較可能となった外的三次元空間を前提しているのだということを押さえておけば、十分である。そしていま問題なのは、そのような論証の手順は、当然のことながら、一物体としての自己の身体の構成にも及んでくるであろうということである。

(2) 物体としての身体の構成

あらかじめ、一つ注意しておきたいことがある。先の論証の過程のなかで、ビランは異他的物体の絶対的な抵抗力に加えて、「延長的表象」を要請していた。しかしおそらくそれは、必ずしも完全な「延長的表象」である必要はないだろう。次項でも見るように、ビランは「爪」のような一点でも異他的抵抗には出会いうると考えているのであって、ゆえに彼は抵抗には「延長」は必要ないとさえ、述べることがある。そしてそもそもビランが異他的物体との最初の遭遇について述べるときには、彼はむしろ「表象」という言葉を避けるのが一般なのである。

さて、自己の身体に関しても、ビランは「個体が自らの身体の外的諸部分について、それらを触覚と視覚とによって通覧（parcourir）することによって、継起的に獲得するところの二次的な客観的〔対象的〕認識」を、まずもって「それなくしては自我がそれ自身にとって存在し始めないような認識たるところの、努力の最初の諸展開において獲得される、同じ意志にしたがう諸部分についての必然的な内的認識」（Œ IV, p. 121）〔＝第一次的認識〕から区別していたのは、周知のところであろう。『思惟の分析』でも、こう言われている。「たとえば意志が、或る器官を動かすべく表明的に専念するとき、この器官は、その惰性の関係において、もしくは努力の展開の直接項として、直接的に認識される。したがって、このようにしてその器官は、諸印象がそこに関係づけられ、諸印象がそこにおいて感覚されて、そのときにのみ知覚されるところの、特定部位となる。しかしこの器官の特殊的な形やその位置づけ、もしくはしかじかの他の部分へのその距離についての客観的認識は、同様に直接的に、運動性の単純な行使から帰結するのではない。〔そのためには〕さらには二重の接触（un double contact）と、諸限界を画定する一つの共通尺度の継起的適用とが、必要である」（Œ III, p. 210-1）。けれども物的身体は、まだ表象的身体ではない。というよりも、有機的抵抗として認識される自己の有機的身体からは区別されるべき自己の物的身体にも、絶対的で打ち克ちがたい抵抗としての物的身体と、直観や表象の対象としての物的身体とが、区別されなければならないだろう。両者はおそらくは、たとえば触覚に話をかぎった場合、最も典型的なかたちでは、このような「二重の接触」によって知られうるであろう――しかし、それだけだろうか。

いまこの「二重の接触」を、後期メルロ＝ポンティや後期アンリにならって、「キアスム〔交差・交差配列法〕」と呼んでおくことにする。自己の物的身体についての客観的・対象的認識は、キアスム現象にかぎられるだろうか。一見するとそのようにも思えるし、たとえばビラン自身も、こう述べている。「おそらくわれわれがまずわれわれ自身の諸限界を認識する、もしくは感ずるすべを学んだのは、われわれの行為を粗野な諸物体（corps bruts）の惰性に対置することによってより、はるかにいっそう、言わばわれわれの存在に似た諸存在の生ける諸力にぶつかることによってなのである。ほとんどそのようにしてこそ、あるいは同じ一つの生ける力（自我）によって、相互に対して圧されたわれわれの身体の諸部分の相互的出会いによってこそ、これらの諸部分は明瞭に限定され、画定されることができたのである。両方のケースにおいて、二重の関係もしくは比例がある。しかしまず、原初的な単純関係にまで遡るのでなければならなかった」（Ibid., p. 200）。身体諸部分の限定や画定には、このような「二重の関係」が有効である。けれども「しかしまず、原初的な単純関係にまで遡るのでなければならなかった」という最後の付加は、いったい何を意味するのだろうか。

客観的〔対象的〕身体について考察するときには、われわれはまず「対象」という言葉がどのような意味で用いられているのかに、留意しておかなければならない。広義にはビランは、すでにして努力の項も——自己の身体の有機的抵抗であっても——「対象」と呼ぶ。たとえば「一つの個体的覚知があって、それは同じ意志にしたがう諸部分の総体を、判明な〔直接的でもある〕対象として持ち、そしてそれらの諸部分を導き、収縮させ、動かすべく用いられる〔相対的な〕努力そのものの主体を、一なる主体として持つ」（Ibid., p. 126）等々と言われるような場合がそうである。しかし狭義には、それは物体や物的身体という意味でしか用いられないこともある。たとえば「私の身体と私とは、一体をなす（mon corps et moi ne faisons qu'un）。私は私の身体に、そして私の身体によって、直接的に働きかけるかぎりでは、私の身体を、対象としては認識しえない」（Œ XI-2, p. 71）と述べられるとき、明らかにこの「対象」は、〈努力の項〉という意味ではなく、〈たんなる一物体〉という意味で理解されている。そのことを念頭に置いて、以下のビランの「人格的認識における三つの度合い」を、見ておくことにしたい。「第一においては、作用や運動が、自由であったり意志的であったりすることも、意識をともなうこともなく、諸器官のうちで産出される。それは生ける力の衝動である。第二においては、自我は自らを、有機的抵抗をともなう努力の権能ないし原因として覚知する。第三においては、自我は、自らの因果性の展開によって、また受動的諸様態〔と〕のコントラストによって、外的対象に対して自らを限定し、それ自身にとって対象となる」（Œ XI-3, p. 106）。ここでは第一にアフェクション、第二に有機的抵抗、そして第三に異他的抵抗との関係において、自我〔自我以前も含めて〕の三つの発展段階が考えられていることは、明らかである。しかし第三の「外的対象」との出会いによって、自我が「自らを限定」しつつ、「それ自身にとって対象となる」とは、どういうことなのだろうか。広義には身体は、有機的抵抗としての第二段階において、すでに「対象」だったのである。しかるにもし自我が、第三段階の異他的抵抗との出会いによって、あらためて「外的対象」とは区別された一「対象」になるのだとすれば、それはむしろ自己の身体が、すでに異他的物体との端的なる出会いによって、一箇の物的身体として覚知されるということではないだろうか。

じっさい「絶対的抵抗」との遭遇には、「不可入性」(Œ XIII-3, p. 665) というものが要請されよう。しかし異他的物体の不可入性を、ほかならぬ自己の身体によって確証するためには、自己の身体もまたやはり、不可入的でなければならないというのが道理ではないだろうか。そしてこのことは、キアスムという「二重の関係」以前に、すでに異他的抵抗との出会いという「原初的な単純関係」において、生じていることではなかったか。かくしてわれわれは、異他的物体の絶対的抵抗との衝突によって、まずは自己自身の抵抗の打ち克ちがたさを経験することになろう。次いでわれわれは、異他的物体との「接触」によって、或る程度の延長を、少なくとも一つの接点を、異他的物体の表面においてのみならず、自己の身体の表面においても感じることになろう。これら二つは、前項で見た異他的物体の構成のために要請されていた諸条件を、十分に満たしているのではないだろうか。

それゆえ物的身体の構成にも、われわれは三段階を区別しなければならないことになろう。第一にキアスム以前にも、われわれは異他的物体との遭遇によって、自己の身体を一物体のようにして内から経験しうる。しかし、それはまだ判明ならざる、むしろ局所的な認識にすぎないだろう。第二にキアスム以後の第一段階においては、われわれは自己の身体の一部を他の一部に適用することによって、絶対的抵抗としての自己の身体を、内と外の両方で知ることになる。そのさいには自己の身体の外形が、おそらくは第一次性質までは、判明には外から認識されようが、しかし漠然としてなら内からも経験されよう。そして第三にキアスム以降の第二段階で、われわれは自己の身体の外面に属すべきその他の諸印象を、おそらくは最も詳細に、もちろん外から、知覚・表象することになろう。

以上を踏まえ、『諸基礎』第二巻第三編第三章一「有機的諸帰属」(Œ VII-2, p. 287-90) の主だった箇所から、物的身体一般〔広い意味での〕についてのビラン自身の考えを確認しておくことにしよう[30]。曰く、「努力の感官」はまったく内的で、筋肉を収縮させる力に筋肉が対置するような類《たぐい》の抵抗は、「いかにしても外に対象化されたり、表象されたりはしえない」。「圧触感《プレッション》」は「圧触する手」と「圧触される部分」とに感じられるが、「努力」は「手のなか」にしか、また「抵抗」は「手が適用される部分」にしか感じられない。それでもこうした抵抗だけで、「自己の身体についての直接的内的覚知を補完」して、「その様々な諸部分を認識し、局在化する」には十分である。先にも見たように、自我は「触知の行使」によって自己の身体を「表象や直観の対象」として認識することがなくても、「身体の共存についての感情や内的直接的覚知」を持つことができる（Ibid., p. 287）。「手」は「自己自身を触診」しないのに、「道具」として使用される以前に、すでに知られていたのである（Ibid., p. 288）。

次にコンディヤックのように、キアスム現象の考察に移行してみる。手を含め、身体表面全体がタコになっているか、外的感性が麻痺しているが、しかし運動性は無傷のまま存続していると仮定してみよう。「感情〔＝感性〕についての返答」はなくても、「努力」と「抵抗」の相互的返答さえあれば、身体諸部分が「同じ身体に属しているもの」として規定され、「有機的惰性の特殊的諸項」として局在化されるに十分である。また、今度は一方の手だけが「無感覚」で、他方の手の感性と運動性とは残っていると想定してみよう。後者の手は前者の手に「感情〔＝感性〕の返答」を見出さないので、まずは前者を「死せる抵抗を授けられた異他的物体」としてしか知覚しないだろう。しかし意志が「無感覚な手」に働きかけて、「生ける抵抗」としての他方に対置するや、「異他性」は消失して、「互いに出会い、互いに障害をなす両手における、努力の返答ないし二重化」が、「身体に固有に属す、身体の異なる諸部分」として、両手を自我に現前せしめるであろう。かくして「意志的運動性」は、「外的感性」からは独立にさえ、「われわれの身体の諸部分についての局在的認識」に、本質的に参与することになる。外的感性は、それだけでは「印象を受けた諸部分のそれぞれの位置《ポジション》」を、認識することさえできないのである（Ibid.）。

しかし「感性」は、「別種の画定」には、すなわち「触診可能で可視的で、形態を具えた或る延長のなかでの、われわれの身体の諸部分の配列」には参与する（Ibid.）。コンディヤックの諸分析のあとでは、それについて詳述するのは無益かもしれないが、彼に欠けているのは、「内感の諸事実のうちに取られた或る基盤」だけである（Ibid., p. 288-9）。すなわち、手が「身体表面の様々な諸部分」に適用されるときには、「圧触感と生ける抵抗との感情の二重の真の返答」というものがある。両方とも同時に、じっさいに「触れる器官」と「触れられる器官」のうちに感じられる。この「二重の返答」は、少なくともその一つが随意に動くような「同じ身体の二つのともに感じる（consentantes）諸部分」のあいだにしか生じえないのだから、それは「われわれに属す身体」と「それに異他的であるような諸物体」とを区別して、「もはや消し去られることのできない境界線」によって、それらを分離するのに奉仕する「固有で唯一的な条件」なのだという。そして「手の移動」によって知られる身体諸部分の「様々な形や形態」に関しては、ビランはただあっさりと、この認識は「われわれの他のすべての客観的表象」と「同じ諸判断」から合成され、「同じ諸法則」に基づいているのだと述べるだけである（Ibid., p. 289）。

以上を見るに、内容的には明らかではあっても、ビランは異他的ないし絶対的な抵抗としての自己の物的身体と、有機的かつ生ける抵抗としての自己の共存的身体との区別に関しては、ターム的にも議論の組み立てからも、それほど明晰であったとは言いがたい。この問題構制に関しては、ビランはそれほど自覚的ではなかったのかもしれないし、そのことはとりわけキアスム以前の自己の物的身体の構成という問題について、そうなのである。しかし、それらと「客観的表象」としての身体との区別に関しては、ビランはこのうえなく明瞭に自覚ないし自負さえしていたのであって、われわれはこの物的身体の構成の最終段階についても、やはり外界の構成との或る種の平行性のなかで、考察しておかなければならないだろう。

(3) 客観性における内的空間と外的空間

われわれはいま、ようやく異他的物体と自己の物的身体との構成が遂行された段階まで到達した。われわれはすでにもう、まったき客観性のうちに立っているのだろうか。たとえば内的空間も外的空間も、すでに自然科学が望むような幾何学的等質性を、獲得してしまったのだろうか。

われわれは、ここでもこの問題を、諸印象の帰属についての問いから考察してゆくことにしたいと思う。ところで内外の空間の局在化は、一応は完了しているので、少なくとも視覚的諸印象とアフェクティヴな諸印象に関しては、また運動的諸感覚の帰属に関しても、とりあえずは問題はないようにも思える。まずアフェクティヴな諸印象については、それらは全体としての身体か局在化された身体諸部分にすでに帰属済みだし、運動的諸感覚も、物的身体が登場したからといって、さほど決定的な影響を蒙るとも思えない。そして外的空間の構成には特権視された触覚と視覚とのうち、視覚的諸印象もまた、物的身体の出現やキアスム問題によって、それほど大きな変動は受けないだろう――異他的物体や物的身体が構成されると、たしかにそれらへの帰属によって、視覚的諸印象は安定性を増しはするだろうが。しかし触覚的諸印象は、特にキアスムのまえとあとで、少なからず影響を蒙るようにも思われる。それゆえわれわれは、或る意味ではビラン自身の手順にしたがって、以下に主として絶対的抵抗の進展と触覚的諸印象との関連について、検討してみることにしよう。

(A) 先にも述べたように、まず異他的抵抗は、鋭く尖った爪のような一点においても遭遇されることがあって、むしろビラン哲学においては、それが異他的物体との出会いの出発点でさえある。「ひとは触覚の主たる器官が、われわれの手の形と感性とを有している代わりに、極度に鋭く全方向に動く尖端において終わっている一箇の爪によってのみ覆われているのだと、想定することができよう。或る意志によって導かれたこの器官は、或る堅い平面に出会うと、ただ一つの点によってしか、それに触れえないだろう。それが抵抗する単位〔unité 一性〕である」(Œ

VII-2, p. 289-90)[31]。このような場合、私の爪のぶつかるのが、異他的物体なのであれ、自己の物的身体なのであれ、触覚的印象は私の爪が触れるたび毎に、一点ずつ、触れる側と触れられる側の双方に、同時に内と外から局在化されるほかないであろう。

(B)このように、異他的抵抗や異他的物体は、まだその構成の端緒においては、延長さえ有していない。ビランの考えるような「第一次性質」、すなわち「不可入性、固体性、三次元延長、可動性、惰性」(Ibid., p. 293) のうち、少なくとも「延長」は、そして「延長」にともなうかぎりでの「不可入性」、「可動性」等々も、抵抗する単位から出発して、事後的に構成されるのである。「われわれは延長の観念を、それ自身に対して同一的に留まりつつ反復される、もしくは増加せしめられる原初的抵抗の観念でもって、形成する。〔……〕連続的な、もしくは反復された抵抗の観念から、私はその三つの継起的な次元をともなった延長、不可入性、可動性の観念を、演繹する」(Ibid., p. 391)。それゆえビランの立場からするなら、「抵抗する力」が「異他的物体の本質」だとすれば、「延長、固体性、不可入性、惰性、可動性」は、「この本質の諸属性」(Ibid., p. 390) だということになる。つまり、もしわれわれが「物体は抵抗するものだ (*le corps est résistant*)」と言うなら、あたかもわれわれは「抵抗は抵抗する (la résistance résiste)」と言っているようなものなのだが、しかし「物体は延長し、固体的で、不可入的、可動的、可分的である (le corps est *étendu*, solide, impénétrable, mobile, divisible)」と述べるなら、われわれは「われわれが物体の本質について有している第一次的観念を、展開」(Ibid., p. 390-1) しているのだという。

第一次性質の代表格として、「延長」について考察しておくことにしよう。抵抗が或る程度の広がりを獲得した段階では、私が異他的物体に触れるのであれ、自己の身体に触れるのであれ、もし私があいかわらず指の尖端で触れ続けるのであれば、「延長」は触れられる側にのみ構成されるであろうが、しかしもし触れる身体そのものが或る程度の広がりを帯びているなら、「延長」は触れる側にも触れられる側にも知覚されるであろう。そしてもし私の右手が私の左手に触れるなら、「延長」は双方に感じられるであろうが、その場合われわれは、右手が内から知る右手自身の延長と外に知る左手の延長と、左手が内から知る左手自身の延長と外に知る右手の延長とが同時に成立するという、かなり複雑な構造を考慮しなければならないだろう。

(C)その他の非情感的《アフェクティヴ》な触覚的諸印象は、「感性」が麻痺していないかぎり、(A)と(B)において局在化された表面に帰属せしめられるであろう。ビランはこう述べている。「第二次的と呼ばれる諸性質の帰属に関しては、それらは同時性によって、物体の観念や外在性の関係に連合されるしか、あるいは凝集されるしかない。これらはたんなる諸記号だが、第一次性質は、意味される事物そのものである」(Ibid., p. 294)。われわれは次の言葉も、すでに部分的に引用した。「〔……〕触覚と意志的移動との行使が、或る固定した抵抗を自我の外に局在化し、抵抗する連続体の三次元延長を規定してしまうや否や、感性界のこれらすべての面が、すなわち色彩、触覚的諸性質、音、香、味さえもが(それらが情感的《アフェクティフ》な性格を欠きうるかぎりで)、すべてこの抵抗する連続体の上で一致し、重なり合うようになるであろう」(Ibid., p. 298)。

ところでわれわれは、たとえば堅い机に手で触れるとき、自分の手がいま堅くなっているか、それともつねのように柔らかいままなのか、正確に識別できるようなときがある。それゆえキアスム以前にも以後にも、われわれが異他的物体に触れようと自己の身体に触れようと、おそらく触覚的諸性質もまた、やはり触れる側と触れられる側の双方に感じられるであろう。そしてキアスム現象においてはそれらが、(B)において見たのと同じような複雑な構造をともなって、帰属せしめられることになろう。

(D)このような触覚的諸性質の帰属構造の複雑さによって、おそらくわれわれは、理念的に考案された視覚ならいざ知らず、じっさいに体験されている視覚の諸構造についても、再考すべく促されるであろう。少なくともビランは、視覚の地平構造については、たびたび言及しているのである。たとえば『諸基礎』第二巻第三編の第二章は、能動的な「視ること（*regarder*）」と受動的な「見ること（*voir*）」（Ibid., p. 272）とを区別しつつ、「視覚の本能」は「すべてを合成（composer）すること」だが、「注意のみ」が「この本能に逆らって闘いうる」（Ibid., p. 273）と述べたあとで、こう続けている。「たしかに、一度に行使されるただ一つの注意作用しかなく、視線は個体がそれについて判明な観念を得たいと欲している対象の諸部分の各々の上に、継起的に向けられることしかできない。〔……〕このようにして注意が、無限に迅速でありうる諸運動の継起によって、同じ一枚の絵画《タブロー》のうちに集められたすべてのイマージュを通覧するとき、パースペクティヴの各点が、自分の番になるとこのように浮き出てきて、他の諸点は、影のうちに留まっている。しかしこれらの影の諸部分は、それでもやはり見えていて、それらこそが直観の受動的感官に現前している絵画《タブロー》の地（fond）を、つねに構成しているのである。／かくしてわれわれは、意志的にはただ一つのものしか視ないのに、意に反して、つねに幾つものものを一度に見ている」（Ibid., p. 274）[32]。あるいは同書同巻同編の第四章でも、このように述べられている。「最も能動的な視覚においてさえ、注意が対象の一部に、言わばねらいを定め、感官に与えられた複合的絵画《タブロー》の総体から、その部分を浮かび出させようとしても、それは意に反して受動的視覚につねに現前しているこの絵画《タブロー》を、無化することなどできない」（Ibid., p. 308）。かくしてじっさいの視覚が経験する空間は――もちろん自己の身体についてのごく狭いパースペクティヴも含めて――まだまだ幾何学的空間の持つ等質性に到達するには、ほど遠いのである。

第六節　キアスム問題と反省

ところでキアスム問題は、たとえばメルロ＝ポンティのようなひとによって、「一種の反省（une sorte de réflexion）」[33] あるいは「準反省（*quasi réflexion*）」[34] と呼ばれたりする。それは「身体のそれ自身についての反省（réflexion du corps sur lui-même）」[35]なのである。しかしそれは、本当にメルロ＝ポンティが考えるような自己意識の、すなわち「自己との無‐差別（non-différence avec soi）」としての「反省」の、「モデル」[36]たりうるものなのだろうか。

本節ではわれわれは、(1)まずビランにおけるキアスム問題の正確な位置づけについて考察し、(2)次いでビランにおける「反省」のステイタスについて確認したあと、(3)そのなかでも特に「声」と「聴覚」とのセットが形成するとされている「反省」については、独立した項を設けて検討してみることにしたい。

(1) ビランにおける「キアスム」問題の位置づけ

まず述べておかねばならないのは、ビランにおける「自己意識（*conscium sui*）」は、すでに努力‐有機的抵抗の「原初的二元性」において成立しているのだということ、それゆえそのためにキアスム現象を俟つ必要などないのだということである。基本的にはキアスムは、自己の身体と異他的物体とのあいだに、或る意味では決定的な区別をもたらし、さらには物的身体の外形を認識させてくれることにおおいに貢献することを除けば、ビランの場合、「触れる」ではなく「触れられている」ということについての軽度の意識を、新たにもたらしてくれるにすぎない。それでもキアスム問題は、様々な興味深い諸現象について再考する機会を、われわれに提供してくれるように思われる。

たとえばビラニスム期に属する『ベルリン覚書』は、こう述べている。「両手が感情〔＝感性〕について麻痺していると、想定してごらんなさい。それらが互いに抗って動かされ、互いに抵抗し合いうるなら、努力や抵抗のこの返答が、両者を互いに異なり、同じ自我に属しているものとして規定するのに、十分であろう。もしこれらの手の一方のみが無感覚なら、感性を保っている手が、この関係のもとに、それ〔＝無感覚な方の手〕を異他的なものとして感じることができよう。しかし、二つの努力（deux efforts）がふたたび互いに出会うなら、異他性は消失するであろう〔……〕」（Œ IV, p. 133）。同じような内容が、最晩年のビランに属している『存在の観念についてのノート』のなかでは、こう言い表されている。「たとえば両手が外的感性を欠いていて、意志的運動性や努力の感官が同じものに留まっていると、想定してごらんなさい。これらの手の一方が、他方に適用されるなら、それは一つの抵抗を対置するであろう。そして相互に対置されて意識統一のなかで返答し合い、二重化されるといみじくも言われうるであろうような二つの抵抗（deux résistances）にとって、ただ一つの運動的努力（un seul effort moteur）とただ一つの意欲しか、存在しないだろう」（Œ X-2, p. 279）。キアスム現象には、少なくとも「二つの抵抗」が存在する。しかし、それでは「努力」は、いったい「二つ」なのだろうか、それとも「ただ一つ」なのだろうか。

　ビランは中期と後期とで、自らの考えを変えてしまったのだろうか。しかしビラニスム期に属する『思惟の分析』が取り扱っているキアスム問題においても、或る箇所では「二つの抵抗」と「同じ一つの意欲された努力」（Œ III, p. 438-9）について語られ、別の或る箇所では「二つの努力」（Ibid., p. 211）について論じられている――ちなみに『諸基礎』第一巻第二編の、例の身体構成論を扱った第三章でも、「努力と抵抗との二重の返答（double réplique）」（Œ VII-1, p. 150）という言葉が用いられていて、ここでは『諸基礎』は「二つの努力」派である。それゆえ動揺は、ビラニスム期ビランの思索それ自身のうちに、すでにあったわけである。それではわれわれとしては、この問題を、どう考えればよいのだろうか。

　本章の基本方針にしたがって、さしあたり『諸基礎』の考えを中心にして、前節(2)でも主として取り扱った同書第二巻第三編第三章一「有機的諸帰属」を、もう一度この観点から見直しておくことにしよう。ここでもビランは、「互いに出会い、互いに障害をなす両手における、努力の返答ないし二重化（la réplique ou le redoublement de l'effort dans les deux mains qui se rencontrent et se font obstacle）」（Œ VII-2, p. 288）について語っていて、どうやら『諸基礎』は、基本的には「二つの努力」の立場のようである。そして前節でも見たように、「圧触感《プレッション》」は「圧触する手」と「圧触される部分」とに感じられるが、「努力」は「手のなか」にしか、そして「抵抗」は「手が適用される部分」（Ibid., p. 287）にしか感じられない。それゆえもし右手と左手が触れ合うならば、「圧触感《プレッション》」は両手の表面に、それぞれ内からと外からと、感じられることになるだろう。「努力」もまた両手のうちに感じられるのだから、結局のところ「二つ」の努力が存在しなければならないということになる。そして「抵抗」も両手に、ただし正確にはそれぞれの内と外とに、感じられることになろう。つまり右手は右手自身の惰性（＝物的身体の第一段階）と左手の絶対的抵抗（＝物的身体の第二段階）とを感じ、左手もまた左手自身の惰性（第一段階）と右手の絶対的抵抗（第二段階）とを感じることになるだろう。それゆえにこそ「圧触感と生ける抵抗との感情の二重の真の返答」があって、両者とも「触れる器官」にも「触れられる器官」（Ibid., p. 289）にも感じられると言われえたのである。

もう一度、いまの議論を再確認してみる。仮に左手が、外的感性は維持されていても、運動性については麻痺しているとしよう。努力する右手は、右手と左手との双方に、圧触感と抵抗とを感じるであろうが、しかし左手は、努力も抵抗も感じることができない。左手は、或る意味では圧触感を感じてはいるのだが、しかし特殊的努力を行使することができないので、それを局在化することができない。それは「唯一の一般的アフェクションのうちに一体化（se confondre）」（Œ VII-1, p. 150）されてしまって、つまりは左手が圧触感を感じているという意識さえ、われわれは持てないだろう。それがすなわち、左手が努力できないという状況なのである。左手は、たとえ〔物理的には〕右手に接触していようとも、〔意識的に〕右手に触れていると、言うことはできないのである。それゆえ正常な状態に戻るなら、逆にわれわれは、やはり「二つ」の特殊的努力を行使していたと言うべきなのであろう。

それゆえビラニスムにおいてはわれわれは、メルロ＝ポンティの主張には反して、努力－抵抗という能動的触覚のレヴェルにおいても、圧触感《プレッション》という受動的触覚のレヴェルにおいても、同時に触れかつ触れられるということは、いつでも可能なのである。それこそが身体の両義性の真の意味なのであって、それはメルロ＝ポンティにおいてのように、「つねに切迫してはいるが、じっさいにはけっして実現されることのない可逆性（une réversibilité toujours imminente et jamais réalisée en fait）」[37]などではありえない。けれどもわれわれは、キアスム以前に、キアスムがなくても、自らが触れていることは知っている。それが「努力の感情」というものである。それでは右手だけがすでに自己意識を成立せしめているようなときに、もし触れている右手に左手が触れるなら、われわれの「反省」構造に、いったいどのような変化が生ずるのだろうか。

先にも述べたように、「触れられている」という感覚は、独自のものである。しかしそれは、「触れること」と「触れられること」との一致ではない。つまり、たしかに両手は触れかつ触れられてはいるのだが、各々の「触れること」は、自らによって「触れられて」いるわけではもちろんないばかりか、他方によって「触れられて」いるわけでもないのである。もう一度、仮に左手の運動性が麻痺していると想定してみよう。その場合、右手は左手に、あたかも「死せる抵抗を授けられた異他的物体」（Œ VII-2, p. 288）のようにして、触れることしかできなかった。左手は、右手に接触してはいても、触れてはいないのである。それゆえ左手が本当に触れているのか、それとも触れているようには見えても、本当は触れてはいないのかは、右手にはけっして分からない。それを知りうるのは、運動性が戻ったときの左手のみである。したがって右手は、たとえ触れている左手に触れることはいつでも可能なのだとしても、触れている左手の触れているまさにそのことに触れることは、永遠にできないのである。それゆえ触れる手に触れること（原理的に可能）は、触れることに触れること（絶対に不可能）ではありえない。左手が触れていることを教えてくれるのは、左手の努力の感情のみなのであって、右手やわれわれの視覚ですら、せいぜいのところそれらがなしうることと言えば、物理的接触の有無を確認することにすぎない。ちなみに右手が触れる左手もまたやはり、たしかに触れているのだということを教えてくれるのは、左手のみであるからには、触れる手に触れるという現象が可能となるためにも、それ以前に右手と左手の双方における触れることそれ自身の内的自己覚知が、もちろん前提とされていなければならない。それゆえわれわれとしては、キアスム現象は、「反省」の「モデル」となるどころか、「反省」を前提としつつ、「反省」の成立には何の貢献もしない、「反省」とははるかにほど遠い現象だと言わざるをえないのである[38]。

(2) ビランにおける「反省」

デカルトの『省察』への第五反駁のなかで、ガッサンディは「眼が自己自身を見ない」のは、「何ものも自己自身に働きかけない」からであり、それでも眼が「鏡のなかで」自らを見るのは、眼と鏡との両者が「互いに働きかける」からだと主張する。そしてビランは、このようなガッサンディの言葉を引用しつつ、こう反論する。「しかし、何ものも自己自身に働きかけないというのは、いったい真実だろうか。その反対が、内感の証言によって、明晰に証明されうるのではないだろうか」(Œ III, p. 267-8)。そしてその論拠として、彼はこう続けるのである。「同じ意志によって動かされたわれわれの身体の様々な諸部分は、互いに対して努力しないだろうか。〔……〕そしてなぜひとは悟性を、手や、とりわけ声と聴覚等とよりもむしろ、もっぱら眼と比較するのだろうか」。なぜならビランにとっても、当然のことながら「眼は自己自身を見ない」のであって、それは「反省にはあまり適さない」(Ibid., p. 268)からである。

けれどもわれわれとしては、ここでビランが証拠として提出した諸実例は、彼の意図のためにはあまり適切ではなかったと言わざるをえないだろう。「われわれの身体の様々な諸部分」が、真の「反省」にとって、さしたる重要性を帯びてはいないということについては、前項で説明した。「声と聴覚」に関しては、次項に見る。そのうえビランが「鏡の反省 (réflexion *spéculaire*)」に対置するのをつねとするのは、身体諸部分のキアスムや声 - 聴覚のセットではなくて、「集中した反省 (réflexion concentrée)」と名づけられる、もっと直接的な、作用それ自身の内的自己覚知なのである。[39] たとえばビランは、こう述べている。「〔……〕鏡の反省においては、自らを求めて、ほとんどつねに不忠な鏡のうちに自らを映す思惟存在は、それが自己自身の形を捉えうる集中した反省から、ますます遠ざかる」（Ibid. p. 213. Cf. Œ IV, p. 159）。「鏡の反省」によって、たしかに「各々の外官は、それ自身、知覚の一対象となりうる」（Œ VII-1, p. 38）のかもしれない。しかしそれは、眼や耳や四肢といった外官の働きそのものを映し出すのではなくて、ただ外官の外観を映し出し、表象・再現前化するにすぎない。それは「言わば或る対象から或る別の対象へと跳ね返り〔rejaillir 反射し〕、けっして集中することがない」（Œ III, p. 192）のである。

鏡像が与えうるのは、表象された物的身体のみであって、それは自我の諸作用のみならず、運動感覚も有機的抵抗としての自己の身体も、絶対的抵抗としての自己の物的身体さえ与ええない。そのことは、仮に特殊な眼鏡《めがね》か写真機《カメラ》の装置を開発して、私が私の眼を見うるように工夫したとしても、あるいは何らかの突然変異で、私の右眼が突如飛び出してきて、数十センチ先から私の左眼を見ることができるようになったとしても、変わりはないだろう。私の右眼は、私の左眼がたしかにものを見ているのか、それともそれは義眼か何かであって、本当は何も見ていないのかを、確かめることなどできない。それを知りうるのは、私の左眼だけである。だからこそひとは、鏡の反省は、物的身体の外観しか表象しえないと言うのである。それでももし自己の鏡像が、私にとって何か特別な意味を持ちうるのだとするなら、それは記憶や判断の介入は別としても、すでにしてアフェクティヴな同調というものが、そこには関与しているからなのであろう……。しかし、もちろんビランの哲学は、そのようなことについては何も語らない。無い物ねだりはよしにして、ビランのテクストそれ自身に戻ることにしよう。

「集中した反省」とは、「作用そのもののうちに集中した反省」（Œ IV, p. 161）のこと、すなわち「自我とその諸作用へと集中した反省」（Œ XI-1, p. 103）のことであって、言い換えると「自由な力能の感情のうちに集中した反省」（Œ VII-2, p. 369）、あるいは「精神や内官の諸現象へと集中した反省」（Œ VI, p. 164）のことである。一言で言うなら、それは「主観のうちに集中する反省（réflexion qui se concentre dans le sujet）」（Œ XI-1, p. 86）なのである。後期ビランが好んで用いる表現を借りるなら、「内感」においては「自我はそれ自身に自らを顕現する（le *moi* se manifeste à lui-même）」（Ibid., p. 147）のであって、それは一部のビラン解釈者が強引に曲解しようとしているような記号表現などではけっしてなく、真の自己顕現である[40]。だからこそ「現象と実在、有（l'être）とあらわれ（le paraître）とは、それゆえ、自我意識のうちで一致する」（Œ X-2, p. 78. Cf. Œ III, p. 65 ; Œ XI-2, p. 2, 39, 276 ; Œ XI-3, p. 219）等々とも言われえたのである。

「意志的運動を感じること」と「意志を感じること」とは「同じこと」（Œ XI-2, p.86）であり、したがって「行為する力能についての内密な感情」は、「力能の実在」から「異なってはいない」（Ibid., p. 278）。自我が「意欲」を知るためには、「それと一体（être *un avec lui*）であらねばならない」（Œ III, p. 40）のであって、「意欲する作用」と「この作用についての感情」とを、「区別する余地はない」（Œ XI-1, p. 119）。それゆえ「直接的覚知」においては、「自我」は「同時に主観かつ対象」（Œ IX, p. 17. Cf. Œ IV, p. 115）であり、「主観と対象とは、完全に同一化されている」（Œ XI-2, p. 74）。あるいはむしろ、そこにはそもそも「対象」などというものは、存在しないと言うべきなのかもしれない。なぜなら「感情は対象を持たない」（Ibid.）からであり、「内感は対象を持たない」（Ibid., p. 240）からである。

それゆえにこそ、「魂の知覚はつねに、主観においては単純で、対象に関しては複合的である」（Œ IX, p. 185）とも言われうるのである。なぜなら努力は、その項たる有機的抵抗に対しては二項関係（原初的二元性）を形成しはするが、しかし自らの作用に集中して反省するその自己覚知（努力の感情）においては、もとより「単純」だからである。それゆえビランは、力とその産物との関係においては、なるほど「その両項」は「異なって」はいても、この「関係感情」それ自身は、「一にして完全に単純」だと述べている。つまり「意識の原初的事実」は、「原因から結果への関係についての一にして単純で同一的な感情」(Œ X-2, p. 121) のうちにこそ、存しているのである――われわれは、ビランにおける「反省」の射程を測ろうとするとき、このことをけっして忘れてはならないだろう。

(3) 「声」と「聴覚」の問題構制をめぐって

ところがメルロ＝ポンティによれば、ビランはしばしば「反省の内的能力」を、「声の内面性」に結びつけるまでにいたろうとしていたのだという。そのようにして「身体それ自身が反省する (le corps lui-même réfléchirait)」[41]というのである。しかし、それは本当に身体の内面的な自己反省なのだろうか。そしてもしそれが自己反省なら、いったいそれはどのような意味においてなのだろうか。

「声と聴覚の連合」は、すでに『習慣論』の昔から語られている、ビランにとっては言わば馴染みの主題の一つである。そこでは「触知と視覚のあいだに存在する連合」と類比的に、「運動性において優る器官」が、「感性の優る器官」に、「その能動性を伝える」(Œ II, p. 145) のだという。そのうえあまたの「意志的諸運動」のなかにあって、「声のそれら」は、「それらの行使の完全な随意性 (disponibilité) と利便性 (commodité)」のほか、「それらが規定する努力」と「それらが産出する印象」とによって、「個体をそれ自身に二重に現前的にする」という「唯一にして無限に貴重な利点」(Ibid., p. 287) も有しているのだという。『思惟の分析』によれば、「聴覚の感官」は「すぐれて反省的 (éminemment *réfléchi*)」(Œ III, p. 171) なのである。[42]

『諸基礎』第二巻の第四編は、すでに述べたように、意志の能動性の度合いが最大となる、言わばビランの体系の最終段階なのだが、「声と聴覚の連合」(Œ VII-2, p. 372) の問題構制がこの文脈のうちに位置づけられていることには、あらかじめ留意しておかなければならない。ここではわれわれは、その第一章「反省の起源について。いかにしてこの能力が聴覚、声の諸感官の行使に基づきうるか」(Ibid., p. 365-73) のほぼ全体と、第二章「諸記号の創設」（Ibid., p. 375-80）の一部とを、俎上に載せることにしたい。

われわれとしてはまず最初の違和感を覚えずにはおれないのだが、第一章でビランは、次のように「反省」を定義している。つまり、それは「それによって精神が、任意の諸感覚のグループや諸現象の組み合わせにおいて、一つの基本的な一性〔＝統一、統一性〕に対するすべての諸要素の共通の諸関係を、覚知する能力」のことなのであって、たとえば「抵抗の一性」に対する「幾つかの諸様態や諸性質」の関係、「同じ一つの原因」に対する「幾つかの多様な諸結果」の関係、「同じ自我」に対する「可変的な諸変様」の関係、とりわけ「自我という同じ産出力もしくは同じ意志」に対する「反復された諸運動」の関係が、そうなのだという（Ibid., p. 367）。しかし、それでは「集中した反省」と名づけられた自己関係・自己覚知の単純性は、いったいどうなるのだろうか。

そこでビランも、直後に「反省はその起源を、努力についての、もしくは意志が規定する諸運動についての、このような内的覚知のうちに有している」と補足する。それは「最初の意欲された努力」とともに、すなわち「意識の原初的事実」とともに、始まるのである。けれどもこのような「努力の意識」は、起源以来それが結びついているところの「受動的な諸アフェクション」のうちに、まだ「包み隠されている」（Ibid.）のだという。たとえば「触覚の能動的な働き」は「触覚的諸性質の諸印象」と、「まなざしの能動的な働き」は「色彩の諸表象」と、それぞれ混淆されている。それゆえ、もし「運動的で思惟する存在」が、「努力の感官」だけに還元されてしまうなどということが可能だとするなら、彼は「一なる同じ意志」によって規定された「すべての諸運動」について、「内的覚知」を有することだろう。つまりは彼は、「反省する」であろう。けれどもビランによれば、それはまだ「抽象的な一仮説」でしかなく、これまで考察されてきたような「努力の感官」は、「われわれの受動的諸印象の諸器官」から、隔離されてはいないのだという（Ibid., p. 368）。

しかしながら、「つねにわれわれの意志的諸作用の外的諸成果に結びつく注意」が、もはや「それらの諸作用を実行する自由な力能についての感情のうちに集中した反省」とも異ならず、しかもこのような能力が、「その起源とその基盤と」を「或る種の感覚」のうちに、もしくは「或る感官の行使の特殊な様態」のうちに見出すという条件が、「自然的に」満たされているようなケースがある。それが「声に結合された聴覚の感官」なのである。それは、この点では「触覚」と同様に、「感受的」と「運動的」という「二つの機能」を併せ持ってはいる。しかし、ここではそれらは、「聴覚の器官」と「発声的もしくは口頭的な（vocale ou oral）器官」として、「自然的に分離」されているのである（Ibid., p. 369）。それゆえ「二つの周況（circonstances）」が、ここでは等しく「反省の行使」に有利に働いているのだということになる。すなわち一方では、意志が直接的に働きかける器官が、この行為の諸産物を受け取る感官から分離されているということによって、「行為がその諸成果と混同されること」が妨げられている。そして他方では、この〔受容的〕感官とこの運動器官との交流はまったく「内的」で、いかなる「外的な仲介」も認めない――「ここにおいてこそ、魂を得たハープ（harpe animée）が、自己自身を弾く」のである（Ibid., p. 370）。

　以前にも見たように、「幼児」は、まずは「感受的本能の衝動」によって、次いで「自発的運動性の結果」によって、「発声器官」が産出していた「音」を、いつしか「意志的に」反復するようになる（Ibid., p. 371）。そして「彼の意志が規定する諸作用の自由な反復」において、彼は「諸作用を遂行する力能」を、意識するようになる。つまりは幼児は、「原因をその結果のうちに、結果を原因のうちに、覚知する」のであって、一言で言うなら、彼は「反省する」――「彼が意志的な音を発する、もしくは分節するという、ただそれだけのことによって、彼は反省する」（Ibid., p. 372）――のである。

　かくして「分節された声」によって活性化されて、「聴覚」は「反省の直接的感官」となるのだという。それはすぐれて「悟性（*entendement*）の感官」である。なぜなら「思惟する存在」は、その感官によってのみ、そしてそれが行為し動くかぎりで、「それが考えるすべての諸観念」と「それが規定するすべての諸作用」とを、「entendre〔聞く・解する〕する」からである（Ibid., p. 373）。

以上を受けて、第二章もまた「感じられた結果のうちに原因（自我）を覚知すること」が、「反省の最初の作用、その本質的で構成的な性格」だと述べることから始まっている。「反省の最初の作用」によってこそ、「努力の主体」は自らを、「抵抗する異他的項」から区別されたものとして覚知し、たとえば「音を分節する運動的存在」は、「発声的努力」を、「その結果たる諸印象」から区別する。このような区別がなければ「意志的諸記号」はなく、そしてこのような区別が生ずるや否や、こうした「諸記号」もまた「創設」されるであろう（Ibid., p. 375）。

つまり「創設された記号」の最初の使用は、「抵抗する項とは異なるものとしての努力の主体についての直接的覚知」を、本質的に前提としてはいるのだが、この区別が生ずるや否や、「すぐれてロゴス」たる「有る」という動詞の「最初の知的記号」を、使用するための根拠もまた成立するのだという。「志向〔意図〕」も「意志」も存在しないところには、「ほんらいの意味での諸記号」もまたない（Ibid., p. 377）。幼児が真に「諸記号」を持ち始めるのは、彼が自らの叫びを「要求の諸記号」に変えるときである（Ibid., p. 378）。要するに、「諸作用についての、もしくは意欲された努力についての内的覚知」がなければ、「創設された諸記号」もまた存在しないのだが、しかし「創設された諸記号」がなければ、「ほんらいの意味での反省」も、そして「われわれの知的諸作用や、それらの諸成果についての判明な諸観念や諸概念」もまた、存在しないのである（Ibid., p. 379）……。

しかしながら、「結果」のうちに「原因」を覚知すること（や、逆にまた「原因」のうちに「結果」を覚知すること）は、本当に「反省」の第一義的にして本来的な意味なのだろうか。われわれはすでに「集中した反省」において、「原因」それ自身の直接的内的覚知を、有しているのではなかったか。またもしわれわれが、まず自らを「原因」として直接的に覚知しているのでなかったなら、われわれは間接的かつ事後的に「結果」のうちに自らの影を見出すことはおろか、それを自らの因果性の「結果」として覚知することすら、不可能になってしまうであろう。それゆえ「自我という知性的な力は、その作用においても、結果として感じられたこの作用の直接的成果においても、自らを直接的に覚知する」（Œ X-2, p. 102）という『人間学新論』のなかのビランの言葉は、厳密に言うなら不正確である。なぜなら「われわれの諸作用についての固有の感情」が、「直接的内的覚知」を構成するというのが真だとしても、「努力に連合された諸変様」に結びつくのは、正確に言うなら「間接的客観的覚知」でしかないからであり、たとえば「意志的運動」において、「努力」が構成するのは「直接的内的覚知」であったとしても、「筋肉感覚」は「間接的覚知の対象」（Œ XI-3, p. 395）でしかないからである。

　そしてこの点では、「声」と「聴覚」の問題構制を主題化するビランの諸テクストのなかで、最も正確なのは『ベルリン覚書』であったと言うべきである。なぜなら同書は、当該箇所に「間接的」という語を付した「間接的内的覚知について。いかにしてそれが特に聴覚と声との能動的行使に基づいているか」（Œ IV, p. 163）という表題を与えているのみならず、また本文内でも、「発声的努力」については「内的直接的覚知」の名を、逆に「産出された音」に関しては「やはり内的な間接的覚知」（Ibid., p. 166）という名称を与えているからである――もっとも後者も自我の内面性に比すれば、すでに「外」に位置づけられなければならないであろうが。

　それでは「声」を媒介とした間接的自己‐触発（反省）の構造とは、どのようなものなのだろうか。〈声‐聴覚〉のセットの場合、とりあえず異他的物体の絶対的抵抗のことは、顧慮する必要がないように思われるので、われわれとしてはそこでの反省に、以下の三つの段階を区別することができよう。まず第一に、「発声的努力」についての直接的自己覚知が、すでに「努力の感情」の名のもとに完遂されている（第一次的反省）。第二にしかし、発声的努力の直接的結果とは、音声ではなくて、発声器官の「筋肉感覚」ないしは運動感覚をともなった、有機的抵抗の感情である。われわれは、たとえば真空状態において発声の努力をしたとしても、声という現象を手に入れることはできない。それでもわれわれは、努力の感情と抵抗の感情は持ちうるであろう。そしてわれわれは、それがわれわれの努力の結果であることを覚知したうえでのみ、この直接的結果のうちに、自らの痕跡を見出すことができるであろう（第二次的反省）。第三にわれわれは、音声のうちに自らの影を見出すこともできる。しかしそれは、第一次・第二次の反省を前提としなければ、成り立たない。そのうえ第一次・第二次の反省が、原則としてわれわれを欺きえないのに対して、意志的な音声記号は、いつでもわれわれを欺きうるであろう――われわれは誰しも、幼児でさえ、たとえ他人を欺こうなどと意図していなくても、われわれの用いる記号や合図が、たびたびわれわれの本心から離れてしまっていることに、気づいた経験くらいはあるだろう。それは「表象」という名の「ほとんどつねに不忠な鏡」のなかでの、遠い自己覚知でしかないのである（第三次的反省）。

それゆえ「声」は――その行使の「随意性」と「利便性」はさておき――われわれが四肢や身体全体を動かして生ぜしめる身体運動の外観や、同じくその結果として生ずる絵や文字と、同じステイタスしか有していないことになるだろう。たとえば私が私の身体全体を、一種の記号ないし信号（欺きうる）として用いる場合、すでにしてそれは、第二次的に反省された運動感覚（欺きえない）からさえ、遠ざかっているのである。そこでビラン自身、先に『習慣論』では「声」と「聴覚」との関係を、「触知」と「視覚」との関係にたとえていたように、『諸基礎』でも彼は、「発声的諸運動」と「聴覚的諸感覚」との関係を、「たんなる意志的運動」と「触覚的諸感覚」との関係や、「触覚の完全な諸知覚」と「視覚の感官の諸感覚や直接的諸直観」（Œ VII-2, p. 372. Cf. Œ IV, p. 169）との関係に比している――身体の諸運動と外官の諸感覚との関係と言えば、もっと正確であったろう。それゆえわれわれには、声‐聴覚の連合においては、メルロ＝ポンティの唱えていたように、第一義的な意味では「身体それ自身が反省する」などとは、言うべきではなかったように思われる。それはむしろ、『知覚の現象学』が主張していたような「自己による自己の触発[43]」に、つまり「自らの航跡（sillage）」のうちに「〈われ〉[44]」を求め、「それ自身の標章《アンブレム》」のうちにしか「主体」を認めることができなかったメルロ＝ポンティ自身の立場にこそ、ふさわしかったに相違ない。なぜなら「これらの標章がなければ主観は分節されない一箇の叫び（un cri inarticulé）のようなものであって、自己意識にさえ到達しないであろう」[45]と述べていたのは、メルロ＝ポンティ自身だからである。しかし、分節された音声記号がなければ、本当に「自己意識」は成立しないのだろうか。

もちろんビランがそのような立場を取りえないということは、自明の理である。言語はあくまで直接的自己覚知（第一次的反省）を前提としたうえで、それを客観的に明晰化するのに役立ちうるだけであろう（第三次的反省）——主観の客観化にともないうるあまたの長所と欠点とについては、われわれはもはやここで論ずるつもりはない。ここではただわれわれは、「発話《パロール》なき諸々の思惟があった」（Œ X-1, p. 193）と、あるいはまた「われわれのうちには〔……〕諸記号なき生き生きとした或る思索さえあって、その思索は、言語の物質的諸記号の一つに発展ないし固定されてしまうと、しばしばその光を失ってしまう」（Ibid., p. 11）と述べていたのは、ビラン自身であることを、最後に指摘するだけに留めておくことにしたい。

第七節　総括——身体の発生と空間の発生

総括しよう。われわれは初めに、「身体」「物体」「空間」の発生論的諸構成の問題群の複雑な流れのなかで、必ずしも統一的・綜合的に取り扱われているとは言いがたいビランの諸見解は、少し整理される必要があると述べておいた。そのうえわれわれが本章で扱いえたかぎりでも、まだ見落とした論点や、十分に論じ尽くせなかった諸主題（たとえば空間の情感性など）も、多々あったかとは思う。しかし、主として「身体」と「空間」の発生という問題構制を中心に、「直観」、「アフェクション」、「運動感覚」等の帰属の問題を加えて——単位から延長への抵抗の発展や、自発性の問題など、細部はなお省略しつつ——大筋で区分するなら、われわれはこのような発生に、以下の七つの発展段階を区別することができると思う。

まず第一に、いまだ意志や努力が出現せず、自我と非我、主観と客観、内と外が分かれていないような、始源的段階というものがある。そこではまだ自我のみならず、自己の身体さえ存在してはおらず、それらは「自然」と同一化されている。運動感覚はもちろんまだなく、「自我なきアフェクション」は、同じく「自我なき直観」を覆い隠し、「生の一般的感情」と一体化している。それでも唯一直観は、「漠として限定されざる延長」としての「原初的空間」を与えてくれる。そしてこの空間は、まだ「非区分で不可分の一つの全体」なのだから、ここでは「比較的諸直観」と「感受的諸直観」もまだ分かれずに、一体のままである——われわれはこのような原初的段階を、一なる全体としてのアフェクティヴな原初的空間たるかぎりでの、生ける自然として特徴づけることができるであろう。

第二段階から第四段階にかけては、有機的抵抗をともなう努力こそ成立すれ、まだ異他的抵抗は出会われていないような諸段階である。まず「共通的努力」の第一段階と呼べるような段階があって、そこでは「非意図的な努力」の主体としての自我が成立しはするが、それはまだ「たんなる傍観者」、あるいは「受動的な証人」にすぎない。まだ移動さえしない一塊としての有機的身体の内的空間は、「諸限界も諸形態もない漠たる延長」でしかなく、そこでは身体諸部分もまだ区分されていないのだから、アフェクションは身体全体にしか関係づけられえず、仮定上、能動的な運動感覚というものもまた存在しない。外的空間はすでに存在してはいるものの、それはまだ「固定性なく一貫性なき二次元延長」にすぎず、異他的物体の存在さえまだ含んでいないような「抵抗しない空間」でしかない。そこでは諸直観もまた浮遊するこの空間に自然的に配列されているだけで、ことさらに比較されているわけではない。

第三に、一塊としての身体を一般的に移動させようと意図する、「共通的努力」の第二段階というものがある。この身体にもまだ諸部分の区別はないのだから、アフェクションや初めて生まれた運動感覚も、一塊の身体全体に関係づけられるよりない。しかし外界には、まだ浮遊し続けてはいるが、最初の「三次元空間」というものが誕生し、それはやはりまだ抵抗はしないが、そこに帰属せしめられる比較的諸直観には、すでに何らかの仕方での初歩的な比較・区分・測定といった判明化の意識が含まれている。

第四段階の「特殊的努力」ないし「個別的努力」によって、有機的身体の諸部分の局在化が始まり、完遂される。「一般的アフェクション」はあいかわらず身体全体に関係づけられたままだが、「特殊的アフェクション」がここにおいて身体諸部分に局在化され始め、運動感覚もまた、もちろん意志的努力の及ぶ範囲で、筋肉諸器官に帰属せしめられることになる。外的空間には、あいかわらずまだ異他的諸物体は存在していないのだが、ことさらに記憶を利用しなくても、三次元空間の局在化は進展し、諸直観はいまだ浮遊してはいるものの、それでもそれらが配属される三次元空間は、位置と方向とにおいて緻密さを増す。

第五段階以降において、自我は異他的物体や、物的身体としての自己の身体に出会うようになるが、アフェクションの帰属については、前段の第四段階と大差ない。まずキアスム以前の第五段階でも、われわれの解釈では、すでに異他的物体の絶対的抵抗との遭遇において、絶対的抵抗としての自己の物的身体が成立している。触覚的諸性質は、触れる側にも触れられる側にも感じられるが、運動感覚はもちろん、触れる側たる運動器官にのみ局在化される。外的な三次元空間は、異他的諸物体を含んでおおいに安定性を増し、諸直観は――この点では第六段階以降と同様に――原則的にはもはや空間そのものにではなく、異他的諸物体や物的身体に帰属せしめられることになる。たとえば圧触感や延長も、触れる身体と触れられる物体との双方に配属されるであろう。

第六段階はキアスム以降の第一段階であり、端的に言ってキアスム段階である。絶対的抵抗としての自己の物的身体においては、厳密に言うならキアスムの両側に、二つの「努力」(それぞれ内と外に)が感じられ、触覚的諸性質もそれぞれの内と外に、運動感覚はそれぞれの内にのみ、所属せしめられる。三次元空間においては異他的物体と自己の物的身体との区別が決定的となるが、諸直観はやはり、両者に配属され続ける。ちなみに自己の身体の場合、圧触感や延長は、キアスムの両側(それぞれ内と外)に感じられる。

第七段階は「表象」の段階であって、物的身体も直観や表象の対象たる客観的身体として、あるいは端的に言って表象的身体として規定されるようになる。かくして諸直観が身体の外形や異他的諸物体の外観に結びつけられて、三次元の外的な表象空間が成立することになるが、しかしそれは、幾何学が要請するような等質空間には、まだまだほど遠い……。

以上のようにわれわれは、多少ともわれわれ自身による補足や敷衍も交えつつ、ビランにおける「身体」と「空間」との発生論的構成を追ってきた。しかし「はじめに」でも述べていたように、われわれのもともとの意図とは、このような発生の、むしろ根源に立ち返ることであった。じっさい身体や外的空間は、そこではまだ自我も物体も、身体さえ存在していないようなアフェクティヴな生の基底を、生ける自然の原初的な場所として、前提してはいないだろうか。

たとえば『諸基礎』は、「自然的な存在(être physique)としては、人間は、自然に属している」と述べている。もちろんそれは、続いて「しかし運動と行為との自由な権能を授けられた存在としては、人間は、関係や意識の生を享受する。運命の必然性を免れつつ、人間は、彼がまず自らの意志の諸道具に対して有している支配力を、自然に対して拡張する」と補足せんがためである。つまりビランによれば、人間は「彼がその部分をなしているところのこの自然と、本質的な諸関係を有している」のみならず、さらには人間は「これらの諸関係を覚知」して、「それらを変様し、絶えず拡張する、もしくは自らのために諸関係をふたたび創り出す」(Œ VII-1, p. 72. Cf. Œ VII-2, p.

471）のである。しかしながら、大切なのは、本当にこのような自然支配を企投する人間の「意志」なのだろうか。あいかわらず人間は、自らの故郷を去りえないままに留まっているのではないだろうか。あるいはむしろ、「至高の善は、自然にしたがって生きることに存する」（Œ I, p. 198）と述べていたのは、若き日のビラン自身ではなかったか。

　若きビランはまた、「われわれは感情によってしか幸福ではない」（Œ XIII-2, p. 19）と述べてもいる。「人間の品位《ディニテ》」を特徴づけるのは、「理性」ではなくて「感情」（Œ I, p. 44）なのである。「人間は情念《パッシオン》なしには、何一つ偉大なことをなさない」（Ibid., p. 40）と述べていたのは、若き日のビランだったが、しかし最晩年の彼も、「人間は感じることによってしか行為せず、意志の行為そのものが、何らかの情念《パッシオン》を必然的にともない、それに先立つか後続されている」（Œ X-2, p. 257）と語っているのである。感情や自然は、あるいは自然感情や感情的自然は、ビラニスムの公的ないし公式的な諸見解からすれば、乗り越えられるべき低級なものでしかなかったのかもしれない。しかしビランの著作をつぶさにひもとく者にとっては、それは一つの皮相なビラン解釈でしかない。先入見なき率直な読解が彼の思索のうちに見出すのは、むしろ受動性の経験の上にのみようやく成り立つような、能動性それ自身の依存的な生ではなかっただろうか。

「依存の感情は、あらゆる宗教的観念の起源である」（Œ III, p. 163）と、すでに『思惟の分析』のビランは述べている。じっさい、たとえば彼の『日記』を読む者が目撃するのは、むしろ感情や情感性に振り回され、少しはそれを享受し、たいていはそれを受苦しつつ、ついには意志や努力や自我さえもが消滅してしまって、同化のゆくえが神なのであろうと自然なのであろうと、その区別さえどうでもよくなってしまうほどにも感情に身を委ねてしまうような、ビラン自身の受動的生なのである。前章でも触れたように、ブランシュヴィックは、そのようなビランの哲学は、破綻してしまったのだと考える。彼は「かくして私の思弁的学説全体が自我の絶対的自由に基づいているというのに、私は一種の実践的運命論へといたらしめられている[46]」という『日記』のなかのビランの言葉を引きつつ、こう「結論」するのである。「メーヌ・ド・ビランは、人間を自己意識（*conscius sui*）に、そして自己支配（*compos sui*）にするような、〔また〕彼が主張したように、じっさいに因果性の焦点であるような、自らを所有し君臨する一つの権能を、魂の中心のうちに据えるにはまったくいたらなかった。彼の思弁的学説の失敗は、彼の実践的無力によって確証され、そしておそらくは説明される[47]」。しかし、それはむしろビランという人間と彼自身の思索との、かけがえのない長所だったのではなかったか。

　意志や努力には、意志や努力では説明しえない根拠というものがある。もちろん自然やアフェクションも、それらを基底としていかにして意志や努力が誕生するのかを、説明することなどできない。しかし受動性という根源がなければ、能動的諸行為は存在しえないのだし、能動性の生まれる以前にさえ、受動性の経験というものはある。まだ自我も身体も、個体化された諸物体さえ存在していないときにも、あるいはたとえそれらが存在し始めたあとですら、それらの根底には、非区分で不可分の一つの全体としての情感的生の場所がある。心身問題について考察するときも、われわれはそのことを忘れてはならないだろう。

第五章　身体のアルケオロジー

──「肉」の誕生から文化的身体の生成まで──

はじめに

本章の目的は、前期の『身体の哲学と現象学』と後期の『受肉』を中心とするミシェル・アンリの身体論・肉論を、彼がそこで言及した様々な哲学者たち──ヒューム、コンディヤック、ビラン、ラニョ、フッサール、ベルクソン、サルトル、メルロ＝ポンティなど──の見解も含めて検討しつつ、身体・肉の生成を、その誕生以前からその誕生を経て、身体それ自身の分化・発展を介しつつ、文化的領域への展開にいたるまで、一つの「アルケオロジー」として追跡してゆくことにある。あるいはむしろ、そのようなアルケオロジーの根底に、生や自然の根源性を見ることにある。

もちろん文化的身体というものも、たしかに存在しはする。それどころか文化を形成するために、また文化のことを思索するだけのためにすら、身体は不可欠の要素として現れてくるであろう。しかし、それでも文化的身体は、その基底・根拠として、自然の生を想定してはいないだろうか。

もし文化が肉や身体を前提とするなら、文化のアルケオロジーは肉のアルケオロジーを、その自然的根拠として要請することになるだろう。しかしながらアンリの場合、文化の生成、つまりはその「自己成長」は、必ずしも「肉のアルケオロジー」と直結して語られているとは言いがたい。本章でのわれわれの試みは、それゆえ、両者のあいだに身体の発生論を介入させることで、両者の連結を試みることである。本章は、或る意味では前章でのビランにおける身体の発生論的構成論の一つの継続・発展なのだが、当然のことながら、ここでは前章までの諸議論が前提されたうえで、われわれの諸考察が続行されている。

ともかくもまず、アンリにおける「文化」の問題構制を見ることから始めることにしよう。

第一節　文化とその根源——身体の観点から

(1) 文化と身体——アンリにおける「自己-成長」の問題構制

ミシェル・アンリにとって、「文化」とは何だったのだろうか。『われは真理なり』が上梓されたのと同じ一九九六年に催された或る対談のなかで、アンリ自身はこう語っている。「私の著作の総体を振り返って見るなら、私にはそれは、二重のアスペクトをまとっていたように思えます。一方では、〔それは〕現れることの二重性を定義する基礎的現象学的な諸前提の彫琢です。他方では、〔それは〕これらの諸前提の活用と、様々な諸問題や様々な諸哲学へのそれらの適用です。つまり、身体へ（メーヌ・ド・ビラン）、経済へ（マルクス）、無意識へ（精神分析）、芸術へ（カンディンスキー）、文化の問題へ（『野蛮』）、フッサール現象学へ（『実質的現象学』）、最後にキリスト教へ〔の適用です〕。諸前提の彫琢は、もちろん、それらの《適用》から、けっして全面的に分離されてはおりません。最初の著書のなかでは、両者は同時的です。この点では、メーヌ・ド・ビランだけが私を助けてくれました。私の他の著作は、とりわけ、これらの諸前提の豊饒さを検証する機会なのです。キリスト教についてのこのまえの試論〔＝『われは真理なり』〕は例外をなし、『顕現の本質』の課題を継続しています」(Et. p. 17)[1]。

アンリのこの言葉は、自らの著作に対する彼の基本的なスタンスに関しても、幾つかのヒントを含んでいるように思われるのだが、いまは措くことにしよう。ともかくもアンリにとって、ほんらい「文化の問題」を主題化している彼の著作とは、『野蛮』である。同書で彼は、「あらゆる文化は生の文化である」(B. p. 14. Cf. p. 23 ; PV IV. p. 33) と言明している。『受肉』をめぐるその後期思想においても、彼は「生は自らを、文化の根源として顕示する」(I. p. 312) と主張してやまない。「芸術、倫理、宗教」が「文化の上級の諸形式」であるのも、それらが「生」という「成長力」(D. p. 119. Cf. B. p. 40, 85) から生ずるからである。『野蛮』では、「芸術、倫理、宗教」は「文化の彫琢された諸形式」(B. p. 39) や「文化の伝統的な諸様態」(Ibid., p. 152) とも呼ばれている。それらは「あらゆる文化の基礎的諸形式とその本質的内容とを構成する」(Ibid., p. 221)[2] のである。

けれどもわれわれには、文化については『野蛮』それ自身のうちに、表面的には対立する少なくとも二つの考えが共存しているように思われる。すなわち、一方では芸術は「生の表象」(Ibid., p. 66) と定義される。他方ではしかし、同書は文化を「作品」へと貶めてしまうような「表象の形而上学」を批判しつつ、文化を「行為」や「実践」として、あるいはむしろ「主観性」(Ibid., p. 175) として解釈するよう提唱するのである。そしてこのような観点からは、「文化」は「生の絶対的主観性の自己成長 (accroissement de soi)」(Ibid., p. 176) と、あるいは「その自己‐成長 (auto-accroissement) という形式のもとでの生の自己実現」(Ibid., p. 219) と、手短に言うなら「生の自己‐成長 (*auto-accroissement de la vie*)」(Ibid., p. 239) と規定されるであろう。

カンディンスキーをめぐる次著『見えないものを見る』のなかでも、アンリは「芸術は〔……〕何ものも表象しない。世界も、力も、アフェクトも、生も」(VI. p. 208) と述べることによって、芸術を表象とみなす第一の考え方を、完全に放棄してしまったように思われる。たとえば絵画がその「究極の顕示」を完遂するのは、「事物の究極の本質」を「表象」することによってではなく、むしろわれわれをそれに「同一化（identifier）」（Ibid., p. 14）させることによってであり、色彩と「一体化（se confondre）」（Ibid., p. 130）させることによってである。それゆえにこそ他のテクストでも、観賞者と創作者とのあいだには「同時性（*contemporanéité*）」が、あるいはむしろ「一種のパトス的共生（symbiose pathétique）」（Ad. p. 207 ; PV III, p. 293-4）が、実現されると言われるのである。それではアンリは途中から、自らの考えを変えてしまったのだろうか。

　けれども彼は、最後となってしまった彼の著書『キリストの言葉』のなかでさえ、問題とされるのが「芸術的創造」なのであれ、「職人的」創造なのであれ、「産業的」創造なのであれ、「あらゆる創造形式」において見出されるのは「外在化の構造」、すなわち「世界のそれ」だと主張し続けるのである。「創造とは世界の創造であり、それは、そこにおいてあらゆるものが自らをわれわれに、われわれの外に示すことによって、見えるようになるところの外在性の地平を、〔すなわち〕《外》を、開くことのうちに存する」（PC, p. 107）。

　けれどもいまわれわれが問題にしたいのは、これら二つの考え方のあいだでの二者択一ではない。むしろこれら二つの主張は、両者とも、「あらゆる創造の永遠の源泉」という意味での文化の「根源」（VI, p.12）という考えを、想定してはいないだろうか。〈生の表象〉は言わずもがなであろうから、「作品」もしくは「文化的と言われる対象」という意味ではなく、「主観性に開かれた諸々の道」という意味での「文化の諸創造」（B. p. 174）のことを、考えてみることにしよう。その場合、文化とはニーチェが語るような「大いなる狩猟」であり、「生の諸潜在性の全－発展、全－実現」（VI, p. 98）[3]である。そこには何か「生の強化のようなもの（comme une *intensification de la vie*）」があって、生ける自我のこの種の「自己－運動、自己－変容」に対しては、アンリは「転がりゆき、けっして自己自身から離れることのない玉」（Ad. p. 208-9 ; PV III, p. 295-6）という、多少ともベルクソンを想わせるような表現を用いている。しかしながら、ベルクソンの「雪の玉」(HBCE, p. 496) においては、「持続」は「不可逆的」(Ibid., p. 499) である。なぜならベルクソンにおいては、「持続」とは「将来をかじり、前進しながら膨らんでゆく過去の、連続的進展」であり、おまけに「過去」が「自ずから自動的に保存」(Ibid., p. 498) されてゆくからには、意識が「二度同じ状態を通過する」のは「不可能」(Ibid., p. 499) だからである。しかるにアンリにおいては、反対に絶対的生の時間性は、「可逆的」(PV I, p. 141) だと言われているのである。ではなぜ生は、その自己‐成長にもかかわらず、可逆的なのだろうか。それは「文化」にも「それ自身の〈基底〉」(B, p. 126) というものがあるように、「生の自己‐成長」(PM, p. 56) という「変化」のなかにも、「変化しないもの」が、すなわち「留まるもの」(Ibid., p. 54) が、存在するからではないだろうか。

文化の〈根源〉という、このような問題構制において、とりわけわれわれに興味深く思えるのは、メーヌ・ド・ビランについてのその最初の著作以来、アンリがこのテーマを、根源的身体との連関のなかで捉え続けているということである。たとえば『身体の哲学と現象学』においては、「生物学の身体」は「本質的に歴史的」な一箇の「文化的対象」でしかないが、人間は「つねに同じもの」だとされている。つまり「歴史を通じて変化する諸性格」は、もはや「根源的身体」には関わらず、ただ「人間がこの〈根源的〉身体を表象し、これに対して振舞う様々な仕方」に関わるだけなのである。したがって歴史的なのは、「文化的ないし人間的な諸対象」(PPC, p. 5-6) にすぎない。『野蛮』においても、芸術、倫理、宗教といった「文化の上級の諸形式」は、「テクネーの諸様態」(B, p. 85) と言われている。なぜなら「技術」は一般に「為し‐うること (savoir-faire)」(Ibid., p. 79) を意味し、そして「本源的な為し‐うること」は「実践」とも呼ばれるのだが、しかるに「特定の特異的で個別的な実践」とは「われわれの〈身体〉」(Ibid., p. 80) のことだから、つまり「第一次的な技術、本源的な技術」とは、「身体それ自身」(Et, p. 38) のことだからである。そのうえ「主観的身体」や「受肉」は、アンリが生涯を通じて、好んで論じ続けてきた主題だったのではないだろうか。[4]

それとの関連で言うなら、そもそもアンリの「自己‐成長」概念には、幾つかの意味が共存しているように思われる。われわれの知るかぎりでは、彼の著作のなかで「自己成長（accroissement de soi）」概念が顕著になってくるのは、『精神分析の系譜』の第七章以降のことである。この章では「自己成長」が、ニーチェのディオニュソス的な「陶酔」（GP, p. 257）という考えに関連して論じられ、またそれは、「超力（hyperpuissance）」（Ibid., p. 256, 281-3）という概念とも関係づけられている。同じくニーチェ論の継続たる同第八章では、「自己成長」が「力への意志」（Ibid., p. 298, 335. Cf. p. 301）によって説明され、同第九章のフロイト論でも、「アフェクトという形式のもとに、有が自己のうちに初次的に到来すること」としての「生」が、「生の自己成長」（Ibid., p. 384）と呼ばれている。つまり『精神分析の系譜』の「自己成長」概念とは、一言で言うなら〈生の超力〉であり、それ以上でも以下でもない。

それに対し、いま見たように『野蛮』では、「自己成長」ないし「自己‐成長」は、ことさらに「文化」の生成に関係づけられることがほとんどである（Cf. B, p. 14, 37, 126, 170, 174, 176, 179, 190, 204, 219, 239）。『見えないものを見る』でも、もちろん「自己成長」が「自己体験」とならんで、端的に「生の本質」（VI, p. 209）を指し示す場合もないわけではないが、しかし結局のところ、それは「芸術」（Ibid., p. 210）や「文化」（Ibid., p. 214）の本質過程を示すために、用いられることになる。逆に『実質的現象学』では、フッサールの時間論を批判しつつ、「生の運動」を時間論的に指し示すために「自己‐成長」（PM, p. 54-6）概念が用いられていて、特にそれが文化に限定されるようなことはない。

しかるに「自己‐成長」の問題構制のなかで最も興味深いのは、『われは真理なり』や『受肉』では、「各々の自我」ないし「各々の〈自己〉」に「自己‐成長」させるのが、「キリスト」（CMV, p. 147 ; I, p. 357）だと述べられているということである。そのうえ「キリストの肉のうちで聖化されるすべての者たちから無際限に成長する」のは、

「キリストの神秘体（le corps mystique du Christ）」（I, p. 358）それ自身でさえある。また「超－力（hyper-puissance）」という語も、「絶対的〈生〉」の「自己－能与」（CMV, p. 202）や「自己－出生（auto-génération）」（Ibid., p. 260）の過程を示すために、用いられることがある――それでは絶対的〈生〉の受肉や自己－出生は、われわれ自身の生の自己－成長や文化の生成・発展と、どのような関係にあるのだろうか。

　われわれは本章において、文化の問題について、あるいはむしろ文化の〈根源〉という問題について、このような身体ないし肉という観点を中核に置きつつ、最終的には絶対的〈生〉の自己－成長を基点とする方向から、考察してゆきたいと考えている。一言で言うなら、本章でわれわれが究極的にめざしているのは、身体の発生論的構成をあいだに挟みつつ、〈文化のアルケオロジー〉を〈肉のアルケオロジー〉の延長線上に位置づけることなのである。

(2) 身体運動における自然と文化――メルロ＝ポンティとフッサールにおける行為の諸段階

ところでアンリによれば、身体とは「われわれの諸習慣の総体」である。もともと身体とは「一箇の力能」であり、その認識は、けっして瞬間に限定されているわけではない。それは「認識一般の可能性」であり、「世界が私に与えられる実在的かつ具体的な可能性」なのである。そしてこのような「有論的可能性の実在的にして具体的な存在」を、『身体の哲学と現象学』は「習慣」と呼ぶのである。世界もまた「われわれのすべての諸習慣（habitudes）の項」なのであって、かくしてわれわれは「世界の住人（habitants）」である。「居住（habitation）」というこのような性格が、「世界」をも「世界の住人たる身体」（PPC, p. 134）をも、特徴づけているのである。もちろん「身体は記憶である」と言うときの「記憶」とは、「まだ過去の観念があからさまではないような」記憶ではあるのだが、しかし、そのような「われわれの身体の根源的な記憶」こそが「習慣」なのであって、このような意味においてこそ、アンリは「われわれの身体は〔……〕われわれのすべての諸習慣の総体である」（Ibid., p. 140）と述べるのである。

同様にして『知覚の現象学』のメルロ＝ポンティにおいても、身体は「本元的な習慣（habitude primordiale）」（PP. p. 107）とみなされている。正確に言うなら、われわれの身体は、「習慣的身体」と「顕在的身体」との「二つの異なる層」（Ibid., p. 97）を含んではいるのだが。いずれにせよ「習慣の獲得」とは「身体図式の再編にして更新」（Ibid., p. 166）であり、身体は「文化的世界を構成するすべての表現的な働きとすべての獲得と」の「可能性の条件」（Ibid., p. 445）である。メルロ＝ポンティにとって、「非連続的諸作用の無際限の系列のなかで、自らの自然的諸力能を超出し変貌させる意義的な核をわがものとすること」こそが、「人間身体の定義」（Ibid., p. 226）そのものなのである。

メルロ＝ポンティはまた、「あらゆる習慣は同時に運動的かつ知覚的である」（Ibid., p. 177）とも述べている。つまり、まず「習慣の獲得」は、たとえば「ダンスの習慣を獲得すること」においてのように、「運動的意味の運動的把捉」（Ibid., p. 167）なのであって、そこで問題とされているのは、「身体的努力にしか身を委ねない、手のなかにある知」（Ibid., p. 168）のようなものである。しかしまた習慣は、盲人の「杖」のように、「道具」を「身体の附属物」ないし「身体的綜合の伸張」（Ibid., p. 178）[5]にすることによって、新たなる知覚世界をわれわれに獲得させてくれもする。習慣は、「われわれに新しい諸道具を付け加える」ことによって、「われわれの世界内有（être au monde）を膨張させる、もしくは実存を変化させる」（Ibid., p. 168）ような力能を、表現しているのである。かくして「実存の伸張としての運動的習慣の分析は〔……〕一つの世界の獲得としての知覚的習慣の分析へと、引き伸ばされる」（Ibid., p. 178）のだということになる。

このような習慣の獲得のうちに、メルロ＝ポンティは、以下のような三つの「レヴェル」を指摘する。㈠身体は「生の保存に必要な身振り」に限定され、われわれのまわりに「生物学的世界」を措定する。㈡身体はこの最初の身振りに乗じつつ、「ダンス」においてのように、それらの「ほんらいの意味」から「比喩的な意味」へと移行する。㈢身体は「道具」を構築して、自らのまわりに「文化的世界」を投影する（Ibid., p. 171）。けれども「ダンス」の例が示唆しているように、われわれにはこのような三つの段階において、すでにして第二の段階が「文化的」身振りを指し示しているように思われる。しかしながら第一の段階は、文化に属していると言えるのだろうか。

『知覚の現象学』は、ときとして「身体」のことを、「自然的主体」（Ibid., p. 231）とか「自然的自我」（Ibid., p. 239）等と呼んでいる。「生物学的実存」から「人格的実存」への「昇華」は、「自然的世界」から「文化的世界」（Ibid., p. 100）への昇華に呼応し、また「《精神的》ないし文化的な生がその諸構造を自然的生から借りている」のと同様に、「思惟する主体は受肉した主体に基づくのでなければならない」（Ibid., p. 225）のである。それゆえ「私の歴史」は「或る前史の続き」なのであって、「私の人格的実存」は「或る前人格的伝統の捉え直し」（Ibid., p. 293）である。ということはつまり、身体的習慣は文化を形成するための根拠ではあっても、それ自身は或る種の「自然」を前提しているということではないだろうか。

『イデーン』第二巻第三編においては、今度はフッサールが身体の習慣化について語っている。なるほど彼は、まずその第二章では、「身体は私の身体だが、それはさしあたり私の対抗（Gegenüber）、私の対象（*Gegenstand*）として、私のものである」と述べ、それは「《私のもの》だが、しかし自我の構成要素ではない」（Ideen II, S. 212）と断ってはいる。けれども同第三章では、彼は「身体は、私によって自由に動かされる身体としては一つの精神的実在であり、その実在性の観念には、自由な運動の主観としての自我への関係が属している」（Ibid., S. 283-4）と言明し、さらにはそのような身体に、「感性論的な身体（*der aesthesiologische Leib*）」と「自由に動く意志身体（*der Willensleib*, der frei bewegliche）」という「二面の実在」を認めてもいるのである。そのうえ「感性論的な層」は、「《自由に動くもの》の層」にとっては、「基礎（Unterlage）」（Ibid., S. 284）でさえあるのだという。

身体運動の方を、もう少し詳しく見てゆくことにしよう。もともとは「私は動かす」や「私は行為する」が、「私は行為することができる」に先立っているのだと、フッサールは述べている。しかしながら「顕在的行為」から切り離された「われ能う（ich kann）」というものも、ないわけではない。たとえば私は、私の手を動かすと「表象」することもできるわけである。けれどもこのような「表象」だけでは、まだ真の「われ能う」ではない。そこでフッサールは、「直観的な表象」からなる「たんに《論理的》な可能性」と、「能為（Können）」の「実践的な可能性」（Ibid., S. 261）とを、区別することになる。後者は「実践的な《われ能う》」（Ibid., S. 262）なのである。「能力（*Vermögen*）は、空虚な能為ではなく、或る積極的な潜在性（*Potentialität*）」（Ibid., S. 255）なのである。

ところでフッサールもまた、『イデーン』第二巻第三編の第二章において、「ダンス」について語っている。「有の定立〔Seinsthesis 存在定立〕」は、誤ることがある。たとえば本当は、事物は存在しないのかもしれないし、「現実には私は何にもぶつからず、私はダンスをせず、跳躍しない」のかもしれない。しかし「私は蒙る」、「私は行為する」、「私は私を動かす」ということは、そのことによって廃棄されるわけではない。「私はぶつかる」、「私はダンスをする」等は、或る「超越‐定立」を含んだ一つの「コギト」なのであって、このような混淆形式において「エゴ・スム〔われ有り〕」（Ibid., S. 218）[6]を、自らのうちに含んでいるのだという。私はまた「ピアノを弾く」こともできるのだが、しかし、「いつもうまくゆくとはかぎらない」。なぜなら私は、弾き方を忘れ、「習慣を失ってしまった（aus der Übung gekommen sein）」からである。一般に、私は「このうえなくありふれた活動」の習慣を失うということはないのだが、しかし、もし私が長いあいだ病気だったなら、私は「歩くこと（Gehen）をふたたび学ぶ」のでなければならない。それは、すぐにできるようになるのかもしれない。しかし神経症にかかると、私は四肢に対する支配を失ってしまって、「われ能わず（ich kann nicht）」となる。私は別人になったかのごとくである（Ibid., S. 254）。

かくしてフッサールにとっても、自我は「空虚な極」ではなく、「その習性の担い手（*Träger seiner Habitualität*）」である。それは「自らの個体的な歴史」（Ibid., S. 300）というものを、有しているのである。けれども、ただ単純に歩くだけの行為は、すでにして一箇の文化的な身振りなのだろうか。フッサールは、一方では「人格的自我」は、「根源的発生（*Genesis*）」において、たんに「衝動的に規定された人格性」としてのみならず、「より高次の、自律的な、自由に行為する、とりわけ理性動機によって導かれた」自我としても、構成されるのだと主張する。「諸習慣（*Gewohnheiten*）」は、「根源的に本能的な振舞い」についてのみならず、「自由な振舞い」（Ibid., S. 255）についても、形成されなければならないのである。しかし他方では、彼は「《フィアット》の能動的定立をともなった意志の以前に、衝動的な行為としての行為がある」（Ibid., S. 258）[7]と強調することも、忘れてはいなかったのである。「結局のところ、すべては理解可能な仕方で、主観の原能力（*Urvermögen des Subjekts*）へと指し返し、それから、以前の生活活動から発源した、獲得された諸能力（*erworbene Vermögen*）へと指し返す」（Ibid., S. 255）。しかしながら、「獲得された諸能力」の以前に「主観の原能力」があるということは、あらゆる習慣化が始まる以前に、あらゆる習慣化の前提として、文化の根源としての自然的身体があるということではないだろうか。

(3) 習慣と習慣の根源——ベルクソンとアンリの場合

同じ「ダンス」の習得という問題に関して、今度はベルクソンの論攷「知的努力」の当該部分を、見てゆくことにしよう。一九〇二年に公刊されたこの論文のなかで、ベルクソンは、まず「知的努力の知的特徴とは、どのようなものか」（HBŒ, p. 931）という問いを立て、有名な「力動図式（*schéma dynamique*）」（Ibid., p. 936）の概念を用いながら、想起、知解、発明という三つの領域における具体例を検討しつつ、「知的に働くことは、同じ表象を、異なる意識諸平面を介して、抽象的なものから具体的なものへ、図式からイマージュへ向かう方向に、導くことに存する」(Ibid., p. 948) という、一応の結論を導き出す。精神は「図式からイマージュへの転換」のうちでしか働かないのだが、ダンスの実例が登場するのは、「努力」が「減速 (ralentissement) と遅れ (retard)」(Ibid., p. 949) を意味するのだということを示そうとする文脈においてである。

そのさいベルクソンは、「努力」はわれわれが「獲得済みの諸習慣 (habitudes acquises)」を、「或る新しい行使の習得 (apprentissage)」のために利用しようとするたび毎に要求されるのだというデューイの考えを、援用することから始めている。身体の行使が問題とされるとき、われわれは、「われわれがすでに慣れている幾つかの運動」を利用し、変様することによってしか学習しえない。しかるに「古い習慣」がそこにあって、それが、それを用いてわれわれが身につけたいと思っている「新しい習慣」に、「抵抗」(Ibid.) するのである。それゆえ「努力」は、「異なり、かつ類似した、二つの習慣〔同士〕の闘い (lutte de deux habitudes, à la fois différentes et semblables)」(Ibid., p. 949-50) しか、顕わにしないであろう。

ベルクソンはこの考えを、自らの「図式」と「イマージュ」という諸概念を「身体的努力」に適用することによって、解明しようと試みる。たとえば「ダンスのような複雑な行使」を一人で学ぶとき、われわれはまずダンスを視ることから始める。つまりわれわれは、まず「ワルツの運動の視覚的な知覚」を獲得し、次いでこの知覚を「記憶」に託して、それからその記憶に似た印象を与えるような運動を足に獲得させるのだと、思い込んでいる。しかしながら、ひとはダンスを踊る習慣をすでに身につけているというのでなければ、細部においてであれ全体においてであれ、ダンスを「しっかり見る」ことなどできないだろう。それゆえ、われわれが利用しようとしているイマージュは、「確固たる視覚的イマージュ (une image visuelle arrêtée)」ではありえない。それがまず「確固たるイマージュ」ではないというのは、ダンスが学ばれるにつれてそれが変化し、正確化されてゆくからである。またそれが「まったく、視覚的イマージュ」でさえないというのは、われわれが「適切な運動的イマージュ」を獲得するにつれて、それが完成されてゆくから、つまりはこれらの運動的イマージュがそこに侵入し、それに取って代わろうとさえするからである。そして「遂行すべき運動の継起的諸部分のあいだの、とりわけ時間的な諸関係のデッサン」であるような、同時に視覚的でも運動的でもあるようなこの種の表象は、ベルクソン自身が「図式」(Ibid., p. 950)と呼んでいるものに、酷似してはいないだろうか。

われわれが「ダンスをすることができるようになり始める」のは、「遂行される運動に対応するすべての運動感覚」によって、「図式」が満たされるときであろうが、そのためには図式は、バスティアンが部分的、基礎的な諸運動の「キネステーゼ的諸イマージュ」(Ibid., p. 950-1)と呼んでいるところのものを、一つ一つ喚起してゆかねばならないであろう。けれどもそのためには、われわれは、たとえば「ワルツがそこへと分解されるところの基礎的諸運動の習慣」を、つまり「歩い」たり「つま先で起ち上が」ったり「踵で回転し」たりする運動の習慣を、すでに持ち合わせているのでなければならないのだし、そのうえわれわれは、それらをそのまま利用するのではなく、多少とも「変様」するのでなければならないだろう。それゆえ、一方には「全体的で新しい運動の図式的表象」が、他方には「全体的運動がそこへと分析された基礎的諸運動と同一の、もしくは類似した古い諸運動のキネステーゼ的諸イマージュ」が、存在するのだということになる。ワルツの習得は、「すでに古いこれらの様々なキネステーゼ的諸イマージュ」から、「図式のなかに一緒に挿入されることをそれらに許す、或る新しい体系化」を、獲得することのうちにこそ存している。それゆえ、ここでもまた問題とされているのは、「図式をイマージュに展開すること」(Ibid., p. 951)[8]なのである。

しかし、たとえば「歩く習慣」のそれのような「古いグループ化」が、「新しいグループ化」に抵抗してしまう。「ダンスの図式」は、最初から「適した諸イマージュ」(Ibid.)によって満たされうるわけではないのである。そしてこのような「遅れ」こそが、「つらい試み」と「容易な遂行」とのあいだの、あるいは「行使の習得」と「この行使それ自身」とのあいだの「インターヴァル」（Ibid., p. 952）を測っているのである[9]。

しかしながら、そこにあるのは、いつでも本当に「異なり、かつ類似した二つの習慣〔同士〕の闘い」なのだろうか。言い換えるなら最初の基礎的運動も、つねにすでに習慣と呼ばれる習得の結果だと言わなければならないのだろうか。習慣や文化の根源には、生や自然があるのではなかったか。

メルロ＝ポンティが繰り返し主張しているように、事実上、自然的なものを文化的なものから識別するのは難しい。たとえば彼は、「ちなみに二つの次元〔自然的と文化的〕の区別は、抽象的である。われわれのうちでは、すべてが文化的であり〔……〕そしてわれわれのうちでは、すべてが自然的である」（VeI, p. 306-7. Cf. p. 227-8）と述べている。「人間においては、すべてが製作され、すべてが自然的」（PP, p. 221）なのである。それゆえ彼にとって、「生世界（*Lebenswelt*）」は同時に「自然」でも「文化」（NC, p. 76. Cf. p. 77）でもあり、「純粋に自然的な表現」も「純粋に慣習的ないし社会的」（MS, p. 555）な表現も存在しない。『眼と精神』のなかでも言われているように、「ここで自然が終わり、人間もしくは表現が始まると、言うことなどできない」（Œ, p. 87）のであって、むしろ「《自然的事物》は、或る文化にとってしか、そのようなものとして現れない」（IP, p. 178）のである。

しかしながら、他方ではメルロ＝ポンティは、権利上、自然が文化を根拠づけるということも、認め続けているのである。「あらゆる文化的対象は、自然という基底に送り返す」（PP, p. 32）。あるいは「或る意味を持つ生があるが、しかし、それでも思惟がないようないたるところに、自然がある」（N, p. 19）。自然とは「われわれの土壌」であり、「われわれを担うもの」（Ibid., p. 20）である。それゆえにこそ彼は、「現象学は、習慣の第二次的な受動性に対して、或る根源的な受動性を発見しようと欲する」（Ibid., p. 103）と語り、また「われわれの文化全体の土壌としての、われわれに－とっての－〈自然〉を再発見すること」（NC, p. 44）を、推奨してもいるのである。『知覚の現象学』の表現にならうなら、世界には「土着的な意味」（PP, p. 503）というものがある。「自然的世界」は、「すべての諸地平の地平、すべての諸スタイルのスタイル」(Ibid., p. 381) なのである。それは『眼と精神』も述べているような、「絵画の、そしておそらくは文化全体の、この根底 (ce fondamental)」(Œ, p. 15) なのであろう。

それではアンリの場合、もしわれわれが身体の問題構制から出発するなら、文化とその〈根源〉との関係は、どのようなものになるのだろうか。カンディンスキーについての試論のなかで、アンリもまた「ダンス」の運動を主題化しつつ、「異他的」ないし「外在的」な「目的性」(VI, p. 78-9) の観念や、「客観的」で「外的」な「意味」(Ibid., p. 180) という考えを斥け、逆に「諸運動を無限に産出する能力」、すなわち「力能としての力能」(Ibid., p. 80) という考えに、賛意を表している。「ダンスの本質」は「力の純粋な展開」のうちにこそあり、ダンスはわれわれを「《抽象的な》運動」(Ibid., p. 79) のまえにもたらしてくれる。「具象的でしかないような芸術」など、そもそも「芸術ではない」(Ibid., p. 180) のであって、それゆえにこそカンディンスキーも、「クラシック・オペラ」を「非難」(Ibid., p. 181) するのである。「バレエが或る物語を模倣するたび毎に、それはグロテスクである」(PV III, p. 323)。

『マルクス』のなかでもアンリは、まずもって「行為」を規定するのは「企投」ではなく、「情感性」だと述べている。「栄養を摂取するという企投」以前に「飢え」があり、「着物を着ようとする企投」以前には「寒さ」(M I, p. 207) があるわけである。そのうえ「行為は、それが直観でないかぎりにおいてしか、それが行為それ自身の直観でも任意の対象の直観でもないかぎりにおいてしか、可能ではない」のだという。そして『マルクス』のアンリによれば、そのような「実践」の性格は、けっして「習慣的性格」(Ibid., p. 323) と理解されてはならない……。

それゆえわれわれとしても、身体の根源的ステイタスを、このような「習慣的性格」や客観的な「意味」もしくは観念との対比という観点から、検討してゆきたいと思う。しかしながら「習慣」や「観念」は、「心身合一」をめぐる最も伝統的な諸問題の一つだったのではないだろうか。

第二節　主観的身体と運動

(1)「運動」と「運動の観念」――ヒュームの分析とアンリの批判

「私は私の身体で有るのではなく、私は私の身体を持つ」(Ideen II, S. 94)と述べるフッサールとは反対に、アンリは「私は私の身体で有る」(PPC, p. 271)[10]と言明する。そしてそれこそが、主観的身体のテーゼなのである。コギトのデカルト的規定にしたがうなら、「運動」からは「運動の観念」(Ibid., p. 78. Cf. p. 71)しか、残らないことになってしまう。それゆえにこそ『身体の哲学と現象学』は、「デカルト的二元論の思い遺産」を担いつつ、身体的運動の過程を「運動を遂行しようとする意志ないし願望〔欲望〕という第一の位相」と、「〔それに〕対応する物質的過程のうちにある第二の位相」(Ibid., p. 86)とに区分しようとするヒュームの分析を、批判するのである。

じっさい『人間悟性探究』の第七部「必然的連結の観念について」のなかで、ヒュームは「形而上学において生ずる観念のなかで、力能(*power*)や力(*force*)やエネルギー(*energy*)や必然的連結(*necessary connexion*)の観念ほど昏く、不確実なものはない」(EHU, p. 61-2)と述べている。ヒュームのいつもの理論にしたがって、「われわれのすべての諸観念」は「われわれの諸印象のコピー」(Ibid., p. 62. Cf. p. 19, 22)でしかないのだから、われわれがあらかじめ「われわれの外官や内官(our external or internal senses)」によって「感じた」のではないような何ものも、われわれが「思惟する」ことなど「不可能」(Ibid., p. 62)である。そこで、まず「外的諸対象」の方を見るなら、そこにはわれわれは「力能」や「必然的連結」を、けっして発見することができない。つまりわれわれが見出すのは、ただ「或るものが、現に、事実上、他のものに後続(follow)しているということ」だけなのである。たとえば「或るビリヤードの玉の衝撃」は、「第二のビリヤードの玉における運動」をともなうのだが、それが「外的な諸感官

（*outward* senses）」に現れるすべてなのであって、精神は、「諸対象のこの継起」から、いかなる「感情や内的な印象（*inward* impression）」（Ibid., p. 63）も感じるわけではない。それゆえ「諸物体の観想」から「力能の観念」が派生することなど、「不可能」（Ibid., p. 64）なのである。

　そこでヒュームは、今度は「内的力能（internal power）」について、考察しようと試みる。そしてヒュームによれば、ここでもまた「身体諸器官への意欲（volition）の影響」は、「経験によってのみ知られえて、原因のなかのいかなる明白なエネルギーや力能からも、けっして予見（foresee）されえない」ような「一事実」（Ibid., p. 64-5）なのだという。つまり「われわれの身体の運動が、われわれの意志の命令に応じて（upon the command of our will）後続する」ということは、われわれがいつでも「意識」していることなのだが、このことが実現されるための「手段」や、このような途方もない働きを意志が遂行するさいの「エネルギー」については、われわれは「直接的に意識」しているどころではない。それは「われわれのこのうえなく勤勉な探究をさえ、永遠に免れなければならない」（Ibid., p. 65）のである。

　このことを論証するために、ヒュームは以下のような三つの論拠を提示する。㈠それによって或る「精神的実体」が或る「物質的実体」に影響を及ぼしうるというような「心身合一（union of soul with body）」ほど、「神秘的」な原理があろうか。もしわれわれが「意識」によって、「意志」のうちに何らかの「力能」や「エネルギー」を「知覚」するというのであれば、われわれは、この「力能」や「結果とのその連結」を知っているのでなければならないはずだし、また「心身の密やかな合一」や「これら両実体の本性」を知っているのでなければならないはずである（けれどもじっさいは、そうではない）。㈡われわれは「同じような権威」でもって、「身体のすべての諸器官」を動かしうるわけではない。たとえばなぜ「意志」は「舌や指」には影響を及ぼすのに、「心臓や肝臓」（Ibid.）には影響を及ぼさないのだろうか。また突然に足や腕が「麻痺」してしまったり、これらの四肢を最近失ってしまったような人でも、最初のうちはしばしばそれらを動かして、いつもの機能でそれらを用いようと努力する。彼は健常者と同じほど「このような四肢に命令する力能」を「意識」しているのである。しかしながら、「意識はけっして欺かない」。したがって健常者においても障害者においても、じつはわれわれは、いかなる「力能」もけっして〔真の「力能」として〕「意識」しているわけではなく、ただわれわれは「われわれの意志の影響を、経験のみから学んでいる」にすぎない。そして「経験は、いかにして或る出来事がもう一つの出来事に恒常的に後続するのかを、われわれに教えるのみ」なのである。㈢「意志的運動における力能の直接的対象」は、「動かされる四肢それ自身」ではなくて、「或る筋肉、神経、動物精気」や、おそらくは「さらにいっそう微細で、いっそう知られざる何か」なのだということを、われわれは「解剖学」から学んでいる。そして「この働き全体がそれによって遂行されるところの力能」が、「内的な感情もしくは意識」によって直接十分に知られるどころか、「極度に神秘的で不可解」だということを、これ以上確実に証明してくれるものなどありえようか。もし、もともとの「力能」が感じられるなら、あらゆる力能はその結果に相対的なのだから、その「結果」もまた知られるはずなのである。それゆえ逆に言うなら、もし「結果」〔＝筋肉や神経や動物精気の運動〕が知られないというのであれば、「力能」もまた「知られも感じられもしえない」（Ibid., p. 66）のだということになる。

　結論するなら、「力能についてのわれわれの観念は、われわれ自身のうちにある力能についてのいかなる感情や意識からも、コピーされるのではない」――このあとヒュームは、「われわれの意志の作用ないし命令」によって「新しい観念」（Ibid., p. 67）が生まれるとされるようなケースの検討へと移ってゆくのだが、その結論は変わらない。結局のところ、「原因と結果の関係」は、「人類にはまったく知られない」のである。「必然性」や「因果関係」についてのわれわれの観念は、そこにおいて「類似した諸対象」が「恒常的に一緒に結合」されるような「自然の諸々の働き」において、われわれが観察しうるような「斉一性（uniformity）」にしか、由来しえない。精神は、「或る対象を他の対象の現れ〔出現〕から推論すべく、習慣（custom）によって規定される」（Ibid., p. 82）にすぎないのである。

　ところで『探究』のなかで、ヒュームは機会原因論を批判してはいるのだが（Ibid., p. 69-73）、しかしながら「内的力能」に関する上述の三つの論拠を、彼がマルブランシスムから借りていることは明らかである[11]。そしてそのマルブランシスムは、すでにビランによって、十分に批判されたのであった[12]。あとになって習慣によって結びつけられることになるような運動と運動の観念とのあいだの区別に基づいた、このようなヒュームの諸議論は、意志や努力にではなく、おそらくはビラン的な意味での願望〔欲望〕にこそ、いっそう適合するであろう。アンリによれば、「ヒュームの懐疑論の不条理」は、ここでは「デカルト哲学の真理」であり、つまりは「出発点の不条理」である。「ヒュームはデカルト的二元論の不条理を、証明した」（PPC, p. 204）のである。たとえばスピノザなども、「心身関係についてのデカルト的問題」を、「いっこうに前進させていない」という点では、同断である。スピノザは、デカルトの立てた問題を「別様に立てる」代わりに、それを「別様に解決」しようとしたにすぎない。そしてヒュームもまた「この問題の陳述」を「変様」させてはいないのだが、ただし、少なくとも彼には、「このような仕方で立てられるなら、この問題は絶対に解けない」ということを示しているという「メリット」（Ibid., p. 205）はあるのだという。

　そもそも問題は、ヒュームにとって「運動は、自己によっては知られない」（Ibid., p. 86）というところにある。そして「われわれは運動についての直接感情を持たない」とするテーゼと連帯しているのが、「この運動がそれによって遂行されるところの諸道具について、われわれがまったく無知である」と主張するテーゼなのである。反対に、ビランにしたがいつつアンリが示そうとするのは、「われわれの諸運動の遂行のうちには、いかなる道具も介入しない」のだということ、あるいはむしろ、「われわれが解剖学者や生理学者の身体を知らないこと」こそが、

「われわれの行為が生じうるための条件」(Ibid., p. 87) なのだということである。そしてわれわれが「別のルートで (*par ailleurs*)」、まさに遂行しつつある諸行為についての「感情」(Ibid., p. 88) を有しているというのでなければ、少なくともわれわれは、そうした諸道具を探したり認識したりしようとさえ思わないだろう。このような「絶対的内在の圏域」を離れるや否や、「運動」はもはや、「宇宙の任意の出来事に同化されうるような疎遠な一現象」(Ibid., p. 89-90) でしかなくなってしまう。要するに、もしヒュームが「産出の力能として自らを直接的に自己自身に顕示する努力」の実在を認めなかったとするなら、それは彼が「運動の有がその内部で根源的にわれわれに与えられるような、主観性の実存圏域についての有論」(Ibid., p. 91) を、意のままにしていなかったからなのである。

そして同じ「主観性の有論[13]」の不在という非難を、アンリはラニョに対しても向けようとする。

(2)「行為の感情」——ラニョの分析とアンリの問題

『高名なる諸講義』のなかに収録された「知覚についての講義」において、ラニョは「筋肉感覚 (sensation musculaire) を、行為の感情 (sentiment de l’action) と混同してはならない」(CL, p. 192. Cf. PPC, p. 97) と警告する。「筋肉的行為の感覚 (sensation d’action musculaire)」などというものは、もともと存在しないのであって、われわれが「行為の感情」を体験するときには、われわれはむしろ「真の認識」を有しているのだという。つまり、この感情自身は「われわれ自身の一変様」でしかなくとも、それでもこの変様は、「われわれがその原因であるという肯定」に結びついているのである。それゆえ、「行為の感情」においては「筋肉感覚」それ自身は、「従属的な一要素」でしかない。なぜなら「われわれが行為する」ときでも「意志の介入がない」ときでも、「われわれの筋肉のうちに勃発する変様」は「同一[14]」だからである。しかるにわれわれは、「意欲された筋肉収縮」と「意欲されない筋肉収縮」とを、「区別」(CL, p. 192) することができるではないか。

ラニョは「行為が或る結果を産出するという観念が、この結果の感覚に結びつけられるためには、この行為が、その結果によってとは別様に、われわれに顕示されるのでなければならず、行為はそれ自身において、われわれに顕示されるのでなければならない」（CL, p. 193）と述べることによって、「ビランの思索についての、すばらしい註釈」（PPC, p. 93）という、アンリの称讃を勝ち得ることとなる。しかしながら、ただちにラニョは、「自らが能動的だと感じることは、たんに或る感覚を体験するだけではなく、それは或る感覚と、或る結果がそのもとに追求されたところの或る観念との絆を、肯定することである」と付け加えてしまうのである。ラニョにしたがうなら、「自らが能動的だと感じること」は「感じること」以上なのであって、つまりはそれは、ついさっきも見たように、「認識すること」なのだという。そしてこの認識は、精神が、たんに自らを「自らの行為の内的諸結果」に対置するのみならず、「自らの行為の内的諸結果」を、「精神が自らのものとして感じず、精神が意欲したのでないような、他の諸結果」に対置することも、想定しているのである。それゆえ「外界から隔離されているような思惟する存在」なら、自らを「能動的」と認識することなどできないだろう。そしてラニョによれば、「われわれがわれわれの行為〔＝能動〕について持つ認識」が、このような「抽象的認識」ではないことをすでに強調していたのが、「メーヌ・ド・ビラン」（CL, p. 193）なのである。

　しかしそのさいラニョは、「彼〔メーヌ・ド・ビラン〕が筋肉的努力の感覚と呼ぶものにおいてこそ、彼によれば、自我のそれ自身への顕示が産み出される」（Ibid.）と述べることによって、今度は「重大な歴史的誤謬」を犯したとのアンリの非難を招くことになる。なぜならアンリによれば、ビランは「筋肉的行為の感情を、けっして感覚とは呼ばなかった」（PPC, p. 96）からである。しかるにラニョは、「メーヌ・ド・ビランが覚知しなかったのは、この認識が感覚とは呼ばれえないということである」と主張し続ける。なぜならラニョの本当の関心は、「われわれは自らが能動的〔行為的〕であると感じるのではない。われわれは自らが能動的〔行為的〕であると判断する」と主張することのうちにこそ、存していたからである。そしてこの「判断」は、「筋肉的行為とは異なる或る行為」の、すなわち「それによってわれわれが、その必然性がわれわれに課せられるところの諸法則にしたがってわれわれの思惟を規定するところの、或る理想的な行為〔une action idéale〕」の表象を、想定しているのだという。したがって、いわゆる「筋肉的行為の感情」とは、じつは「あらゆる判断と同様に、諸感覚に結びついた一つの判断」なのである。そこでラニョは、アンリも――ラニョを批判するために――引用する以下の言葉を述べることになる。「自らが能動的だと感じることとは、次のように判断しつつ、或る諸変様を体験することである。つまりそれは、これらの諸変様は思惟から帰結し、〔しかも〕必然的に思惟から帰結するという判断であり、諸変様は思惟の諸結果であって、思惟とこれらの諸変様とのあいだには因果性の関係が、つまりそれを考えそれを肯定することが思惟に課せられるような必然的な関係が、存在するという判断である。行為についての観念は、因果性の観念を含んでいる。因果性の観念は、必然性の観念を含んでいる。ところで必然性は、感じられえず、それは〔そうで〕有らねばならぬと肯定される」（CL, p. 194. Cf. PPC, p. 94）。

かくして「筋肉感覚」が「筋肉的行為の感情」と区別される理由が、再確認される。つまりこの感情それ自身が別のものを、すなわち「理念的活動〔l'activité idéelle〕」ないしは「或る追求された目的の概念〔le concept d'un but poursuivi〕」（CL, p. 195）を、想定しているのである[15]。それゆえ「行為の感情」は、「筋肉感覚を介しての、客観的〔対象的〕諸感覚への、理念的活動の適用」（Ibid., p. 195-6）から帰結するのだということになる。

「筋肉的行為の感情」は、「運動の感情」や「抵抗や重さの感情」など、様々な形態を取ることができるのだが、ここでもまた大切なのは、「筋肉感覚」を「運動や抵抗や重さの諸感情」と「混同」しないことだという。つまり、前者は後者の「一条件」でしかなく、それだけでは「われわれに何も教えない」（Ibid., p. 196）のである。またビランと同様、ラニョもまた「実在的物体」とは「抵抗する物体」のことだと考えるのだが、しかし彼は、「抵抗の知覚」は「原初的」ではないと主張する。つまりラニョによれば、われわれは「抵抗する事物を考える（concevoir）」からこそ、「この事物の抵抗を知覚する」のであり、ここでもまた「われわれのうちに抵抗の知覚を産出する」のは、「対象の観念」（Ibid., p. 208）だということになる。われわれが「物体の抵抗を直接的に感じている」と思うのは、じつは「錯覚」なのであって、「抵抗の観念」は、「われわれに抵抗する外的物体の観念」と「延長において接触する二つの物体の表象」とを、「想定」（Ibid., p. 192）しているのだという。

その高い評価にもかかわらず、アンリがラニョを批判するのは、「新たにフランスに導入されたカント的パースペクティヴ」（PPC, p. 93）のもとでは、「感覚と判断という認識の二源泉しか存在しない」（Ibid., p. 96）からである。そのために、一度否定されたかのように思われた「筋肉感覚」が、いま見たように、「知覚についての講義」においてはふたたび「市民権」（Ibid., p. 97）を獲得することになる。しかしながらアンリに言わせるなら、「行為するのがじっさいに私であるケース」においても、あるいは「たとえば或る外的原因が、意志的運動が規定したのと同じ筋肉諸感覚を、私のうちに産出したとき」においても、「筋肉感覚」と「因果性の観念」という「ラニョが持ち合わせている二つの要素」は、両者とも「同じもの」でしかない。なぜなら前者は「仮定により」同じものだからであり、そして後者は「つねに自己同一的な一つの普遍的観念」（Ibid., p. 94）だからである。それゆえ二つのケースを区別するためには、私は「私の行為それ自身」について、「或る根源的な認識」を有しているのでなければならない。「私は、私が行為すると判断するがゆえに、行為するのではない。そうではなくて、私は、私がじっさいに行為するがゆえに、私が行為すると判断する」のである。そしてそのことを説明してくれるのは、ただ「主観性の有論」のみであり、また主観性の有論のなかでは、「主観的運動についての理論」（Ibid., p.95）のみである。しかるに前項でも触れておいたように、ラニョにおいて決定的に欠けているのが、この「主観性の有論」（Ibid., p. 93）なのである。

そもそも「行為の観念」は、「行為それ自身」を想定していて、われわれが「行為の観念」について語りうるのは、一瞬ラニョが理解したように、「行為が《それ自身において顕示》されている」場合においてのみである。それゆえ「根源的に主観性に帰属する運動の絶対的内在」の理論のみが、あとからわれわれが運動をそのもとで思惟しうるようになるような「諸観念」(Ibid., p. 98) をも、説明しうるのだということになる。また「抵抗」に関しても、アンリはラニョの考えを逆転する。「観念が実在的なものの根拠なのではない。その反対こそが、真」(Ibid., p. 102) なのである。

以上のようなアンリのラニョ批判に対して、われわれとしても、若干のコメントを付け加えておくことにしたい。まずラニョの諸議論において真に致命的なのは、もちろんビランにおける「筋肉的行為の感情」を、「筋肉的努力の感覚」(Ibid., p. 96) と混同してしまったという、ラニョの「歴史的にして専門的な誤謬」(Ibid., p. 95) なのではない。なぜならこの点に関しては、結局のところ彼ら〔アンリも含めて〕の結論は、一致しているからである (Cf. CL, p. 192, 194, 195)[16]。筋肉感覚が「意欲された筋肉収縮」においても「意欲されない筋肉収縮」(Ibid., p. 192) においても同じだという見解に関しても、両者の見解は一致している。むしろラニョの問題は、「或る結果がそのもとに追求されたところの或る観念」(Ibid., p.193) が、すなわち「或る追求された目的の概念」(Ibid., p.195) こそが、私がその結果の原因だと私に判断させてくれる当のものだと主張しているところにある。いま見たように、それは「それによってわれわれが、その必然性がわれわれに課せられるところの諸法則にしたがってわれわれの思惟を規定するところの、或る理想的な行為 (une action idéale) の表象」(Ibid., p. 194) であり、この意味での「理念的活動 (l'activité idéelle)」(Ibid., p. 195) である。それゆえラニョが「必然性」の「判断」をともなうと考えているのは、実現すべき「目的」の観念であり、もっと端的に言うなら、行為の「観念」なのである。

この問題構制のなかで、アンリはラニョにおける「必然性」の観念をしか見ておらず、「目的」の観念は度外視している。それゆえにこそアンリは、ラニョ哲学がそのなかを動いているところの「カント的パースペクティヴ」しか、批判していないのである。しかしながら、じっさいのところ『高名なる諸講義』の著者は、実在的運動と運動の観念との、もしくは意志と願望〔欲望〕との混同という、すでにマルブランシュやヒュームがなしていたのと同じ混同を、繰り返しているにすぎないのだということになる。

(3) 主観的運動と諸感官の統一――サルトルの場合

主観的運動の誤認にまつわる同様の批判を、アンリはサルトルの『想像力の問題』を検討することによって、継続しようとする。そこでまず、サルトルの理論を確認することから始めることにしよう。同書第二部第三章でサルトルが主題化しようとしているのは、「〔……〕諸運動が、すなわち最終的にはキネステーゼ的諸感覚が、イマージュの構成において或る本質的な役割を演じているのではないか」（Im, p. 146）という問いであり、とりわけ「いかにしてキネステーゼ的諸感覚が、視覚的諸知覚によって提供される或る対象を視向する想像意識に対して、素材として奉仕しうるのか」（Ibid., p. 148）という問題である。

周知のように、サルトルはまず「われわれの心的諸イマージュの発生」に関するドゥウェルスオヴェールの理論を批判的に検討することから始めるのだが、この発生は、ドゥウェルスオヴェールによれば、以下の三つの段階から構成されているのだという。㈠「遂行すべき運動の観念」。㈡「この観念、この運動的志向を対象化する筋肉的態度。ただし主観には、その運動的反応、その態度そのものが、分かっていない」。㈢「運動的反応の記録として意識のうちに喚起（provoquer）されるが、この反応の諸要素そのものとは質的に異なるイマージュ」（Ibid., p. 148-9）[17]。ちなみにこの過程は、アンリによって、ただちに批判されることになる。というのも、われわれは通常、「諸運動を行う以前」に、われわれの諸運動についての「観念」など「形成しない」（PPC, p. 118）[18]からである。

サルトル自身の記述を見てゆくことにしよう。まず「目を開けて」、私は空中に「カーヴ、幾何学的諸形態」を描いている私の右手の人差し指を視る。描いているあいだの「諸々の現在」は、「精神の綜合的諸作用」によって「緊密に結合」されていて、そこにはフッサールの言うところの「過去把持」と「未来予持」(Im, p. 149)とが働いている。そしてこれらの過去把持と未来予持とが視向しているのが、「私の人差し指の軌道」なのである。そのさい、この軌道そのものは「一つの静態的な形(une forme statique)」(Ibid., p. 150)として現れる。けれどもこれらの「視覚的諸印象」には、「ほんらいキネステーゼ的な諸印象(皮膚、筋肉、腱、関節の諸感覚)」が、「弱音でともなう」というような仕方で結びつく。サルトルによれば、これらの「二次的諸志向」は、「視覚の諸印象を視向する諸々の過去把持や未来予持」に、「厳密に従属」(Ibid., p. 151)せしめられているのだという。

今度は「眼を閉じて」、私は指で、先の運動に類似した諸運動を遂行するのだとしよう。そのとき、たしかに「視覚感覚」は消失したが、しかし、われわれが意識するのは「キネステーゼ的感覚」ではなくて、「生じつつある或る形としての運動の軌道」である。もし私が「8」の字を指先で描くなら、私に現れるのは「構成されつつあるこの8」(Ibid.)であり、「キネステーゼ的な形」ではなくて、「視覚的な形態(une figure visuelle)」である。ただしそれは、「イマージュとしての視覚的な形(une forme visuelle en image)」なのである。しかしながら、ひとはドゥウェルスオヴェールとともに、運動がイマージュを「喚起する(*évoquer*)」などと、言うことはできない。なぜならまず、イマージュはほかならぬ「私の人差し指の先に、直接把握される」からであり、そしてとりわけ「キネステーゼ的諸印象」は、それら自身においては、「視覚的な形の類同代理物(substitut analogique)」として機能することなどできないからである。そんなことを主張すれば、あたかも「起重機が水上飛行機の類同代理物として機能する」(Ibid., p. 152)と言うようなものであろう。

そこでサルトルは、自らの理論を提示する。「キネステーゼ的諸印象」もまた、「過去把持的諸作用と未来予持的諸作用」によって統合されているのだから、これらの作用のみが働くなら、われわれは「一つのキネステーゼ的な知覚」を持つことになろう。しかしながら、たいていの場合はそうはならないのであって、「視覚的諸印象」が「漠として脆弱なキネステーゼ的諸印象」に優っている。それゆえたとえ「不在」であったとしても、「課される」のは、あるいは「私が求める」のは、「視覚的諸印象」(Ibid., p. 153) なのである。〔のちにアンリによって批判されることになる〕サルトルの考えによれば、あらゆる「過去把持」は、同時に「キネステーゼ的なものの視覚的なものへの転換」なのだという。そして仮定上「キネステーゼ的」であって「視覚的」ではない「具体的印象」が、それでも「視覚的なものとして与えられる過去の終点、極点」(Ibid., p. 154) なのだからこそ、「視覚的意味」を具えたこの「キネステーゼ的印象」が、「或る視覚的な形のアナロゴン〔類比体〕」として機能し、そしてそれが過去に流れたあかつきには、「或る視覚的印象」(Ibid., p. 155) という形式のもとにあるのだという。

以上は、私の手の動作が「でたらめに (au hasard)」になされるようなケースであって、この場合、「知」は「運動」とちょうど「同時的」である。しかしながらわれわれは、「知が運動以前に与えられている」ようなケースも考えることができるだろう。その場合には運動は、知を「明示化する」という機能を持つ。つまり、最初のうちは形は「空虚」で「不完全に差異化」しかされていなかったのだが、知は次第に「明晰化」され、「正確化」(Ibid.) されてゆくようになる。そのさい私は、㈠「形としての形」を決然として視向することができ、㈡またいっそう特殊的には、「瞬間的な具体的印象」を視向して、「動体」そのものに着目することもできる。㈢さらにはまた、たいていの場合そうであるように、「動体」が形から移動しつつ、形を「潜在」から「顕在」へと移行させる、というような「中間的なケース」(Ibid., p. 156) も存在する。

「描こうとする形態」を主観があらかじめ知っていて、「たんなる運動的指示 (indication motrice)」で満足するようなケースもある。それは心理学者たちが、「運動の粗描 (esquisse de mouvement)」や「粗描された運動 (mouvement ébauché）」等々と呼んでいるものである。この場合でも、「運動」や「運動によって描かれる形態」についてのあらゆる意識は、「過去把持」を「未来予持」から分かつ「具体的印象」によって構成されていることに、変わりはない。「運動や形についての空虚な知」を「実現」してゆくこととは、この知の内部で「二つの方向」を創造することなのであって、知は、その一方の方向によって過去を「把持」し、他の方向によって未来を「予料（antici-per）」（Ibid., p. 157）するのである。そしてもし私が、たとえば「8」という文字を描く行為において、この運動を「実在的運動」として把握したのであれば、それは「イマージュとしての8に沿って遂行される運動」として与えられるであろうし、逆にもし私が、運動を通して、「8」を「静態的な形」として視向したなら、「実的なキネステーゼ的印象」に基づいて「非実的に可視化」されるのは、8という「この形のみ」（Ibid., p. 159）だということになろう。

ここからサルトルは、さしあたり「幾つかの結論」を引き出す。すなわち「運動」は、「想像する意識」にとって、「アナロゴン」の役割を果たしうる。つまり運動が「視覚とは別の或る感官」によって与えられるときには、それを把握する意識は「知覚的ではなく、想像的な或る構造」を有しているのである。そしてそのさいに生じうるのが、以下の「四重の代理」なのだという。㈠「キネステーゼ的（もしくは触覚的）な諸印象の一継起」は、「視覚的諸印象の一継起のためのアナロゴン」として機能しうる。㈡「（キネステーゼ的系列として与えられた）或る運動」は、「動体が描く、もしくは描くとみなされる軌道のためのアナロゴン」として機能しうる。つまり「或るキネステーゼ的系列」は、「或る視覚的な形の類同代理物」として機能しうる。㈢「運動のごく小さい一位相（たとえばごくわずかな筋肉収縮）」が、「運動全体」を「表象する」のに十分たりうる。㈣「収縮する筋肉」（Ibid.）は、必ずしもつねに、「もしイマージュとして志向された運動が実的に生じているなら、活動するであろう筋肉」であるとはかぎらない。

このあとサルトルは、「運動」が「想像する意識」にとって「対象（objet）の類同代理物」の役割を引き受けるようなケースを、つまり、たとえば「私の拳」、「インキ壺」、「アルファベットの文字」、「かなり速い運動によって勢いをつけられたブランコ」[19]のそれのような役割を引き受けるようなケースを扱おうとするのだが、そのさい、イマージュが「いっそう豊かに」なったとしても、「運動意識の構造」（Ibid., p. 160）に、何ら変化があるわけではない。たとえばサルトルは、眼を動かさずに「動いているブランコ」を表象しようと自ら試みたとき、結局のところ、「意に反して」ふたたび眼が動いてしまうか、さもなくば「ブランコの運動をまったく表象できなかった」（Ibid., p. 161）かであったという。

「キネステーゼ的印象」と〔サルトルが『想像力の問題』のなかの前章、つまり第二部第二章で扱っていた〕「情感的対象」という、「想像する意識のための二つの類比的素材」という観点からするなら、「情感的代理物」が「超越的だが外的でない」――たとえば願望〔欲望〕の想像的対象は、願望〔欲望〕に対して超越的だが、外的ではない――のに対し、「キネステーゼ的代理物」は「同時に超越的かつ外的」（Ibid.）――たとえば人差し指の運動は、カーヴの視覚的イマージュに対して、同時に超越的かつ外的――だと、サルトルは主張する。そして「知の相関者」が「運動」である場合には、われわれがたいてい関わっているのは、「純粋空間の諸規定」（Ibid., p. 162）なのだという。

(4)「主観性の絶対的内在」――アンリのサルトル批判とさらなる問題点

以上のようなサルトルの理論は、しかし、「われわれの従事している問題へのあらゆる真の回答が欠落している」（PPC, p. 119）という、アンリの厳しい批判に曝されることになる。ドゥウェルスオヴェールに対する批判にさいしての、サルトル自身の改善策は、フッサールの時間論に訴えるものであった。けれどもアンリに言わせるなら、青は青であり、赤は赤であって、青の意味が青を赤にしえないのと同様に、「キネステーゼ的」なものは、その全体が「キネステーゼ的」なのであって、それは「キネステーゼ的」でしかない。それゆえ私の人差し指が空中に描くカーヴの「視覚的イマージュ」が、「キネステーゼ的感覚」に支えられるなどということは、ありえない。「時間が介入したからといって、キネステーゼ的なものとしてのキネステーゼ的なものと、視覚的なものとしての視覚的なものとのあいだにあるラディカルで還元不可能な異質性を、取り除くことなどできない」。それは私が「水上飛行機を構成する志向性を、起重機に対して向けることなどできない」(Ibid., p. 121)というのと、同断ではないだろうか。それゆえサルトルがドゥウェルスオヴェールに対して向けた批判は、「サルトル自身の理論を直撃する」(Ibid., p. 120)のである。

アンリによれば、サルトルとドゥウェルスオヴェールには、われわれが「われわれの身体の諸運動について直接的な仕方で教わる」のは、「キネステーゼ的諸感覚」(Ibid.)によってだという、共通の前提がある。ただしそこに見られるのは、「古典的諸理論の諸々の不整合」でもあって、それは「経験論者たちの体感的現在(présent cœnesthésique)」や「ベルクソンの感覚‐運動的現在(présent sensori-moteur)」にも似て、「現在」(Ibid., p. 122)を定義すると言われている。そして現在の有をも、われわれのイマージュと運動との関係の根拠をも、両者ともに構成するとみなされる「キネステーゼ的印象」は、まったく「未規定」で「仮定的」な「何か或るもの＝X」でしかない。それはあたかも「一つの絶対的な無意識」のようなもの〔もちろん本当の無意識ではない〕であって、そのことは逆に、「キネステーゼ的感覚の出現は、イマージュの消失をともなうであろう」というサルトル自身の発言からも、確認されるであろう。つまり、たしかに「キネステーゼ的諸印象」は存在し、「それらを構成すること」が「思惟の明示的な主題」となることもあるのだが、しかし、そのときにはむしろ、私は「私の指で空中に形象を描くことをやめた」(Ibid., p. 123)のである。

アンリ自身は、「キネステーゼ的諸印象と視覚的諸感覚」を、「主観的運動と視覚作用」に「置き換え」(Ibid., p.

122）ようとする。つまり彼によれば、「私の人差し指で空中にカーヴを描く行為という根源的現象」において、「カーヴの空間形象を構成する私のまなざしの運動」と「カーヴを描く私の手の運動」とは、「同じもの」なのだという。けれどもそれらは、完全に「同じもの」ではないだろう。なぜならもしそうなら、見る行為と手を動かす行為との区別さえ、つかなくなってしまうであろうからである。そこでアンリは、「一体をなすこれら二つの運動の統一性は、有論的な統一性であり、それは主観性の絶対的内在における統一性なのだ」と、ただちに付け加えることになる。それは異なる超越の諸作用について、それでも等しく内在的に覚知されているというかぎりにおいてのみ、同一なのである。アンリによれば、ここでは「思惟の主題」は「カーヴの視覚的イマージュ」であり、カーヴは「私のまなざしの超越的対象」なのだが、しかしカーヴは、「まさしくこのようなカーヴを描き、言わばカーヴに触れ、カーヴを創作する私の手の主観的運動」の「超越的対象」でもある。ゆえに「私の手の運動」の「主題」は、けっして「キネステーゼ的印象」なのではなく、むしろキネステーゼ的諸印象の構成は、「欄外的で副次的な現象」でしかない。「中心的にして根源的な現象」、それは「私の描くカーヴ」（Ibid., p. 124）なのである。

　しかしながら、「キネステーゼ的諸印象の構成という欄外的現象」は、それなりに「決定的な現象」なのだという。なぜならこの現象とともに、「構成された運動の有」が始まって、「われわれの自己の身体が、超越的有のエレメントにおいても、われわれに告知される」（Ibid.）からである。アンリによれば、そのとき初めて、私は「私の手の運動」と「私の両眼の運動」（Ibid., p. 126）――あるいはいっそう超越的に語るなら、「われわれの両眼球の運動」――について、「語るようになる」（Ibid., p. 125）のである。けれども「手」や「両眼」は、本当に、構成されなければ「われわれに告知」されないのだろうか。「手」や「両眼」が主観的身体としてのステイタスを獲得することは、ありえないのだろうか。そしてもしありえないのだとするなら、いかにしてわれわれは、〈私は見る〔と思う〕〉とか、〈私は触れる〔と思う〕〉とか、語りうるのだろうか。また「キネステーゼ的印象」もしくは「キネステーゼ的感覚」それ自身は、本当に超越的なものでしかないのだろうか。「印象」としての「印象」、「感覚」としての「感覚」は、ラディカルな内在の圏域には属しえないのだろうか。

けれどもアンリは、「われわれの身体のこの最初の構成された層」を、「身体の根源的有」と、すなわち「絶対的主観性」と、「混同」(Ibid., p. 124-5) してはならないと忠告する。つまり「キネステーゼ的諸印象」もまた、「われわれのうちに」与えられはするのだが、それは「われわれに外的なものとして与えられる〔……〕カーヴ」とは反対に、「われわれのうちに」あるというだけなのであって、それは「まったく相対的な内面性」しか組成せず、「絶対的内面性」もしくは「有論的内面性」たる「主観的運動の内面性」とは、「何の関係もない」のだという。アンリによれば、前者の「内面性」は、「超越的有一般の圏域」(Ibid., p. 125) にしか位置づけられないのである。いずれにせよ、「われわれの諸運動とわれわれの諸イマージュとの関係」は、「われわれのキネステーゼ的諸感覚とわれわれの視覚的諸感覚との関係」には、けっして連れ戻されないのだということになる。なぜなら後者の二つの感覚は、たとえば「視覚だけを行使するとき」でも、「両方とも現前」(Ibid., p. 126) しているからである。

以上の考察から、アンリは「私が私の人差し指でカーヴを描く」という現象について「正確な現象学的記述」を与えたいと欲するなら、以下の二つを区別すべきだと結論する。㈠「副次的で欄外的な構成作用」。それは「私の手の運動にともなうキネステーゼ的諸印象を構成する作用」と、「私のまなざしの運動にともなうキネステーゼ的諸印象を構成する、まったく類似した作用」とに区別される。㈡「中心現象」は、「私の人差し指の先端でカーヴを描く行為」のうちに存しているのだが、これもまた「二種類の要素」に分解される。すなわち「絶対的主観性の内在に属す諸要素」と、「構成される諸要素」(Ibid.) とである。たしかに「空中に描かれたカーヴを捉える運動」は、「私の手の運動」と「私のまなざしの運動」とに分解されはする。けれどもこの分解は、「超越論的圏域の内部」で遂行され、「いかなる真の区分にも到達しない」のだとアンリは主張する。つまりこの分解は、むしろ「エゴのすべての諸力能の展開に内在する、エゴの具体的生の統一性」を、表現しているのだという。なぜなら「エゴのすべての諸力能の根」は、「主観的運動の根源的有」(Ibid., p. 127)だからである。

たしかに「まなざしの運動と手の運動とのこのような統一性」が何であるかを「明確」にしてくれるのは、「これらの諸運動が到達する超越的項の本性」ではある。けれどもアンリは、後者の統一性はそれ自身、「根源的主観的統一性たる第一の統一性」に基づいているのだと考える。「感性的世界の統一性と実在性との根拠」は、「主観的運動の根源的有」なのである。そして「エゴの絶対的生の統一性」について語るとき、自分はけっしてこの生が「単調」なものであると言いたいわけではないのだと、アンリは断っている。エゴはけっして「純粋な論理的主観」なのではなくて、それは「無限な生の有そのもの」である。それでもこの「無限な生」は、その「多様性」のなかで、「一」(Ibid.)であり続けるのだという。なぜならこの「多様性」は、「超越論的内的経験」(Ibid., p. 127-8)のうちで無限なる生に与えられるかぎりで、この無限なる生に属しているからである。

しかしながら、先にも述べたように、いかにしてわれわれは、〈見る〉行為と〈手を動かす〉行為とを区別するのだろうか。二つの行為は、たしかに〈内在〉においては同一である。しかし逆に言うなら、〈内在〉だけしか考慮に入れないなら、私は両者を区別できないということになってしまうのではないだろうか。そしてもし両者を区別するのが、〈内在〉ではなくて、〈構成された超越的有のエレメント〉においてなのだとするなら、そのときにはサルトルにおける〈キネステーゼ的なもの〉と〈視覚的なもの〉との関係に対してアンリが向けた批判が、どうして今度はアンリ自身に振り返ってこないと言えるのだろうか。

構成された諸項同士の関係だけでは、両者の連関は示せなかった。しかるに対象を構成する異なる超越の諸作用は、それらの自己‐触発の内在というステイタスだけでは、区別できない。したがって諸超越を結びつけつつ、諸超越の相違は相違として顕示するような働きが、内在それ自身のうちに求められるのでなければならない。それゆえわれわれは、まさしく〈内在の圏域〉そのものの内部で、われわれの諸力能やわれわれの主観的諸運動そのもののの多様性・差異性と一性・統一性との関係を、考えてゆかなければならないのだということになる。

(5) 主観的身体の一性と多性——発生論的考察の必要性

「潜在性」と題された『精神分析の系譜』のエピローグのなかで、アンリは「身体」を「基礎的な〈われ能う〉」（GP, p. 395. Cf. PM, p. 148 ; Ad, p. 161）と、もしくは「われわれの諸力能の総体」と定義するのだが、そのさい遠ざけられなければならないのが、「複数形」で書かれるような「身体的諸行為（actes corporels）」の観念なのだという。「身体的行為」は「権能（puissance）の表象」でしかなく、「諸行為の複数性」のなかでは「権能」は、ショーペンハウアーが「現れ〔apparence 現象・仮象〕」の法則と認めた「仮象的多様性」のうちに、「非実在化」（GP, p. 393）されてしまうのである。

そのことをアンリは、「京都の三十三間堂」の「千一の観音菩薩像」（Ibid.）を例に取って、説明しようとする。アンリによれば、観音は「権能」であって、「この権能の多様な諸行為」は、やはりその「表象」でしかない。しかし、たとえば「観音の主たる属性」としての「手」を、「その脱自的な現れにしたがって」ではなく、「それ自身において」考察するなら、それは「把捉という主観的な力能」であって、けっして「一行為」（Ibid., p. 394）ではないのだという。そのような「実在」を構成する「有論的可能性」のことを、ここではアンリは、「〈潜在性〉（Potentialité）」（Ibid., p. 395）と呼ぶのである。われわれの身体は「諸力能の総体」なのだが、しかし、「これらの諸力能を活用するために、われわれがこれらの諸力能の各々をそれによって占有するところの、本源的な超力（hyperpuissance）」というものがある。そしてこの超力は、これらの諸力能を必要としてはいないのだが、これらの諸力能の方は、この超力を必要としているのである。「そこにおいてこのような超力が存し、自らに同一的なものとしてのその本質を展開するような、一つの本源的身体、一つの〈元－身体〉（Archi-Corps）というものがある。身体は、眼と耳と手を持つが、しかし〈元－身体〉は、眼も耳も手も持たない。しかしながら、眼や手が、〔つまり〕見たり掴んだりする原理的な可能性が、われわれに与えられるのは、〈元－身体〉によってのみである」（Ibid., p. 396. Cf. PV IV, p. 32）。

けれどもこの種の〈超越の内在〉、もしくは〈脱自的諸作用の非脱自的自己－触発〉は、諸力能としての諸力能そのものの差異を、廃棄することなどできるだろうか。内在としての内在の共通性は、その内在によって顕示されるべき脱自的超越の諸作用の差異を、はたして度外視しうるのだろうか。『身体の哲学と現象学』においてさえ、「根源的身体の有」は、「有機的身体の超越的有へとそれを結ぶ超越論的関係」（PPC, p. 175）のうちにしか存在しないと、言われているではないか。

『見えないものを見る』のなかでは、アンリは「われわれに世界への通路を開く様々な諸感官」は、それら自身「一」であり、「その諸々の遂行様態の数多性のもとで、唯一単独の力能（un seul et unique pouvoir）」であると述べている。「見、聞き、触れ、感じる」のが「〈同じもの〉」であるようにしているのが、それらの「主観性」なのである。そして「見ていると自らを体験していないような見ること」も、「聞いていると自らを体験していないような聞くこと」も、「直接に自己自身を体験していないような触れること」も、存在しないのだからこそ、「これらすべての力能」は「一」であり、「見、聞き、触れる、唯一にして同じ力」（VI, p. 192）なのだという。

けれども厳密に言うなら、何かを見る作用の自己－触発と、何かを聞く作用の自己－触発とは、あるいは前々項で見たサルトルの例を用いるなら、或る形態を視る作用の自己－触発と、その形態を人差し指で描く作用の自己－触発とは、たしかに自己－体験の内在としては同一だが、しかし、これらの脱自的諸作用それら自身を考慮に入れるなら、明らかに異なっている。さもなくば、われわれは自分がいまその形態を視ているところなのか、それとも描いているところなのかさえ、判断できないことになってしまうであろう。そしてそのちがいを教えてくれるのが、これら脱自的諸作用の内在的諸自己‐触発の各々なのである。

それゆえ主観的身体の諸作用は、内在としては同一であり、超越としては異なっている、と述べるだけでは、主観的身体の一性と多性とについては、十分に説明することができない。つまりこの問題は、内在と超越とのたんなる対比だけでは、解決されることができない。超越の差異を顕示するのは、内在の差異なのである。しかし、もしわれわれが、内在の多様性についてのみ考察するのであれば、今度は主観的身体の一性そのものの根拠が、見失われることになってしまう。ゆえに真の問題は、内在のレヴェルそのもののうちでの、一性と多性の区別ならびに連関なのである。

ところで『身体の哲学と現象学』の第四章「諸記号の二重の使用と自己の身体の構成の問題」のなかで、アンリは「われわれの運動の努力に〔……〕譲る超越的な場」としての、ビランにおける「自己の身体」の「内的延長」という考えに言及している。ビランにおいて、それは原初的には「漠として限定されざる」有機的空間であり、そしてこのような「一つの塊」は、たとえ「休止状態」であったとしても、「一種の潜在的緊張」によって、無の外に引き留められているのだという。しかしながらこのような塊は、「未分化で無定形な一つの塊」(PPC. p. 169) のままであり続けるわけではない。それは自らのうちに、「われわれの身体の様々な諸部分」の名が対応するような「諸構造」を、顕わにしてゆく。かくして「われわれの超越的身体のもともとの塊」は、このような「構造化(structuration)」という現象において、「様々な諸部分」に「分割」(Ibid., p. 170) されてゆくのである。

そのさい「有機的身体を、われわれのすべての諸器官の総体として解釈すること」は、「われわれの超越的身体の一性」が「主観的身体の根源的有の超越論的一性」以外の何ものでもないということを示すのだと、アンリは考える。つまり「超越的身体の一性」は、「超越的一性」ではなく、「有機的空間の様々な諸部分を動かす力能の一性」なのであって、この一性によってこそ様々な諸部分が、「或る構造の整合性」のうちに現れるのである。そしてわれわれはこの構造を、「われわれの身体の真の図式」(Ibid., p. 171) とみなしうる。ちなみにこのような図式は、「二重の関係」の存在を含んでいるのだという。すなわち、一方ではそれは「われわれのすべての諸器官が相互間に維持する関係」であり、他方ではそれは「これらの諸器官の各々が主観的運動の根源的有と保持する直接的な関係」である。ただし、前者は後者に「依存」している。それゆえにこそアンリは、「有機的身体の一性は、絶対的主観性の超越論的一性にほかならない」(Ibid., p. 172) と述べるのである。

「有機的身体の様々な抵抗系」に向かって超越してゆく「力能の一性」は、これらの諸系に「一つの総体構造の整合性」を授け、これらの諸系はこの総体構造のうちに取り込まれて、「諸々の亀裂線 (lignes de clivage)」(Ibid., p. 173) のようなものになってゆく。このような「構造化」があるからこそ、「有機的身体」は「様々な超越的な塊」に区分されるのだが、こうした「諸構造」の存在が、「内的諸感覚の問題」にとっても重要になってくる。すなわち、もし「有機的身体の塊」が「未分化」のままなら、われわれの内的諸感覚もまた「この塊の内部で浮遊」して、そこに「局在化」されず、したがって「相互に明晰に区別」されることもない。「内的感性」は、「混乱のなかの一性、多様性なき一性 (une unité dans la confusion, une unité sans diversité)」、もしくは「或る未規定の感性的実存についての一般的で漠然として混乱した感情」なのであって、多くの点で「体感 (cœnesthésie)」(Ibid., p. 179) がこの種の記述に応え、「感性的かつ情感的な全体調性 (tonalité sensible et affective d'ensemble)」をわれわれに提供しているのだという。けれども「われわれの内的諸感覚の分化」は、つねに実現されているのであって、「情感的な諸地帯」は、「未分化で等質的な地 (un fond indifférencié et homogène)」(Ibid., p. 180) を超えて、湧出してゆく。アンリによれば、ビランは「一般的な筋肉系」の自然的な区分と、こうした「区分点」の増加とについて語ることによって、このような「構造化」についての「すばらしい記述」(Ibid., p. 180-1) を与えたのである。

そしてわれわれとしても、『身体の哲学と現象学』の第四章に見出された以上のような分析によって、幾つかの考察へと導かれよう。まず、アンリが同章で扱っているのは、あくまで「有機的身体」としての「自己の身体」の原初的一性と、その分化ないし構造化の問題であったのだが、しかし『精神分析の系譜』のエピローグでも語られていたように、「手」も「その脱自的な現れにしたがって」ではなく、「それ自身において」、つまりは「把捉という主観的な力能」として、考察されることができるのである。つまり有機的身体の一性と多性との問題は、それを行使する力能という観点から見るなら、そのまま主観的身体の一性と多性との問題へと連れ戻されることができるであろう。

次に、ビランはこのような一性と多性との問題を、明らかに発生論的観点から考察している。しかるに『身体の哲学と現象学』のアンリは、たとえば以下のような二つの状態を、区別していないように思われる。つまり、まず「一種の潜在的緊張」によって無の外に引き留められているような、原初的には「漠として限定されない」有機的空間、ないしは「未分化で無定形な一つの塊」(Ibid., p. 169)という状態。次いで、「体感」や「感性的かつ情感的な全体調性」によって自己を顕示するような「内的感性」の「混乱のなかの一性、多様性なき一性」や、「或る未規定の感性的実存についての一般的で漠然として混乱した感情」、もしくは「未分化で等質的な地」(Ibid., p. 179-80)という状態。ビランならば、意志や努力の介入の有無によって、発生論的にはっきりと区別するであろうこれら二つの段階を、アンリは自覚的には区別していないように思われるのである。一般的に言って、『身体の哲学と現象学』のアンリは、ビランに固有のこの種の発生論的な観点について、身体諸部分の差異化に関して若干の言及を残すだけで、これを十分に考慮に入れていたとは言いがたい。逆に彼の後期思想においては、身体諸部分の分化に関してはもはや取り扱われることはないのだが、少なくとも肉それ自身の誕生や生成に関しては、このような発生論的な観点が、きわめて明確に見出されることになる。それゆえわれわれとしては、『受肉』の諸分析に立ち返って、主観的身体そのものの一性と多性とについてのわれわれの諸考察を、反復してゆきたいと思う——けれどもそれには、キアスムの問題構制を主題化するのが、最良の道であるように思われる。

第三節　キアスムと身体の一性の問題

(1) コンディヤックにおけるキアスム問題とその批判の検討

『受肉』は幾人かの哲学者たち——コンディヤック、メーヌ・ド・ビラン、フッサール、メルロ＝ポンティ——のキアスム概念を検討しているのだが、そのなかからまずコンディヤックの『感覚論』について、考察してみることにしよう。周知のようにコンディヤックの感覚論は、「人間の体系全体」が生まれるのは、「諸感覚から」(TS. p. 289) という立場を取る。「判断、反省、諸情念、魂のすべての働きは、一言で言うなら、様々に変形される感覚そのものでしかない」(Ibid., p. 291. Cf. p. 11) のであって、それゆえにこそ彼の体系は、しばしば「変形された感覚 (sensation transformée)」(Ibid., p. 292, 294) のそれと呼ばれるのである。「感覚」は、「魂のすべての諸能力を包括 (envelopper)」(Ibid., p. 58) する。厳密に言うなら「諸感官 (sens)」でさえ、「諸感覚 (sensations)」の「機会原因 (cause occasionnelle)」でしかない。なぜなら「諸器官を機会にして感覚する」のは、コンディヤックにとってもまた「魂のみ」であり、そして「魂を変様する」のが「諸感覚」(Ibid., p. 285) だからである。

「自然」は「われわれが求めるべきもの」を「快 (plaisir)」によって、「われわれが逃れるべきもの」を「苦 (douleur)」によって知らせるために、われわれに「諸器官」を与えた。しかし自然は、そこで止まってしまう。われわれに「習慣」をつけさせ、「自然が始めた仕事を完成」させてくれるのは、「経験」(Ibid., p. 12) なのである。それゆえ『感覚論』は、コンディヤック自身によって、「人間からそのすべての習慣を剥ぎ取った唯一の著作」(Ibid.,

p. 287）と形容されている。つまり、「まだいかなる種類の習慣もつけていない人間についての諸観察が、人間精神の歴史の諸始源とみなされなければならない」（Ibid., p. 269）のである。

そしてこれも周知のように、そのような始源から出発するためにコンディヤックが想定したのが、「われわれのように内的に組織され、あらゆる種類の諸観念を欠いた或る精神によって魂を付与された、一体の立像」（Ibid., p. 11）なのである。そのような立像は、最初のうちは「薔薇」の香を嗅ぐと薔薇の香となり、「カーネーション」の香を嗅ぐとカーネーションの香となって、「自らが他のものだと信ずることができない」（Ibid., p. 15）。同様にして、その耳が打たれると、立像はそれが体験する感覚（＝音）に「成る（devenir）」（Ibid., p. 59）ことだろう。「嗅覚、聴覚、味覚、視覚の諸感覚」とともにあるとき、このような「人間」は、自らが「香、音、味、色」であると信じ込んでしまって、「外的諸対象についてのいかなる認識」（Ibid., p. 298）も持たない。それゆえ「触覚」こそが、「それ自身によって外的諸対象について判断する唯一の感官」（Ibid., p. 289. Cf. p. 193）なのである。ただしコンディヤックによれば、「触覚の感官」をもってしても、もしそれが「不動（immobile）」のままなら、やはり「同じ無知のうちにある」（Ibid., p. 298-9）ことだろうが。

ところで「幼児がなす最初の発見」とは、「彼の身体のそれ」（Ibid., p. 98）である。それゆえコンディヤックは、いかにして「触覚だけに限定された人間」が「自らの身体を発見」するのかを見定めるために、まず、いかなる原因が立像をして自らの四肢を動かすべく誘うのかについて自問する。それは「自らの四肢を利用しようとする意図（dessein）」ではありえない。なぜなら立像は、まだそれが「諸部分から合成されている」ということを知らないからである。そうではなくて、それは「自然」（Ibid., p. 101. Cf. p. 98, 107）――アンリが「生の別名」（I. p. 199）でしかないと述べるところの――である。それゆえ立像は、「自然的に、機械的に、本能によって、知らぬまに（naturellement, machinalement, par instinct et à son insu）」動くのだが、しかるに立像には、運動を繰り返しているうちに、

「〔立像〕それ自身やそれに接近する諸対象に、幾度も自らの手を持ってゆく」（TS, p. 102）というようなことが、必然的に起こってくる。そしてそのさい、コンディヤックにとっては「不可入性（impénétrabilité）」が、「すべての諸物体の一特性」である。ただし「不可入性」は、われわれが物体についてなす「判断」から帰結するのであって、判断それ自身は「感覚」というよりも、「諸感覚からの一帰結」でしかない。このような帰結をわれわれが引き出し、諸物体が互いを排除しつつ互いに対してなす「抵抗」をわれわれが覚知するのは、とりわけ「固体性（solidité）」（Ibid., p. 103. Cf. p. 304）の感覚からである。このことを前提としたうえで、立像は、たとえば「自らの胸」を「自らの手」から区別しつつ、両者のうちに等しく「自らの自我」を見出し、「自らを感じる」。立像は、自らの他のどのような身体部分に触れても、同じようにしてやはりそれを「区別」し、かつ、その部分のうちに「ふたたび自らを見出す」（Ibid., p. 104）ことだろう。かくして立像は、「これは私だ、これも私だ！」と述べつつ、「その身体を合成するすべての諸部分」のうちに自らを見出すことによって、自己の身体の全体を認識するようになってゆく。そしてそのときには、「もはや立像が自らを自らの諸変様と混同するようなことは、起こらない」（Ibid., p. 105）だろう。

「区別されてはいるが、共存している幾つかの諸感覚」が、「自我が自己自身に応える」ような限界内で、触覚によって画定されているとき、立像は「自らの身体」を認識する。そして「区別されてはいるが、共存している幾つかの諸感覚」が、「自我が自らに応えない」ような限界内で、触覚によって画定されているときには、今度は立像は「自らの身体とは異なる物体の観念」（Ibid., p. 105-6）を獲得することになろう。

周知のように、このようなコンディヤックの理論は、ビランによって手厳しく批判されることになる。「様々な〔身体の〕諸部分の上を継起的に散策し、感性的表面の尺度単位となるこの動く手は、眼が自らを見ないのと同様に、自己自身を触診しない。それでも手は、道具として使用される以前に、知られうるのである」（MBŒ VII-2, p. 288）[20]。

アンリによれば、「われわれの根源的身体性」は「その諸部分がその上でのわれわれの手の移動によって画定されるような身体」ではなくて、「われわれの自己の身体に触れてその輪郭を限定するために、われわれの自己の身体の上を移動するかぎりでの、この手それ自身」(I, p. 202) なのである。したがって、コンディヤックの分析全体のうちには二重の「無根拠な前提」が、存在しているのだということになる。すなわち、まず「その純粋印象的主観性における、立像のすべての諸運動の起源」であり、次いで「触れて掴む主観的な力能」(Ibid., p. 204-5) である。つまり、そもそも「このような諸運動を完遂する可能性」(Ibid., p. 200) は、どこに存しているのだろうか。「触れる‐力能〔pouvoir-toucher 触れ‐うること〕の《自らを動かすこと (se mouvoir)》」は、アンリによれば、「〈生〉」のうちにしか位置づけられないような「内在的な運動」(Ibid., p. 203) である。そして「触れる‐力能に内在し、それなくしては触れる‐力能があらゆる力能を解任されてしまうことになるであろうような、自らを‐動かす‐力能 (*pouvoir-se-mouvoir*)」を「明証化」しなかったという咎こそが、「メーヌ・ド・ビランがコンディヤックに対して行った批判」(Ibid., p. 198) なのだという。

けれどもこのような二重の批判に対しては、われわれとしても、以下のコメントを付け加えておくことにしたい。まず、「自らを動かす意志」の以前にも、コンディヤックの立像はたしかに「快」や「苦」(TS, p. 119) を体験していて、外的諸感覚の到来以前においてすら、立像は「基本的感情」(Ibid., p. 89) というものを有していたのだということ。じっさい自然は、最初から立像に、「享受」や「受苦」(Ibid., p. 17. Cf. p. 11, 12, 265, 266) を感じる能力を授けていたのではなかったか。

次にとりわけ、その本能的な運動、すなわちほんらいの意味での「意志」(Ibid., p. 107) 以前の運動においては、立像はその「斉一的 (uniforme)」で「単純 (simple)」な「基本的感情」のなかで、「自らの身体の様々な諸部分に気づく」(Ibid., p. 91)(21) ことさえできないのだということ。そして同じ状況は、ビランにおいても見出されることになろう。すなわちビランは、コンディヤックを批判しつつ、こう述べているのである。「二つの受動的感覚の返答は、〔身体についての〕この第一次的認識を根拠づけるのには、十分ではない。なぜなら何よりもまず、いかにしてこれら二つの感覚が区別され、局在化され、互いの外に置かれうるのかを、知っておかなければならないからである」(MBGE VII-1, p. 149-50)。外的な何かについての観念がまだないときには、コンディヤックの立像は、たとえば嗅覚と聴覚を統合したあとでさえ、自らが「二つの異なる諸器官」(TS. p. 65)を有しているということを、思ってみることすらないのだという[22]――けれどもアンリは、このようなキアスム現象の成立のための必須条件について、自らは考察しただろうか。そしてわれわれとしては、われわれの諸力能の一性と多性とについての同じ問題構制を、そこに見出すことができるのではないだろうか。

(2)フッサール『イデーン』第二巻におけるキアスム問題

同じキアスムの問いは、フッサールの『イデーン』第二巻の第二編第三章において、新たな観点から展開されることになる。同書第三六節で、まずフッサールは「空間物体的な諸客体のあらゆる経験」において、「経験する主観の知覚器官」として、「身体(*Leib*)」が「ともに居合わせて(*mit dabei*)いる」のだと述べている。そしてそのさいわれわれは、「身体を手段として知覚される空間的に経験された物体(Köper)」が「身体物体(Leibkörper)それ自身」(Ideen II. S. 144)であるようなケースを、選択することもできるのである。「左手に触れながら、私は左手のなかにも、一連の触覚諸感覚を見出す。それらは左手のなかに《局在化》される」。しかしながらそれらは、「物理的な事物」としての手の「属性」として、構成されるわけではない。それらはむしろ、「《左手》という物理的な事物」について語られるときには「捨象」されてしまうような「諸感覚」(Ibid. S. 145)なのである。

この種の「接触諸感覚(Berührungsempfindungen)」は、「触れられる手」にも「触れる手」にも、つまりは「二重に（*doppelt*）」属しているのであって、それらはそれぞれの「局在化（*Lokalisation*）」（Ibid.）というものを有している。ちなみに、たとえば私がテーブルの上に一方の手を置くだけのようなときでさえ、私はテーブルの「物体的諸規定」とは別に、「手の上」には「触覚諸感覚」、つまり「すべすべ」や「冷たさ」といった諸感覚を、また「手のうち」には「運動諸感覚（Bewegungsempfindungen）」を、見出すことができる。そしてこのような「局在化された諸感覚（die lokalisierten Empfindungen）」のことを、フッサールは「局在諸感覚（*Empfindnisse*）[23]」と呼ぶのである。それらは「身体が触れられ、圧され、刺される等の場合に」、また「そうなるところで」、そして「そうなるときに」（Ibid., S. 146）こそ現れる。

同書第三七節は、このような問題における「視覚的なもの」と「触覚的なもの」との相違を強調する。つまり「触覚的領分」においてはわれわれは「二重統握（Doppelauffassung）」と「二重諸感覚（Doppelempfindungen）」とを持つのに対し、「眼は視覚的には現出しない」（Ibid., S. 147）のである。そもそもわれわれは、「見られた事物」を「見ている眼の上」に、見ることなどできない。そこでフッサールは、メルロ＝ポンティを彷彿とさせるような仕方で、こう述べるのである。「私は、私自身に触れるようには、私自身を見ないし、私の身体を見ない。触れられる身体としての私の身体が、触れられる触れる者（getastetes Tastendes）であるようには、私が見られる身体と名づけているものは、見られる見る者（gesehenes Sehendes）なのではない」。たとえば私が「鏡」のなかで「私の眼」を見たとしても、そのとき私は「見る者としての見る者」たる「私の眼」を知覚しているわけではない。私は「他人の眼」を見るようにして何かを見、それが事物としての私の眼と同一のものであると「《感情移入（Einfühlung）》によって間接的に判断」しているにすぎない。それゆえわれわれが述べうるのは、「開いた眼がなければ視覚現出はない」という程度のことだけなのであって、「眼」が「局在化領野」とされるのは、間接的に、「接触諸感覚」にとってのことでしかない。それは「手にとっての一触覚客体」（Ibid., S. 148）にすぎないのである。

「聴覚」についても同様で、「耳」は「ともに居合わせて」はいるのだが、しかし「感覚された音」が「耳のなかに局在化」されているわけではない。音は「局在諸感覚という固有の性格」（Ibid., S. 149）を有してなどいないのである。

「局在諸感覚の局在化」は、「すべての物質的事物諸規定の延長」とは、原理的に異なっている。たとえば手のざらざらや手の色といった「実在的な事物諸特性」は、「感性的図式」と「射映多様性」とによって構成されるのだが、「局在感覚（Empfindnis）」（Ibid.）についてそのようなことを語るのは、無意味である。[24]「延長するあらゆるもの」が「物質的事物」に属しているのに対し、「すべての局在諸感覚」は「私の心《ゼーレ》」にしか属していないのである。それゆえ、たとえ「錯覚」であることが判明して、「知覚された事物」が「存在しない」ということが確信され、「事物」とともに「その延長のうちに延長するあらゆるもの」が削除されたとしても、「局在諸感覚」（Ibid., S. 150）が消失するようなことはない。

「われわれの見る各々の事物」は「触れうるもの」でもあって、そのかぎりでは「身体」に直接的な関係を有してはいるのだが、しかし、それは「可視性」のおかげではない。「たんに眼を具えただけの主観なら、現出する身体をまったく持ちえないであろう」とさえ、フッサールは述べている。つまり「たんに見るだけの者」には、「身体としての特殊な特筆（Auszeichnung）」（Ibid.）が、欠けているのである。「運動諸感覚（Bewegungsempfindungen）」もまた「その局在化」を「初次的に局在化された諸感覚との不断の編成」にのみ負っているのであって、それゆえにこそ「キネステーゼ的諸感覚」は、「かなり不特定な局在化」しか経験しないのだという。かくして「身体」が「身体」となるのは、「触診において諸感覚を挿入すること」や「痛みの諸感覚を挿入すること」等々によって、つまりは「諸感覚としての諸感覚の局在化」によってのみである。「視覚的身体」も「局在化」に参与しはするのだが、しかし、それは「触覚的身体」と「合致」（Ibid., S. 151）するからにすぎない。

「局在化領野としての身体の特筆」は、「すべての物質的諸事物に対する身体のさらなる特筆」のための前提なのであって、同書第三八節は、「意志の器官」(Ibid.)としての身体について扱っている。「たんなる物質的諸事物」は、「ただ機械的にのみ運動的」で、「ただ間接的にのみ自発的に運動的」であるにすぎない。「身体」のみが、それに属する「自由な自我」と「その意志」とによって、「直接的に自発的に《自由に》運動的」(Ibid., S. 152)なのである。また第三九節では、「志向的諸体験」それ自身は、もはや直接的かつ本来的には「局在化」されず、「もはや身体において層を形成しない」(Ibid., S. 153)と述べられている。さらにフッサールは、第四〇節で「局在諸感覚の局在化」(Ibid.)についての議論を継続したあと、第四一節の(a)では「定位」の「零点」としての、ないしは「ここ」(Ibid., S. 158)としての身体について、また(b)ではそのようなものとして、かえって「不完全」にしか「構成」(Ibid., S. 159)[25]されない身体について語り、さらには(c)では、「因果連関」のなかに取り込まれた「機械的行程」(Ibid., S. 159-60)としての身体運動についてさえ論じている。

ところでこのようなフッサールの緻密な記述も、やはり『受肉』のアンリによって、その根底から覆されることになる。『受肉』第三〇節のフッサール批判は、さしあたり以下の二点に要約されえよう。すなわち第一に、先のコンディヤックに対するアンリの批判と同様、身体が自己自身を動かすという可能性が、フッサールにおいても十分に考慮されてはいないのだということ。そして第二に、結局のところフッサールの諸分析は、構成された身体の領分のなかをしか動いていないのだということ。

第一点から見てゆくことにしよう。アンリは以下のように述べて、フッサールを批判している。「これらすべての諸分析をすべて等しく根拠づけているときでさえ、これらすべてにおいて思惟されざるままに留まっているのは、或る究極の前提であり、コンディヤックのテーゼを支えていたのと同じ前提である。問題とされているのは、自己において自己自身を動かすという〔……〕根源的な肉の可能性である。ここでは反対に、古典的思惟においてと同様に、すべては表象に託されている」（I. p. 224-5）。しかしながらわれわれとしてもフッサールのために、こう付け加えておくことにしたい。つまり先にも見たように、フッサールは「能為の実践的な可能性」を、「たんに《論理的》な可能性」（Ideen II, S. 261）から正しく区別し、この「実践的な《われ能う》」をたんなる「表象」から、すなわち、たとえば「私が手の運動を表象」（Ibid., S. 262）するようなケースから、際立たせているのだということである。ちなみにフッサールは、私の「意欲」の圏域において覚知されるような「抵抗」（Ibid., S. 258-9. Vgl. S. 39）についてさえ、語っているのである。

第二点に関して、つまりフッサールの諸分析において問題とされているのが「構成された身体」（I. p. 225）でしかなく、「ここでもまたすべては構成されている」（Ibid., p.224）という批判に関しては、さしあたりアンリの見解は、正鵠を射ているように思われる。ちなみにアンリ自身は、「自己の身体」に関しては「構成する身体」と「構成される身体」だけでなく、「構成するもの」でも「構成されるもの」でもないような「根源的な肉」（Ibid., p. 222）を、考察しなければならないという立場を取るのだが。それとは反対に、「局在感覚」をめぐるフッサールの諸議論は、すでに構成され、局在化された身体を想定してはいないだろうか。また、そもそもそのような局在化がいかにして遂行されるのかということに関して、フッサールは、コンディヤックやビランのように、問いを立ててさえいただろうか。

ところでいま見たように、フッサールは「私は、私自身に触れるようには、私自身を見ないし、私の身体を見ない。触れられる身体としての私の身体が、触れられる触れる者であるようには、私が見られる身体と名づけているものは、見られる見る者なのではない」（Ideen II, S. 148）と述べていた。「触れられる触れる者（getastetes Tastendes）」というフッサールの表現は、じつは「構成するもの」と「構成されるもの」との区別を突破して、アンリのような「根源的な肉」への道を開いているとは言えないのだろうか。

おそらくそうではないということ、つまり、「触れられる触れる者」という言葉を用いるだけで、そのさいの現象学的体制を詳らかにしないうちは、いまだ真の解決にはほど遠いのだということは、フッサールのこの問題構制を最も直接的に受け継いだメルロ＝ポンティにおいて、いっそう明確に示されることになるだろう。

(3) メルロ＝ポンティにおける「キアスム」の真の問題点

ともかくも、少なくともその主たる諸著作においては、メルロ＝ポンティはむしろこのような〈触れられる触れる者〉の可能性を、否定しているのである[26]。たとえば『知覚の現象学』において、彼はこう述べている。「もし、私の右手が或る対象に触れているあいだに、私が私の左手で、私の右手を触診することができるなら、対象たる私の右手は、触れる私の右手ではない。前者は空間の一点に押し潰された骨と筋肉と肉との錯綜であり、後者はロケットのように空間を横切って、外的対象をその場所において顕示しにゆく。それゆえ、世界を見たり世界に触れたりするかぎりでは、私の身体は、見られも触れられもしえない」(PP, p. 108)。つまり、問題とされているのは「両手が《触れる手》と《触れられる手》の機能において交替しうるような、或る両義的な組織（une organisation ambiguë）」なのであって、「両手が互いに対して同時に触れられ、かつ触れることなど、けっしてない」。それどころか「触れられる手」は、「骨と筋肉の包み」(Ibid., p. 109) でしかない。なぜなら「動く手」が「主体」だとすれば、他方は「客体」(Ibid., p. 364) でしかないからである。

彼の後期思想においても、事態に変わりがあるわけではない。『見えるものと見えないもの』では、こう述べられている。「もし私の左手が私の右手に触れ、そして突如私が私の右手によって、触れつつある私の左手の働きを捉えようと欲するのであれば、身体のそれ自身へのこの反省は、土壇場で〔au dernier moment 最後の瞬間に〕つねに流産する。つまり、私が私の右手で私の左手を感じる瞬間に、同じかぎりで私の右手に触れるのを、私はやめてしまう。しかし、最後の瞬間〔＝土壇場〕のこの失敗は、私が触れるのに触れうるという私が抱いていた予感から、あらゆる真理を奪うわけではない」（VeI, p. 24）。両手の役割は、「随意に可逆的（à volonté réversible）」（Ibid., p. 185）ではあるのだが、しかし、それは「つねに切迫してはいるが、じっさいにはけっして実現されることのない可逆性」（Ibid., p. 194）でしかない。「知覚する私について私が持つ経験」は、「一種の切迫の域を出ない」（Ibid., p. 303）のである。

後期メルロ＝ポンティの「肉」を定義するのも、このような「可逆性」（Ibid., p. 189）である。「肉」は「究極の概念（notion dernière）」（Ibid., p. 185）であり、「究極の真理（vérité ultime）」（Ibid., p. 204）ではあるのだが、しかしそれは「鏡の現象」（Ibid., p. 309）でしかない。

私が「見えるもの」に「融合」したり、「見えるもの」が私のうちに「移行」したりするのは、「不可能」だとメルロ＝ポンティは考える。なぜならその場合、「見る者」か「見えるもの」かの消失によって、「視覚」は生じようとした瞬間に「消滅」（Ibid., p. 173）してしまうからである。それゆえ「知覚する私について私が持つ経験」は、「見えないもの」（Ibid., p. 303）や「触れえないもの」（Ibid., p. 307）で終わってしまう。そのようなものについて、『見えるものと見えないもの』のメルロ＝ポンティも、ときおりはマルブランシュにおけるような「感情による認識」（Ibid., p. 302）について語り、私の手は「内から」（Ibid., p. 176. Cf. p. 164）も感じられるのだと、述べはする。しかしながら、彼の通常の主たる主張は、「自らに触れること、自らを見ること」は、「自らを免れること、自らを知らないこと（s'échapper, s'ignorer）」（Ibid., p. 303）だということなのであって、このような「自己についての無知（*ignorance de soi*）」（Ibid., p. 267）こそが、「《意識》の盲目（盲点）（cécité（*punctum caecum*）de la «conscience»）」（Ibid., p. 301. Cf. p. 308）と呼ばれているものなのである。

「受動的 - 身体」と「能動的 - 身体」とは、「能作（*Leistung*）」においては「無 - 差別的」（Ibid., p. 300. Cf. p. 309）

なのだという。けれどもこのような「自己との無‐差別」は、「静寂な、もしくは盲目的な同一化」(Ibid., p. 257)でしかなく、両者を繋いで両者を可逆的にする「蝶番(charnière)」は、「手の施しようがないほど隠されたまま」(Ibid., p. 194-5)である。それはその両面に「万華鏡的な変化」(N, p. 285)――現象面のそのつどの交替――をしか生み出すことのないような、それ自身は「見えない蝶番」(Ibid. Cf. VeI, p. 287, 291)なのである。

しかしながら、このような隠れた「蝶番」、もしくは「触れられる私の右手と触れる私の右手とのあいだの間隙」は、「有論的空虚」(VeI, p. 194-5)ではない。それはむしろ、後期メルロ＝ポンティに特有な意味での「イリア〔有る〕」(Ibid., p. 313)なのであって、それゆえにこそ彼は、「私の身体の諸部分」の「あらかじめの一性」や、「分離以前の一性」(Ibid., p. 315)について語るのである。それゆえ、「私の身体の非区分(indivision)」(N, p. 346)というものがある。それは「感じる者と感じられるものとの非区分」(E, p. 20)であり、「非区分の〈有〉」(VeI, p. 272)である。けれどもまさしくそれこそが、後期メルロ＝ポンティをして「現れと〈有〉の分裂(fission de l'apparence et de l'Être)」(Ibid., p. 309)という言葉によって示唆されているような、彼の有論と彼の現象学とあいだの決定的な乖離を、余儀なくさせてしまった当のものだったのではないだろうか。

一性としての有、非区分の有は、現れない。有が現象し、「自らを知る」ためには、「裂開(déhiscence)」(Ibid., p. 320)が必要である。「〈有〉の分裂(fission de l'Être)」の果てにのみ、「私は私の上で自らを閉じる」(E, p. 81)のであり、「〈有〉の裂開の結果」としてのみ、「各々の何か視覚的なもの」(Ibid., p. 85)もまた与えられるのである。「裂開」は「《内》と《外》の分離(ségrégation)」であり、「《意識》への〈有〉の奇跡的な昇進」(VeI, p. 157-8)である。「異論の余地なき、しかし派生的な性格としての対自それ自身。それは差異化における隔たりの絶頂である――自己への現前は、差異化された世界への現前で有る」(Ibid., p. 245)。キアスム問題においても、「一種の裂開が私の身体を二つに開く」からこそ、「視られる身体と視る身体、触れられる身体と触れる身体」のあいだに「重なり(recouvrement）や浸食（empiétement）」（Ibid., p. 165）があるのだと言われる。それは「永遠に有る〈有〉の唯一の炸裂（éclatement）」（Ibid., p. 318）なのである。

　けれどもこのような「可逆性」という考えは、周知のように『受肉』のアンリによって、完膚なきまでに批判されることになる。メルロ＝ポンティが「触れる／触れられるの関係」を「世界全体」（I, p. 165）に拡張してしまったことについてのアンリの批判は、今回は取り上げない[27]。アンリによれば、「同時に触れる者でも触れられるものでもある」のは、「同じ根源的肉」（Ibid., p. 230）なのである。しかるにメルロ＝ポンティは、あらゆる現象化の可能性を「世界の可視性」のうちにしか見ないような、「現象学的一元論（monisme phénoménologique）」（Ibid., p. 170）と名づけられる先入見に、囚われたままである。「触れる者と触れられるものとの可逆性」が意味するのは、「〔対象化という〕唯一の現れることの、このような支配」（Ibid., p. 171）にほかならない。換言するなら、「メルロ＝ポンティは或る主観的身体を発見したが、〔それは〕志向的な主観的身体〔でしかなかった〕」（Ad., p. 219）のである。けれどもこのような現象化の体制を取るかぎり、「感じる力能」としての知覚主体それ自身は、「感じられるものという形式のもとでしか現れることへと生じないようなもの〔つまりは対象〕」とは「別のところ」に、ただ「前提」されるだけなのであって、それは永久に現れないのだということになってしまう。古典哲学の「主観」にも似て、このような「別のところ」は、「永遠の不在者」（I, p. 171）であり続けることだろう。そのうえ、もし本当に、触れられるものとしての私の身体が肉や骨の塊でしかないなら、それは触れられることさえできないだろう。触れられるには、それは意識を有しているのでなければならない。「物的身体」という資格では、私の自己の身体でさえ、「触れられも触れもしない」（Ibid., p. 229）のである。「世界のうちでは、いかなる対象も、けっして他の対象に触れたことがなく、また他の対象によって触れられたこともない」（Ibid., p. 295）のだから。

　じっさいには「志向性があるわけではなく、ただ志向的生があるだけ」（PV I, p. 120）なのだと、アンリ自身は述べている。ただ志向的に意識するだけで、自己意識しないような意識は、ただ対象だけを映して、自らが見ているということさえ知らない監視カメラのレンズにも似て、じつはまったくの無意識でしかない。「志向性」の脱自や超越は、「生」の内在や自己‐触発を前提としなければ、成り立たないのである。

　このようなアンリのメルロ＝ポンティ批判に対して、われわれとしても心からの賛意を表したいとは思うのだが、ただ一点だけ、メルロ＝ポンティの「キアスム」問題に関しては、補足しておきたいことがある。つまりメルロ＝ポンティは、一方では「触れるのは私ではなく、私の身体である」(PP, p. 365)とか、「見るのは眼ではない。しかしそれは魂ではない。それは開かれた全体性としての身体である」(N, p. 280)等々と述べたりしているのだが、しかるに他方では、彼は「真の〈触れることに触れること〉(un véritable toucher du toucher)」(VeI, p. 176)といった表現も、用いているのである。それではキアスムとは、いったい〈触れる手に触れること〉なのだろうか、それとも〈触れることに触れること〉なのだろうか。メルロ＝ポンティ自身は、「私は私が触れるのに触れる(je me touche touchant)」(VeI, p. 256 ; N, p. 107 ; P II, p. 222 ; S, p. 210)[28]とも、「私の身体は自らが触れるのに触れる(il [mon corps] se touche touchant)」(Œ, p. 18)とも、言い続けているのだが。

　われわれとしては、メルロ＝ポンティは〈自らが触れるのに触れる〉ということを、〈触れている私の手に私のもう一方の手で触れる〉ということと混同してしまったからこそ、迷誤に陥ってしまったのだと考える。触れつつある私のもう一方の手に私の手で触れることは、原則として可能なのである。たとえば倒れようとする壁を支えている私の右手を、私の左手で支えているようなケースを考えられたい。もし私の左手が私の右手に触れる瞬間に、私の右手が壁に触れることをやめてしまえるものならば、私は壁の重さ〔＝能動的触覚に対する絶対的抵抗〕もそのザラザラした感触〔＝受動的触知の感覚〕も、まったく感じなくて済むことになってしまうであろうが、それは考えがたいことである。そして壁を支えている最中の私の右手が、別の手によって触れられたことをたしかに意識するということは、その手が他人の手——助けようとする善意に満ちた手であろうと、外してしまおうとする悪意に満ちた手であろうと——であるような場合を想定するなら、容易に肯定されよう。その手が私の左手であるときにのみ、私の右手が鈍感になってしまうなどということが、考えられるだろうか。

　しかしながらそのことは、触れることが自らに触れているということを、意味するものではない。もし私の右手が麻痺しているなら、右手は何も感じず、真の意味では、つまり意識の働きという意味では、触れてさえいないことになってしまうであろうが、そのような右手に左手が触れたとしても、左手には、右手がいまたしかに触れているところなのか否かを、知ることなどできない。触れていることをたしかに知っているのは、触れている手のみなのであって、しかも触れていることは、触れられなくても直接に、つまりは触覚によってとは別様に、自らが触れていることを知っているのである——これに相当するのが、ビランにおいてなら「努力の感情」である。

　整理するなら、㈠もし私の両手が麻痺さえしていなければ、私の触れている手に私のもう一方の手で触れることは、いつでも可能である。㈡しかしそのことは、触れることが自らに触れるということを意味するものではない。ひとは同じ手によっても、もう一方の手によっても、けっして自らが触れるのに触れることなどできない。㈢触れることは、自らが触れるのに触れることはできなくても、自らが触れているということを、直接的覚知によって知っている。㈣触れつつある私の右手に私の左手が触れることが可能となるためにも、まず私の左手の〈触れること〉が、触れられることなく直接に、自らが触れていることを知っているのでなければならないし、同様に私の右手の〈触れること〉も、触れられることなく直接に、自らが触れていることを知っているのでなければならない。

　それゆえメルロ＝ポンティの「蝶番」の両面は、双方ともに顕示されているのだということになる。一方は触覚〔触れること〕によって。他方は感情〔直接的覚知〕によって。あるいはむしろ、双方とも同時に触覚〔触れること〕と感情〔直接的覚知〕とによって。しかしながら、それではあらかじめの一性、われわれの主観的身体の諸力能の分離以前にある一性は、それ自身、いかにして自らを顕現しうるのであろうか。

⑷メーヌ・ド・ビランの身体構成論とキアスム問題

メーヌ・ド・ビランの身体構成論については、前章でも詳述したので、ここではキアスム問題と、キアスム以前の身体の一性（主客の未分化を含め）からその分離への行程という問題にだけ焦点を絞って、概括しておくことにしたい。

まずビランの場合、キアスム問題が生ずるためには、幾つかの前提条件が満たされていなければならないということを、確認しておかねばならない。第一にそれは、身体諸部分の局在化、少なくともキアスムが生じる当該諸部分の分化が、すでに成立しているのだということ。そして第二に、有機的身体の相対的抵抗が、自らの物的身体の絶対的抵抗にぶつかるときには、それ自身が不可入的な物的身体として覚知されなければならないのだが、このことはビランの場合、すでにして自己の身体が異他的物体の絶対的抵抗に遭遇するときにも、生じているのだということ。

発生論的に見てゆくことにしよう。ここで重要なのは、始源的には、身体諸部分がまだ分化していないような状態が存在しているということである。先の章でも見たように、われわれの考えでは、ビランにおいては身体の発生には、少なくとも以下のような七つの段階を指摘しておかねばならない。㈠努力や意志の誕生以前には、自我も非我もなく、内も外もない。身体さえ存在せず、そこにあるのはアフェクティフな単純状態だけなのだが、しかしそれは、「非区分で不可分の一つの全体」、「すべてに先立つ独立した一つの所与」としての「原初的空間」（MBŒ XI-3, p. 18-9）によって、あるいは「漠として限定されざる延長」（MBŒ XI-2, p. 161）によって、特徴づけられる。㈡種別的には「非意図的な努力（effort non *intentionné*）」と名づけられるような、「共通的努力（effort commun）」の第一段階においては（MBŒ VII-2, p. 239）[29]、「たんなる傍観者（simple spectateur）」（Ibid., p. 203）、「受動的傍観者（spectateur passif）」（Ibid., p. 205）もしくは「受動的な証人（témoin passif）」（Ibid., p. 234）としての自我が生まれ、それは「固定性なく一貫性なき二次元延長」（Ibid., p. 297）としての外的空間と、まだ唯一の塊でしかなく、やはり「諸限界も諸形態もない一種の漠たる延長」（MBŒ VII-1, p. 141）と呼ばれるような内的空間とを、ともなっている。㈢「共通的努力」の第二段階においては、「連帯して動く唯一の塊とみなされた身体の一般的移動」というものが生じ、あいかわらず身体は「まずもって漠として限定されざる一種の内的延長」（MBŒ III, p. 432）でしかないのだが、しかし、すでにしてそれは「三次元の」（MBŒ XI-2, p. 166）外的空間をともない始める。㈣各々の「特殊的努力（effort particulier）」（MBŒ III, p. 433）もしくは「個別的努力（effort individuel）」が、その適用項（＝身体諸器官）の一つ一つを「局在化」してゆき、「〔身体の〕抵抗する連続体のうちに、一つの区分点」（MBŒ IV, p. 126）を記そうとして、かくして有機的身体の差異化・局在化が完遂される。㈤異他的物体の絶対的抵抗との出会いによって、身体も自己自身を物的身体として見出すようになる。㈥キアスム現象において、特殊的諸努力に抵抗するものとしての自己の物的身体が、内からと同様、外からも知られるようになる。㈦身体が客観的身体〔物体〕として表象される。

　最後の段階は、ここでは重要ではない。まず第一段階において肝要なのは、いまだ身体さえ生成・発生・誕生していないような一つの全体としての空間が、それでもアフェクティヴに体験されているということである。メルロ＝ポンティが「私の身体の諸部分」のあいだのみならず、「私－世界」のあいだにも、さらには「世界とその諸部分」のあいだにも認めていたような「あらかじめの一性」や「分離以前の一性」（VeI, p. 315）は、このようにしてビランにおいては、一種の情感的な現象学的体験として、無意識の闇から救い出されることになる[30]。もし、このような主客未分の自己体験をも「自己－触発」の名で呼ぶとするなら、それはまだ「自我」や「努力」の自己－触発でも、「身体」の自己－触発でさえありえないのだから、それは、それらがよって立つ「場所」の「自己－触発」

である[31]。

身体は、自我とともに、第二段階で生まれてくる。つまり、非意図的な努力としての自我が誕生するとともに、自我はまだ異他的抵抗には出会わなくても、自らを一塊としての身体から区別し始め、同時にアフェクションが帰属する内的空間と、直観の帰属すべき外的空間とを、区別し始める。

第三段階は、外的空間の経験には大きな進展をもたらすが、身体経験に顕著な差異は見られない。

身体諸部分の分化は、第四段階において初めて生ずる。それはキアスム現象の必須の前提であり、フッサールのキアスム問題においては欠落していた主題である。コンディヤックもまた身体諸部分の発見をキアスムから始めることによって、身体構成のこの段階を見落としてしまったのではなかったか。そしてまたそのことが、彼がビランによる厳しい批判を招いてしまったことの一因だったのではなかったか。残念ながら、アンリもまた『受肉』では、このような身体諸部分の発生論的構成について論じることはなかったのだが、しかし本章第二節(5)でも見たように、『身体の哲学と現象学』はこの問題について、不十分とはいえ、一定の言及を行ってはいた。

第五段階はメーヌ・ド・ビランの明示的な主張というわけではないのだが、しかしわれわれとしては、身体が異他的物体の絶対的抵抗を体験するためには、コンディヤックが主張したように、自己の身体も異他的物体も、双方ともに固体的で不可入的でなければならないと考える。これもまた、身体構成論における一つの決定的な段階であって、キアスム現象のための必須条件である。

そして第六段階において、キアスム現象が生起する。前章でも見たように、ビランはこの問題構制において、たとえば『ベルリン覚書』においてのように、「二つの努力」(MBŒ IV, p. 133) を主張したり、あるいは『存在の観念についてのノート』のように、逆に「ただ一つの運動的努力」(MBŒ X-2, p. 279) について語ったりしている。さらには『思惟の分析』のなかでは、あるときには「二つの努力」(MBŒ III, p. 211) について述べられ、あるときには「同じ一つの意欲された努力」(Ibid., p. 438) が強調されたりさえしている。

けれども主著『心理学の諸基礎』を参照するならば、ここでは「努力と抵抗との二重の返答」(MBŒ VII-1, p. 150) や、「互いに出会い、互いに障害をなす両手における、努力の二重化」について論じられていて、『諸基礎』は〈二つの努力〉派である。じっさい、ビランには馴染みの或る仮定にしたがって、一方の手が「麻痺」していると想定するなら、他方の手は、その手を「死せる抵抗を授けられた異他的物体」(MBŒ VII-2, p. 288) としてしか知覚しないことだろう。その場合、たとえ物理的接触があったとしても、麻痺している方の手は、もう一方の手に、ほんらいの意味で触れているとは言えないだろう――ハイデッガーが「壁に触れる」ことなどできないと語っていた「椅子」と同様に[32]。そして「努力は手のなかにしか感じられない」――「圧触感は圧触する手と圧触される部分とのなかに感じられる。努力は手のなかにしか感じられず、抵抗は抵抗が適用される部分のなかにしか感じられない」(Ibid., p. 287)――のであるからには、ここにはただ一つの努力しか存在しないということになる。ということはつまり、逆に健康な状態においては、二つの努力があるのだということになろう。あるいはいっそう厳密に言うなら、ひとは右手において、右手の努力と右手自身の抵抗と左手の抵抗とを感じ、そして左手においては、左手の努力と左手自身の抵抗と右手の抵抗とを感じるのだから、キアスム現象においては、二つの努力と四つの抵抗があるのだということになる。

しかしキアスムは、ビラン的な意味での「反省」(あるいはアンリ的な意味での「自己‐触発」)にとっては、本質的ではない。けだしこのような反省は、各々の手の単一の努力だけの感情のうちにも、すでにそれぞれ実現されているからである。前項でも見たように、触れている右手に左手で触れるということが可能となるためには、まず右手自身が、自らが触れているということを覚知しているのでなければならないし、左手自身も、自らが触れているということを覚知しているのでなければならない。それゆえキアスム現象において重要なのは、おそらくは「触れる

‐触れられる」の関係ではない。大切なのは、むしろ「触れる‐触れる」の関係なのであって、そしてそれを支えているのが、「触れていることを知っている」（＝超越の内在的自己‐触発）という、「触れる」ための前提条件なのである。

ただしキアスム成立のためには、もう一つの前提条件がある。それは身体の「一性」である。身体諸部分の差異化が、それでも身体の一性を「基底」としてしか成り立たないというのでなければ、「触れる‐触れられる」の関係であれ、「触れる‐触れる」の関係であれ、それが自己関係であることは、自覚さえされえないということになってしまうだろう。それではこのような一性と多性は、どのようにして両立するのであろうか。もし多性の成立が、一性を廃棄してしまうというのであれば、身体も自我も分裂したままで、そこには「自己」の覚知は見出されないことになってしまおう。「基底」は存続するのでなければならない。つまり「基底」は、発生論的に「先立つ」のみならず、「先立つ」ものとして、根底に「留まる」のでなければならない。そしてそのことを「肉」の誕生に関して明らかにしたのが、『受肉』を中核とするアンリの後期思想だったのではないだろうか。

(5)ミシェル・アンリにおける「キアスム」と「肉」

『身体の哲学と現象学』の第四章において、アンリは「主観的身体」、「有機的身体」、「客観的身体」（PPC, p. 179-82）を区別しつつ、これら三つを「われわれがわれわれのものである身体について自らに形成しうるイマージュないし諸イマージュ」（Ibid., p. 186）と、混同しないように注意をうながしている。しかしながら、この場合の「客観的身体」とは「外的知覚の対象」のことであり、「科学的探究の主題をなしうる」（Ibid., p. 182）ような身体のことなのであって、それゆえそれは「身体についての表象的認識」（Ibid., p. 183）というその有論的ステイタスからするなら、本質的には「イマージュ」と異ならない。したがって同所では、アンリはまだ「絶対的抵抗」を示す「物的身体」としての「自己の身体」について、主題化するにいたってはいなかったのである。

身体の有論的ステイタスのこのような区別について、最も詳細に論じているのは、『受肉』第三一節である。だがその節を見るまえに、同書における幾つかの基本的スタンスを確認しておくことにしよう。まずアンリは、「自分を取り巻くものを感じると同時に、自己自身を体験する」ような「肉（*chair*）」と、「盲目的、不透明、惰性的な物質」たる「コール〔*corps* 物体・身体〕」とを、術語的に区別する。後者が何も「感じ-ない」のに対して、前者は「自己自身を体験」するからこそ、「このゆえに、自分に外的な物体を感じ、それに触れ、またそれによって触れられることもできる」（I, p. 8-9）のである。それゆえ、対象を感じたり、対象に触れたり触れられたりする志向的作用を「構成」と呼ぶならば、「自己の身体の構成論」は、「構成する身体」や「構成される身体」について扱うだけでは十分ではない。それは「根源的には構成されざる肉」を主題化するのでなければならない。あるいはむしろ、「あらゆる志向的要素には疎遠」な「われわれの肉」は、本節⑵でも見たように、「構成するものでも構成されるものでもない」（Ibid., p. 222）のだと言わなければならない。それゆえ「肉」は、「触れる者／触れられるもののキアスム」から帰結するどころか、「触れる-力能の条件」として、「触れる-力能それ自身以前に到来」するのであって、端的に言うなら、それは「キアスム以前に到来する」（Ibid., p. 197）のである。

ところで『受肉』のアンリは、「根源的身体性」の「われ能う」に「抵抗」しつつ、そのような〔抵抗という〕仕方で「自らを顕示」する自己の身体のことを、『身体の哲学と現象学』と同様、「有機的身体（corps organique）」（Ibid., p. 212）と呼んでいる。それは「われわれの根源的身体性と同じ資格で、見えない身体」（Ibid., p. 211）なのであって、このことは自己の身体にかぎらず、「絶対的抵抗」としての「異他的諸物体」についても当てはまる。つまり「われわれの諸身体や異他的諸物体の〔……〕実在性」は、「世界や世界の現れることには疎遠な一つの実在性」であり、「われわれの肉の実在性と同じ資格で、一つの見えない実在性」（Ibid., p. 213）なのである――ちなみにアンリは、「キネステーゼ」は「有機的身体のうちに局在化される」(Ibid., p. 226)、つまり「運動の諸印象」は「有機的身体」のうちに「挿入」されるのだが、「感官的諸印象(impressions sensorielles)」は、物理的事物に関係づけられる諸印象を除いて、「客観的な自己の身体(corps propre objectif)のうちに挿入される」(Ibid., p. 227)のだと考えている。そしてこの場合の「客観的な自己の身体」が意味しているのが「物的身体」のことだということは、のちに見る。

『受肉』の第三二節は、「触れる者/触れられるもののキアスム」(Ibid.)について、アンリ自身の考えを主題化する。そのさい「触れられるもの」は、「何一つ感じることのない物的一物体」には還元されない。それゆえ先にも見たように、メルロ=ポンティとともに「私の左手に触れていた私の右手が、反対に左手によって触れられるとき、右手は同時にその支配力を、触れる者というその条件を放棄して、宇宙のすべての物的諸物体に類比的な、任意の触れうるもの、任意の感性的なものという意味で理解された触れられるもののうちに吸収」されると主張するのは、誤りである。触れられる手が触れられるためには、それは「根源的肉」という自らの条件を、保持しているのでなければならない。「同時に触れる者でも触れられるものでもあるのは、同じ根源的肉」(Ibid., p. 230. Cf. p. 294-6)なのである。

それでは肉は、いつ、「触れる」から「触れられる」に移行するのだろうか。アンリは「抵抗する連続体」が「根源的肉の圧力」に譲っているあいだは、肉は「触れる」のだが、同じ「有機的連続体」がこの「欲動」を「止めたり維持したり圧し返したりする」ときには、「能動性」が「受動性」へと、つまりは「自らの諸力能を自由に展開する幸福」が「諸力能の妨害から肉が感じ取る強制」という「パトス」へと転じて、肉は「触れられる」(Ibid., p. 230-1)のだと考える。[33]「触れられるもの」とは、「抵抗する連続体を動かす力能が実効化されるうちに、突然それが動かすことができなくなる瞬間における、抵抗する連続体」のことである。そしてこの瞬間こそが、「私のうちで、私の自己の有機的身体が、物的身体になる瞬間」(Ibid., p. 228) なのだという。

けれどもアンリは、先にも見たように、「有機的連続体」が「肉の圧力への絶対的障害」として打ち建てられて「物的身体」に転じたとしても、この物的身体は、まだ「見えない実践的一規定」でしかないと考える。それが「世界の現れること」のうちで現れるとき、初めてそれは、「客観的な物的身体」(Ibid., p. 231) として現れるのである。それゆえ「有機的身体」は、「三つの諸要素」に差異化されるのだということになる。すなわち、㈠「われわれの根源的肉の内的圧力に服従している、われわれの自己の有機的身体」。㈡「この圧力に自らを対置させつつ、この圧力の限界においては物的身体になる、この有機的身体」。㈢「もはや肉的圧力においてありのままに体験されるのではなく、自らを世界のうちで外からわれわれに示す、この同じ物的身体」(Ibid., p. 232)。

先にも言及したように、「われわれの諸感官に由来する諸感覚」は、「われわれの自己の物的身体の外面」に、「接ぎ木」(Ibid., p. 232-3) されにやってくる。しかるに「現れることの二重性」にしたがって、「われわれの物的身体」は「両面的」なのであった。ところで「われわれの自己の物的身体が持つ、このラディカルな現象学的二重性」は、「われわれの肌のそれ」(Ibid., p. 233. Cf. p. 299-300) である。それゆえ「われわれの諸感官の諸感覚」も、一方では「手という‐物」の「客観的な感性的諸性質」を構成するための「諸射映」の役を果たして、「われわれの物的身体の外面の上へのわれわれの感性的諸印象の構成」(Ibid., p. 233) をなすこともできれば、他方では「この物的身体が、その力動的な生ける実在として、その肉として、自らのうちに隠している《諸器官》の内部での、この同じ諸印象」の「第二の構成」をなすこともできる。そして後者、つまり「肌に内的な感性的諸印象」は、「テーブルの冷たさ」に対応する「手の冷たさ」のようなものなのだという。ちなみに「手《のなか》、肌《の下》」には、「キネステーゼ的諸感覚」(Ibid., p. 234) もまた位置づけられるのだが。

そこでアンリは、「或る一つの究極の註記」を記そうとする。つまり「われわれの諸印象」は、あるいは「われわれの根源的肉」に、あるいは「有機的身体」に、あるいは「われわれの物的な自己の身体」に関係づけられる。しかるに「これらすべての諸印象」は「構成される」のだから、「これらの諸印象が関係づけられる諸項」もまた、「構成される」のだということになる。それゆえ「われわれの根源的肉」は「構成された肉」によって、「われわれの有機的身体」は「構成された有機的身体」によって、「われわれの自己の物的身体」は「構成された物的な自己の身体」によって、それぞれ「二重化」されるのである。そのさいわれわれは、たとえば「われわれの構成された有機的身体」を、「根源的な有機的身体」と、混同しないように気をつけなければならない。われわれが有機的身体の「準 - 延長 (quasi-étendue)」や、有機的身体のうちでのわれわれの諸感覚の「拡散」や「伝播」について語るとき、思念されているのは「構成された有機的身体」なのだとアンリは主張する。しかるに「構成された有機的身体」は、すでにして「一箇の表象された身体」でしかない。「根源的な有機的身体」は、「構成されも表象されもしない」のである。また「われわれの自己の身体 (*Leibkörper*〔身体物体〕としての) が《それによって住みつかれている》とわれわれが言うような肉」もまた、もはや「われわれの根源的な肉」ではなくて、「構成された肉」(Ibid., p. 235) でしかない、等々。

以上のように『受肉』は、とりわけ「キアスム」と「物的身体」と「肌」の分析において、『身体の哲学と現象学』に比すれば格段の進歩を示していると言うことができる。なかんずく「主観的身体」、「有機的身体」、「客観的身体」の三区分のみでは説明できない「物的身体」の現象学的ステイタスの解明こそが、「キアスム」や「肌」の諸現象をも説明し、身体のステイタスのいっそう緻密な分析を可能ならしめているのである。しかしながら、このようにして詳らかにされた諸区別も、ビランの身体論と比較するなら、われわれにはまだ不十分であるように思われる。けだしこれらの諸区別は、身体の発生論的諸段階を、十分に考慮に入れているとは言いがたいからである。たとえば「キアスム」が生じる前提としての身体諸部分の分化ないし局在化の過程について、なぜ『受肉』では触れられていないのだろうか。何よりもまず、身体が諸部分に分離する以前には、身体のあらかじめの一性があるのではないか。またこのような単純状態は、『顕現の本質』のアンリ自身によってさえ、「体感」によって顕示されるとされ、そしてその体感は、同書では「調性」や「感情」や「情感性」(EM, p. 624, 633) といったアンリの基本的諸概念と、同一視されていたのではなかったか。また一塊としての身体も、今度はそれ自身、身体以前に存在する或る〈基底〉に基づいてこそ、生まれるのではないか。そしてそれこそが、「《肉以前》についての著作」(Et, p. 121)[34]であり、「肉のアルケオロジー」(Ibid., p. 21, 121, 123) たることを標榜していた『受肉』の、ほんらいのテーマなのではなかったか。

第四節　身体の発生と生の自己 - 成長——自然と文化

(1) 肉のアルケオロジー

『受肉』のなかで、アンリは「〈自我〉と〈肉〉は一つでしかない」(I, p. 178)[35]と述べている。このようにして「〈肉 - 以前〉(l'«Avant-la-chair»)」は、「〈エゴ - 以前〉(l'«Avant-ego»)」(Ibid, p. 244) と同定され、「絶対的〈生〉のうちでの超越論的〈自己〉の出生 (génération)」も、「肉のそれ」(Ibid., p. 261) と同一視されることになる。「コギト」や「コギタチオ」でさえ、「或る出生の結果」(Ibid., p. 127) でしかないのである。

『われは真理なり』が上梓されたのと同じ一九九六年に行われた或る対談のなかで、アンリはこう語っている。「『われは真理なり』は〔……〕スピノザについての一九四三年の私の覚書(=『スピノザの幸福』)という、その出発点に回帰さえしつつ、私の省察の糸をたぐり直しています。つい最近、ジャッド・アテムがそのテクスト全体を公刊したとき、私は内在的因果性についての、この場合、各々の有限様態への実体の内在についての、スピノザの途方もない観念が、各々の生けるものへの絶対的〈生〉の内在という、『われは真理なり』の中心テーマを準備していることに気づいて、驚きました。しかしながら、一方の著作〔『スピノザの幸福』〕から他方の著作〔『われは真理なり』〕にかけては、或る思弁的な哲学から一つの現象学へという移行があり、そしてこの移行は、最も私が執着している諸直観の一つの出現をともなっています。それは生けるものへの〈生〉の相互内在のなかでの、基礎的〈自己性〉の〈出生〉という直観です。超越論的〈自己〉の真のアルケオロジーを辿り直すことをめざす――自我やエゴの背後に位置する――このような思索は、『エティカ』のうちには見出されず、また『顕現の本質』のうちにはまだ見出されていません」(Et. p. 19)[36]。

『受肉』が公刊された二〇〇〇年の或る対談では、アンリはこうも述べている。「なぜアルケオロジーなのでしょうか。なぜなら、以前に到来するもの(ce qui vient avant)が、本質的だからです。それに、私の哲学が変わったということを、言うためでもあります。問題とされているのは、もはや人間的諸学のアルケオロジーではなく、肉のアルケオロジーなのです」(Ibid., p. 122-3)[37]。そしてすでに一九九一年に行われた対談においてさえ述べられていたように、「自我以前に到来し、そこに自我が到来し、それゆえ自我よりいっそう深く、そこから自我が瞬間毎に(à chaque instant)出現するところのもの」とは、「私を超出する無限の〈生〉」(Ibid., p. 68)なのである。

アンリが「自己‐触発の二つの概念」(D, p. 96. Cf. PV IV, p. 184)を区別し始めるのは、おそらくは一九九二年五月一五日の講演「言葉と宗教。神の言葉(Parole et religion : la Parole de Dieu)」からである。「二つの自己‐触発」とはすなわち、「自らを絶対的に自己‐触発し、かくして自らを自己‐生出(s'auto-engendrer)する、生の自己‐触発」と、「自己‐触発され、かくして〈生〉のうちで〈自己〉として生出される、〈自己〉の自己‐触発」(PV IV, p. 192)とのことである。『われは真理なり』では、「強い」概念と「弱い」概念という、これら二つの「自己‐触発」概念は、「能産的自己‐触発(auto-affection naturante)」と「所産的自己‐触発(auto-affection naturée)」、あるいは

「絶対的自己－触発」と「相対的自己－触発」(Cf. CMV, p. 135-8, 204, 244, 263. Voir aussi PV IV, p. 213) と呼ばれている。

しかしながら「〈生〉の〈言葉〉」が述べているのは、「あらゆる生けるものにおいて、その生きること」(CMV, p. 278-9) でしかないのだから、ここにはたしかに「伝統的な意味での或る超越」が見られはするが、それでもこの超越は、まったくもって「脱－自的」ではない。むしろそれは、「生への生けるものの、これまで思索されることのなかった関係」(Ad. p. 214) を、つまりは「各々の生ける者のうちへの〈生〉の内在」(I, p. 176) を、指し示しているにすぎない。それゆえ、たとえこのような超越が「われわれの有限な生」と「神の無限な生」とのあいだの「非－相互性 (*non-réciprocité*)」(PC, p. 46. Cf. p. 44, 49) や「不可逆性」(CMV, p. 163) といった言葉で言い表されることがあったとしても、それでもこのような「非－相互性」が意味しているのも、やはり「各々の生ける者のうちへの絶対的〈生〉の内在」(PC, p. 54) にほかならないのである。

そこで、結局のところそこからは、「ただ一つの生、ただ一つの自己－触発しか存在しない」(D, p. 98. Cf. PV IV, p. 192; CMV, p. 40, 128) ということしか帰結しないのだということになる。たしかに無限で絶対的な〈生〉を意味して〈父〉と呼ばれる神と、絶対的〈生〉の自己性を指し示していて〈元－息子 (Archi-Fils)〉と名づけられるキリストとの関係は、「可逆的」(CMV, p. 81. Cf. p. 163) で、両者は「共実体的」(Ibid., p. 97, 114, 138) と言われているのに対し、われわれ人間の生は「有限」でしかない。けれども「有限な生」といえども「無限な〈生〉の自己－能与において自己に与えられる」ことによってしか「生きない」(I, p. 254) のであるからには、とどのつまりは「ただ一つの生しかない」のであって、『われは真理なり』のアンリのように語るなら、神の生とわれわれ自身の生との区別は、「神的」と「人間的」という「コンディション」(CMV, p. 40) の相違にしか関わらないのだということになる。『われは真理なり』は、「自我 (moi)」が自らの「諸力能」を所有して「受動的」から「能動的」に転じ、「〈われ能う〉」となったものを「エゴ」(Ibid., p. 175) と呼びつつ、かくして「自由」(Ibid., p. 176) となった「エゴ」が、自らを自らの「諸力能」や自らの「有そのもの」の「源泉にして起源」(Ibid., p. 176-7) と取りちがえてしまうというような過ちを、「エゴの超越論的錯覚」と名づけている。それを特徴づけているのは、「〈生〉の忘却」(Ibid., p. 177) なのであって、同書でアンリは、「超越論的エゴイズム」(Ibid., p. 180) もしくは「エゴイズムの体系」(Ibid., p. 185) においてこのようにして忘却されてしまった「絶対的〈生〉」が、逆に「キリスト教倫理」においては「ふたたび見出 (retrouver)」(Ibid., p. 216. Cf. p. 192, 214) され、むしろ「〈自己〉にとってのあらゆる利害関心」や「自己や自我とわれわれが呼ぶものの観念」(Ibid., p. 214) さえもが遠ざけられてしまうというような、或る一つの過程を描こうとする。それゆえアンリによれば、キリスト教の意味での「救済」は、「人間が、このようなラディカルな〈忘却〉を超克し、神の絶対的〈生〉と合流する可能性」(Ibid., p. 190) のうちに、すなわち「エゴの生が、神それ自身の生に変わることになるという、途方もない出来事」(Ibid., p. 210) のうちに、見出されるのだということになる。そのとき人間は、神やキリストと「同一化」(Ibid., p. 144 ; I, p. 23) されるのである。

しかしながら、われわれには「超越論的エゴイズムの体系」(CMV, p. 319, etc.) におけるこのような〈生〉の忘却は、たんに「思惟」(Cf. GP, p. 323) のレヴェルにおいてしか、つまりは脱自・超越のレヴェルにおいてしか、生み出されえないように思われる。内在のレヴェルで考えるなら、〈生〉とはむしろ「〈忘却しえないもの〉(l'Inoubliable)」(PV IV, p. 195 ; D, p. 98) なのである。生きとし生けるものは、〈生〉を体験することによってしか、生けるものたりえないのではなかったか。しかし、もしそうなら、われわれは初めから神と同一化され、〈生〉と一体化され、その意味では最初からすでに救済されていたのだということになる。そのうえ「すべての人間」は「キリストそれ自身」(I, p. 338) であると述べ、「その〈夜〉の基底において、われわれの肉は神である」(Ibid., p. 373) と語っていたのは、『受肉』におけるアンリ自身ではなかったか。またアンリは、すでにして『実質的現象学』において、「生」という「〈基底〉」は「生けるもの」と「異ならない」(PM, p. 177)[38]と、言明していたのではなかったか。

〈生〉という「〈基底〉」に担われつつ、狭い意味での私は、「海中を泳ぐ者」(Ad, p. 78)でしかない。各人は、「情感的な地下層(une nappe affective souterraine)」という「源泉」から、「同じ水」を飲んでいるのである。「生けるもの」は、まだ「主観なき、地平なき、意義なき、対象なき、純然たる一つの体験」でしかない。そして「生けるものたち」が「各々を一つのエゴ〔自我〕として、もしくは一つのアルテル・エゴ〔他我〕として見つめ合い、表象し合い、思惟し合うとき」には、「或る新しい経験次元」(PM, p. 178)が生まれたのだということになる。「エゴとアルテル・エゴ」は、「一つの共通の誕生」(PM, p. 9)を有するのである。それゆえ、彼らの「誕生」の共通の「場所」(I, p. 347, 354)というものがある。そして「〈生〉」というこの場所は、彼らの誕生ののちにさえ、彼らのみならず、彼らの「関係それ自身」をも、「根拠づける」(CMV, p. 317)ことになろう。なぜなら、すでにして『実質的現象学』が述べていたように、「発生」は、たんに「歴史的」射程を有するのみならず、それはむしろ「〈アルケー〉への、つねに現前しつねに働きかけるものへの、回帰」(PM, p. 171)だからである。たとえば幼児をその母に結びつけている「無言の共‐存在(l'être-avec muet)」は、「彼の生涯と彼の歴史とを通してずっと、同じ力動的で情動的なステイタスとともに留まる」(CC, p. 195)[39]のだという。私は「永久に、私の誕生の物音を聞く」(PV IV, p. 197)のである。またそれだからこそ、神は「すべてを見る〈眼〉(l'Œil omni-voyant)」(CMV, p. 221, 267)となって、いまでもわれわれを見ているのである。ちなみに「救済の場所」は、「罪の場所」(I, p. 333. Cf. D, p. 107)でもあるのだが。

本章の冒頭でも見たように、アンリによれば、各々の〈自己〉をして「連続的な自己‐成長という一つの過程のなかで、自ずから成長」(I, p. 357. Cf. p. 358 ; CMV, p. 147)せしめてくれるのは、キリストである。しかるに「自己

-触発の強い概念が指し示す、自己による生のこのような出生」は、それでも「受動的」(CMV, p. 135)である。つまり「現象学的次元においては、私の生の受動性は、絶対的生の受動性を妨げるものではない」(PV IV, p. 213)[40]のである。それゆえにこそアンリにとって、神は「パトス的〔受動的・情念的〕」(PV IV, p. 214)なのである。そのうえ「絶対的〈生〉」が自らを「自己-顕示」しつつ「自己-出生」する過程において、「絶対的〈生〉が永遠に自己のうちに到来すること」が説明してくれるのは、「われわれの肉における根源的諸印象の、謎めいた繰り返し(itération)と果てしなき反復(répétition)」だけではない。まずもってそれは、「われわれの肉」(I, p. 242)そのものについて――その誕生・発生を――説明してくれるのである。

そしてわれわれとしては、身体の諸力能のあらかじめの一性と、その後の多性の発生・生成という問題は、〈生〉という共通の誕生の場所からの生ける者たちの生成という問題と、平行して考察されるのではないかと考える。元-身体は、それに基づいてわれわれの諸力能やわれわれの諸々の身振りが生まれるところの、またつねに現前し、つねに働きかける〈アルケー〉として永久に留まるところの、そして努力の感情によってではなく、情感性によって、もしくはビラン的な意味におけるアフェクティビリテによって自らを顕示するところの、一つの〈基底〉なのではないだろうか。それゆえ、その一性とその差異化とにおける主観的身体の問いが位置づけられるべきは、肉のアルケオロジーの延長線上においてなのである。

そして文化もまた、生の自己-成長とみなされていたのではなかったか。

(2) 文化のアルケオロジー

ベルクソンによれば、「基礎的な自然(une nature fondamentale)」というものがあり、そして「自然に重ね合わされて、自然を模倣するが、自然とは混同されることのない諸獲得物」(HBŒ, p. 1206)というものがある。メルロ=

ポンティにおいてもまた、「或る構成された文化から他の構成された文化への交流」は、「それらが両方ともそこで生まれたところの、野生の領域（la région sauvage）」（VeI, p. 154）[41]によって遂行されるのだという。文化は、あるいはむしろ諸文化は、〈自然〉を想定しているのではないだろうか。われわれは、アンリが『キリストの言葉』のなかで、「芸術的」なのであれ「職人的」なのであれ「産業的」なのであれ、「あらゆる創造形式」に「外在化の構造」を指定しているのを見た。しかるにそれは、「生は創造されない（*La vie est incréée*）」（PC, p. 107）ということを、強調するためなのである。カンディンスキーについての一九九三年の或る小論のなかでも、彼は「あらゆる偉大な創造において、創造されるものは、けっしてその源泉から、〔つまり〕〈創造されないもの〉（l'Incréé）から、それほど分離されてはいない」（PV III, p. 230）と語っている。そして身体的諸力能それ自身もまたその源泉を有しているのであって、フッサールは、先に触れた「主観の原能力（*Urvermögen des Subjekts*）」と「獲得された諸能力（*erworbene Vermögen*）」とのあいだの区別を明らかにするために、或る註のなかで、こう補足しているのである。「始源はたんに時間的にのみ理解されるのであってはならない」（Ideen II, S. 255）——それでは〈自然な生〉の時間性とは、どのようなものなのだろうか。

　論攷「知的努力」のなかで、ベルクソンは、「努力する」思惟と「生きるに〔身を〕任せる（se laisser vivre）」（HBŒ, p. 931）思惟とを、論攷そのものの主題に即しつつ、前者を強調するようなかたちで対照している。しかしながら『試論』のなかでは、むしろ「われわれの自我が生きるに〔身を〕任せるとき」にこそ、「まったく純粋な持続」（Ibid., p. 67）が現れるとされているのである。努力の能動性は、根源的な生の受動性を、想定してはいないだろうか。アンリもまた、本章冒頭で見たように、ベルクソンの持続を思わせるような「転がりゆく玉」（Ad, p. 208-9 ; PV III, p. 295）について語っていた。アンリにとって「パトス的な時間性」としての「生の時間性」は、「脱自的」ではない。それは「志向性なき一つの時間性」なのだが、それでもそれは、「情感的な生成（*devenir affectif*）」

(Ad. p. 221 ; PV III, p. 307) なのである。じっさいアンリは、『精神分析の系譜』のなかで、生の「自己成長」を「超力」(GP, p. 256-7, 281) と形容していたのだし、また『われは真理なり』では、「その自己‐出生の超力」における「絶対的〈生〉」(CMV, p. 260. Cf. p. 202) について、語ってもいたのである。このように、絶対的〈生〉の超力的・能産的な自己‐触発は、自己に対しては受動的であっても、自ずから成長する永遠の過程である。そして絶対的生の超力が、このように自己成長するからこそ、われわれの肉が生まれ、その根源的身体が分化・発展して、文化的身体をも生み出し、文化的世界を形成してゆくのである。進展には、その始源と、その発展方向というものがある。しかしながら、それではなぜアンリは、絶対的生の時間性は「可逆的」(PV I, p. 141) だと主張していたのだろうか。

　おそらくそれは、このような成長の基底には、何か留まるものがあるからである。「留まるもの (Ce qui demeure)」とは、「自己のうちへの生の永遠の到来」であり、それは「変化」、「成長」、「生の運動」(PM, p. 54-5) でありつつも、留まるものである。「〈生〉の〈滞在所〉(la Demeure de la Vie)」――われわれの共通の誕生の場所――は、「〈生〉の永遠の生ける現在」(I, p. 91) なのである。ベルクソンにおいても、「自然的なもの」は今日でも「それがつねにそれであったところのもの」(HBGE, p. 1111) なのだし、メルロ＝ポンティにおいても、「初日に」おいてあるところの「自然」は、「今日」(VeI, p. 320) においてもなおそこにある。「〈自然〉はそれが持続するからといって、すり減ることはない」(N, p. 169) のである。そしてアンリによれば、「受苦する者にとっては、彼が受苦するかぎり、時間は存在しない」(I, p. 85) ――その根源的存在において、「われわれの身体は時間を免れる」(PPC, p. 138) のである。文化的生の自己‐成長は、「つねに新し」く「つねに同じもの」(VeI, p. 320) たる〈自然の生〉の、このような「無時間的〈臨現〉(Parousie intemporelle)」(PC, p. 124) にこそ、そのつど依拠しているのではないだろうか。そして文化の豊かさは、〈根源〉に根差すその深さによってこそ、測られるのではないだろうか。

　われわれは、文化のアルケオロジーと肉のアルケオロジーとのあいだに、身体の発生論を挿入することによって、両者を結びつけようと試みてきた。たしかにメルロ＝ポンティが指摘していたように、〈自然〉を〈文化〉から識別するのは難しい。しかしながら、〈自然の現象学〉の可能性を否定する者は、〈受肉の哲学〉の可能性をも拒否しなければならないだろう――少なくともそれは、アンリの道ではない。いずれにせよ文化的な身振りや、すべての文化的諸作用でさえ、身体の発生を介して、〈生〉にこそ基づいている。けだしアンリ自身が、こう述べているのである。

「あらゆる権能、あらゆる力、そして身体それ自身が、それらをそれら自身のうちに投げ入れて、それらが存在するように強制する、或るいっそう本源的な権能の働きによってしか、存在しない」（GP, p. 256）。「なぜなら、各人に彼が生けるものであることを体験させつつ、そのとき起ち上がるのは、最大の力だからである。ところでこの体験は、われわれの身振りのうちの最も些細なものや、最も日常的な作用にも、最大の力が住みついて、これを可能ならしめているかぎりで、それに住みついているのである」（CC, p. 220）。

第六章　場所と身体

――メルロ＝ポンティの「構造化」の概念をめぐって――

はじめに

「サッカーのグラウンド（terrain）は、活動中の選手にとっては、一箇の《対象》ではない。すなわち、遠近法的視向の無際限の多様性を引き起こしえて、その見かけ上の諸変容のもとに等価であり続けうるような、理念的な項ではない。それは諸々の力線（《タッチライン》とか、《ペナルティエリア》を画すラインとか）がめぐり――選手の知らぬまのようにして行為の或る様態を呼び求め、行為を始動させ、行為を担っているような諸区域（たとえば敵と敵とのあいだの《穴》）に分節されている。選手にとって、グラウンドは（データとして）与えられているのではなく、彼の実践的諸志向の内在的な項として現前しているのである。選手はグラウンドと一体となっているのであって、たとえば彼は《ゴール》の方向を、彼自身の身体の垂直位や水平位と同じほど、直接的に感じている。意識がこの場（milieu）に住みついていると言うだけでは十分ではなかろう。意識はこの瞬間には、場と行為との弁証法以外の何ものでもないのである。選手の企てる各々の策略が、グラウンドの相を変様させ、そこに新しい力線を張りめぐらす。

行為は行為でこの新しい力線のなかを流れ、現象野をあらためて変化させながら、実現されてゆく」（SC, p. 182-3）(1)。「〈有〉とは、そこにおいては《意識の諸様態》が〈有〉の諸構造化（structurations）として記入され〔……〕、またそこにおいては〈有〉の諸構造化が意識の諸様態であるような、《場所（lieu）》である。即自‐対自の統合が生ずるのは、絶対的意識においてではなく、混淆の〈有〉（Être de promiscuité）においてである。世界の知覚は世界のうちで生じ、真理の体験は〈有〉において生ずる」（VeI, p. 307）。

「場所」とは何であろうか。われわれはこれまで、主としてデカルト、マルブランシュ、ビラン、アンリにおいて、彼らの身体論もしくは心身合一論を検討してきた。そのような一連の諸研究の最後のものとして、本章ではわれわれは、メルロ＝ポンティにおける「場所」と「身体」の関連という問題について、しかも彼の「構造の哲学」（SC, p. 143; VeI, p. 312. Cf. N, p. 378）を手掛かりとして、探究してゆきたいと思う。

「場所」とは、その上に自我も身体も、世界や時間・空間さえもが、安らっているような場所である。あるいはむしろ、そこにおいて自我も身体も世界も初めて生まれてくるような場所である。そのような場所が、次第に構造化されてゆく。自我や身体や世界の誕生は、そうした構造化の第一歩である。そしてその後の「発生」は、そのような「初次的所与を基盤とした再構造化（*restructuration*）」（MS, p. 531）として、すなわち「諸構造化の再構造化」（Ibid., p. 534）として進展してゆく。すでに『行動の構造』の昔から、メルロ＝ポンティは「人間を定義するもの」を、「創造された諸構造を超出して他の諸構造を創造する能力」（SC, p. 189. Cf. p. 192）とみなしていた。そしてこのような「構造化」の観念は、ついには「思惟の宇宙全体」（MS, p. 570）にまで及ぶ。しかもメルロ＝ポンティにとって、「知覚する精神」とは「受肉した精神」（P II, p. 37）にほかならないのだから、場所を構造化してゆくのは、或る意味では身体それ自身である。それゆえにこそ「知覚」や「情動」のみならず、「知性」さえもが「行為（conduite）の諸構造」（SC, p. 198）として定義されるのである。

しかしメルロ＝ポンティにおいては、「場所」の有論的・現象学的ステイタスが、必ずしも明確ではない。冒頭の二番目に見た『見えるものと見えないもの』からの引用は、〈有〉の諸構造化をも《意識の諸様態》をも包括するような究極のエレメントとして、「〈有〉」という「場所」を呈示している。しかしながら前期の彼は、或る箇所では「意識」を「諸観念の場所」や「普遍的な場」（Ibid., p. 199）等と呼びつつも、他の箇所では「世界」を「われわれの生の慣れ親しんだ場所」（PP, p. 64-5）とか、「すべての経験の漠とした場所」（Ibid., p. 395）等々と呼んでいる。つまり、一方では「私は一つの領野（champ）であり、私は一つの経験である」（Ibid., p. 465）のだが、他方では「世界」こそが「われわれの経験の領野」（Ibid., p. 403）なのである。そしてこのような多義性は、後期にも存続する。ここでもまた「一つの経験領野」なのは「私」（VeI, p. 149）であり、かつ「諸事物の共可能性の場所」なのは「世界」（Ibid., p. 29）なのである。そもそもメルロ＝ポンティにおいて、「場所」はそれほど確固たるタームだったのだろうか。それとも「場所」は、彼の思索が深まるにつれ、その意味を次第に変えていったのだろうか。あるいは「場所」には初めから幾つかの意味があって、そして彼の思索が深まるにつれて求められていったのは、あらゆる場所の場所とも言うべき或る究極の場所だったのだろうか。

そのような問題意識が生じるのは、もともとメルロ＝ポンティでは、その後期の思索においてすら、たとえば〈有〉というような究極の概念に関してさえ、差異化・裂開する〈有〉と差異化以前の先行的一性としての〈有〉が、共存していたからである。われわれは以前に、後期メルロ＝ポンティの根本問題を〈現象学と有論の乖離〉として摘出し、これを批判したことがある。「一致や融合による直観においては、〈有〉に与えられるすべては経験から取り除かれ、経験に与えられるすべては〈有〉から取り除かれる」（Ibid., p. 163）という言葉が、彼の立場をよく物語っている。しかし、それでも彼は「無-差別」や「一性」について、語り続けたのである。前期の彼ならば、「エゴ」と「身体」と「諸事物」という「三つの区域（secteurs）」を区別しつつ、こう述べるだけで事足りていたかもしれない。「自らの諸志向がそこから放射するところの中心としてのエゴ、それらの諸志向を担う身体、諸志向がそこへと向けられるところの諸存在や諸事物は、混同されない。そうではなくて、それらは唯一の領野（un champ unique）の三つの区域でしかない」（SC. p. 204）――このような「三つの区域」のたんなる並列なら、何も「無‐差別」など説く必要はない。もちろんわれわれは、ひとたびサッカー選手を主題的に定立したうえで、彼をボールやゴール等々と混同することなどできない。しかし、それでも彼は、グラウンドと「一体」となっていなければ、適切な行為など行いえなかったのである。それでは、そこにおいては「エゴ」も「身体」も「諸事物」さえもが成り立つような一にして不可分の場所とは、いったいどのような場所なのだろうか。そしてそのような場所が或る仕方で現前しているのでなければ、われわれはいかにしてそのなかで活動することができるというのだろうか。

　われわれは後期メルロ＝ポンティの有論を一箇所だけ修正しつつ、彼における「身体」と「場所」の「構造化」の問題を追跡してゆきたいと思う。われわれが言いたいのは、裂開や炸裂以前の無‐差別の一性も、現象するのでなければならないということ、あるいはむしろそれこそが根源的な現象なのだということ、つまり意識するものと意識されるものとの区別を前提とするような現象化の体制は、現象化の究極の体制ではないのだということ、あるいは本章の主題にもっと即したかたちで言い表すなら、「場所」は自己‐触発するのだということである――以下、本章ではわれわれは、このような仮説を、便宜上「Φ仮説」と呼んでおくことにしたい。

　本章の意図とは、このようなΦ仮説に基づきつつ、〈場所と身体〉に関するメルロ＝ポンティの諸言説を、〈差異化〉〈構造化〉が始まる以前と以後という観点から、再検討することである。そのためにわれわれは、㈠まず前期・後期の彼の主著たる『行動の構造』『知覚の現象学』『見えるものと見えないもの』において、「構造」概念がいかなる変遷を辿ってゆくかを確認する。㈡次いでわれわれは、「身体」に関して、あえて「無‐差別」や「一性」には抵触するかのような諸主題のなかから——すべてを取り上げるわけにもゆかないので——代表的な幾つかの問題を選んで、そこに一性や全体性の解釈を施してゆく。ところでメルロ＝ポンティは、「私は身体を介して世界のうちで行為する」と述べ、そのさい世界の基本構造として、空間と時間を挙げている。「私は空間や時間において〔à＝に向かって、に属して〕あり、私の身体はそれらに適用され、それらを包括する」(PP, p. 164)[2]。それゆえわれわれは、㈢空間と㈣時間に関しても——空間についてはやはり代表的な問題を幾つか選んで、時間論に関しては『知覚の現象学』のそれと『見えるものと見えないもの』のそれとを対比させつつ——同様の考察を続けてゆく。さらにわれわれは、㈤意識（コギト）がどのかぎりで、またどこまで身体的意識（主観的身体）と同一化されうるのかという観点から、意識の構造化の問題についても検討を加えておく——これはデカルトに関する本書第一章での考察の継続でもある。㈥そして最後にわれわれは、エゴも身体もそこから生まれてくるような最も根源的な場所から、どのようにしてエゴや身体や世界が存する場所が成立してくるのかということについて、つまりは場所の複数性に関して考察し、そのさい或る一つの場所の上で成り立つ論理と、場所相互間に成り立つ論理とを、「水平の論理」と「垂直の論理」と呼んで、両者を区別する——われわれの究極の主張は、根源的な場所とその上にようやく成り立つ場所とのあいだには、断絶や飛躍という非連続の関係があって、両者を結ぶ垂直の論理を、通常の説明原理が用いる水平の論理と混同してはならない、ということに帰する。

それではまず「構造」概念を検討するところから始めることにしよう。

第一節　「構造」の構造——前期メルロ＝ポンティから後期メルロ＝ポンティへ

「構造の構造」[3]に関しては、たとえば〈諸部分の総和には還元されない一つの全体〉というような、構造ないしゲシュタルトの内的体制もしくは本質構制に関わる定義の仕方においてさえ、前期メルロ＝ポンティとのあいだに若干の変化が見られなくもないのだが、しかし最も目立つ変化は、むしろ意識ないし身体と構造との関わり合いの構造のうちに見出されると言うことができよう。たとえば『行動の構造』では両者の関係は、最終的には、構造とは身体的意識によって知覚されるものだ、というようにして定式化されてゆく。『知覚の現象学』には身体と世界を〈一つの構造ないし体系〉の二つの契機とみなすというような考えが早くも見出されるのだが、しかし強調は、両者の混淆や無‐差別というよりも、むしろ両者間の交流《コミュニカシオン》のうちに置かれている。後期の主著『見えるものと見えないもの』には、先にも見たように、「意識の諸構造」がそのまま「〈有〉の諸構造化」であるというような、「混淆の〈有〉」という考えが提示され、メルロ＝ポンティの思索が次第に〈意識‐身体‐世界〉の全体を無‐差別のままに包含した構造という方向に進展していったということが窺われるのだが、ただし、それがどこまで徹底化されていったのかということに関しては、多少の疑問が残る。いずれにせよ「構造」概念の変遷は、彼自身の立場の変遷を如実に示すものでもあるので、われわれとしても以下、彼の三つの主著の各々において、その諸規定の概略を辿っておくことにしたい。

　われわれはまず『行動の構造』から始めるが、書名も示すとおり、本書はそのほぼ全編が「構造」概念を主題化していると言うこともできる。もちろん本章は、そのすべてを取り上げることはできないのだが、それでも他の主著に比べ、本書についての紹介が若干くどくなることについては、あらかじめお断りしておかなければならない。

(1)『行動の構造』における「構造」の概念

『行動の構造』[4]は、すでにその「序論」において、「意識」を「構造」として導入することには「益がある（gagner）」（p. 3）と述べている。あらかじめ付言しておきたいのだが、本書では——他の主著と同様——「構造」はしばしば「形態〔＝フォルム、ゲシュタルト〕」(p. ex. p. 88, 199) や「有意義的総体 (un ensemble significatif)」(p. 197) と言い換えられたり、あるいは「内在的意味 (le sens immanent)」(p. 198) と並置されたりしている。したがって「構造」概念を検討するさいには、これらの語の用法にも、留意しておかなければならない。たとえば『行動の構造』は、「真に実体概念を放棄するような哲学においては、形態の宇宙という一つの宇宙しかありえないだろう」(p. 144) と述べている。それでは「形態」とは、いったいどのようなものなのだろうか。

「《形態》は〔……〕その諸特性が孤立した諸部分の所有するような諸特性の総和ではないような、全体的過程として――いっそう正確には、その《諸部分》が一つ一つ比較されるなら、絶対量においては異なっているというのに、〔全体的過程同士は〕相互に識別しえないこともありうるような、全体的過程として、換言すれば、移調可能 (transposables) な全体として――定義される。その諸部分のうちのたった一つにさえもたらされるようなあらゆる変化に対して、一つの系《システム》の諸特性が変様してしまうようなところでは、また反対に、諸部分がすべて変化しても、それらが相互間に同じ関係を保っているときには、その系の諸特性が保持されるようなところでは、いたるところ形態があると言われよう」(p. 49-50)。つまり、まずネガティヴに表現するなら、「形態においては全体は諸部分の総和ではない」(p. 163) と、同書ではまだ無批判的に述べられている。[5] それは「各々の要素の感官的価値」が「総体におけるその機能」によって規定され、その機能とともに変化するような「一つの布置 (une configuration)」(p. 182) なのであって、そこでは「各々の局在的変化」は、「諸力の関係の恒常性を保証するような諸力の再分配」によって翻訳される。つまり、それはメロディーのように「移調可能」(p. 148) なのである。ゆえに「ゲシュタルト」は、すでに前期メルロ＝ポンティにおいても――後期の「肉」[6] のように――「内と外、自然と観念の統一」(p. 227) と定義されている。そのように一にして全体的なものとしてこそ、「構造」は「分解不可能」(p. 48, 186) なのである。

今度は章毎に、『行動の構造』〔四章から成る〕における「構造」の記述のあらましを見てゆくことにしよう。第一章「反射行動」は、「刺戟」はその「内容」が変わっても、それらが「同じ空間 - 時間的形態」を保つなら、「反応」は変わらないと述べている。「反射」を決定するのは、「興奮の本性、場所、あるいは強度でさえも」なくて、それ以上に「形態」(p. 9) なのである。このような「刺戟の形態もしくは全体性」(p. 10) の概念を補強するために、同書はよくウェルトハイマーに由来する、神経系の――受容器と効果器とを結ぶだけの「《縦の》現象 (phénomènes «longitudinaux»)」からは区別された――「横の現象 (phénomènes transversaux)」(p. 13) という概念に訴える。

ところで「或る複合的刺戟をその諸要素の総和とは別のものにするもの」は、「有機体」(p. 10) のうちに求められる。つまり「或る興奮の運命」は、「有機的状態の総体」や「同時的ないし先行的な諸興奮」との関係によって定められるのであって、有機体とその環境とのあいだにある関係は、「線的因果性」ではなく、「循環的因果性」(p. 13) である。「反応」も「神経系の全体的状態」と「有機体の保存のために必要な能動的諸介入」に「依存」(p. 25-6) しているのである。それゆえ「われわれの反射的反応」のうちにも、「何か一般的なもの」(p. 30) がある。ただし『行動の構造』のメルロ＝ポンティは、「たんなる並列 (coordination)(Und-Verbindungen〔そして - 結合〕)の哲学」を排除するのと同時に、「すべてが本当にすべてに依存する」というような「自然の絶対的一性というロマンティックな考え」(p. 45) も、斥ける。「形態」の概念においては「機械論的実在論」も「目的論的実在論」も、すなわち「すべての形式の因果的思惟」(p. 54) が、放棄されるのである。

第二章「高等な行動」は、まずその第一節が扱う「条件反射」において、その「真の刺戟」は個々の音――パヴロフの実験に見られるような――でも個々の対象でもなく、個々の音や対象の寄せ集めでさえなく、むしろ「時間のなかの諸音の配分」、「諸音のメロディー的な連なり」、「諸対象の大きさの諸関係」であって、一言で言えば「状況の正確な構造」(p. 59) だと述べている。そこで中枢領域と局在化の問題を主題化する第二節も、まず「㈠損傷は、局在化されたものであっても、行動の全体に関わる構造障害を引き起こしうるし、類似した構造障害が、異なる皮質領域に位置する損傷によって引き起こされることもありうる」(p. 66) と定式化する。病理学的な変化というものは、一般に「より差異化されず、より組織化されず、より全般的で、より無定形な行動」の方向に向かって進行してゆくものなのだが、ここでも疾病は、行動の「内容」というよりも、むしろその「構造」に関わり、それゆえそれは「何か観察されるもの」というよりは、「何か理解されるもの」(p. 69-70) なのである。しかし、ここでもまたメルロ＝ポンティは、こう付け加える。「㈡それでもひとは神経機能を、そこにおいては系のすべての部分が同じ資格で介入してくるような全般的な一過程として、扱うことなどできない。機能はそれによって機能が実現される基体に、けっして無頓着ではない」(p. 76)。以上二つのテーゼをまとめるなら、「㈢したがって神経実質内の場所は、多義的な意味を持つ。ひとは局在化についての或る混合的な考えと、平行論についての或る機能的な考えしか、認めることができない」(p.79) ということになる。要するに神経機能は「《図と地》型の過程」なのであって、すでにしてここでメルロ＝ポンティは、「生理学的形態」を記述するためにさえ、われわれが「図」と「地」というタームを「現象的世界もしくは知覚された世界」(p. 101) から借りてこなければならなかったという事実を、強調している。

第二章第三節は、「行動の構造」(p. 126) それ自身を主題化する。そしてその結論は、いかにもメルロ＝ポンティらしく、「行動」は、それが「構造」を持つものであるかぎり、「即自の次元」にも「対自の次元」(p. 136) にも属さない、というものである。「行動の構造」は、それゆえにこそ「知性にとっては不透明」となる。「形態」の概念は「両義的 (ambiguë)」(p. 138) なのである。

第三章「物理的次元、生命的次元、人間的次元」は、「物理的領野」「生理学的領野」「精神的領野」という「三つの領野」に「形態の概念」を適用しつつ、それらを「構造の三つのタイプ」(p. 141) として特徴づけようとする。つまり「量 (quantité)」「秩序 (ordre)」「意義 (signification)」は、たとえ「形態の宇宙全体」に現前するものであったとしても、それでもそのそれぞれが「物質」「生命」「精神」の各々における「主要な」性格なのであって、それらの区別を説明するのは「構造論的な差異」（p. 143）なのだという。

三つの次元の関係については、われわれ自身の最終節で、また取り上げ直すことになろう。ここでは簡単に、「物理的形態」は「或る与えられた外的諸条件に対して獲得された均衡」であるのに対し、「有機的構造」は「或る固有の環境（milieu）を自らに構成する」（p. 157）のだということ、そして人間には、たとえば一本の枝を道具の棒とみなしたり、もとの木の枝とみなしたりするような——サルには不可能な——「観点を選択し変化させる力能」（p. 190）が存在するというようにして——「はじめに」でも見たような——「創造された諸構造を超出して他の諸構造を創造する能力」（p. 189）が存するのだということを、呈示するだけに留めておきたい。ただ、ここで注意しておきたいのは、本章がすでに「物理的形態」でさえ「即自的形態」ではないと述べつつ、「ゲシュタルト理論」（p. 151）を批判しているということである。メルロ＝ポンティにとって、「形態」とは「知覚の対象」（p. 155）なのであって、「ゲシュタルト理論」でさえその「形態の概念」を、科学さえもが表現し、規定しなければならないような対象としての「知覚された諸事物の宇宙」（p. 156）から、借りてきているのだという。かくして第三章は、「物理的形態」「有機体」「心的なもの」の「理念性」（p. 199）を強調して終わることになる。

しかしながら最終第四章「心身の諸関係と知覚的意識の問題」は、そのようにして導かれた「超越論的態度」（p. 217）という「この最初の結論」は、「批判主義のインスピレーションを得た哲学」とは「たんなる同音異義の関係」（p. 222-3）しか持たないのだと主張する。つまり「批判主義的思惟」にとっては、「身体」は「意識にとっての身体」でしかなかったのだが、われわれはむしろ瞬間毎に「或る有機体への意識の内属」（p. 224-5）を体験しているのである。要するに、「それにとってゲシュタルトが存在するような意識」とは、たんなる「知的意識」ではなくて、そのような身体的意識、すなわち「知覚的意識」（p. 227）にほかならない。さればこそ「生きられたもの」と

「認識されたもの」が、たとえば「長方形的《表情《フィジオノミー》》」と「《長方形》という意義」(p. 232)が、あるいは「実効的な構造」と「理念的意義」(p. 238)が、区別されるのである。「われわれがそこから出発したところの《ゲシュタルト》のうちにある深いものとは、意義という観念ではなく、構造という観念である。すなわち識別不可能な或る観念と或る存在との結合であり、それによって素材がわれわれのまえで或る意味を持ち始めるところの偶然的配列であり、生まれいずる状態の知解性である」(p. 223)。

『行動の構造』は、結局のところ、このような「構造」と「意義」(p. 240)との区別、ならびにそれらを構成する「理解」と「知解」ないしは「表象」(p. 241)との区別を、確認することで終わっている。要約するなら、諸部分の総和以上の安定して移調可能なゲシュタルトとして定義された『行動の構造』における「構造」は、あくまで身体的意識〔主観的身体〕、知覚的意識にとっての「対象」である。

(2)『知覚の現象学』における「構造」の概念

『知覚の現象学』においても「構造」は、よく「表情(physionomie)」(PP, p. 28, 30)や「具体的本質」(Ibid., p. 147)と、あるいは「還元不可能な一つの意味(sens)をすでに懐胎している一つの総体」(Ibid., p. 29)等と、等置されたりしている。「直接的なものの概念そのものこそが、変容されているのである。以後、直接的なのはもはや印象、〔つまり〕主観と一体をなす対象ではなくて、意味、構造、諸部分の自発的配列(l'arrangement spontané des parties)である」(Ibid., p. 70)、等々。

「形態」は、ここでは「そこにおいては全体が諸部分に先立つような現象」(Ibid., p. 116)――「総体の神秘」(Ibid., p. 147)――と定義されている。そのうえ「形態」とは「世界の現出そのものであって、世界の可能性の条件ではなく、一つの規範の誕生であって、或る規範にしたがって実現されるのではなく、外と内の同一性であって、外への内の投影ではない」(Ibid., p. 74) のだという。それゆえ、ここでもまた「円のゲシュタルト」は円の「数学的法則」ではなく、その「表情」(Ibid. Cf. p. 316-7) だと述べられることになる。つまり、数学的には「円という意義」が「それを中心から等距離にある諸点の場所として生み出す悟性」によって認められるのに対して、「円のゲシュタルト」は「自らの世界に慣れ親しんでいて、それ〔ゲシュタルト〕をこの世界の一つの転調として、丸い表情として捉えることのできる主体」(Ibid., p. 491) によって、認められるのである。このような「表情」の特徴づけは、すでに『行動の構造』においても見られたものだが、その強調の度合いは、生理学的考察から出発して知覚世界に到達した同書より、初めから知覚世界に定位していた『知覚の現象学』において、はるかに強まった――著作の全般に及ぶようになった――と言うことができるだろう。

　知覚世界に定位するならば、たとえば「運動」を或る「地」の上に知覚する作用や、そもそも「視覚」そのものさえ、「周囲を形態化もしくは構造化する仕方」(Ibid., p. 133) として捉えられることになる。以下の本章第三節でも「注意」に関して同様のことを見るように、たとえば「反省」の作用でさえ、「未反省のもの」に対しては「一つの真の創造」であり、つまりは「意識の構造変化」(Ibid., p. IV)、あるいは「われわれの実存の構造変化」(Ibid., p. 76) なのである。ただしこの類《たぐい》の構造変化を、メルロ＝ポンティが必ずしもつねにポジティヴに評価していたわけではなかったということに関しては、やはり「注意」の箇所で確認することになろう。「より差異化されず、より原初的な構造への推移」(Ibid., p. 16) として示される脳の損傷の諸現象でさえ、「盲人の世界」が「正常者の世界」から「総体の構造」(Ibid., p. 259) によって区別されるというように、ただネガティヴなニュアンスによってだけ捉えられていると断定するのは難しい。すぐあとに『知覚の現象学』以降の中期メルロ＝ポンティの諸講義においても見るように、幼児や神経症患者の一部に見られるような未分化的構造の世界は、或る意味ではより親密で「より原初的」な世界への回帰を指し示しているのであって、われわれとしてもわれわれ自身のこのような故郷を、たやすく棄て去ることなどできないだろう。

そのまえに、「構造」に関する『知覚の現象学』の基本的な立場を、確認しておくことにしよう。「主体と客体」とは、「現前という唯一的構造の抽象的二契機」(Ibid., p. 492) だとメルロ＝ポンティは述べている。そして同様のことは、「体系《システム》」という言葉を用いても言い表されている。「身体的空間と外的空間とは、一つの実践的体系《システム》を形成する」(Ibid., p. 119) ——ちょうどわれわれが本章冒頭で見た、サッカー選手とグラウンドとの関係のように。あるいはいっそう印象深い言い方にしたがうなら、「自己の身体は、心臓が有機体のうちにあるようにして、世界のうちにある。それは見える光景を連続的に生のうちに維持し、その光景に生命を与え、内的に養う。自己の身体は、それと一つの体系《システム》を形成している」(Ibid., p. 235)。それでは『知覚の現象学』のメルロ＝ポンティは、すでにして意識ないし身体と世界との両者がそこにおいて成り立つような無‐差別の場所として、「構造」ないし「体系」というものを捉えていたのだろうか。

しかし断片的で偶発的な諸表現を除いて、『知覚の現象学』が理論的にそこまで思索を深めていたと、言い切ってしまうのは困難である。「構造」ないし「構造」の担い手として捉えられているのは、たいていは「意識」(p. ex. ibid., p. 30) や「対象」(p. ex. ibid., p. 94)、「自己の身体」(p. ex. ibid., p. 107) や「世界」(p. ex. ibid., p. 152) や「物」(p. ex. ibid., p. 265) などであって、しかも人間と世界のあいだには、つねに「或る距離」(Ibid., p. 103)[7] が想定されている。「自己の身体」は、「図と地という構造」に対してさえ、つねにそこに「暗示」されているような「第三の項」(Ibid., p. 117) なのである。主体が「知覚」によって「対象」のうちに「侵入」し、その「構造」を「同化」するようなときでも、主体と対象とのあいだに認められるのは、「対話 (dialogue)」(Ibid., p. 154) や「交流 (communication)」(Ibid., p. 370) の関係にすぎない——たとえそれが「唯一の存在、私の諸経験がそこから取り出されるところの広大な一個体」(＝「世界」)[8] との「交流」(Ibid., p. 378) であったとしても。「あらゆる知覚は一つの交流もしくは一つの交わり（communion）であり〔……〕われわれの身体と諸事物との連結（accouplement）のようなものである」（Ibid., p. 370）。

約言するなら、『知覚の現象学』における「構造」とは、その最も深い意義においてさえ、意識ないし身体が世界と交流し合うような場としての一体系のことであり、たいていは意識や身体、あるいは事物や世界の機構・体制のことである。

後期メルロ＝ポンティに移行するまえに、中期の彼の諸講義のなかから、「構造」概念に関する幾つかの特徴的な考えを析出しておくことにしよう。のちに一冊の本としてまとめられることになる一九四九－五二年のソルボンヌでの諸講義の概要では、「ゲシュタルト」は「予定された運命なしに現前する諸要素の相互作用によって自発的に確立される一つの秩序」（MS, p. 499）と定義されている。「予定された運命」とは、あらかじめ悟性が描いていたような設計図とか、幾何学的規定とかいうような意味のものであろう。そのような「予定」がなくても、すでにしてゲシュタルトは自ずから「一つの組織化の現象」であり、「構造の一類型」（Ibid., p. 263）なのである。「事物」は「世界のうちで受肉されて有るというわれわれの関係」によって、「すっかり構造化されている」（Ibid., p. 543）のである。

そして先にも予告しておいたように、これらの諸講義は幼児期や神経症患者に特有の諸現象を、構造化の観点から特徴づけようとしている。まず「幼児の経験」は「カオス」ではなく、すでに「一つの世界」なのだが、ただその「構造」に「遺漏がある（lacunaire）」というだけのことである。つまり「幼児の知覚」といえども「最初から構造化されている」（Ibid., p. 192）のだが、「大人の知覚」が「分節化されている（*articulée*）」のに対し、幼児の知覚は「全般的で断片的（*globale* et *fragmentaire*）」（Ibid., p. 193）なのである。知覚は「きわめて貧しい全般的な構造」から始まって、次第に「差異化」（Ibid., p. 189）され、かくして「いっそうカオス的なもの」から、「いっそう構造化されたもの」（Ibid., p. 194）へと進展してゆく。そして逆方向の進展、つまり退行も、たとえば神経疾患においては、やはり「行為の構造」（Ibid., p. 462）ないしは「行為の構造化」（Ibid., p. 463）の障害として生ずると言われている。ちなみに一九五四－五年のコレージュ・ド・フランスでの講義では、「眠り」もまた「脱分化〔dédifférenciation 脱差異化〕」（IP, p. 177, 267）の現象として、つまりは「分節化されていないものへの回帰」（Ibid., p. 267）として把握されている。

先のソルボンヌの講義録では、「幼児にとっては諸対象の情感的諸性格（caractères affectifs）が本元的であって、諸対象の構造そのものを構成している」（MS, p. 219）とも述べられている。つまり、すでにして「感官的知覚」は、「私と対象とのあいだ」に「或る表情的な関係（un rapport physionomique）」（Ibid., p. 544）を有しているのであって、しかも「全体的表現」というものは「分解不可能」（Ibid., p. 548）なのだという――このような「表情」の特徴づけは、言ってみれば差異化・分化以前の、その意味では構造化以前の原初的な「構造」が存在する可能性を示唆しているのであって、この点についてはわれわれも、以下、留意してゆかねばならないだろう。

一九五九－六〇年の「自然」講義では、「総体構造としての、すなわち諸事物や他人たちへの開けとしての、すなわち諸事物や他人たちのうちで自らを感じるものとしての身体」について語られた直後に、「非区分の世界のうちで非区分（indivis dans un monde indivis）」（N, p. 349）という言葉が、棒線を添えたのちに付加されている。このような表現も、そしてこのような考え方自体が、すでにメルロ＝ポンティの後期思想の領域に属していると言うことができる。

(3)『見えるものと見えないもの』における「構造」の概念

『見えるものと見えないもの』は、その「構造の哲学」を、以下のように説明している。「サルトルの哲学のような歴史の哲学に〔……〕おそらくは地理学の哲学をではなく〔……〕構造の哲学を対置すること。本当のところ構造の哲学は、歴史との接触においてより、地理学との接触において、よりよく形成されるであろう。なぜなら歴史は、あまりにも直接的に個人的な実践、内面性に結びついているからである。〔……〕反対に地理学は――あるいはむしろ原‐箱船（*Ur-Arche*）としての〈大地〉は、肉的な〈原歴史〉を明証化する（フッサール‐*Umsturz*. . .〔＝論文「コペルニクス説の転倒」〕）。問題とされているのは、じつは歴史と超越論的地質学との――《歴史的》でも《地理学的》でもない――連結（*nexus*）を捉えることである。それは、見えるものや肉についての私の分析によって、私がふたたび見出してしまうことになろう、空間であるところの同じ時間であり、時間であるところの同じ空間である。それは、歴史的な光景と歴史のほとんど地理学的な記入とを存在せしめているような、時間と空間との同時的な原創設（*Urstiftung*）である。基礎的な問題、すなわち沈殿と再活性化」（p. 312）[9]。

ゲシュタルトの一つの変形《ヴァリエーション》たる時間‐空間的な「肉」については、以下にまた言及する。「構造」は、ここで述べられているような「〈大地〉」たりうるのであろうか。われわれは本章の冒頭近くで、以下の言葉を引用しておいた。「〈有〉とは、そこにおいては《意識の諸様態》が〈有〉の諸構造化として記入され〔……〕、またそこにおいては〈有〉の諸構造化が意識の諸様態であるような、《場所》である。即自‐対自の統合が生ずるのは、絶対的意識においてではなく、混淆の〈有〉においてである。世界の知覚は世界のうちで生じ、真理の体験は〈有〉において生ずる」（p. 307）。それでは「構造化」がそこにおいて遂行されるような「場所」には、そのような「構造化」が始まる以前の状態というものが、存在しうるのだろうか。また、そもそもこのような「場所」は、本当に「即自」と「対自」を「統合」するような、つまり「意識」と「世界」の「混淆」が成立するような「〈有〉」たりうるのだろうか。

後期メルロ＝ポンティは、一方では「われわれは一元論と二元論の彼方にいる」（p. 80）と述べつつ、「《主観》と

《客観》との概念の再検討」（p. 41）を迫る。つまり、「《客観的なもの》と《主観的なもの》」とは「一つの全体的経験の内部で性急に構築された二つの次元」でしかないのであって、われわれはこのような「全体的経験」の「コンテクスト」をこそ、「復元」（p. 38）するのでなければならない。そして「われわれをまったく主観と客観の哲学の外に位置づけ」てくれるのが、ここでもまた「ゲシュタルト」（p. 260）なのである。

しかし他方では彼は、「キアスム[10]、志向的《浸食》は還元不可能で、そのことによって〔われわれは〕主観の概念を斥けるべく、もしくは主観を領野として、創始的イリア〔=有る〕によって開かれた諸構造の階級化された体系《システム》として定義すべく、導かれる」（p. 292）と述べることによって、「意識の諸様態」に関する先の引用と同様に、「イリア」の優位によって導かれた「イリア」の構造化の「体系」として、もしくはそのような意味での「領野」として、「主観」を生き延びさせる道も残しているのである。そしてそのような観点からするなら、やはり「ゲシュタルトを経験する者」とは「身体」であり、「私の身体」もまた「一つのゲシュタルト」なのであって、それは「あらゆるゲシュタルトのうちに共‐現前」している。それゆえ「ゲシュタルト」は「或る感性的な世界への或る知覚する身体の関係」（p. 259）を含んでいるのである。それではこれら二つのゲシュタルトがそこにおいて成立するような場所が、一つの――ゲシュタルトとは言わないまでも――構造として、存立しうるのだろうか。そもそも両者は、つねにすでに差異化されてしまっているのだろうか。

『見えるものと見えないもの』は、「ゲシュタルト」を「諸要素の総和《ではないもの》」とするような定義は、「反対のものからの（*a contrario*）」規定であって、「それ自身にしたがった」（p. 234）定義ではないと批判――或る意味では自己批判――する。「反対のもの」とはもちろん「諸要素」のことであって、このように、諸要素をいったん措定したうえで諸要素の多から出発してゲシュタルト全体の一を規定しようとするのは、方向が間違っている。ゆえに「諸部分の総和に還元されない一つの全体」というような「ゲシュタルト」の規定は、「ネガティヴで外的な定義」(p. 258) として斥けられるのである。それでは多の措定を前提としないようなゲシュタルトの規定とは、どのようなものなのだろうか。

「ゲシュタルト」は「空間‐時間的な個体」ではないが、「非空間的、非時間的」なものでもない。それは「空間と時間とにまたがる一つの布置」へと「統合」されようとする――それは「超越」(Ibid.) なのである。それゆえ「事物」を「それ自身への同一性」によって規定するのも、「経験の二次的な一解釈」(p. 214) でしかない。「事物」もまた「構造」(p. 273) なのであって、そして「構造」は「諸等価の体系」(p. 261) なのである――しかし、それは何と何との等価関係なのだろうか。このような記述もまた、あらかじめ多の措定や多の区別・差異化を想定してはいないだろうか。

他方ではメルロ＝ポンティは、「肉的な意味、図と地以外の意味は、存在しない」(p. 319) とも述べている。「真なるものは情動的な、ほとんど肉的な経験を介して輝く」のであって、そこでは「《諸観念》――他者の諸観念やわれわれの諸観念――は、むしろ他者の表情やわれわれの表情の諸特徴であり、理解されるというよりも、愛や憎しみのなかで迎え入れられたり、拒絶されたりする」(p. 29)。それではゲシュタルトは、先の項でも見たように、究極的には「分解不可能」な一つの全体たる表現・表情として、規定されるのだろうか。

しかし後期メルロ＝ポンティは、あいかわらず「差異化」としての「超越」の立場から、「構造」を規定し続ける。たとえば「忘却」が「脱分化〔dédifférenciation 脱差異化〕」であるのに対し、「知覚」は「差異化〔分化〕」と規定される。「《意識すること (avoir conscience)》」とは「一つの地の上に一つの図を持つこと」なのであって、それは「解体〔désarticulation 脱分節化〕」によっては「消失」してしまう。図と地の「区別」こそが、「《主観》と《客観》のあいだの第三項」(p. 250) を導入するのだという――しかし、それでは図と地の「区別」の意識に先立って、図と地を一つの全体として、言わば一つの表情として把捉するような知覚は、存在しえないのであろうか。

けれどもメルロ＝ポンティは述べ続ける。「現象的には、私に与えられているものは〔……〕しかじかの距離において生じるものとしかじかの別の距離において生じるものとのあいだの差異であり、それはこれらの差異の積分である。光学－幾何学的な分析が自らに与える《諸点》は、現象的には諸点ではなく、きわめて小さい諸構造、諸モナド、形而上学的諸点、あるいは諸超越である」(p. 283)――しかしながら、このような定義の仕方は、先にメルロ＝ポンティ自身が糾弾していた諸部分－諸要素の措定を、前提としてはいないだろうか。

以上のように概観しても、『見えるものと見えないもの』の「構造」概念には、全体性と差異化とのはざまで、まだ多様な考えが共存しているというのが実情のようである。けれども差異化〔主客の差異化を含めて〕以前の、つまりは無－差別や混淆の場所、そこにおいて主も客も存立し、そこにおいて初めて世界も身体も誕生するような場所は、存在しないのだろうか。そしてたとえ差異化・構造化が生じたとしても、そのような差異化・構造化がそこにおいて成立するような始源の場所が、そこにはやはり前提されていなければならないということにはならないのだろうか。

われわれは先に、後期メルロ＝ポンティは有論としてはそのような無－差別の〈有〉を認めたが、しかしその現象性は否定したと主張した。少なくとも理論的には、それはそのとおりである。しかしながらメルロ＝ポンティの具体的諸記述のなかには、そのような理論を裏切るようなものも、まったく見出されないわけではないように思われる。そしてわれわれは逆に、無－差別の〈有〉の現象化の可能性を模索しつつ、それを「Φ仮説」の名で呼んだ。それゆえ以下のわれわれのさしあたっての課題とは、このようなΦ仮説に基づきつつ、前期・後期のメルロ＝ポンティが取り上げた個々の具体的な諸問題のなかから、代表的なものを幾つか取り上げて、そうした諸現象を不可分の一なる全体として解釈する可能性が見出せないか否かを、検証してゆくことである。

とりあえず出発点としてわれわれが選ぶのは、一箇のゲシュタルト・構造としての「身体」である。

第二節　身体の構造化

幼児は自らの身体との関係において、まだ「内受容性感覚によって与えられているもの」と「外から供給されているもの」とを区別せず、「視覚的なものと内受容性感覚的なものとは、一種の非区別（*indistinction*）のうちに与えられている」（MS, p. 317）のだという。幼児のみならず、「正常な主体」においても、たとえば「触覚的経験」と「視覚的経験」とをきっぱり裁断してしまうことはできず、むしろそこに見出されるのは「異なる感官的供給物を配合するのが不可能であるような、一つの統合的（intégrale 積分的）な経験」（PP, p. 138）である――このように「身体の統一性」、その意味での「身体図式」でよく話題に上るのは、「諸感官の統一」（Ibid., p. 271）という現象であろう。「身体図式」もまた「諸等価の体系」（Ibid., p. 165）と規定される。そのような「身体の統一性」のうちに見出されるのは、「内含（implication）の構造」（Ibid., p. 174）である……。

しかしながら、本節でわれわれがあえて主題化したいのは、身体の統一性を証しやすそうなこの種の「間感官的諸関係」（MS, p. 189）ではなく、むしろ一見したところ身体諸部分の区別を前提しているかのように思われるような、「幻影肢」と「キアスム」の諸現象である。デカルト以来身体論の俎上に載せられることの多い「幻影肢」は、「脛、腿、腰、背、首」を通って「足から脳まで」（AT VII, p. 87 : FA II, p. 500）到達する一本の紐としての神経の存在によって、それなくしては錯覚さえ指摘しえないような身体諸部分の分化を想定しているように思えるし、右手と左手が触れ合うときにどちらが「触れる」手でどちらが「触れられる」手であるかという「キアスム」現象も、ほかならぬ両手の区別を前提しているように思われる。このような問題においてこそ、われわれはむしろ身体の一性、その非区分的全体性が要請されるのだということを、示したいと思うのである[11]。

われわれは前章で、自然的身体から文化的身体への発展を主題化してきた。すでにして『行動の構造』のなかで、メルロ＝ポンティは「自然的身体」と「文化的」身体の「区別」(SC, p. 227) について語っている。われわれとしても、文化や制度から出発して自然を考えようとするような立場の人たちに対しては、われわれが本節で扱おうとする諸問題は、あくまで自然的身体の問題圏に属すのだということを、あらかじめ強調しておきたいと思う。たとえば右手が左手に触れるとき、右手がどのような所作で左手に触れるのか等々の問題に関しては、そこに固有文化の影響や異文化との相違等々を指摘することもできようが、しかし〈触れる手に触れることはできるのか、それともできないのか〉といった問いは、それ以前の問題である。同様に、幻影肢の問題構制のうちに文化や習慣の問題を見ることも、以下見るようにまったく不可能というわけではないのだが、しかし文化や習慣によって右足の痛みが左手の痛みに変ずるなどということはありえないのだということもまた、事実である。このような問題群は、明らかに自然の問題構制に属するものである。

ここではまず「幻影肢」の問題から始めることにする。

(1)「幻影肢」の問題

「手のない人間は〔……〕思惟なき人間と同様、考えられない」(PP, p. 198) と、メルロ＝ポンティは述べている。それほどではないにしても、デカルトもまた『省察』の「第四答弁」のなかで、こう語っている。「人間の腕がその身体の残りの部分から実在的に区別される実体であると言うような人も、だからといってその同じものが人間全体の本性に属していることを、否定しはしないだろう」(AT VII, p. 228 : FA II, p. 669)。[12]

デカルトは一六三七年一〇月三日付のプレンピウス宛書簡〔フロモンドゥスの反論への答弁〕のなかで、「脳に生ずる感覚以外の感覚を、私が認めない」ことの証左として、「最近四肢を切断された者たちが、欠けている部分にいまなおしばしば自らが苦痛を感じていると思う」というようなケースを例証している。かつてデカルトは、手に深い傷を負った娘が、眼を覆われたまま医師に診てもらい、壊疽が進行したので「腕全体」が切断されたにもかかわらず、その箇所に布片があてがわれていたので、「その後二、三週間」のあいだはそのことに気づかず、それでも「指」「掌」「肘」に「様々の痛み」（AT I, p. 420 : FA I, p. 791）を感じると嘆いていたのを、知っているという[13]。この経験は、周知のように「第六省察」に生かされる。「かつて私は、その腿もしくは腕を切断された者たちから、欠けている身体部分のうちにいまなおときどき彼らが痛みを感じるように思われるということを、聞いたことがある。それゆえ私においても、その箇所に痛みを感じても、或る四肢が私に痛むということは、まったく確実だとは思えなかった」（AT VII, p. 77 : FA II, p. 486）。そして幻影肢が起こる理由についてのデカルトの解釈も、周知のところであろう。「もし何らかの原因が、足においてではなく、足から脳まで神経が伸びる部分のうちの他の任意の部分において、あるいは脳自身においてさえ、足が害を蒙ったときに引き起こされるのをつねとするのとまったく同じ運動を引き起こすならば、痛みはあたかも足のうちにあるかのように感じられ、感覚は自然と欺かれることになる」（AT VII, p. 88 : FA II, p. 502）。

しかしメルロ＝ポンティは、すでに『行動の構造』において、デカルトのこのような機械論的な解釈に対しては、反対を表明している。刺戟は「デカルトの比喩」においてのように、感官表面にやってきて、反応に関わる筋肉を導くような「糸」ではない。「糸」などというものは存在しないのであって、「刺戟－反応の関係は、正常者における足蹠《そくせき》〔＝足の裏〕の屈曲反射のように安定しているときでさえ、神経系内部で複雑な相互作用によって媒介されている」（SC, p. 32）のである。すでに見たように、神経機能にはたんなる「物理的定義」にも「生理学的定義」にも抗うような「横の現象」というものがある。それゆえにこそ「知覚の身体的基体（substratum *somatique*）」を指定することなど、「不可能」（Ibid., p. 221）なのである。

しかしメルロ＝ポンティは、痛みが現に足や手に感じられるということまで、否定したわけではない（Cf. PP, p. 110）。それでは幻影肢についての彼自身の解釈とは、どのようなものなのだろうか。

『知覚の現象学』の有名な記述によれば、「情動」や「傷の周況を思い出させるような周況（circonstance）」が、「幻影肢」を現れさせているのだという。同様に「明らかに心理学的説明を要請」するような「病態失認（anosognosie）」（＝身体の欠損・病変を知覚する能力の欠如）の現象においても、たとえば自らの右手が麻痺していることを無視して、右手を出せと言われれば左手を出してしまうような患者も、麻痺した腕を「長く冷たい蛇」のようと話すのだという。他方、脳に向かう知覚導体を切断すると、幻影肢は消滅してしまう。それゆえわれわれが理解しなければならないのは、いかにして「心的決定因」と「生理学的条件」とが「かみ合う」（Ibid., p. 91）のかということである。たとえば「幻影肢」の患者は、「実践的には（pratiquement ほとんど）」幻影肢を「実在的四肢」として扱うが、それは彼が身体を始動させるために、「自らの身体についての鮮明で分節化された知覚」を、必要としてはいないからだという。彼は自らの身体を「非区分の一つの権能（une puissance indivise）」のようにして「意のままに」すれば十分なのであって、それゆえにこそ「幻影肢についての意識」は、「曖昧（équivoque）」なままである。それは「腕の表象」ではなくて、「腕の両価的な現前（présence ambivalente）」（Ibid., p. 96）なのである。

そのことを説明するために、メルロ＝ポンティは「世界内有（l'être au monde）のパースペクティヴ」のうちに身を置こうとする。われわれのうちで四肢切断や欠陥を拒んでいるのは、「或る物理的また間人間的な世界に参加した〈私〉」であり、その〈私〉が、自らの世界へと自己を差し出し続ける。「欠陥の拒絶」は「世界へのわれわれの内属」の「裏返し」なのであって、「幻影肢を持つこと」は「腕のみが能うすべての諸行為へと開かれたままでいること」であり、「切断以前に持っていた実践的領野を保ち続けること」である。つまりわれわれの身体には、「顕在的身体の層」のみならず、「習慣的身体の層」（Ibid., p. 97）もまた含まれているのである。

ただし幻影肢を出現せしめた「思い出（souvenirs）」とは、腕についての「回想（remémoration）」のことではない。幻影肢はむしろ「準－現在（un quasi-présent）」なのであって、それは「抑圧された経験」にも似て、「過去になろうと決心していない古い現在」なのである。同様に「情動」が幻影肢の起源たりうるのも、それを「世界内有」（Ibid., p. 101）のうちに置き直せば理解されるのだという。なぜなら「情動に動かされている」ということは、メルロ＝ポンティにしたがうなら、「直面することには成功しないが、だからといって捨てようと欲してもいないような或る状況のうちに、巻き込まれていること」（Ibid., p. 101-2）だからである。「思い出」や「情動」が幻影肢を出現させるのは、或るコギタチオが或る別のコギタチオを必然化させたり、或る条件がその帰結を決定したりするようにしてではなく、「或る実存的態度」が「或る別の実存的態度」を「動機づける」ようにしてなのであって、「思い出、情動、幻影肢」は、「世界内有に対して等価」（Ibid., p. 102）なのだという。

このようなメルロ＝ポンティの解釈に対して、われわれとしても幾つかのコメントを付け加えておくことにしたい。まずすぐに気づかれるのは、デカルトが幻影肢を「痛み」の局在化の問題として捉えていたのに対して、メルロ＝ポンティはむしろ「世界」に向かっての「実践」の方に重点をシフトさせているということである。もちろんその場合でもわれわれは、「自らの身体についての鮮明で分節化された知覚」の以前に、身体についての「非区分の一つの権能」を有すということから、非区分の一つの全体としての身体の存在を、「幻影肢」の成立根拠の一つとして要請することができるだろう。また失われた四肢の「回想」が幻影肢を説明しえないということは、「不完全な所与」を「イマージュの投影」によって説明しようとする説に対するメルロ＝ポンティのいつもの批判、つまりそのような「記憶（mémoire）への訴え」は、それが説明すべき「顕在的布置（configuration actuelle）」（MS, p. 202）を逆に前提してしまっているのだというような批判によっても、裏打ちされるであろう。そのような操作は、むしろ「所与の表情」（PP, p. 27）を想定しているのである。しかし、もしそうであるならば、幻影肢の「両価的な現前」や「準‐現在」を顕わにしているのも、やはりこのような一つの全体としての表情だと考えられるのではないだろうか。それゆえにこそメルロ＝ポンティも、もう少し先で、もし患者たちが「彼らの腕の空間」を「奇異(étranger)」なものとして体験するのであれば、それは「或る情感的な現前と或る情感的な伸張(une présence et une extension affectives)」というものがあるからであって、それについては「客観的空間性」は、「病態失認」が示すように、その「十分条件」ではなく、また「幻影肢」が示すように、その「必要条件でさえない」(Ibid., p. 173-4)と述べるのである。

メルロ＝ポンティは、さらに「習慣的身体」に訴える。そして「習慣」には「一般性という性格」があって、たとえば「右手」によって経験された習慣は、容易に「左手」に伝えられるという「習慣の転移」(MS, p. 247. Cf. SC, p. 41, 107, etc.)も、好んで彼が言及する現象である。このような一般性もまた、やはり身体の一性に基づくものであるかもしれない。けれどもわれわれがいまここで強調しておきたいのは、たとえば右手を失った者が、「習慣」によって痛みを左手に転移させることなどありえない、ということなのである。繰り返すが、メルロ＝ポンティの扱った幻影肢は、デカルトの主題化した幻影肢と、必ずしも同一ではない。切断された腕の痛みは、「われわれの課題」に、つまり「書いたりピアノを弾いたりするという企投」に、「連続して巻き込まれ《アンガジェ》」ているという意味での「習慣的身体」(PP, p. 97)の存在によっては、うまく説明されない。だがそれではわれわれは、失われた腕の痛みというこの意味での幻影肢を、どのようにして理解すればよいのだろうか。

アルキエによれば、「第六省察」の幻影肢の箇所で批判されているのは、「痛みとしての」痛みではなくて、「その局在化における」(FA II, p. 486)痛みなのだという。幻影肢の患者といえども、彼の感じている痛みが幻だというのではない。彼はたしかに痛みを感じてはいるのである。しかし、メルロ＝ポンティによれば「蚊に刺された患者」はけっしてそれを探し求めることなく「刺された点を一挙に見出す」(PP, p. 122)というのに、なぜ幻影肢においては、このような「局在化」のぶれが生ずるのだろうか。それは、われわれがメーヌ・ド・ビランにおいて見たように、もともと身体諸部分の局在化そのものが、一なる非区分の全体としての身体を基底としつつ、そこから出発して発生論的にようやく後発的に生成するからなのではないだろうか[14]。

メルロ＝ポンティの引証するワロンによれば、新生児にはまだ「彼自身の身体の諸変化についての真の感覚」というものがなく、三ヶ月までは彼は「自らの身体についての概念」を有することもなしに、ただ「不完全性（*dé-complétude*）の印象」（MS, p. 313）しか持たないのだという。メルロ＝ポンティ自身も述べるように、「痛み」には「原初的量感性（voluminosité primitive）」というものがあるのだが、それは私の身体の「情感的基底（fond affectif）」（PP, p. 110）の上にこそ成り立つのである。それゆえ「私の身体全体」が、まず「非区分の一つの所有（une possession indivise）」によって捉えられるのであって、だからこそ「私の四肢の各々」の位置は、四肢がすべてそこに「包み込まれて」いるところの「身体図式」（Ibid., p. 114）によって、あやまたず認識されるようになってゆく――幻影肢は、そのさいの差異化・局在化の、一種の混乱現象なのではないだろうか[15]。そしてそのような混乱が生じうるためにも、あらかじめわれわれは不可分の全体としての身体の現出を、一なる基底の情感的現象として要請しなければならないのではないだろうか。

(2) 「キアスム」問題

今度は身体の能動性をベースにした「キアスム」の現象を扱うことにしよう――この問題は、デカルトにではなく、むしろコンディヤックからヒントを得たメーヌ・ド・ビランに由来する――。『知覚の現象学』は、一方では「運動における私の決心と私の身体との関係は、魔術的な関係である」（PP, p. 110）と述べておきながら、他方では、こう語ってもいるのである。「われわれが動かすのはけっしてわれわれの客観的身体（corps objectif）ではなく、われわれの現象的身体（corps phénoménal）である。そしてそのことは、神秘なしに行われる（et cela sans mystère）。というのも、捉えるべき諸対象に向かって立ち上がり、それらを知覚していたのは、すでにして世界のしかじかの領域についての権能としてのわれわれの身体だからである」（Ibid., p. 123）。しかし、もしこのようにメルロ＝ポンティが、「現象的身体」を動かすことに何の「神秘」も認めなかったとするなら、それは彼が「現象的身体」を主観性に属するものとして捉えていたからである。そしてキアスム現象においては、触れる手と触れられる手は、このような「現象的身体」と「客観的身体」（VeI, p. 180）との関係として、端的に言うなら「主観」と「客観」（PP. p. 364）との関係の問題として、定式化されることになる[16]。

『知覚の現象学』から『見えるものと見えないもの』にいたるまで、キアスム現象に対するメルロ＝ポンティの一貫して変わることなき態度については、すでに幾度となくわれわれも取り上げてきたので、ここではただ簡単に振り返っておくだけに留めておくことにしよう。一九五九‐六〇年の「自然」講義では、こう述べられている。「触れられる手が触れる手になる瞬間に、それは触れられることをやめ、相互性（réciprocité）はそれが生まれようとする瞬間に炸裂する。しかしこのような万華鏡的な変化は、相互性を破壊しない。われわれにはこう思えるのだが、まさしく私が触れる私に触れようとしていたからこそ、突然すべてが崩壊するのであり、〔また〕まさに触れられる手が触れる手になるのとちょうど同じものであるからこそ、それは他の手のもとにある事物であることをやめるのである。この失敗はまさしく、事物（chose）としてと、諸事物への私の関係の運搬者（véhicule de mon rapport aux choses）としての、その二重性における私の身体の把捉そのものである。それは一つの経験の、結合されかつ非・共可能的（incompossibles）な、相補的な二つの《側面》である。それらの一性は否定しえないが、ただそれは、そのうえで二つの経験が分節される見えない蝶番（charnière invisible）のようなものである――引き裂かれた自己（Un soi déchiré）」（N. p. 285）。とりわけ後期メルロ＝ポンティにとって、「究極の真理」とは「可逆性（réversibilité)」(VeI, p. 204) でしかなく、触れる手に触れようとする私の試みはつねに「失敗」し、「流産」(Ibid., p. 24) してしまう。それは「つねに切迫してはいるが、じっさいにはけっして実現されることのない可逆性」(Ibid., p. 194) なのである。

　このようなメルロ＝ポンティの解釈に対しては、われわれもこれまで幾度となく反論を試みてきた。まず私が右手で左手に触れたからといって、左手はけっして「諸事物のうちに降り」(Ibid., p. 176) て「骨と筋肉の包み」(PP, p. 109) に、もしくは「空間の一点に押し潰された骨と筋肉と肉の錯綜」(Ibid., p. 108) に成り下がってしまうわけではない。アンリも述べていたように、触れられるためには意識を有し、自己意識によって浸透されているのでなければならない。しかるにそのような自己意識は、触れることに触れること〔それは原理的に不可能〕によって成り立つのではなく、触れることを内的に意識すること〔それは原理的に不可欠〕によって成り立つのであって、このような条件のもとでは、触れる手に触れることは、いつでも可能なのである。

　けれどもメルロ＝ポンティは、このような「蝶番」は「隠された」(VeI, p. 194-5) ままだと主張し続ける。もちろんこのような「間隙 (hiatus)」といえども「有論的空虚」や「非有」ではなく、それは「私の身体の全体的な有によってまたぎ越されている」(Ibid., p. 195)。しかし、そのような有は「見えないもの」(Ibid., p. 303)、あるいは「触れえないもの」(Ibid., p. 307) であって、つまりはメルロ＝ポンティにとっては、「無意識」(Ibid., p. 308) である——われわれはこのような主張のゆえに、メルロ＝ポンティを批判して、Φ仮説を唱えたのである。じっさい後期メルロ＝ポンティにおいても、部分的には、手が「内から感じられる」(Ibid., p. 176) とか、マルブランシュに基づく「感情による認識」(Ibid., p. 302) といった考えが、まったく見られないわけではない。

　しかし、ここではわれわれは、また別の観点からキアスム現象を洗い直してみたいと思う。メルロ＝ポンティは或る箇所で、「受動的‐身体」と「能動的‐身体」とは「能作 (*Leistung*) において溶接」されていて、両者は「無

-差別的」(Ibid., p. 300) になるのだと述べている。もちろん行為においては、身体諸部分の協働作業というものが、ごく普通に見られるだろう。しかしながら、それは受動と能動との無-差別というより、端的に能動的な行為なのではないだろうか。またメルロ＝ポンティは或る別の箇所で、「触れる-触れられる」の「構造」は「唯一器官」のうちにも存在し、たとえば「私の指」の各々は「現象的指と客観的指」であり、「相互性のうちに、キアスムのうちにある指の外と内」、「対化された能動性と受動性」(Ibid., p. 314) でもあるのだとも述べている。しかし、それでは私が私の右手をしっかりと握りしめるとき、この握り拳のなかで――両手でさえ区別しがたかったというのに――いったいどの指が能動的で、どの指が受動的だというのだろうか。あるいは問い方を変えてみよう――もし私が右手できつくボールを握りしめるなら、誰も私の右手が受動的だとは言わないはずなのに、もしそこからボールだけ抜き取ってしまうなら、どうして私の右手の一部〔つまり、どれかの指〕だけが、受動的なものに様変わりしてしまうのだろうか。

　自然講義の或る箇所で、メルロ＝ポンティは「見るのは眼ではない。しかしそれは魂ではない。それは開かれた全体性としての身体である」(N, p. 280) と述べている。同様のことは触覚に関して、すでに『知覚の現象学』においても述べられている。「触れるのは自我ではない、それは私の身体である」(PP, p. 365)、しかも「或る対象とわれわれの客観的身体の一部との各々の接触は〔……〕じつは顕在的ないし可能的な現象的身体の全体性との接触である」(Ibid., p. 366)。われわれは普通、右手だけで触れるわけではない。右手で物に触れるときには、肩も胸も、左手や両足さえもが、何らかの働きを行っていて、一言で言うなら、身体全体を用いて右手で触れているのである。そのようなときに右手が左手に触れたからといって、なぜ左手のみが触れられる器官の地位に成り下がってしまうのだろうか。メルロ＝ポンティはよく両眼の協力について語っている。両眼像は個々に定立された二つの単眼像の「綜合」なのではなく、それは単眼像とは「別の次元」に属する一種の「変貌 (métamorphose)」なのであって、そのさい両眼は、一つ一つの働きがまず措定されるというより、まったくもって初めから「協働（synergie）」を行っているのである。しかし、このような「全体性の奇蹟（miracle d'une totalité）」（VeI, p. 22-3）は、キアスム現象においても生じてはいないのだろうか。

われわれとしては、右手と左手が接触するとき、たとえ片方の手の働きの方がより敏捷でより活発であったとしても、両手とも「触れている」のだと考える。それが《se toucher〔自らに触れる・互いに触れ合う〕》ということであろう。「触れられた」と感じるのは、むしろ何か自己の身体とは別のものが私の身体と接触するとき、そこに何らかの意図を感じる、あるいは少なくとも何らかの意図を推測するような場合にのみ生じる、きわめて人間的な、あるいはむしろ間人間的な状況においてのことであろう。それゆえわれわれは、「私が握りしめる他者の手は、触れかつ触れられる手にならって理解すべきである」（N, p. 109. Cf. VeI, p. 185, 187, etc.）というメルロ＝ポンティの主張は、逆転されなければならないと考える。「触れられる」という経験は、他者経験――たとえそれが蓋然的なものにすぎないのだとしても――を前提としなければ、成り立たないのではないだろうか。「諸事物が私に触れる」（VeI, p. 315）というようなメルロ＝ポンティの表現についても、同断である。意識を持たない事物は、私と物理的に接触することがあったとしても、だからといって私に「触れる」ことなどありえない。それは他者経験に基づく一種の誤謬推論か、もしくはたんに比喩的な表現にすぎないだろう。

しかしながら、もし右手を動かしている〔触診している、努力しているetc.〕のが触れている〔と意識している〕私であり、左手を動かしている〔受けとめている、抵抗しているetc.〕のも触れている〔と意識している〕私であるとするなら、どうして私は一人なのだろうか。そこにはメルロ＝ポンティが主張していたような「引き裂かれた自己」（N, p. 285）が、あるいはむしろ「局在的な自己（*Soi* local）」（VeI, p. 314）といったものさえ、認められることになってしまうのではないだろうか。

『行動の構造』は、或る箇所でシルダーの「運動企投（Bewegungsentwurf）」という概念を援用しつつ、それは「まず一つの核として与えられ、そこから出発して運動の全体性があとから分化（差異化）されてくる」（SC, p. 30）という彼の言葉を引用している。身体の諸部分が或る運動を行うとき、もしそれが精神分裂病患者や多重人格者の行為ではなく——あるいはおそらくたとえそうであったとしてさえ——まっとうな一つの〈自己〉の行為であるとするなら、そこにはまず全体としての一つの不可分な身体の運動というものが、前提されているのでなければならない。全体としての身体が「触れる」からこそ、右手も左手も「触れる」ことができるのである。そもそも一つの〈自己〉というものがなければ、私は「触れる」ことも「触れられる」こともできないはずである。メルロ＝ポンティ的「キアスム」は、言うなれば、すでに確立されたこのような〈自己〉という場所に基づいて、これまたすでになされた何らかの他者経験を模して、このような舞台の上で行われる自作自演の一人芝居のようなものであって、私としての自己と他者としての自己とのこのような役割交換という「可逆性」が成り立つためにも、まずもって場所としての〈自己〉が存立しているのでなければならない。いずれにせよキアスム現象は、無謀な理論的虚構でしかない自我分裂に陥りたいというのでなければ、身体諸部分の差異化と同時に、あるいはむしろそれ以前に、「非区分」の一つの「総体構造」（N, p. 349）としての身体の存在を、前提しているのでなければならないだろう。

第三節　空間の構造化

空間に関しても、われわれは、一見すると区別・差異化を強調しているかのように思えるテーマとして、〈図と地〉と〈空間の上下〉という二つの主題を取り上げることにしたい。すでに見たように、神経機能のようなものでさえ「《図と地》型の過程」（SC, p. 101. Cf. p. 22, 44）とみなしていた『行動の構造』も、結局は「《図と地》の機能は、知覚された世界においてしか意味を持たない」(Ibid., p. 101) と述べるにいたる。『知覚の現象学』によれば、「一つの地の上の一つの図」というのが「われわれの獲得しうる最も単純な感性的所与」であり、しかもそれは、「知覚的現象の定義そのもの」(PP, p. 10)[17] なのである。しかし、これも先に見たように、『知覚の現象学』では「自己の身体」は「図と地という構造の、つねに暗示されている第三の項」(Ibid., p. 117) と呼ばれていた。それでは、もし最も単純な知覚現象でさえ図と地から構成され、そしてそれらがすでに二つの項を形成してしまっているのだとするなら、知覚はつねに差異を前提すると言わなければならなくなってしまうのではないだろうか。また同書では〈空間の上下〉は、「世界に対する私の一般的な取り組み (ma prise générale sur le monde)」(Ibid., p. 442) から生ずるのだと説明されている。それならばわれわれは、少なくともそこに〈自己の身体〉と〈外的空間〉との区別を、設定しておかなければならないのではないだろうか。

〈空間の上下〉と同様、〈図と地〉の現象においても、〈図と地を知覚する身体〉と〈身体が知覚する図と地〉との差異化ないしは同一化の問題が、当然問われうるであろう。しかしこの問題構制に関しては、とりあえず「図」と「地」を区別することがどのかぎりで妥当で、どのかぎりでそうではないかという問題を、主題化するだけに留めておくことにしたい。

(1) 図　と　地

「等質な一つの地の上の一つの白い染み」についての、『知覚の現象学』の有名な記述を参照することから始めることにしよう。「染みのすべての諸点は、それらを一つの《図》にする或る《機能》を共有している。図の色彩は地のそれよりもっと濃密で、いっそう抵抗力を有するかのようである。白い染みの縁《へり》は染みに《属して》いて、地に隣接しているにもかかわらず、地とは連帯していない。染みは地の上に置かれているように思われ、地を中断することはない。各々の部分はそれが含む以上を告知していて、ゆえにこのような基礎的な知覚が、すでに或る意味で覆われている」(PP. p. 9)。このようにして「知覚」は、「諸所与の布置」でもって「諸所与を結ぶ意味」を「一挙に創造」(Ibid. p. 46) する——もちろんこのような記述も、一つの事後的な分析でしかない。なぜならそれは「諸点」や「諸所与」といった諸要素の措定を、前提しているからである。しかし、もちろんそれはメルロ＝ポンティの本意ではなかろう。別の例、たとえばやはり「一つの地の上の染み」とみなされた、今度は「赤斑」の実例では、その「赤の諸部分」は「一緒になって一つの全体性を合成する」(Ibid. p. 20) と言われている。しかし、それでもここで全体性を構成すると言われているのは〈図〉の諸部分のみであって、一つの「輪郭」は「《図》の総体に結びついて」はいるが、しかし「《地》からは独立」(Ibid. p. 21) していると述べられている——それでは「図」と「地」は、どこまでも区別され続ける構成分、つまりは異なる諸要素なのだろうか。

もう少し複雑な例についての記述も見ておくことにしよう。これまた有名な「ミュラー＝リアーの錯視」についてのメルロ＝ポンティの叙述において、「二本の線分」は「等」でも「不等」でもないと言われている。このような「二者択一」が課されるのは、「客観的世界」においてのことでしかなく、「視野」とはむしろ「矛盾した諸概念が交錯し合うような特異な場」なのであって、両線分は「あたかも同じ宇宙には属さないかのように、それぞれがその私的コンテクストのなかで捉えられる」(Ibid. p. 12) のだという。つまり「孤立した客観的な線」と「一つの図のうちで取られた同じ線」とは、「同じもの」であることをやめてしまう。二つの機能において線分が「同定可能」となるのは、「自然的ではない或る分析的な知覚にとってのみ」(Ibid. p. 18) なのである。また同様のことは、「ツェルナーの錯視」においても述べられている。ここでも「補助線」が図のうちに「或る新しい意義」を持ち込むことによって、二本の「主要線」は「平行線」であることを「やめた」(Ibid. p. 44-5) のである——しかし、たとえば前者の例について一言述べるなら、もし二本の線分がそれぞれの「私的コンテクスト」のなかに閉じ籠もってしまうのであれば、そもそも「ミュラー＝リアーの錯視」など、存在意義がなくなってしまうだろう。両者は同じコンテクストのなかにあるからこそ、あとから「分析」してみれば奇妙と感じられるような或る特異なる体験を、ともに構成しているのではないだろうか。

ともかくも、自然的な知覚と分析的な知覚との対比がいっそう顕著となるもう一つの実例を、検討してみることにしよう。「地平線上の月」は、もしわれわれがそれを「注意深く」眺めるならば、たとえば「厚紙の管」や「望遠鏡」を通して観察するならば、「天頂の月より大きくは見えない」(Ibid., p. 35) のだという。「注意の最初の働き」とは、「《支配する》ことのできるような知覚的ないし精神的な一つの領野」を自らに「創造」して、これを「変容」(Ibid., p. 37) することなのであって、注意は先在していた諸所与を「図」とみなすことによって、それらのうちに「或る新しい分節」(Ibid., p. 38) を実現するのである。しかし、もしそうであるならば、逆に「注意作用の結果」をそれ以前の状態に持ち込んではならないのだということになる。いまの具体例の場合、「望遠鏡」や「厚紙の管」を通して見たときに「地平線上の月」が「天頂においてより大きくは見えない」からといって、「自由な視覚においても見かけは不変」だなどと、そこから結論しては「ならない」(Ibid., p. 39)。私が自由に、つまりは「自然的態度」で見るならば、領野の諸部分が互いに作用し合って、「地平線上のこの巨大な月」、「度を超した〔sans mesure 尺度なき〕この大きさ」を、「動機づける」のである。われわれは意識を、その「未反省の生」のうちに取り戻すのでなければならない。それこそがむしろ「哲学的反省の真の役割」なのであって、そのようにしてこそ「注意についての真の理論」(Ibid., p. 40) も獲得されるであろう――それではこのようなメルロ＝ポンティの諸記述から、われわれは何を結論すればよいのだろうか。

「未反省の生」と「哲学的反省」の関係をもう少し詳しく知るために、『見えるものと見えないもの』における「知覚的信憑」についての叙述の要点を、参照しておくことにしよう。「反省は瞬間毎に世界のあらかじめの現前

（présence préalable du monde）からインスピレーションを得、それに従属し、そこから自らのエネルギーの全体を借りている」（VeI, p. 55）のだと、メルロ＝ポンティは述べている。「物それ自身を見ている」という私の確信、それがこの「世界への第一次的な開け」（Ibid., p. 60）であり、このような「有への開け」こそが「知覚的信憑」（Ibid., p. 122）なのである。そのさい「世界」は「肯定されているというよりはむしろ自明のものとみなされ、開示されているというよりはむしろ包み隠されておらず、拒絶されていない」（Ibid., p. 49）[18]のだという。「世界の知覚的現前」は「肯定と否定の手前」（Ibid., p. 48）に、もしくは「然《ウィ》りと否《ノン》の手前」（Ibid., p. 138）にあるのである。

「哲学」とは「それ自身について自問している知覚的信憑」（Ibid., p. 139）のことなのだという。つまり、まず私が「世界と諸事物とを信ずる」からこそ、私は「私の諸思惟の秩序と連結とを信ずる」（Ibid., p. 76）のである。それゆえメルロ＝ポンティは、「実在的なもの」は「整合的」だからこそ「実在的」なのではなくて、「実在的」だからこそ「整合的で蓋然的」なのであり、「想像的なもの」もまた「不整合」だからこそ「想像的」なのではなくて、「想像的」だからこそ「不整合ないし非蓋然的」（Ibid., p. 63）なのだと考える。知覚世界への接近――「一致適合（adéquation）への歩み」――には、このように、あらかじめ「全体性の前‐所有（pré-possession d'une totalité）」（Ibid., p. 65）というものがある。そしてたとえあとから「錯覚」が判明したとしても、それは「或る別の明証性」（Ibid., p. 63）が獲得されたからでしかない。「われわれは偽なるものを真なるものからときどき区別したのでなければ、偽なるものとは何であるかさえ分からない」（Ibid., p. 19）のであり、「現出（*Erscheinung*）なき仮象（*Schein*）は存在しない」（Ibid., p. 64）のである。

それゆえ「知覚的信憑」とは、「可能的掩蔽《えんぺい》（occultation）を排除しない世界への初次的な開け」（Ibid., p. 49）だとするような定式化も、なるほど見出されなくもない。けれどもひとたび否定を経たあとの肯定は、最初の素朴な信憑と、完全に等しくはないだろう。『見えるものと見えないもの』は、よく「肯定的《ポジティヴ》なものを否定の否定と一挙に同一視する」(Ibid. p. 62. Cf. p. 75) ような態度を批判する。「知覚的信憑」はけっして「懐疑への抵抗」(Ibid., p. 75) ではなくて、それは「われわれの諸懐疑のいかなる否定もその等価物たりえないような、最初の肯定性 (première positivité)」(Ibid., p. 76) なのである。[19]

以上の議論を整理して、それを「図と地」の問題構制に当てはめてみることにしよう。㈠最初に世界そのものを見ているという素朴な信憑がある。㈡或る別の現象に出会って、先の現象が錯覚だったということが判明する。㈢それでも新たな真理が獲得されたからには、世界そのものを見ているという信念は変わらない。㈠と㈢はどこがちがうのだろうか。㈠は〈肯定と否定〉以前、〈然りと否〉以前の「最初の肯定性」であり、㈢は一度否定を経たあとの肯定性、つまりは「否定の否定」である。仮に前者を第一次肯定性、後者を第二次肯定性と呼んでおくとすると、第二次肯定性は、「全体性の前-所有」としての第一次肯定性に基づいてはいるのだが、しかしそれは、すでに素朴な信憑性は失っている。すでに見たように、後期メルロ＝ポンティは「諸部分の総和に還元されない一つの全体」というような「ゲシュタルト」の定義を「ネガティヴで外的な定義」(Ibid., p. 258) として斥けていたのであって、「諸部分」の措定そのものが「一つの全体」との最初の素朴な接触を否定してしまった分析的行為である以上、このような否定の否定がすでに第一次肯定性を失ってしまったものであることも、けだし当然であろう。

㈠いま私は天頂の月を、あるいはまた地平線上の月を見ているのだとする。㈡今度は円筒を通して月を見るなら、月の見かけ上の大きさは、いつも等しい。㈢だからといって最初の素朴な知覚が、地平線上の月を天頂の月より「大きい」と見ていなかったと結論することはできない。それゆえメルロ＝ポンティの記述も、それが一つの哲学的反省であるかぎり、つねにすでに第二次肯定性のなかを動いているのだということになる。「ミュラー＝リアーの錯視」の二本の線分が「等」でも「不等」でもないという結論や、「ツェルナーの錯視」の二本の主要線が「平行線」であることを「やめた」という主張にしても、同断である。「染み」の分析にしても、よく見れば否定の要素に満ち溢れていた——もちろん「哲学」しているわれわれには、原初の素朴さのままに振舞うことなど不可能であるし、それが哲学の存在意義なのでもない。けれども哲学は、それがそこから生い育ってきたところの未反省な生を、可能なかぎり斟酌するような表現の記述を試みるべきなのではないだろうか。

素朴な知覚現象を、その諸部分を措定したうえで再構成しようとすると、諸要素が「等」なのか「不等」なのか、はたまた「平行」だったのか否か、等々の議論に陥ることは、或る意味では不可避のことである。しかしもしそのように考えるなら、「図」と「地」の区別についても同様なのであって、仮に「地」から区別された「月」を措定するなら、それは「等」か「不等」かのいずれかになってしまうだろう。けれどもメルロ＝ポンティは、或る箇所では、「たとえば《図と地》という構造のような《形態》は、一つの意味を持つ一つの総体である」(SC, p. 240) と述べてもいるのである。ここでは「図と地」が「一つの布置 (une configuration)」(IP, p. 197) なのであって、先の「赤斑」の実例で言われていたように、「赤の諸部分」という図のみが「一緒になって一つの全体性を合成する」(PP, p. 20) というわけではない。むしろ図と地の全体が一つの「構造」、一つの「形態」、「一つの布置」、そして「一つの総体」なのである。それではわれわれは、このような一なる全体を、どのようにして記述すればよいのだろうか。

先にわれわれは、「全体的表現 (expression totale)」は「分解不可能」(MS, p. 548) であるとするメルロ＝ポンティの発言を見ておいた。もしわれわれがゲシュタルトを〈図と地を不可分のままに含んだ一つの全体的な場〉として捉えるのであれば、それは表現もしくは表情として現れることになるのではないだろうか。たとえば天頂の月は、ぽつねんとして寂しく現れるからこそ、小さく見えるとも言われるのであり、地平線上の月は、力強く自己主張するからこそ、大きく見えるとも言われるのである。『知覚の現象学』の仏語原典一二頁に描かれているミュラー＝リアーの錯視では、異なる補助線を付加された二本の線分を含んだ全体が、何か下すぼみの相貌でもって現れているのだし、同書邦訳（みすず書房、第一巻）の二三三頁の訳註に掲載されたツェルナーの錯視は、はっきり言ってうるさくしか見えず、主要線の方にいささか「注意」を向けたとしても、さしあたってはぼんやりとしたふくらみしか感じられない――表情は、まずは分析以前の一つの全体的な面差しとして現れるのである。全体から出発してこそ、たとえば「図」と「地」を区別することも、もちろん可能とはなるのだが、しかし「図」を「図」として措定し、「地」を「地」として立てたうえで両者を綜合しようなどとするならば、われわれは第一次肯定性において体験されていた原初の素朴さには、けっして到達しえないことになってしまうであろう。

⑵空間の上下

次に身体をも包含するような、もっと大きい空間のことを考えてみることにしよう。「もし私が身体を持っていなければ、私にとって空間は存在しないだろう」（PP. p. 119）と、『知覚の現象学』は述べている。空間の上下の問題は、『行動の構造』でも取り上げられていた。「上下の視覚的諸構造、垂直座標と水平座標は、直立姿勢とセットになっていると、ケーラーは指摘している。じっさい幼児は、起立する以前にはそれらを獲得しないし、それらを所有しないチンパンジーにおいては、直立姿勢はけっして自然的態度とはならない」（SC. p. 130）――われわれは以下、『知覚の現象学』では問題はもう少し複雑で、特有の困難を含んでいることを、見ることになろう。いずれにせよ「われわれの身体」は、まずもって「空間のなか」にあるのではない。それは「空間において〔à に向かって・に属して〕ある」（PP. p. 173）[20]のである。

『知覚の現象学』第二部第二章A「上と下」で紹介されているストラットンの実験を見ることから、始めることにしよう。網膜像を正立像に立て直すような眼鏡を被験者にかけさせると、光景全体が、まずもって「非現実的で逆転して」見える。実験の二日目、正常な知覚が再確立され始まるが、被験者は逆に自分の身体が「逆転」しているという感情を抱く。一週間続く実験の第二シリーズでは、諸対象はまず「逆転」して現れるが、しかし初回ほど

「非現実的」ではない。二日目、光景はもはや「逆転」してはいないが、身体が「異常な位置」にあると感じられる。三日目から七日目にかけて、身体は徐々に立て直されてきて、ついには「正常な位置」にあるように思われるのだが、特にそれは被験者が「活動的（actif）」であるときであって、彼がソファーの上にじっと横たわっているときには、身体はまだ「昔の空間という地の上に」呈示され、また身体の見えない諸部分に関しては、左右は実験の最後まで「昔の位置づけ」を保ったままである。外的諸対象はますます「現実」の相を帯び、五日目からは、最初はよく間違えられていた動作が、間違いなく目的に達するようになる。最初は「昔の空間という地」の上に孤立していた「新しい視覚的な現れ」は、まず（三日目）意志的に努力することによって、次いで（七日目）いかなる努力もなしに、新しい現れと同様に方向づけられた「地平」によって取り囲まれるようになる。七日目、もし音を出す対象が聞かれると同時に見られるなら、音の位置づけは正確である。しかしもし音を出す対象が視野のうちに現れないなら、位置づけはあやふやであり、不正確でさえある。実験の最後に眼鏡を取ると、諸対象は、おそらく「逆転」してはいないのだが、しかし「奇妙（bizarres）」であり、運動反応は逆になる（Ibid., p. 282-3）。

ひとはよく「頭」や「足」といった「内容」で、空間の上下を決定しようとする。しかしながら実験の最初・途中・最後において、同じ内容が別の方向に定位されていたように、内容自体に方向を求めることはできない（Ibid., p. 285）。とはいえまたこのような「経験論」的な解釈以上に、そこから空間を「構成」するような「実効的な出発点」を「どこにも」持たないような「主知主義」にも、空間の方向を定めることができない。「構成する精神」にとっては、眼鏡をかける以前と以後との二つの経験を区別するものも、「逆転」した身体の視覚経験と「真っ直ぐな」身体の触覚経験とを両立不可能にするものさえ、何もないことになろう（Ibid., p. 286）。われわれが必要としているのは「相対的なもののなかの絶対的なもの」、つまり、実在論の示すように諸々の現れとともに与えられているわけではないにしても、それでも諸々の現れの動揺にも耐えて生き延びうるような「一つの空間」なのである

（Ibid., p. 287）。

今度はウェルトハイマーの実験を参照することにしよう。被験者が自分のいる部屋を、垂直線に対して四五度の角度に傾いて映すような鏡を介してしか見ないように、しつらえるとする。被験者はまず部屋が「傾いて」いるように見え、そこを移動する人間も、戸の縁枠に沿って落ちる厚紙片も、斜めに傾いて進む。全体が「奇異（étrange）」なのである。しかし数分後、突然変化が起こり、壁も人間も厚紙片の落下方向も「垂直」になる――この場合、「知覚」は実験以前に或る「空間的水準（*niveau spatial*）」を認めていたのであって、それに対して実験の光景が「斜め」に見えていたのだが、実験の途中でこの光景が「或る別の水準」を導入し、それに対して視野全体が「真っ直ぐ」に見えたのだということになる（Ibid.）。

この実験でも分かるように、「空間的水準」というものは、「自己の身体の方向づけ」とは混同されえない。ただしメルロ＝ポンティは、「与えられた諸感覚のモザイクとしての身体」は「いかなる方向も決定しない」のだとしても、「行為者（agent）としての身体」は、「或る水準の確立において一つの本質的な役割を果たす」（Ibid., p. 288）のだと考える。つまり光景の方向づけにおいて重要なのは、「可能的諸行為の体系としての私の身体」、つまりは「その現象的な《場所》がその課題（tâche）やその状況（situation）によって決定されるような或る潜在的な身体」なのであって、私の身体は、「何かなすべきもの（quelque chose à faire）」のあるところにあるのだという。実験にもあったように、このような「潜在的身体」は、「実在的身体」を更迭しさえする。ゆえに「空間的水準」とは「私の身体による世界の或る所有」であり、「世界に対する私の身体の或る取り組み（*prise*）」なのである。そして何のためにこのような空間的水準を構成するのかというと、それは「充実した一つの世界」（Ibid., p. 289）を構成するためである。「知覚と行為とにおける最大限の鮮明さ」こそが、「一つの知覚的土壌（*sol*）」、「私の生の一つの基底」、「私の身体と世界との共存のための一つの一般的な場」を、決定するのである（Ibid., p. 290）。[21]

このような観点からストラットンの実験を見直すならば、知覚野が立て直され、実験の最後にそれが「概念なしに」同定されるようになるのは、私が「そのなかを生きている」からであり、言わば私がそこに「私の重心」を置いているからだということが分かる。実験の初めに視野が「逆転し、かつ非現実的」に見えたのは、被験者が「そのなかを生きていない」からである。実験の途中で触覚的身体が「逆転」し、光景が「真っ直ぐ」に思えるような中間段階が存在したのは、すでに私が光景のなかを生きていたからであり、そしてそれでも生じた実験による混乱が、「与えられた光景を知覚するために持たなければならない身体」のせいにされたからである。それゆえすべては「主体と空間との有機的諸関係」に、つまりは「自らの世界に対する主体の取り組み」に送り返されるのであって、この「取り組み」こそが「空間の起源」なのである（Ibid., p. 290-1）。

「或る水準」を「構成」しようとすると、そこにはつねに「或る与えられた別の水準」が想定されているのだから、空間にとっては「つねに《すでに構成されている》」（Ibid., p. 291）ということが本質的であり、それゆえ空間を「根拠づけ」たり「すべての水準の水準」を求めたりすることはできないのだと、メルロ＝ポンティは考える。それでも私には、「世界に対する私の最初の知覚と私の最初の取り組み」というものがあるのであって、「私の人称的な実存」は、このような「前人称的な伝統」の「捉え直し」（Ibid., p. 293）なのだという。このような「自我のもとにある或る別の主体」こそが「私の身体」なのであり、「空間」や、一般に「知覚」は、主観の核心に「その誕生の事実」を、「その身体性の不断の寄与」を、そして「思惟よりももっと古い、世界との或る交流」を、記しているのである（Ibid., p. 294）。

以上のようなメルロ＝ポンティの解釈に対して、ここでもまた幾つかのコメントを付け加えておくことにしたい。『行動の構造』のうちでは、「動物の適応する空間」は「動物の自己の身体に、彼の肉の一部のようにして結びついている」（SC, p. 30）というボイテンディックの言葉が引用されている。後期メルロ＝ポンティの表現を借りるなら、

「空間とは、われわれの肉と世界の肉との関係」（NC, p. 209）なのであり、論文「哲学者とその影」の有名な――レヴィナスも好んで引用した――比喩的表現にしたがうなら、「空間それ自身が私の身体を介して自らを知る」（S, p. 210-1）のである。つまり問題なのは、身体と外的空間という外的な二項の相関関係なのではなくて、両者を包括するような一つの場所なのである。先の箇所でも「私の身体と世界の共存のための一つの一般的な場」（PP, p. 290）という表現が用いられていた。もちろん先の箇所でも、一見すると「行為者としての身体」（Ibid., p. 288）が、ことさらに強調されていたように思えるかもしれない。しかし被験者は、ソファーの上に寝そべっていたときでさえ、「空間」〔＝「昔の空間という地」（Ibid., p. 283）〕を有していたではないか。『知覚の現象学』の或る別の箇所でも、「《知覚》に先立つような上下の、一般に場所（lieu）の規定がある」（Ibid., p. 330）と述べられているのである。たしかにストラットンの実験の中間段階では、光景が「真っ直ぐ」に立ち直ったのに、身体のみが「逆転」しているように思えたかもしれない。しかしながら、それは身体空間と外的空間との対立・抗争というよりも、むしろ二つの「空間的水準」のあいだのせめぎ合いだったのではないだろうか――その証拠に、この段階でも視野の外からやってくる音響は、旧の位置づけを保とうとしていたではないか。

音響に関して興味深いのは、「迷聴器（pseudo-phone）」を用いて左右の耳に音が逆転して入ってくるように設定したヤングの実験における、「長期にわたる順応にもかかわらず、聴覚野を《立て直す》にはいたらない」（Ibid., p. 290）という結果報告である。ウェルトハイマーの実験でも、視野が空虚であったり暗がりであったりすると、「垂直位」は「頭の方向」（Ibid., p. 288）にしたがおうとしていたという。つまりわれわれが生まれたときから慣れ親しんでいる空間性は、やはり或る種の優位を保ち続けているのであって、そのうえそのような空間との関わりこそが、「空間についての爾後のあらゆる知覚にその意味を与え、瞬間毎に再開（recommencé）される」（Ibid., p. 294）のである。そしてストラットンの実験においては、このような原初的空間性は、被験者が「活動的（actif）」であるときよりも、むしろ「動かない（immobile）」（Ibid., p. 283）ようなときにこそ現れていた。ということはつまり、あらゆる空間性の基準となるような場所、この意味で〈場所の場所〉とでも言うべきものが、もし存在するのであれば、それは――メーヌ・ド・ビランが二元性の出現の始源とみなしていた――主体の能動的行為においてではなくて、むしろその無為のうちにこそ、求められるべきではないだろうか。

最後にもう一つだけ、コメントを付け加えておくことにしたい。メルロ＝ポンティ自身は、そもそも「空間」というものは「光景にその空間的諸規定を魔術的に与えうるが、それ自身はけっしてあらわれることがない（sans jamais paraître lui-même）」（Ibid., p. 294）と、ここでは述べている。しかしながらわれわれは、ストラットンの被験者が実験の終了時に眼鏡をはずすと、彼には諸対象が「奇妙（bizarres）」（Ibid., p. 283）に見え、ウェルトハイマーの被験者には、実験の開始時に「総体が《奇異（étrange）》」（Ibid., p. 287）に感じられたという報告を受けている。メルロ＝ポンティ自身も、「水準の不安定」はわれわれに「無秩序という知的経験」を与えるのみならず、「目眩と吐き気という生命的経験」をも与え、そしてそれこそが「われわれの偶然性についての意識ならびに恐怖（la conscience et l'horreur de notre contingence）」（Ibid., p. 294）なのだと註釈している。それゆえ少なくとも空間の上下の変動は、われわれに或る種の感情を呼び起こすのである。それならば空間それ自身も、ここでもまた一つの表情ないしは雰囲気として、全体的に「あらわれて」いるのではないだろうか――しかしながらこのことに関しては、「夜の空間性」や「神話的空間」を主題化した『知覚の現象学』同第二部同第二章のD「生きられた空間」を参照した方が、もっと安易で直截〔つまりは安直〕であったかもしれない。

第四節　時間の構造化

時（間）[22]は『知覚の現象学』においては表明的に「中心現象」（PP, p. 101）と言われ、たしかに同書では、それは中心的な扱いを受けている。しかし、たとえば同書が時間についての或る伝統的な考え方を批判しつつ、「時間は一本の線ではなく、諸志向性の網（un réseau d'intentionnalités）である」（Ibid., p. 477）と述べた直後に、フッサールの有名な『時間講義』の図表を肯定的に掲げているのに対し、『見えるものと見えないもの』は、むしろ「フッサールの図表《ディアグラム》」や「諸々の志向的な糸（fils intentionnels）」（VeI, p. 284）という考えさえ、あからさまに批判するようになる。

ただし後期メルロ＝ポンティにおいては、時間については断片的にしか言及されておらず、その扱いは、前期の彼の主著のように主題的なものであったとは言いがたい。けれどもそのような断片的な発言から窺い知れる後期の彼の時間論を、前期のそれと対照するならば、時間の構造化についてのまったく異なる二つの考え方――移行しつつある一つの中心が時間地平を構成するというものと、一つの全体がサイクルを描きながら膨張してゆくというものと――の相違が、鮮明に浮かび上がってくるだろう。それゆえ本節ではわれわれは、『知覚の現象学』の時間論と『見えるものと見えないもの』におけるそれとを、順に考察してゆくことにしたい。

⑴『知覚の現象学』の時間論

『知覚の現象学』は、よくフッサールの「移行の綜合」（p. 39, 307, 380, 480, 484）[23]という表現を利用する。たとえば「対象の統一性」などというものも、「時間によって」（p. 277-8）現れるのだし、広い意味での「現前野」、つまり空間と時間の両方を含んだ世界へのわれわれの原初的な開けにおいても、「ここ-あそこの次元」を理解させるのは、「過去-現在-未来の次元」（p. 307）だと言われている。そもそも「世界内有」が「時間的構造」（p. 99）を有しているのであって、メルロ＝ポンティは「永遠性」をさえ、「時間の雰囲気」（p. 451）とみなそうとする。そしてこの点では『有と時』のハイデッガーにおいてと同様、『知覚の現象学』においては「時（間）」が「有の尺度」（p. 381）であり、またそれゆえにこそ「時（間）」には――やはり二〇年代末のハイデッガーを想わせるような仕方で――「超越論的意義」（p. 63）が認められているのである。いっそうメルロ＝ポンティに特有な表現にしたがうなら、「世界内有の両義性は、身体のそれによって翻訳され、身体の両義性は、時（間）のそれによって理解される」（p. 101）のであり、あるいはまた「もしわれわれが主体のもとに時を認め、そしてもしわれわれが身体、世界、物、他者の諸逆説を時の逆説に結びつけるのであれば、われわれはそれ以上に理解すべきものは何もないことを、理解するであろう」（p. 419）。

ではなぜ「時（間）」にはこのような超越論的意義が認められているのかといえば、それはそもそも「時それ自身」が、「主観性」（p. 278. Cf. p. 466, 481）と同一視されているからである。『知覚の現象学』の有名な定式によれば、「時を主観として、主観を時として理解するのでなければならない」（p. 483）。そしてなぜこのように「時」と「主観」とが同一視されるのかといえば、それは両者がともに脱自・超越の作用の当事者とみなされているからである。たとえばまず「現在はそれ自身のうちに閉じ込められているのではなく、それは将来と過去とに向かって自らを超越する」（p. 481）のであり、次に「時にとってと同様、それ〔＝主観性〕にとっては、主観性であるためには、自らを〈他〉へ開き、自己を脱する（sortir de soi）ことが本質的である」（p. 487）――ちなみにこのようにして時と同定される主観性とは、もちろんそのときどきに意志したりしなかったりする恣意的で人為的な自我のことではなく、もっと自然的な自我であり、はっきり言って自己の身体である。「私の身体は現在、過去、将来をともに結び、時間を分泌する」、あるいはまた「私の身体は時間を所有し、現在のために過去と将来とを存在せしめる。私の身体は事物ではなく、それは時間を蒙る代わりに、時間を作る」(p. 277)——。そして『カントと形而上学の問題』のハイデッガーと同様に、『知覚の現象学』のメルロ゠ポンティもまた、このような脱自構造こそが自己意識を初めて成り立たしめるのだと考える。「時にとっては、実効的な、もしくは流れる時であるのみならず、自らを知る時でもあることが本質的である。なぜなら現在から将来への爆発ないし裂開は、自己から自己への関係の原型なのであって、一つの内面性もしくは一つの自己性を描くからである」(p. 487)。「われわれの能う最も精確な意識ですら、それ自身によって触発されたものとして、もしくはそれ自身に与えられたものとしてつねにあり、意識という語はこのような二元性の外では、いかなる意味も持たない」(p. 488)。

それゆえ主観もしくは私の身体は、自ら一つの時でありつつも、過去と未来とを含んだ時間を構成し、このようにして構成された時間によって自ら触発されて、一箇の自己性を形成する。時は「自己構成」(p. 278)であり、「自己による自己の触発」(p. 487, 531)である。かくして『知覚の現象学』の時間論は、「構成された時間と構成する時の弁証法」(p. 278)を核として、展開されてゆくことになる。「構成する時」とは「非区分の推力(poussée indivise)としての、また移行(transition)としての時」(p. 484)、あるいは「唯一の炸裂(éclatement)もしくは唯一の推力」(p. 482-3)であり、「それによって時間の三つの次元が構成されるところの唯一的運動」(p. 94)である。「将来と過去に向かう一つの脱自(extase)があって、それが時間の諸次元を現れさせる」(p. 483)。構成され、現しめられる時間とは、伝統的な時間概念、つまりは「今の継起」(p. 471)であり、「継起的多様性としての時間」、もしくは——ここでもまたハイデッガーの言葉を借用するなら——「内部時間性(intratemporalité)」(p. 484)である。構成する時と構成される時間とは、「主観としての時(temps sujet)」と「客観としての時間(temps objet)」(p. 492)とも言い表されるが、しかしながらメルロ゠ポンティの最大の問題点は、このように解された「主観」は、それだけでは自己を知って自己意識を形成するにはいたりえないと考えられているところにある。「われわれは、非区分の権能（puissance indivise）も、その異なれる諸顕現（ses manifestations distinctes）も、別々に実現してはならない。意識とは、一方や他方ではなくて、その両方である」（p. 485）。

　メルロ＝ポンティ流の〈自己－触発〉概念が、このようにして彫琢される。「時は《自己による自己の触発》である。触発する時とは、将来への推力にして推移（passage）としての時である。触発される時間とは、諸々の現在の展開された系列としての時間である。触発するものと触発されるものとは一体をなす。なぜなら時の推力とは、或る現在から或る現在への移行以外の何ものでもないからである。このような脱－自（ek-stase）、〔つまり〕自らに現前する項のうちへの非区分の権能のこのような投影、それが主観性である」（p. 487）――しかしながら、それは本当に真の自己意識であり、真の自己－触発なのだろうか。

　メルロ＝ポンティが一方では「現在」を「有と意識とが一致」する特権的な「地帯」（p. 484-5）とみなしつつも、他方ではほとんどつねに「私はけっして私自身と一体とならない」（p. 399）と主張し続けていたということも、周知の事実であろう。正確に言うなら、構成する時と構成される時間、触発する時と触発される時間とは、けっして一致しない。メルロ＝ポンティ自身が、こう述べているのである。「構成される時間、〔つまり〕諸々の可能的前後関係の系列は、時そのものではなく、それはその最終記録（enregistrement final）であり、その推移の結果である」（p. 474）。ではなぜ主観は、このような構成された時間を必要とするのだろうか。なぜなら脱自・超越・志向性に基づくメルロ＝ポンティの現象化の体制からすれば、究極的主観性は自己自身を直接知ることができずに、自らが残した航跡・足跡を介して、自らを間接的に知ることしかできないからである。「主観は継起や多様性のうちに、それ自身の標章（emblèmes）を得る。そしてこれらの標章が主観である。というのも、これらの標章がなければ主観は分節されない一箇の叫び（un cri inarticulé）[24]のようなものであって、自己意識にさえ到達しないであろうからである」(p. 488)。

問題点は明らかである。「人間の魂の奥底に隠された技」は、「あらゆる技と同様、自らの諸結果においてしか自らを知らない」(p. 491) と、メルロ＝ポンティは述べている。しかしながら、技とその技の行使の諸結果とが異なるというだけではない。それのみならず、それ以上に、そもそも技を用いたのが自分自身だということさえ知らずして、いったいいかにしてその結果が「自らの諸結果」だなどと言えるのだろうか。メーヌ・ド・ビランならば、まず努力の感情が、そのことを教えてくれるのだと言うでもあろう。しかし、たとえば「結ばれたもの (lié) から出発してこそ、結ぶ活動 (activité de liaison) を、私は二次的に (secondairement) 意識する」(p. 275) と公言して憚ることのないメルロ＝ポンティに、そのような道は閉ざされている。彼にとっては「一つの全体的企投 (un projet global)」が「自らに現れる (s'apparaître)」ためには、それはやはり「多 (le multiple) のうちに自らを展開する必要がある」(p. 485) のである。

「多」というメルロ＝ポンティの表現にならって、ここでいささか抽象的な表現を用いるなら、メルロ＝ポンティの場合、〈多〉を生み出すのは〈一〉であり、〈多〉を受け取るのも〈一〉である。それゆえにこそ〈多〉は〈一〉に集摂され、〈一〉なくして〈多〉はありえない。けれども〈一における多〉は〈一〉が言えなければ言えないというのが道理だというのに、メルロ＝ポンティにおいては〈一における一〉が言えないために、〈多における一〉も〈一における多〉も言えない。ここには〈多〉がたしかに〈一〉の痕跡だと言うための根拠すら欠けている――それではもしここでわれわれが、本章冒頭で述べたΦ仮説を適用すれば、どうなるだろうか。

たとえ現在が現在を受け取ることによって自己現出するのだということをわれわれが認めたのだとしても、もし過去や未来があいかわらず脱自的地平の彼方に投げ出され、志向性によってしか現象せしめられないのだとするなら、せっかく自己顕現した現在も、たかだか「分節されない一箇の叫び」にすぎないようなものになってしまって、そこにはメロディー一つ流れないということになってしまうのではないだろうか。『知覚の現象学』が批判し続けたベルクソン的持続（p. ex. p. 93-4, 319-20, 481）[25]は、実的融合とも志向的構成とも異なる仕方で、取り戻されるのでなければならない。しかしそのためには、時間の構造化についてのまったく別の考え方が、必要となってくるであろう。

(2)『見えるものと見えないもの』における時間論

中期メルロ＝ポンティは或るソルボンヌ講義のなかで、幼児にとっては「現在のうちへの過去の嵌合（emboîtement）」というものがあるのに対し、大人は「時間」を「継起し合う鮮明に区別された諸瞬間の連なり（une suite）」として表象してしまうのだと述べている。けれども「哲学的観点からするなら、このような《継起的時間》という考えは、支持しがたい。じじつ、過去や将来の錯綜（intrication）なき現在など、考えることは不可能である」（MS, p. 217）。

『見えるものと見えないもの』のなかでもメルロ＝ポンティは、「フッサールの図表」は、どれほど「複雑化」されていたとしても、それはまだ「今の系列（série）を一本の線上の諸点によって表象しうるという慣習」（VeI, p. 248）に囚われたままだと非難する。フッサール流の「志向的分析」には「限界」というものがあって、それは「過去が狭義の現在と《同時的》」であるというような「一つの次元的現在（un présent dimensionnel）」を、捉えることができない。なぜならこのような「同時性」は「超‐志向的（méta-intentionnelle）」（Ibid., p. 297）だからであって、「広義の現在」は、むしろ「象徴的母体（matrice symbolique）」（Ibid., p. 246）なのだという。「象徴的母体」というのも分かりにくい表現だが、やはりこの語を用いている『見えるものと見えないもの』の或る別の箇所には、「フッサールの誤りは、厚みなきものとみなされた現前野（*Präsensfeld*）から出発して、嵌合を記述したことである」（Ibid.,

p. 227）という言葉も見出される。つまりは「象徴的母体」とは、そこにおいては過去と現在とが同時に嵌合し合っているような、「厚み」を持った「現前野」のことなのであって、あとから主題化的に分析すれば、そこから諸志向性も析出され意味づけされうるような「母体」のことなのであろう。メルロ＝ポンティはこうも述べている。「時間的差異化の渦巻きの実証主義的投影としてのフッサールの図表。そして領野（champ）を志向的な諸々の糸でもって合成しようと試みる志向的分析は、諸々の糸が一枚の布地（tissu）からの流出にして理念化、布地の差異化であることを、見ていない」（Ibid., p. 284）。もともと布地という場所（＝領野）は一枚であるのに、そこから一つ一つの要素を析出して措定し、あらためて多から一を綜合しようとするのは、順序が逆というものであろう。

　このように後期メルロ＝ポンティは、一方では志向性を批判しつつ、「前‐志向的な現在（le présent pré-intentionnel）」（Ibid., p. 261）を称揚する。しかし他方では彼の志向性批判は、「現在の超越」（Ibid., p. 249. Cf. p. 227, 297）という主張を変更するにいたってはいない。それどころか彼は、ところどころにフッサールの「過去把持」を評価して、「私がそれであるところの絶対的現在は、あたかも存在しないがごとくに存在する」（Ibid., p. 244）と述べたりもしている――このような立場がどのような帰結をもたらすかについては、すでに見た。そしてそのような困難のゆえにこそ、われわれはΦ仮説を立てたのであった。けれども後期メルロ＝ポンティの「超越」は、少なくともそれが「志向性」とは区別されるかぎりでは、差異化についての或る別の意義を帯びてくる可能性を有しているのかもしれない。

　現に後期メルロ＝ポンティには、「受容性」という言葉は「現在と区別され、現在を受け取るような〈自己〉」を喚起してしまうので、「不適切」だと述べているような箇所もある。それどころか「時間」は――たとえそれが「そこにおいて有り、一つの現在において有る者にとってしか、把捉されえない」のだとしても――「すべてを包括する系（système qui embrasse tout）」（Ibid., p. 244）なのである。時間が「系列」ではなくて「嵌合」だというのも、

「現在」が「他の諸々の現在をその奥底に保っている（tient）」（NC, p. 208）からであり、この意味で、それは「包含するもの（un englobant）」（VeI, p. 249）だからである。「時間とキアスム」と題された『見えるものと見えないもの』の或る研究ノート（一九六〇年一一月）では、「過去と現在」の関係は「相互内在（*Ineinander*）」であって、各々は「包まれるもの‐包むもの（enveloppé-enveloppant）」なのだから、「時間をキアスムとして理解」（Ibid., p. 321）することが推奨されている。

　しかしながら、同時期のコレージュ・ド・フランス講義でも見られるように、後期メルロ＝ポンティにおいても、時間の「不可逆性」（NC, p. 209）までもが否定されているわけではない。触れる手と触れられる手の可逆性を想起させる「キアスム」という表現は、それゆえ、ここではあまり適切とは言えない。むしろ〈包むもの‐包まれるもの〉の関係は、すべてを含んだ現前野が、瞬間毎にさらに新たな全体を形成しつつ更新されてゆく関係を、述べたものなのであろう。つまり、いまはすべてを包む現在が、次の瞬間には新しい現在によって包まれる番になるというように。かくして「時間の一性」は、「サイクル」（Ibid., p. 208）として定義されることになる。そのつどの「新しい現在」が「一つの超越者」と呼ばれるのも、おそらくはこのような意味においてである。つまりそれは、「ぼんやりとした周辺を持った中心的で支配的な一つの領域（une région centrale et dominante et à contours indécis）によって定義される一つのサイクル」なのであって、「時間の膨張ないし膨らみ（un gonflement ou une ampoule du temps）」（VeI, p. 238）が、このようにして形成されてゆくのである。

　そしてもしそのような時間の膨らみが、一なる全体としての時間それ自身の膨張であるとするなら、そこには「プシュケーのうちなる虚構的な《支え》」など求める必要もなく、したがってそこには、そのような意味での「連続性」も「保存」（Ibid., p. 321）も、認められないのだということになる。瞬間毎の膨張は、非連続的かつ一挙に全体的・同時的なものとして行われるのであって、さればこそ、それはサイクルをなすのである。それゆえメルロ＝

ポンティも、ときとして「系列的時間」の代わりに「神話的時間」(Ibid., p. 222) を推奨することがある。つまり、「時間」は「たんに不可逆性であるのみならず、永劫回帰でもある。それが他であるのは、それが同じものであるからでしかない」(NC, p. 209)。

「生ける現在」は、それがそのつど「時間の全体性」(Ibid., p. 80. Cf. p. 86 ; NCH, p. 61) であるからこそ、「《つねに新しいもの》にして《つねに同じもの》(un «toujours neuf» et «toujours le même»)」なのである。そしてそれこそが「つねに新しくつねに同じものたるベルクソンの生まれいずる持続」(VeI, p. 320) なのであって、『見えるものと見えないもの』がよく「実存的永遠性」(Ibid., p. 229, 241, 318, 321) の名で呼んでいるのも、むしろこのようなベルクソン－フッサール的な現在のことなのであろう。

時間のすべてを包含した一つの全体としての現在は、「持続」を含んだ「現在」でありつつも、まだ〈多なき一〉であり、〈一における一〉である。そのような場所――現前野、領域、布地――に「新しい現在」が訪れたとしても、そのようにして新たな中心と周縁とを得て構造化し直され、更新された新しい現前野は、それでもやはり不可分の一であり、「同じもの」である。しかしそのような瞬間毎の非連続的な自己受容――異なるものの受容からは区別された――によって膨張した場所を、あとから反省して「実証主義的」に措定し、以前の場所と差異化して、両者をたとえば一本の線上に「投影」するならば、或る別の構造化の原理にしたがって、〈同〉が〈他〉となり、〈一〉が〈多〉となって、それでも同じ時間線の〈一〉の上に並置された両者は、結局は〈一における多〉を形成するにいたるであろう。そしてもしそのさいに立てられた〈一〉つまりは〈多における一〉の外に、それには包括されえないような〈他〉を対投しようと試みるならば、そこに〈一なき多〉もしくは〈一なき他〉と呼ばれうるような〈場所の外〉を想定することも、起こりうるではあろう。けれどもそのようなものを考えるだけのためにさえ、われわれは〈同〉と〈他〉の出会うような或る場所を必要としているのではないだろうか。そして或る場所を場所の外に要請するというような発想は、いかにも場違いな考えではないだろうか。

第五節　コギトの構造化と主観的身体

これまでわれわれは、「構造」「構造化」の概念に光を当てつつ、むしろ差異化という意味での構造化には先立つような非区分の一なる全体としての場所と、そのように捉え直された意味でのその構造とについて、身体・空間・時間の代表的な問題構制において検討してきた。ここで「コギトの構造化」について語るのは、そのような観点からではない。われわれは「場所」と「身体」との関係について考察することを第一のテーマとして選んできたのだが、しかし「意識」は、ときとしてすべての現象を包括するような「場所」として理解されることがある。それでは意識と身体とは、もう少し限定的に語るなら、デカルト的コギトと主観的身体とは、どのような関係にあるのだろうか。あるいは言い方を変えるなら、主観的身体はどのかぎりでコギトとみなされうるのだろうか。

(1) コギトと主観的身体

周知のように「第二省察」のなかで、デカルトは「思惟するもの」について、有名な二つの定義を与えている。第一は「精神、もしくは魂、もしくは悟性、もしくは理性（mens, sive animus, sive intellectus, sive ratio）」（AT VII, p. 27 : FA II, p. 419）というものであり、第二は「疑い、知解し、肯定し、否定し、意志し、意志せず、想像もし、感覚するもの」（AT VII, p. 28 : FA II, p. 420-1）というものである。誰でも気づくことだが、主知主義的傾向の顕著な第一の規定に対し、第二の定義でいやがおうでも目立つのは、「想像」と「感覚」とである。「第一省察」の懐疑の第一段階と第二段階とで、それぞれ「感覚」を疑い「夢」の嫌疑をかけてきたデカルトも、さすがに誤解を避けておくべきだと考えたのか、第二の定義の少しあとに、以下のようなコメントを付け加えている。「しかしながら私は、想像するものでもある。なぜなら、たとえおそらく、私が想定したように、想像されたいかなるものもまったく真ではないのだとしても、それでも想像する力それ自身は真に存在し、私の思惟《コギタチオ》の部分をなしているからである。最後に私は、感覚するものでもある」(AT VII, p. 29 : FA II, p. 421)[26]。それだけではない。デカルトは、「他の運動よりもむしろ或る運動へと決心」するような機能をも、「思惟」(AT II, p. 36 : FA II, p. 51)のうちに数え入れている――もっとも「意志的運動」は、たとえ「思惟《コギタチオ》」を「原理」とするものであったとしても、それ自身は「思惟《コギタチオ》」(AT VII, p. 160 : FA II, p. 586)ではないのだが。それでは感覚されたもの・想像されたものについての懐疑から感覚する作用・想像する力が救済されたのと同様に、客観的運動の排除のあとにも主観的運動の身体は、懐疑に持ちこたえつつ生き延びるのだろうか。

そのような考えがデカルト哲学には無縁であるということは、デカルトの読者なら誰でも知っている。「第一省察」の懐疑の第二段階では、「私がここにいて、着物を着、火のそばに坐っていること」のみならず、「たしかにいま私は眼を醒ましてこの紙を見ており、私が動かすこの頭はまどろんではおらず、私はその手を慎重かつ故意に広げ、感じている」(AT VII, p. 19 : FA II, p. 406)ということさえ、結局は懐疑の対象とされたのである。これは外から見られた身体(=客観的身体)の存在のみならず、内から覚知された身体(=主観的身体)の存在までが、デカルトによっては疑われていたということの、何よりの証ではないだろうか。

とはいえデカルトの心身合一論には、もう一つの、彼自身にとってはいっそう有力な面があったはずである。たとえば『方法序説』第五部の有名な譬えによれば、「自らの四肢を動かすため」ではないにせよ、「それに加えてわれわれのに似た感情や嗜欲を持ち、かくして真の人間(un vrai homme)を合成するため」には、魂は「船のなかの船乗りのように」人間身体のうちに宿っているだけでは十分でなく、「いっそう緊密に人間的身体と結合され、合一される必要がある」（AT VI, p. 59 : FA I, p. 631-2）のだという。心身合一がより明確に主張されるのは、デカルトの場合、身体運動においてではなく、感情や感覚においてなのである。たとえばこれもまた有名な一六四二年一月のレヒィウス宛書簡によれば、「痛みの感情や他のすべての感情」は「身体から区別された精神の純粋な思惟《コギタチオネス》」ではなく、「〔身体と〕実在的に合一した精神の混乱した知覚」なのであって、逆に「天使」ならば、たとえ人間身体に宿ることがあったとしても、われわれのように「感じる」ことはなく、かくしてそれは「真の人間からは区別される」（AT III, p. 493 : FA II, p. 915）(27) ことになろう。また「第二省察」の「思惟するもの」の第二定義のなかで注目された「想像」と「感覚」に関しても、一六四二年一月一九日付のジビュー宛書簡が、こう語っている。「私は想像する能力と感覚する能力とが魂に属するということを解することにも、いかなる困難も見ない。なぜならそれらは、思惟《パンセ》の諸種だからである。それにもかかわらず、それらは身体に結合するかぎりでの魂にしか属さない。なぜならそれらは、それなしにでもまったく純粋な魂を考えることができるような思惟の諸種だからである」（AT III, p. 479 : FA II, p. 909-10）(28)。

それゆえ――自己の身体を動かすというのではないにしても――想像・感覚し、感情・情念を有するという点から、デカルト哲学のうちに「主観的身体」の存在を指摘するような解釈者たちも、たしかに見出されるのである。たとえば本書第一章でも取り上げた『デカルトの受動的思惟について』のマリオンは、「第六省察」における物質的事物の存在証明にさえ先立って、この証明の試みのために要請されるがゆえにその存在が問いに付されることのないコール（物体・身体）が、「想像力」の担い手としての「私の身体」（Marion, p. 58-60）(29) のうちに求められるのだと考える。それは「たんに私に属すのみならず、私自身でもあるような私の身体（*mon* corps, qui est non seulement *à* moi, mais *moi-même*）」（Ibid., p. 62-3）なのである。そしてマリオンほど極端ではないにしても、すでに数世代まえのラポルトのような研究者でさえ、こう述べていた。「私が身体的な嗜欲や情感を《感じ取る》とき、私の身体が私に現前するのは、主体としてであって、対象としてではない」（Laporte, p. 230）。またマリオンの少しまえには、グナンシアが「《そのなかで、そしてそのために》私が感じるところの身体 - 主体（corps-sujet）ないし主観的身体（corps subjectif）」について、こう語っているのである。「主観的身体とは魂と合一した身体であり、感性・感情という種別的な意識形態のもとに意識する身体である」（Guenancia, p. 16）――しかしながらデカルトは、先のジビュー宛書簡のなかでは、想像力と感覚能力のことを、「それなしにでもまったく純粋な魂を考えることができるような思惟の諸種」と述べていたのではなかったか。

デカルトの「天使主義」についてのジャック・マリタンの論評に関しては、賛否両論のありうるところであろう（Cf. p. ex. R-L, p. 7, 25, 40, 86, 127）。しかし、たとえ事実上は心身の合一を認めざるをえなかったとしても、デカルトが理論上は心身の実在的な区別を堅持し続けたということは、誰も否定できないだろう。『省察』の「第四答弁」のなかでデカルトは、「精神が人間身体に合一していること」は「しかし、本来的には精神の本質には属していない」（AT VII, p. 219 : FA II, p. 659）と言明している。「第五答弁」のなかでも言われているように、「精神は脳から独立して働きうる」のである。脳が役立ちうるのは「想像したり感覚したり」することに対してだけであって、「純粋な知解」に対してではない。たとえば眠って夢を見ているようなときでさえ、「夢を見る」ためにはたしかに「想像力」が必要だが、しかし「われわれが夢を見ていることに気づく」ために必要なのは、ただ「悟性のみ」（AT VII, p. 358-9 : FA II, p. 800）なのだという。それゆえ「第二省察」の「思惟するもの」に関する第一定義のなかに「感覚」も「想像」も存在しなかったことも、この観点からはうなずける。「第六省察」でも述べられているように、「想像し感覚する能力」は、「それなくしても私が私全体（totum me）を明晰判明に知解しうる」（AT VII, p. 78 : FA II, p. 489）ような能力なのである。

メルロ＝ポンティが批判するのは、このような〈身体なしにも存在しうる精神〉というような考え方である。反対に彼によれば、「思惟主観は受肉した主観に基づくのでなければならない」(PP, p. 225) のである。すでに『行動の構造』が、「われわれにとってはまさに瞬間毎に、意識は或る有機体へのその内属を体験する」(SC, p. 224-5) と述べていた。精神は「身体を利用する」というよりも、むしろ「身体を介して生ずる」(Ibid., p. 225) のである。そしてこのような心身一如の主張は、『知覚の現象学』においてはさらにいっそう顕著になってゆく。「心身合一」は「実存の運動のなかで瞬間毎に完遂される」(PP, p. 105) のであって、「実存」とは「不断の受肉」(Ibid., p. 194) にほかならないのである。

逆にデカルトにおいては、ときとして身体は精神によって利用されるにすぎないような、一種の道具の地位に堕してしまうことがある。たとえば彼は、ガッサンディの反駁に対する「第五答弁」のなかで、「精神」が「幼児の身体においては大人の身体においてほど完全には働いていない」ことや、「しばしばワインや他の物体的事物によって精神の行為が妨げられることがある」ということから帰結すべきは、「精神は身体に結びついているあいだは、たいていのようにして精神が従事している働きのために、身体を道具として利用する」ということだけなのであって、「精神が身体によっていっそう完全にされたり、いっそう不完全にされたりすること」ではないのだと抗弁する。ガッサンディの推論は、「粗悪な道具を利用するたび毎に、職人が正しく働かない」ということから、「職人が自らの技術の熟練を、道具の優秀さから得ている」と推論するよりも、「ましではない」(AT VII, p. 353-4 : FA II, p. 794-5)[30] のだという——これに対しても『行動の構造』のメルロ＝ポンティは、以上のデカルトの答弁を長々と引用したあとで、こう反論している。「現象的身体に属するものを生物学的身体に帰属せしめるガッサンディを賞讃することは、問題とはならない——けれどもそれは、それ自体における精神の完全性について語るための理由とはならない。もし精神の現実化を妨げるために身体が一役買っているのだとするなら、それは精神の現実化が完遂されるときには、身体がそこに含まれているからである」(SC, p. 225)。

かくしてメルロ＝ポンティは、「私は私の身体である」（PP, p. 175 ; N, p. 35. Cf. PP, p. 231）という有名なテーゼを掲げることになる。とりわけ「知覚する精神」は「受肉した精神」（P II, p. 37. Cf. PP, p. 239, 260）なのであって、この意味では「私の身体」は「自然的主観」（PP, p. 231）であり、「自然的自我」（Ibid., p. 239）である。同様にここで問題とされるのは、もはや「精神の洞見」ではなくて、むしろ「まなざしの洞見」（Ibid., p. 305）であり、「身体の洞見」（Ibid., p. 369）である――それではわれわれは、このようなメルロ＝ポンティの諸定式のうちに、ついには心身合一の問題に対する最終的な回答を見出すことに成功したのだろうか。

前期・後期も含め、主観的-志向的な身体についてのメルロ＝ポンティの諸々の考えの不備については、すでにミシェル・アンリなどが批判しており、またわれわれ自身も、たとえば「キアスム」問題などにおいて、すでに何度も検討を加えてきたので、その点についてはもはやここでは言及しない。ここではわれわれは、また別の或る問題について、デカルトとメルロ＝ポンティを対照しながら、考察を進めてゆくことにしたい。すなわち、事実としての心身合一については、メルロ＝ポンティだけでなく、デカルトでさえ反対しないことは、もはや十分に分かりきっていることである。しかしながら、理論上、われわれはデカルト流の心身の区別を、どこまで堅持できるのだろうか。逆に言い換えるなら、主観的身体は、どこまでデカルト的コギトの厳密な確実性を享受できるのだろうか。

(2) コギトの確実性と主観的身体の確実性

仮にデカルトが述べていたように、「感覚」するためや「想像」するためには「身体に結合するかぎりでの魂」が必要なのだとしよう。そしていま私は、「感覚」ないし「想像」していると思っているのだとしよう。しかし私は、ただそう「思っている」だけなのかもしれない。そのとき私は本当に、「感覚」したり「想像」したりしていると断言できるのだろうか。

そのことをデカルト自身は、少なくとも外見上は、重要な問題とは認識していなかったように思われる。「第三省察」の冒頭付近で、彼はこう述べているのである。「たとえ私が感覚ないし想像しているものが、私の外ではおそらく無であるとしても、それでも感覚や想像と私が呼ぶ思惟の諸様態（cogitandi modos）が、ただ思惟の或る諸様態でのみあるかぎりで私のうちにあるということは、私には確実（sum certus）である」（AT VII, p. 34-5 : FA II, p. 430）。けれども、本当にそうだろうか。

「第二省察」の有名な定式では、「思惟すること」の一つとみなされた「感覚すること」が、「見ている、聴いている、熱いと感じていると私には思われる（videre videor, audire, calescere）」（AT VII, p. 29 : FA II, p. 422）[31]と言い表されていた。そして「第二省察」はもう少し先で、こう補足している。「それによって何かが見られる眼さえ、私が持っていないということはありうるのだが、しかし、私が見ているとき、もしくは（もはや私はそのことを区別しない）私が見ていると私が思う（cogitem me videre）とき、思惟する私自身が何ものかでないということは、まったくありえない」（AT VII, p. 33 : FA II, p. 428）。けれどもデカルトは、「見ている」ことのような感覚には、身体（ここでは「眼」）が必要だと考えていたのではなかったか。ひょっとしてここで確実とみなされているのは、本当は「見ている」ことではなくて、「私が見ていると私が思う」ことだけ、つまりは「見ていると思われる（videre videor）」ことだけなのではないだろうか。しかしながらデカルトは、ここでははっきりと、「もはや私はそのことを区別しない」と、わざわざ付け加えているではないか。そしてもし私が身体なしに何かを「見ている」もしくは「見ていると思われる」だけだとするなら、私が夢のなかにいたり幻想のなかをさまよったりしているのと――夢を見たり幻想を抱いたりするだけのためにすら、身体が必要かもしれないということはさておき――何ら変わるところがないではないか。

メルロ＝ポンティは『行動の構造』のなかで、このような帰結に導くであろうデカルトの考えを批判して、こう述べている。「〈コギト〉によって顕示され、知覚までもその統一性のうちに閉じ込めなければならないように思える意識の宇宙は、限定的な意味で、思惟の宇宙でしかなかった。つまりそれは、見ているという思惟を釈明しはするが、しかし視覚という事実や存在認識の総体は、意識の宇宙の外に留まる」(SC, p. 212)。つまりこの解釈にしたがうなら、世界の存在のみならず実効的な「視覚」さえもが、その地位を奪われて、「見ている」というたんなる「思惟」に席を譲ってしまうのだということになる。

　そしてメルロ＝ポンティ自身はといえば、彼は『知覚の現象学』のなかではこのような考えに対して、とりあえず二つの観点から反対している。つまり第一に、もし〈見られたもの〉が疑われるのであれば、その懐疑は〈見ること〉それ自身をも巻き込むのでなければならない。「もし私が事物の現前に疑いを差し挟むのであれば、この懐疑は視覚それ自身に及ぶ。もしそこに赤や青がなければ、私はそれを本当は見てはいなかったのだと言う」(PP, p. 429-30)――逆にもし「視覚」が本当に生じていたなら、「事物の現前」をも疑ってはならないのだということになるだろう。〈見ること〉と〈見られるもの〉とは、さほどに連動する。そして第二にメルロ＝ポンティは――表面的にはデカルトと一致しつつ――〈見ていること〉の確実性と〈見ていると思われること〉の確実性も、区別できないと主張する。「どのような意味に取ろうとも、《見ているという思惟》が確実であるのは、実効的視覚もまた確実である場合のみである」(Ibid., p. 431)[32]。しかしながら、見ていると思ってはいても本当は見てはいなかったという〈夢や錯覚のような〉ケースもあるからこそ、デカルトの懐疑も始まったのではなかったか。

　少し整理しておくことにしよう。私が見ているとき、あるいは見ていると思われるとき、確実性の問いに関して言うなら、そこには少なくとも次の三つが理論的に区別されるのでなければならない。第一に、見られているもの、あるいは少なくとも見られていると思われているもの。第二に、見ること。第三に、見ていると思われること。フッサールやアンリの術語を用いるなら、第一は志向的対象、第二は超越ないしは志向性、第三は内在ということになる。いま問題なのは、「見ていると私に思われる」とき、本当に私が「見ている」と言えるのかということ、あるいは少なくとも、主観的身体がそこに働いていると言えるのかということである。

「〜〔＝志向性〕と私に思われる〔＝内在〕」と言われるとき、「〜」は本当に確実なのだろうか。もし「〜」が本当に確実だとするなら、なぜデカルトは『方法序説』や『哲学原理』のなかで「われ疑う、ゆえにわれ有り」とは述べずに、「われ思う、ゆえにわれ有り」と述べたのだろうか。それは〈疑っていると私には思われる（dubitare videor）〉かもしれないが、ひょっとして私が疑っていること（dubitare）にさえ、まだ疑いの余地があるからではないだろうか。

「デカルトは、《私は私自身に説得した》も《私は私が何かだと思う》も確実だと主張しているのではない——そして明らかに、《彼は私を欺く》が確実だと主張したいのではないだろう」（Wilson, p. 54）と、ウィルソンは述べている。しかしウィルソンは、「なぜ〈欺き手〉は、彼〔＝デカルト〕が彼自身の思惟《ソーツ》について誤った判断を下すようにさせることができなかったのか」という問いを、デカルトは表明的に考察していないと批判する。デカルトは「思惟《ソート》の存在」と「想像されたり《感覚され》たりして思惟された諸事物の存在」との区別を強調すれば十分とみなしていたようで、「自分自身の精神的諸状態についての諸観察」は「コギトそれ自身の確実性」のうちに含まれるのだと想定してしまった。しかるに「思惟するものとして、私が確実に不可疑的に存在する」がゆえに、「私の諸状態」の存在それ自身もまた「確実で不可疑的」だとする「推論」は、明らかに「妥当ではない（invalid）」（Ibid., p. 59. Cf. p. 75）のである。

それでは〈欺き手〉仮説をデカルト以上に厳密に受け取って、「私には私が見ていると思われる」とき、本当は私は見ていないこともありうるのだと想定してみることにしよう。たとえば私は蛇を見たと思っていたのに、じつはそれは朽ちた縄であった。つまり私は蛇を見てはいなかったのである。そしてもし私の知覚や感覚がなおも疑いうるものだとするなら、知覚や感覚が要請するはずの主観的身体の存在も、やはり疑わしいままなのだろうか。

「第六反駁」の著者たちは、「悟性」でさえそれが「何らかの感覚の誤謬」を修正しうるのは、「あらかじめ他の感覚がまえに言われた誤謬を正しておく」場合のみだと反論する。たとえば「屈折」のゆえに水中では「折れて」見える棒の錯覚を「修正」してくれるのは、「悟性」ではなくて、「触覚」（AT VII, p. 418 : FA II, p. 856）であるように。それに対するデカルトの答弁――「感覚の誤謬を正すのは、悟性のみである」（AT VII, p. 439 : FA II, p. 881）――は、例によってクールでそっけないものだが、しかし『知覚の現象学』におけるメルロ＝ポンティの回答は、むしろ「第六反駁」の著者たちのそれに近い。つまり彼は、『見えるものと見えないもの』の「知覚的信憑[33]」の問題構制を先取りするようなかたちで、すでに同書で「われわれが誤謬があると知るのは、われわれが真理を持つからでしかなく、われわれはその真理の名において誤謬を修正し、誤謬を誤謬として認識する」（PP, p. 341）と述べているのである。「もしわれわれが錯覚について語るのだとすれば、それはわれわれが錯覚を認めたからであり、そしてわれわれがそのことをなしえたのは、同時に自らを真として確証するような何らかの知覚の名においてでしかない。したがって懐疑は、あるいは欺かれているという恐れは、誤謬を暴き出すわれわれの力能を同時に肯定しているのであって、それゆえわれわれを真理から引き離すことなどできない」（Ibid., p. XI）。したがってメルロ＝ポンティによれば、「錯覚」もまた「世界への同じ信（croyance）」を利用しているのだということになる。ゆえに「個別的に（en particulier）」は懐疑が及ぶことがあるにしても、「世界一般」に関しては、「絶対確実性」（Ibid., p. 344）が存しているのだという。「世界」とは「そこから諸事物が引き出される、汲めども尽きぬ貯蔵庫」（Ibid., p. 396）のようなものなのであって、「世界内有（être au monde）」は「真理－内－有（être-à-la-vérité）」（Ibid., p. 452）と異ならないのである。

錯覚していたということは、正しく見てはいなかったということであって、想像していたということと、ただちに同一ではない。つまり知覚の錯覚は、あくまで外に向かう意識の運動の失敗の一つであり、夢や幻想のように、初めから現実を逃れてうちに閉じ籠もってしまうことではない。「見ていると思われ」てはいたがよく「見て」はいなかったからといって、「見る」働きそれ自体が無効にされたわけではないのだし、そもそもメルロ＝ポンティの言うように、正しく見ることがなければ間違って見ていたと言うことさえできない。それにデカルトの場合、もともと「想像」することにさえ、身体の存在が要請されていたのではなかったか。

しかし「想像」と「身体」の関係は、デカルトにおいてはそれほど一義的ではない。一方ではデカルトは、たとえば「精神」は「睡眠中においてさえ身体に合一されたまま」であって、「けっして覚醒時より自由なわけではない」(AT III, p. 432-3 : FA II, p. 372) と述べたりしている。『ビュルマンとの対話』に示された定義によれば、そもそも「想像力」とは、「像」が「外的事物」によってではなく、「外的事物が不在なおりに、それらの像を脳のうちに模造し形成する精神それ自身」によって「腺」のうちに「描かれる」(AT V, p. 162 : EB, p. 84) ようなときに、機能している能力なのである。しかし他方で、たとえば「第五答弁」のなかのデカルトは、「視覚や触覚」は「諸器官の助けを借りて生ずる」のに対し、「見たり触れたりしているという思惟《コギタチオ》」には「それらの諸器官が要求されないということを、日々われわれは睡眠中に経験している」(AT VII, p. 360 : FA II, p. 803) と述べてもいるのである。夢や想像力の働きのために、本当に身体が必要ではないのかということに関しては、おおいに疑問の残るところではあろう。しかし、仮にここでは知覚には身体が必要だが、想像力にはそれが必要ではないと仮定してみることにしよう。その場合、どうなるだろうか。

それでもメルロ＝ポンティならば、先の「錯覚」の議論を「夢」にまで適用して、「もし私が《夢》と《実在（＝現《うつつ》）》とについて語り、想像的なものと実在的なものとの区別について自問し、《実在的なもの》を疑うことができるのだとするなら、それはこの区別が分析以前にすでに私によってなされているからであり、私は想像的なものについてと同様に、実在的なものについての経験を有しているからである」(PP. p. XI) と述べるであろう。ときとしてわれわれが夢を見るからといって、われわれがけっして知覚しないなどということが、言えるだろうか。しかもメルロ＝ポンティにしたがうなら、われわれは「夢」のあいだでさえ「世界」を去ることはない。「夢の空間」は「明晰な〔＝明るい〕空間」の「すべての分節を利用」しているのであって、われわれは「世界」についてこそ「夢見る」のであり、「世界は睡眠のなかにまでわれわれにつきまとっている」(Ibid., p. 339) のである。

けれどもデカルトのように懐疑を逞しくして、すべてが「或る悪しき霊」の「夢の嘲弄」(AT VII, p. 22 : FA II, p. 412) なのだと想定してみることにしよう。もし一切が夢なら、どうなるのだろうか。その場合、もはやメルロ＝ポンティの言うように「夢」と「実在」、「想像的なもの」と「実在的なもの〔＝知覚されたもの〕」とを区別することにさえ、何の意味もなくなってしまって、「見ていると思われる (videre videor)」と「想像していると思われる (imaginari videor)」の区別さえ、失われてしまうだろう。しかしこのような立場からは、たとえコギトの真理や神の存在証明を経たとしてさえ、物体や外界の存在を証明することなど、不可能になってしまうのではないだろうか。

それだけではない。videre videor と imaginari videor の区別がなくなってしまうということは、videor〔思われる〕の真理のみが残るということであって、それ以上は進めないということではないだろうか。そこでもう一度話を戻してみるなら、それは私が疑っているということさえ、疑うことができるということである。たしかに『真理の探求』のなかでユードクスは、「あなたはあなたの懐疑について疑って、あなたが疑っているか否かを疑ったままでいることができるだろうか」(AT X, p. 514 : FA II, p. 1122) と述べてはいる。けれどもこのような楽観論こそ、先にウィルソンによって手厳しく糾弾されていたことなのであって、メルロ＝ポンティもこう論じているのである。「デカルトは《われ疑う、われ有り》と述べているのでなく、《われ思う、われ有り》と述べているのであり、そしてそのことが意味するのは、懐疑それ自身が確実なのは、実効的な懐疑としてではなく、疑っているというたんなる思惟としてだということである」(PP, p. 458)。しかしながら、もしそのような考えをコギタチオ一般に適用するなら、「第二省察」で見た「思惟するもの」の第二の定義、すなわち「疑い、知解し、肯定し、否定し、意志し、意志せず、想像もし、感覚するもの」(AT VII, p. 28 : FA II, p. 420-1) といった類の定義は、すべて内容をまったく失ってしまうことになるのではないだろうか。

それだけでさえない。「第三省察」では同様の定義が、「疑い、肯定し、否定し、わずかなものを知解し、多くのものを知らず、意志し、意志せず、想像さえし、感覚するもの」(AT VII, p. 34 : FA II, p. 430) というかたちで述べられていて、かつ私が「有限」であること、つまり「疑うこと」や「私には何かが欠けていること」(AT VII, p. 45-6 : FA II, p. 445-6) が、無限者たる神の存在証明のために利用されているのである。しかしながら、もし私が「疑う」ことも、「わずかなものを知解し、多くのものを知ら」ないことまでもが疑わしいというのであれば、「第三省察」における神の存在証明さえ、結局は成立しえないということになってしまうのではないだろうか。

それゆえもし「見ている、聴いている、熱いと感じていると私には思われる」等々といった類の定式化がまったくの無内容になってしまうのでなくなるためには、やはり「見ること」「想像すること」「知解すること」等々の区別を、じっさいに認めることが——そう「思われている」だけでなく——必要となってくるだろう。そしてもしそうなら、たとえ夢のなかの想像力が身体を必要としないのだとしても——そのこと自体にも疑問は残るが——知覚・感覚するということがまったくの無意味ではない以上、そこにはやはり主観的身体の存在が要請されると言うべきではないだろうか。

* * *

われわれはコギトの構造化においては、結局はコギタチオネスの多を認めるかのような結論にいたった。しかしそれは、コギトの一を妨げるものではないだろう。また、そもそもメルロ＝ポンティのように「思惟主観」でさえ「受肉した主観」に基づかなければならないというような立場に立つのであれば、諸々のコギタチオネスのうちに基底となるような主観的身体を見出すことも、不可能ではないだろう。本章の観点からするなら、コギタチオネスの多とコギトの一との関係という問題は、ちょうど身体諸器官の主観的有の多と主観的身体それ自身の一との関係の問題と同様に考えられるのではないだろうか。『知覚の現象学』のなかには「私の両眼」「私の両手」「私の両耳」を「相当数の自然的〈自我〉（autant de Moi naturels）」（PP. p. 250）とみなすような発言も見出されなくもないのだが、しかし、このような比喩的表現を額面どおりに受け取ってしまうなら、われわれは後期メルロ＝ポンティで見られた「引き裂かれた自己」や「局在的な自己」よりも、もっと悲惨な状況に——身体諸部分の無数の自我のあいだの不和・不一致という——巻き込まれてしまうことになるだろう。それゆえ本章第二節の結論は、ここでも尊重されなければならない。そしてもし想像する身体や感覚する身体、さらにはひょっとして意志する身体や知解する身体までも認めるのだとしても、そのような多は一を基底として一から発生するがゆえに統一を保っているのだと、考えておくことにしよう。

いずれにせよわれわれは、身体を生成のなかで捉えつつ、身体の生成を主題化してゆかねばならないのだということになる。

第六節　場所の構造化と身体

「場所」と「身体」の問題構制に戻ることにしよう。われわれは一なる全体としての身体、またそのような身体をさえ含むような非区分の領野としての空間、そしてまだ志向的な差異化が始まる以前の全一的な時間としての現前野について、考察してきた。われわれはまたそのような全体を現象せしめているかもしれないコギトのうちにも、主観的身体を見出した。しかし身体は、究極の場所ではない。もし身体をも含んでいるような場所があるとして、そしてそのような場所がまだ差異化されていない場所であるとするなら、つまりはまだ身体さえ身体として特定されていないような場所が存在するということになる。身体はそこに生まれ、そこに含まれながら、次第に分化されてゆくのであろう。

本節ではわれわれは、(1)まずIl en estという、身体が〈有〉ないし〈自然〉に含まれていることについての後期メルロ＝ポンティの独特の表現について、検討を加え、(2)次いで身体の誕生以前と以後との体制の相違について、有論的かつ現象学的な考察を行ってゆく。(3)最後にわれわれは、とりわけ〈一〉から〈二〉ないし〈多〉が出現するさいの論理について、前期・後期のメルロ＝ポンティの思想を参照しつつ、またメルロ＝ポンティ自身が参照したハイデッガーやシェリングの思想も援用しながら、現段階で考えうるかぎりで、今後の考察の指針となるような幾つかの考えを提示しておくことにしたい。

(1) Il en est

メルロ＝ポンティはIl en estという表現を、ベルクソンの講演「哲学的直観」のなかのnous en sommesから借りてきたと言われているが、それは講演「哲学をたたえて」のなかで、メルロ＝ポンティがその文章を引用しているからである。それをどう訳すかだが、まずen êtreの活用形を「X」と置いてみてから、検討してみることにしよう。ベルクソンの言葉はこうである。「世界を満たす物質と生とは、われわれのうちにもある。万物のうちで働いている諸力を、われわれはわれわれのうちに感じる。存在し生ずるものの内密な本性がどのようなものであろうとも、われわれはX」（EB. p. 1361）。中性代名詞もしくは副詞的代名詞enの用法に鑑みて、Xはこの場合、「それ〔＝存在し生ずるもの〕から成る」（起源・材料の用法）か、「その〔＝存在し生ずるものの〕部分である」（部分の用法）かであろうと思われる。「哲学をたたえて」のなかでのメルロ＝ポンティの註釈も、その蓋然性を高める。「《われわれはX》が意味するのは、それゆえ、われわれが見ているこれらの色彩、これらの対象が、われわれの夢まで覆い尽くして住みつくのだということ、これらの動物たちはわれわれ自身のユーモラスな変種《ヴァリアント》なのだということ、すべての存在はわれわれの生の一つの象徴体系をなすのだということ、そしてわれわれがそれらのうちに読むのも、やはりわれわれの生なのだということである」（EP. p. 23）。

　われわれとしてはen êtreを「その部分である」と訳したいのだが、その理由は二つある。第一はもちろん、じっさいの用法を見るなら、その訳の方が適切に思えるということである。『見えるものと見えないもの』においてとりあえずわれわれの気づきえたもののなかから、以下の七例にその訳を当てはめて検討してみることにしよう。㈠「見る者は世界の部分であり、世界に属している（celui qui voit en est et y est）」（VeI, p. 136）。㈡「世界の現前とは、まさしく私の肉への世界の肉の現前であり、私は《世界の部分であり（en sois）》、私は世界ではないということ〔……〕」（Ibid., p. 169）。㈢「まなざしそれ自身」は「〈見えるものの部分であり〉（EN EST）、見えるもののうちにある」（Ibid., p. 173）。㈣「見る者が見えるものを所有しうるのは、見る者が見えるものによって所有されている場合のみであり、見る者が見えるものの部分である（*en est*）場合のみであり〔……〕見る者が見えるものの一つである場合のみである」（Ibid., p. 177-8）。㈤「もし身体が諸事物のなかの事物（chose parmi les choses）であるとするなら〔……〕それは身体が諸事物の部分である（*en est*）からであって、そのことが意味するのは、身体が諸事物からくっきりと浮かび上がり（se détache sur elles）、そしてそのかぎりで、諸事物から離れる（se détache d'elles）ということである」（Ibid., p. 181）。㈥「われわれはこのように記述された有のうちにすでにあり、われわれは有の部分である

（*en sommes*）」（Ibid., p. 302）。㈦「見る者」は「見えるもの（*du* visible）である（見えるものの部分である（en est））」（Ibid., p. 314）――以上の七例において、いずれも「部分である」という訳に違和感はない。逆に「〜から成る」や「〜によって存在している」というような訳を採用すると、㈠は問題ないかもしれず、㈦も *du* visible の *du* を部分冠詞と取るのではなく、材料・起源・原因等を表す前置詞 de と定冠詞 le の縮約形とみなすなら、その訳も十分可能かもしれない。しかし㈢㈣㈥は部分を表す方が自然だし㈢「見えるもののうちにある」、㈣「見えるものの一つである」、㈥「このように記述された有のうちにすでにあり」、㈡では「世界から成る」と訳すと「私は世界ではない」と矛盾しそうだし、㈤でも「身体」が「諸事物から成る」とか「諸事物によって存在する」と訳してしまうと、文の前半の「もし身体が諸事物のなかの事物であるとするなら」の文意と、齟齬をきたしてしまうだろう。それゆえまずこのような観点からして、en être は「その部分である」と訳すのが最善と思われる。

　第二に、「その部分である（en être）」とよく似た表現として、こちらの方はまぎれなく訳されうる「その部分をなす（faire partie de）」という表現も、『見えるものと見えないもの』では何箇所かで用いられているのだが、その用法が前者と酷似しているということも、理由の一つとして挙げられる。たとえば「私の身体が見るのは、それが見えるものの部分をなしているからでしかない」（Ibid., p. 201）とか、「視覚、触覚があるのは、或る見えるもの、或る触れうるものが、それがその部分をなしているところの見えるもの全体、触れうるもの全体を振り返るときである」（Ibid., p. 183）とか。あるいはまた「私がその部分をなしているところの〈自然〉」（Ibid., p. 226）や、「私の視覚がその部分をなしているところの〈有〉」（Ibid., p. 164. Cf. p. 114）といった表現も、そうである。

　Il en est が伝えるのは、このようにして身体――見る者としても見えるものとしても――が〈自然〉ないし〈有〉の一部として、そこに包含されているというイメージである。「魂」や「対自」は「〈有〉」との関係においては「空虚」や「絶対的な非有」ではなくて、「一つの窪み」（Ibid., p. 286. Cf. p. 289）であるとも、メルロ＝ポンティは述べている。もちろんそれは、「魂」も「対自」も天使のような純粋意識ではなく、現に受肉した意識だからであろう。逆に「世界は身体の生地（étoffe）そのものでできている」（Œ, p. 19）とも、『眼と精神』では述べられている。「諸事物と私の身体とは、同じ生地でできている」（Ibid., p. 21）のである。そして『見えるものと見えないもの』によれば、そのような「共通の生地」こそが「見えるもの」（VeI, p. 253）であり、周知のように同書は、見える世界にも見かつ見える私の身体にも共通なもの――「客観と主観とを形成する媒質」――として、「肉」（Ibid., p. 193）という意味で、「〈有〉のいう術語を用いている。「肉」は古代ギリシアの四元素（水・空気・土・火）がそうだという意味で、《元素《エレマン》》」（Ibid., p. 184）なのである。

つまりまず、「世界は肉である」（Ibid., p. 182）。「世界の肉」は、「私の肉」のように「感じる者（sentant）」ではなく、ましてや「自らを感じる（*se sentir*）」こともないのだが、それは「感じられる（sensible）」ものである。「世界の肉とは、見られた‐〈有〉（l'Être-vu）である」（Ibid., p. 304）。他方、「私の肉」は、「ひとが感じるもの〔ce qu'on sent 感じられるもの〕」と「感じる者（ce qui sent）」という二重の意味における「感性的なもの（le sensible）」（Ibid., p. 313）である。端的に言って、それは「感じられる感じる者（le sentant sensible）」（Ibid., p. 179）なのである。かくして「〈有〉についての私の視覚」は、「〈有〉のただなかから生じる」（Ibid., p. 154. Cf. Œ, p. 19）のだということになる。それは「〈有〉の内部から生ずるような〈有〉への関係」（VeI, p. 268）なのである。

例によって極端な表現に走りがちの論攷「哲学者とその影」は、「人間を介して自らを完遂する〈有〉」（S, p. 228）についてさえ語っている。そしてそのような考えは、『眼と精神』の絵画論のライトモチーフとなるだろう。『見えるものと見えないもの』にも「有に内的な志向性」（VeI, p. 298）とか「内属の〈イリア〔有る〕〉（IL Y A d'inhérence）」（Ibid., p. 190）といった言葉が見出される。この意味で後期メルロ＝ポンティの有論は、「〈内部〉有論（Intra ontologie）」（Ibid., p. 280）であり、「内からの有論（ontologie du dedans）」（Ibid., p. 290）なのである。

一九五九－六〇年の自然講義でも、「内から捉えられた、包含する一つの〈有〉(un Être englobant, saisi du dedans)」(N, p. 333) という表現が用いられている。意識は、あるいはむしろわれわれの身体は、一つの〈有〉に包含されつつ、内から〈有〉を把捉しているのである。同講義は「身体が世界のうちに移行し、世界が身体のうちに移行する」(Ibid., p. 273) と、あるいはもっと簡明に「身体の肉が世界の肉をわれわれに理解させる」(Ibid., p. 280) とも述べている。そして最晩年のメルロ＝ポンティが、このような一なる〈有〉の実質として〈自然〉の有論に向かったということは周知の事実であるし、これまでの本章の論述からも十分に明らかであろう。「われわれは、われわれの内なる自然によって〈自然〉を認識することができる」のであり、「われわれの外なる〈自然〉は、われわれがそれであるところの〈自然〉によってわれわれに開示される」(Ibid., p. 267) のである――しかし、それでは「内なる自然」と「外なる〈自然〉」は、あいかわらず区別されたままなのだろうか。

(2) 身体の発生の以前と以後

身体が成立する以前の〈自然〉ないし〈有〉、つまりは身体がまだそこから区別されて際立つことのないような始源の場所の一性は、どうなっているのだろうか。われわれは『行動の構造』が「自然の絶対的一性というロマンティックな考え」(SC, p. 45) を斥けるのを、すでに見てきた。「そこにおいてはすべてが厳密にすべてに依存し、いかなる裂け目も可能ではないような宇宙」というような「融合 (fusion)」(Ibid., p. 151. Cf. p. 76, 100) の観念など、受け入れられない――しかしながら後期メルロ＝ポンティが、むしろそのような非区分の「一性」の思索に向かっていったということも、すでに周知のところであろう。先の自然講義では、こう述べられている。「私の身体の、私の身体と世界との、私の身体と他の諸身体との、他の諸身体相互間の、非区分がある」(N, p. 346-7)。そして『見えるものと見えないもの』所収の一九六〇年一一月の有名な研究ノートには、こう記されている。「私－世界の、世界とその諸部分との、私の身体の諸部分の、あらかじめの一性（unité *préalable*）、分離以前の、多様な諸次元以前の一性——そして同様に時間の一性——。合一することに成功することなく、互いの上に置かれ、相互に相対化し合うようなノエシス‐ノエマの建造物ではない。そうではなくて、まず無‐差別（*non-différence*）によるそれらの深い絆がある。——これらすべては感性的なもの、見えるもののうちで提示される（*s'exhibe*）。感性的なものが（外的なものでさえ）これらすべてを含んでいる（それがいわゆる共観、知覚的綜合をなしているものである）——。／見る者‐見えるもの＝投影‐投入。それらは両者とも、唯一の生地から抽象されるのでなければならない。／〔……〕差異化しつつあるまえもって合一された諸総体を、裏と表のようにして、キアスムが結ぶ」（VeI, p. 315）。

しかしこのような発言にも、まったく問題がないわけではない。「これらすべては感性的なもの、見えるもののうちで提示される」とか、「感性的なものが（外的なものでさえ）これらすべてを含んでいる」とは、どういう意味なのだろうか。それは分離以前の先行的一性が、本当に現象しているということなのだろうか。それともそれが意味しているのは、たんに「感性的なもの」や「見えるもの」の現象のうちには、影でそれらを支える統一構造が提示されうるような具体例が、見出されるといった程度のことにすぎないのだろうか。

具体的記述はともかくとして、以前にも述べたように、少なくとも表明的には、メルロ＝ポンティはこのような無‐差別の現象化の理論的可能性を、認めてはいなかった。それゆえにこそ根源の有は自らを差異化して、人間を介して自らを現象化しなければならなかったのである。「根源的なものは炸裂する、そして哲学はこの炸裂、この不‐一致、この差異化に同行するのでなければならない」（Ibid., p. 165）。それゆえ「《意識》への〈有〉の奇跡的昇進」は、「《内》と《外》の分離」（Ibid., p. 157-8）とともに行われるのであり、「自らを知る」のも「裂開」（Ibid., p. 320）である。そもそも「対自」などというものも、「差異化における隔たりの絶頂」でしかないのだから、それは「派生的」な性格しか持たない。「自己への現前」は、「差異化された世界への現前」（Ibid., p. 245）なのである。

当然のことながら、「諸個体」もまた「差異化」(Ibid., p. 153) によって形成される。「身体」もまた差異化によって「自然」のただなかから生まれてくるのであって、一九五九‐六〇年の自然講義の概要でも、こう述べられている。「われわれの目的は、自然のなかでの人間ならびに人間身体の出現に言い及ぶことであった」(N, p. 379)。しかしながら、たとえここでの「人間」や「人間身体」を主観や主観的身体を含むものだと取ったとしても、その「出現」以前の「自然」に関しては、その現象化の可能性を理論的に肯定することは、後期メルロ＝ポンティにおいてさえ不可能であったろう。主観と客観とを合一し、それ自身はそのどちらでもないはずの「蝶番」が「見えない」(Ibid., p. 285. Cf. VeI, p. 194-5) と言われたのも、「自己との無‐差別」が「静かな、あるいは盲目的な同一化」(VeI, p. 257) と言われるのも、「《意識》の盲目(盲点)」(Ibid., p. 301) について語られるのも、帰するところはみな同じである。根源は、自らを隠してしまう。そしてもしここでわれわれが、身体がそこにおいて生成してくるようなあらかじめの場所について論じたいのだとしても、それが非現象であるかぎり、それはたんなる形而上学的な仮定や思弁的構築にすぎないことになってしまうだろう。

　このような疑問のゆえに、われわれはΦ仮説を立てたのであった。そしてメルロ＝ポンティにおいても、その具体的諸記述は、多少ともそのことを実証しているように思われた。本章の取り上げてこなかったまた別の具体例を参照するなら、とりわけ他者関係に関しては、すでに『知覚の現象学』にも、「他者の身体と私の身体は唯一全体(un seul tout) である」(PP, p. 406) というような言葉が見られる。「コギト」とともに始まると言われるヘーゲル流の「諸意識の闘い」においても、闘いが開始しうるためには諸意識が「共通の戦場 (terrain)」というものを有しているのでなければならず、そして諸意識は「幼児の世界におけるそれらの平和な共存」(Ibid., p. 408) を、記憶しているのでなければならない。そして幼児期の共存というこのような考えは、中期メルロ＝ポンティのソルボンヌ講義において特に顕著なのであって、そこには「自己と他者のあいだの全面的な非区分」(MS, p. 35) や「自我と他者のあいだの全面的な非差異化」、「自己と他者の混淆」、「原初的非差異化の基底」(Ibid., p. 42. Cf. p. 318, 530) といった表現が、ほとんどキータームのようにして、いたるところに見出される。自我と他者は「同じ一つの体系の二つの変数」(Ibid., p. 58. Cf. p. 562) のようなものなのであって、よく言われる幼児の「自己中心主義《エゴサントリスム》」とは、じつは「幼児にとって自我と他者のあいだに差異がない」(Ibid., p. 49. Cf. S, p. 220) ということを意味しているにすぎない。そしてこのような「第一段階」ののちに、「第二段階」として、初めて「自己の身体の対象化」や「諸個体の分離、区別」(MS, p. 312) が生じてくるのである。

眠りや神経損傷においても脱分化・脱差異化の現象が見られることについてはすでに触れたが、このソルボンヌ講義では、「色彩知覚の発達」を例に、「幼児の経験は、その内部にわずかの差異化しかない大きなカテゴリーから始まる」(Ibid., p. 188. Cf. p. 479) と述べられている。もっとも「幼児の経験」も「カオス」から始まるのではなく、「幼児の知覚」といえども「最初から構造化されている」(Ibid., p. 192) ということも、すでに見た。『知覚の現象学』でも「世界はすでに構成されているが、しかしまたけっして完全に構成されているのでもない」(PP, p. 517) と述べられていたし、『見えるものと見えないもの』においてさえ、「あらかじめ構成されたもの (préconstitué) としての世界」(VeI, p. 56) といった表現が用いられている。それでは知覚世界においては、他者経験とはちがって、「あらかじめの一性」や「無-差別」の経験は、最初から不可能化されてしまっているのだろうか。

けれども「知覚はいっそうカオス的なものから、いっそう構造化されたものへと向かう。幼児においてはいっそう貧しい構造化が存在するが、しかし、けっしていかなる構造化もないわけではない」と述べていた同じソルボンヌ講義が、その直前に、「幼児の経験はつねに一つの全体性の経験である」(MS, p. 194) と語ってもいたのである。経験は、たとえ高度に分化され、差異化されたものであったとしても、それでも原初の経験の単純性を保持し、この全体性を根拠として、初めて構造化された現象として成立しうるのではないだろうか。それゆえにこそわれわれは、本章第三節であえて〈地の上の図〉のように、最低限の差異もしくは二元性を含んでいると思われるような現象を取り上げて、そのような現象でさえ、非区分の一全体として経験されねばならぬ旨を主張したのであった。あとから反省するなら分化されているように思える現象も、ちょうど『物質と記憶』第四章で提示されたベルクソンの「万華鏡」のように、もともとはあらゆる判明な区別を排除するような一全体として――「そこにおいてはすべてが変化しつつも同時に留まる〔……〕一つの動く連続性（une *continuité mouvante*）」（CEB, p. 333）として――与えられていたのではないだろうか。

　そのような解釈を裏打ちするように思えるのが、「幼児にとっては諸対象の情感的諸性格が本元的であって、諸対象の構造そのものを構成している」（MS, p. 219）という、すでに引用したメルロ＝ポンティの言葉である。「全体的表現」は「分解不可能」（Ibid., p. 548）だという彼の考えも、すでに幾度も引用した。すでにして「感官的知覚」が、「或る表情的な関係」（Ibid., p. 544）を含んでいるのであって、幼児においては、たとえば「表情を持っていない線」など存在しない。そこにあるのは「事物ではなくて、表情」（SC, p. 182）だけなのである。とりわけ「顔」は「一つのゲシュタルト」（MS, p. 549）なのだが、それは顔が「人間的表現の中心」（SC, p. 181）だからである。幼児は自分が笑うのを鏡で見るはるか以前に、「微笑の楽しげな意味」を理解し、自分では経験したことのないような「威嚇的なそぶりや憂鬱なそぶりの意味」（Ibid., p. 169. Cf. MS, p. 310）でさえ、理解できるのだという。「生ける者」は「無機的なものよりはるか以前に知られる」のであって、それが「幼児のアニミズム」（SC, p. 169）と呼ばれるものの正体である。われわれでさえ「眼や髪の色、口や顔の形」を知ることさえなく「完全に認識することができる」のは――レヴィナスにおいてのように顔の倫理的意味ではなくて――メルロ＝ポンティにおいては、あくまで「表情」なのである。いわゆる「感性的記号」より先に与えられているのは、「人間的意義」である。たしかに大人の世界は「日用品」に満ち溢れ、われわれは「事物が何の役に立つか」という観点に縛られてしまっているかもしれない。しかし幼児にはそうしたことが分からないのだし、われわれとて、用途の分からないときに事物が持っていた「不可思議な相（l'aspect merveilleux）」（Ibid., p. 181）を、思い出すことがあるだろう……。

自他が分かれ、主客が裂開する以前の一性は、全体的な場所の表情・雰囲気・情感性として経験されるのではないだろうか。そしてそれゆえにこそ、たとえ差異化が始まってしまったあとでも、たとえば或る特定の顔や事物を中心として、世界全体が笑ったり陰鬱そうに見えたり、新鮮な驚きに満ちた空気を漂わせたりするように思えることもあるのではないだろうか——しかしながらそのような一は、いったいいついかなる仕方で炸裂して、多へと分化してゆくのだろうか。そしてそもそも一から二が出現するということは、一や二から多が作り出されるということと、どこがどうちがうのだろうか。

(3) 水平の論理と垂直の論理

構造のないものがいかにして構造化されるのかという問題は、差異のより乏しい構造がどのようにして差異のより豊かな構造へと進展してゆくのかという問題より、いかなる点で困難なのだろうか。そしてもし何か説明のできないもの、いかにしても派生しえないものが最後に残るのだとするなら、それはどのかぎりで、いったいどのようなときに見出されるのだろうか。

何かが何かによって説明され、何かから派生するということが厳密な意味で言われうるのは、同一平面上、つまり同じ場所の上のことであろうと思われる。それゆえもしうまく説明のゆかないところ、あるいは突然の飛躍や断絶によってしか釈明できないようなものが現れるとすれば、それは別の水準に属した問題だからではないだろうか。もちろんわれわれは、そのようにして、場所は複数あるのだと考える。そして場所相互間には、根拠の深浅、条件としての前提といった諸関係は指摘しうるのだとしても、或る場所とそれに基づく別の或る場所との関係、とりわけ成立・誕生の関係を、同一平面上の諸関係で説明しようなどとすれば、解きほぐしえない混乱に陥ってしまうのだと考える。われわれはここでは、前者を垂直の関係、後者を水平の関係と呼ぶことにしたい。それゆえ本章の最後でわれわれが主張したいのは、垂直の論理を水平の論理によって説明しようなどとしてはならないということである。

メルロ＝ポンティの場合、そのような考えが最も顕著に現れているのは、垂直・水平のタームを多用するその後期思想においてではなく、むしろ『行動の構造』においてであるように思われる。同書はすでにその第二章で、「上位の諸構造の独自性」を指摘しつつ、「下位のものによって上位のものを〔……〕説明しない」のみならず、逆にまた「上位のものによって下位のものを説明しない」（SC, p. 135）ようにも説いている。けれどもこのような考えが際立ったかたちで示されているのは、もちろん「物理的次元」「生命的次元」「人間的次元」の三つの次元を主題化した同書第三章である。そこではたとえば、「すでに物理的系が、われわれが環境の物理的諸条件に対して有機体のうちに見出し、その生理学的下部構造に対して象徴的〔＝人間的〕行動のうちに見出していた注目すべき自律性（autonomie）を、外的影響に対して呈示している」（Ibid., p. 145）と述べられている。それゆえにこそ「生理学的形態と同じ諸特性を持つ物理的形態」や「心的形態の等価物であるような生理学的形態」などというものを考えるのは、「不可能」（Ibid., p. 143）なのである。したがって「平等な権利を与えられた様々な種類の形態」のあいだに、「派生（dérivation）や因果性（causalité）の関係」（Ibid., p. 144）を想定してはならない。かくして「形態」とともに「非連続性の原理（principe de discontinuité）」が導入されるのであって、「跳躍（bonds）や急変（crises）による発展」（Ibid., p. 148）の諸条件が整えられるのだということになる。「発展は、非連続的」（Ibid., p. 150）[34]なのである。

そのさい、下位のものは上位のものによっては説明されないとはいえ、たとえば心身関係においてのように、上位のものが下位のものを「統合」するようなときには、「上位の諸次元の出現」が「下位の諸次元を自律的なものとしては廃止」（Ibid., p. 195）してしまう。それぞれの次元は「先行する次元の捉え直しにして《新たなる構造化》」なのであって、そこから「上位のものを下位のものから解放すると同時に、上位のものを下位のものに《基づけていた》分析の二重の相」（Ibid., p. 199）が、説明されるのだという。

ところでわれわれがここで注目したいのは、フッサールに由来する、「基づける（fonder）」というこの術語である。『知覚の現象学』は或る箇所で、この「基づけ（Fundierung）の関係」を、「素材」と「形式」もしくは「視覚」と「象徴機能」（PP. p. 147）のあいだに認め、また他の箇所では「理性と事実」、「永遠性と時間」、「反省と未反省的なもの」、「思惟と言語」、「思惟と知覚」のそれぞれのセットのうちで、前者に「基づけられるもの」を、後者に「基づけるもの」（Ibid., p. 451）を見ている。このような「基づけ」の関係は、はたして『行動の構造』のそれと、同一と言えるのだろうか。また『知覚の現象学』には、「本能的で情感的な意味」と「理念的意義」、「生命的内属」と「理性的志向」のあいだに「本能的下部構造」と「上部構造」（Ibid., p. 65）の関係を認めているような箇所があり、また「生物学的実存から人格的実存への、自然的世界から文化的世界への昇華」（Ibid., p. 100）について語っている箇所もある。このようにして見てゆくなら、次元や水準や場所を、確として特定することなどできるのだろうか。

われわれは、少なくともいまは、そのような特定が有効だとは考えていない。メルロ＝ポンティの振舞いを見ても分かるように、それはむしろときどきの関心や問題設定によって、多様に捉えられうるもののように思われる。とりわけわれわれは、『行動の構造』のように「物理学」の意味での「物理的」なものが最も根底的なものだと、主張したいと思っているわけではない。ただメルロ＝ポンティを見ていても言えそうなのは、最奥の基底となるような場所というものがおそらくは存在していて、そのような場所に基づいてこそ、幾つかの場所が垂直方向に立てられうるのだろうということである。「生《なま》の〈有〉の無動機的出現（surgissement immotivé）」（VeI, p. 264）について述べていた後期メルロ＝ポンティは、こうもまた語っているのである。「肝要なのは、新しいタイプの知解性（世界としての世界や〈有〉としての〈有〉による――《垂直的》であって水平的〔地平的〕ではない――知解性）を創造することである」（Ibid., p. 322）。

　このように「垂直的」ということには、垂直方向を考慮に入れて根源的な、というニュアンスも含まれているように思われる。逆にまた「水平的」には、たとえば観念論的構成の投影法や遠近法のようなものによって、すでに人為的に歪曲され、文字どおり平板化されてしまった、というような意味合いも見て取れそうに思われる。本章でもよく言及したデカルトを例に取るなら、「機能しつつあるコギトもしくはわれ有り」は「垂直のコギト」だが、「反省的な、もしくは陳述されたコギト」は「水平的なもの」（NC, p. 244. Cf. p. 254）と言われている。なぜなら後者は、「《客観的〔＝表現的〕実在性》の水平的平面《プラン》の上に陳列されたエゴ、コギタチオ」（Ibid., p. 264）でしかないからである。また「心身〔合一〕」におけるデカルトは「《垂直の》デカルト」（VeI, p. 326）であるのに対し、「創造のうちには保存におけるより以上のものはない」と主張するようなデカルト哲学は、「水平的なものの哲学」（N, p. 317）でしかない、等々。それゆえ垂直の哲学において大切なのは、結局のところ、何が最も根源的なものなのかということであろう。本章の問題構制からするなら、まだ心身も心身と世界も分化していないような一なる全体は、たしかに根源的な場所として認められるのだろうか。

　いま少し回り道をして、現代において差異や相違の立場を代表すると思索者の一人とみなされることの多いハイデッガーの最近の刊行物のなかから、そのような一性の主張が見出されないか否かを、検討してみることにしたい。三〇年代半ばから後半にかけて書かれた『哲学への寄与』のなかで、すでに「現‐有」は「真有と有るもののあいだの〈間〉（das Zwischen）」（GA 65, S. 343）であると述べられていたのだが、やはり三〇年代後半の或るノートには、このような「〈間〉」は「真有それ自身（Seyn selbst）」（GA 95, S. 49）だと記されている。つまり四〇年代にも明言されているように、「関連（Bezug）は真有それ自身であり、そして人間本質が同じ関連である」（GA 73/1, S. 790）。もっと端的に言うなら、「あらゆる真有は現-有（Da-seyn）」（GA 71, S. 207）なのであり、「別の始源」においては「有を〔……〕現-有として建立すること（gründen）」（GA 73/1, S. 127）が、肝要なのである。「真有には或る有るものが属しているのだが、それは有がそれの有であるところのもの（das, *wovon* das Sein das Sein ist）としてではなく、それは真有それ自身が〔……〕そのようなものとしてのみ真有であるところの一つの有るもの（ein Seiendes, als welches das Seyn selbst nur Seyn ist）である。／真有自身（Seyn selber）がそのようなものとして現成（west）するところのこの卓抜なる有るものとは、人間である」（GA 73/2, S. 1201）。

　それゆえ「有るものと《有》とのあいだの《差別》（二重襞（Zwiefalt））」という定式は、「不適切で誤謬に導くもの」だという。なぜならそこでは「真有に属しつつ真有自身であるような《有るもの》として人間を特筆すること」が、「忘却されている」（Ibid., S. 1208）からである。むしろ「真有自身」が「相違（Unterschied）」（Ibid., S. 1091）なのであり、かつまた何らかの仕方で、「現有」がこの「差別」（GA86, S. 817）それ自身なのである。じっさいのところAとBの「相違」や「差別」を考えるならば、そこには二項関係が要請されもしよう。しかし関係づけられたものから関係を思惟するのではなく、関係そのものにおいて関係を考えるならば、そこに単一なものを認めることは不可能ではないだろうし、むしろ必要なことであろう。じじつ四〇年代のハイデッガーには、「相違（単純（Einfalt））」（GA 73/2, S. 1110）というような表現が用いられている箇所もある。「有論的差別」の代わりにわれわれが語るべきは、むしろ「正しく理解された《同一性》」（Ibid., S. 1347）なのである。「有論的差別を放棄すること、そしてその代わりに、現前-せしめることの性起させる単純さ（die ereignende Einfalt des Anwesen-Lassens）を観取すること」（Ibid., S. 1466）。

　かくして「性起（Ereignis）」こそが、「単純なもの（das Einfache）」（GA 73/1, S. 723）とみなされるにいたるのである。それは「《一にして全》であるような一化する唯一的なもの（das einende Einzige, das »Eins und Alles« ist)」(GA 74, S. 44）であり、「全-一的な唯一者（das all-ein Einzige)」(Ibid., S. 54）である。そのうえハイデッガーは、まったく同じようにして「場所性の単純なもの（das Einfältige der Ortschaft)」についても語っているのである。それは、「有とともに有るものが消滅する」がゆえに、「たんに多なるものに対するいかなる相違も持たない」ような「単純なもの」(GA 73/2, S. 1476）——われわれの言葉で言うなら、〈多における一〉ではなくて、〈多なき一〉もしくは〈一における一〉——なのである。そして「有としての有の場所の場所性」が「有自身（Sein selber)」と言われるのだとしても、このような場所性がじつは「人間の本質」(N II, S. 357）だということも、われわれにはもはや理解するに困難なことではないだろう。つとに知られているように、このような「場所性、どこ（Wo)」こそが、ハイデッガーの言うところの「現-有」(GA 70, S. 29）なのだから。

以上のようなわれわれのハイデッガー理解は、あまりに一面的と思われるかもしれない。ハイデッガーはむしろ、「相-違」や「割れ目（Zerklüftung)」の思索者ではなかったか——そしてわれわれとしても、そのような面を排除して、強引にハイデッガーを読み解こうとするつもりはない。おそらくハイデッガーは、ちょうど後期メルロ＝ポンティがそうであったように、たとえ単純・単一なものがあったにしても、まさに裂開しようとするそのようなものを見出そうとしていたのか、あるいはむしろ、たいていは、つねにすでに差異化が生じてしまっているようなところで、そのようなところにさえ見出される関わり-合いの単純性を認めていたというのが、真相に近いように思われる。

そこでわれわれとしては、ここで局面を変えて、むしろ〈いかにして一なる場所から二ないし多が生成してくるのか〉という問いに関しては、メルロ＝ポンティも言及することの多かったシェリングの「無差別」の思索を、参照してみることにしたい。

『世界年代（*Die Weltalter*）』のなかでシェリングは、「主客の絶対的な一性（Einheit）」のことを「純真さ（Lauterkeit）」（Nb, S. 26）とも呼んでいる。「原初的な純真さ」のうちには、それゆえ、「まだいかなる二性（Zweyheit）もない」（Ibid., S. 29）のである。このような原初の純真さは、「何ものも意欲しない意志」とも規定される。「何ものも意欲しない意志のうちには、いかなる区別もなかった。主観も客観もなく、最高の単純さ（Einfalt）があった。しかるに実存への意志たる収縮させる意志が、そのなかの両者を分断する」（Ibid., S. 22）。

　それでは「二性」は、いかにして「一性」から発源するのだろうか。換言するなら、「何ものも意欲しない意志」という始源の無差別から、どのようにして「実存への意志」が生まれてくるのだろうか。『世界年代』に少し先立つ『人間的自由の本質』は、「～でもなく～でもない（Weder－Noch）から、もしくは無差別（Indifferenz）から〔……〕二元性（Dualität）が直接に突発してくる」（Hb IV, S. 299）と述べるだけで満足していた。それゆえにこそシェリングは、「もし二性（Zweiheit）が無差別から直接に現れ出るのだとするなら、二性はあらかじめそこにあったのでなければならないのではないか」（Ibid., S. 530）という、エッシェンマイヤーの反撃を喰らうことになるのである。『世界年代』でも、「純粋な純真さはそれだけでは、生出（zeugen）することも創作（schaffen）することもできない」（Nb, S. 58）と述べられている。それではもし「実存への意志」が、「何ものも意欲しない意志」によっては「生出」も「創作」もされないのだとするなら、われわれはエッシェンマイヤーのように、二性は初めから一性とともにあったのだと言わなければならないのだろうか。

　それに対する『世界年代』の回答は、驚くべきものである。つまり「実存への意志」もしくは「何かへの意志」は、なるほど「何ものも意欲しない意志」に後続しはするが、しかし、それでもそれは自分自身で始源する、というのである。「もし何ものも意欲しない意志が最高のものとして認められるのであれば、そこからはいかなる移行（Uebergang）も存在しない。それに続く最初のもの、〔つまり〕何かを意欲する意志は、自己自身を生産（erzeugen）

するのでなければならず、絶対的に発源（entspringen）するのでなければならない」（Ibid., S. 77）。それゆえ「実存への始源」であるような意志は、「生出」される代わりにただ「受胎（empfangen）」されるだけなのであって、むしろそれは「自己自身」を「生出」するような「永遠の意志」（Ibid., S. 17）なのだという。シェリングはこうも述べている。「それゆえもし安らう意志が最初のものだとわれわれが言うことができたのだとすれば、われわれは無意識的で静かな自己‐自身の‐探求が第二のものだと言うことができる。〔……〕この意志〔＝第二のもの〕は、自己自身を生産し、それゆえ或る無条件の、自らにおいて全能の意志である。それは端的に、すなわち自ずから（aus sich selbst und von sich selbst）自らを生産する。無意識の憧憬がその母だが、しかし憧憬は、この意志をたんに受胎しただけなのであって、この意志それ自身が自らを生産したのである」（Ibid., S. 137）[35]。

一八五〇年代の晩年のシェリングも、かつての自らの発言を『啓示の哲学』のなかで想起しながら、次のように述べている。「意欲しない意志は、もちろん無としてある。そのかぎりで各々の意欲、各々の欲求（Begierde）は、無からのようにして成立する。もし或る欲求がわれわれのうちに成立するなら、それならば以前には何もなかったところ、そこに一つの有が突然に（auf einmal）ある」（Eb VI, S. 213）――それゆえシェリングにおいても、一から二への移行は、「生産」や「生出」によっては説明されない。それは「突然」に、「自ずから」生じてくるのである。たとえ二は一を母として前提しなければ、自己自身を自ら生み出すということすらできないのだとしても。

結局のところわれわれが言いたいのは、場所の「移行」を「派生」や「因果性」や「生産」といった諸概念で記述してはならないということである。或る場所に基づく別の或る場所は、基づくとはいえども、先行する場所によって連続的に説明されはしない。ただわれわれが述べなければならないのは、それでも根源的な場所というものがあるのだということである。シェリングやメルロ＝ポンティの「無差別」「無‐差別」がそうだし、ハイデッガーの「現‐有」もそうである。とりわけ「世界の土着的意味（un sens autochtone du monde）」（PP, p. 503. Cf. SC, p.

167 : P II, p. 102）に関心を寄せていたメルロ＝ポンティは、「ただ一つの地盤（*Boden*）」（P II, p. 230）しか認めようとしない。周知のように、それは「唯一の自然的な世界という基底」（PP, p. 340）である。「自然的世界」こそが「すべての地平の地平、すべてのスタイルのスタイル」（Ibid., p. 381）なのであり、「可能的なすべての主題とすべてのスタイルとの場所（lieu）」（Ibid., p. 514）である——つまりはあらゆる場所の根底に存するような〈すべての場所の場所〉は、〈自然〉なのである。

＊　＊　＊

なぜひとは「場所」を求めるのだろうか。場所には自然の場所があり、また歴史や文化の場所がある。人と人が出会う場所があり、人と物が出会う場所がある。倫理的な場所もあれば、善悪の彼岸と呼ばれるような場所もある。「場所」の思想が有力なのは、複数の場所を設定しておいて、そのなかで問題圏を確定したり、場所相互間の関係を考察してみたりすることができるからであろう。「意識」を「場所」とみなすような立場もある。それは「意識」がそこにおいて成り立つような場所を想定してしまえば、今度はそのような「場所」が、形而上学的に実体化された「無意識」へと凝固してしまうおそれがあるからである。根源的な場所は自ずから現れ、自己‐触発するのでなければならない。しかしそのような場所は、まだ狭い意味でのエゴやコギトではない。

なぜひとは場所を求めるのだろうか。ひとがただたんにエゴ・コギトであるならば、あえて「場所」に定位する必要もなかっただろう。ひとは「身体」を持つからこそ、場所を求めるのである。そして「身体」から見るならば、「場所」と「身体」の関係は、コギトよりは明確である。身体は場所の上に誕生するが、それ自身はけっして場所のすべてではない。それでも身体は、場所なしにはありえない。そしてたとえ身体が諸対象の多と向き合って行動しなければならないような「場」に遭遇したとしても、ちょうどグラウンド上のサッカー選手がそうであったように、ひとはいつでも場所との一体感を感じうる状況にはあるのだろう。そのような場所のなかの最も根源的な場所、つまり場所の場所とも言うべきものが「自然」だということ、それはたんにメルロ＝ポンティの主張するところだけではない。「自然の現象学」という基本テーマのなかで一連の諸研究を継続しているわれわれにとって、それはむしろ変わることなきわれわれ自身の中心テーゼなのである。

註

第１章

（1）本章で引用する主要文献とその略号に関しては、以下のとおりである。

デカルト第一次文献に関しては、DESCARTES, René, *Œuvres*, éd. Adam et Tannery, 13 vols., Paris, Vrin, 1974-86（1964^{1}-74^{1}）はATと略記し、直後にローマ数字大文字で巻数を示す。*Œuvres philosophiques*, éd. F. Alquié, 3 vols., Paris, Garnier, 1963-73はFAと略記し、直後にローマ数字大文字で巻数を示す。*L'entretien avec Burman*, édition, traduction et annotation par Jean-Marie Beyssade, Paris, PUF, 1981はEBと略記する。

デカルト第二次文献に関しては、［　］内に示された以下の略号を用いる。

ALQUIÉ, Ferdinand, *La découverte métaphysique de l'homme chez Descartes*, Paris, PUF, 1987^{3}（1950^{1}）[Alquié]

BAERTSCHI, Bernard, *Les rapports de l'âme et du corps. Descartes, Diderot et Maine de Biran*, Paris, Vrin, 1992 [Baertschi]

GOUHIER, Henri, *La pensée métaphysique de Descartes*, Paris, Vrin, 1987^{4}（1962^{1}）[Gouhier]

GRESS, Thibaut, *Descartes et la précarité du monde*, Paris, CNRS, 2012 [Gress]

GUEROULT, Martial, *Descartes selon l'ordre des raisons*, I, *L'âme et Dieu* [Gueroult I], II, *L'âme et le corps* [Gueroult II], Paris, Aubier, 1991（1953^{1}）

MARION, Jean-Luc, *Questions cartésiennes. Méthode et métaphysique*, Paris, PUF, 1991 [QC I]

– *Questions cartésiennes*, II, *Sur l'ego et sur Dieu*, Paris, PUF, 2002^{2}（1996^{1}）[QC II]

– *Sur la pensée passive de Descartes*, Paris, PUF, 2013 [PPD]

RODIS-LEWIS, Geneviève, *L'Œuvre de Descartes*, 2 vols., Paris, Vrin, 1971 [R-L]

WILSON, Margaret Dauler, *Descartes*, London / New York, 2003（1978^{1}）[Wilson]

その他の以下の文献に関しても、略号は［　］内に示す。

HENRY, Michel, *L'essence de la manifestation*, 2 vols., Paris, PUF, 1963 [EM]

– *Philosophie et phénoménologie du corps. Essai sur l'ontologie biranienne*, Paris, PUF, 1965 [PPC]

– *Généalogie de la psychanalyse. Le Commencement perdu*, Paris, PUF, 1985 [GP]

– *Incarnation. Une philosophie de la chair*, Paris, Seuil, 2000 [I]

– *Phénoménologie de la vie*. Tome II : *De la subjectivité* [PV II] : Tome III : *De l'art et du politique* [PV III] : Tome

IV : *Sur l'éthique et la religion*[PV IV], Paris, PUF, 2003-4

–*Auto-donation. Entretiens et conférences*, Paris, Beauchesne, 2004（2002[1]）[Ad]

–*Entretiens*, Arles, Sulliver, 2005 [Et]

–*Michel Henry*, Dossier conçu et dirigé par Jean-Marie Brohm et Jean Leclercq, Lausanne, L'Age d'Homme, 2009 [D]

MERLEAU-PONTY, Maurice, *L'union de l'âme et du corps chez Malebranche, Biran et Bergson*, Paris, Vrin, 1978 [M-P]

（2）　FA II, p. 362, 567等に付されたアルキエの註も参照。たとえば後者の註では、こう述べられている。「心身から合成された人間は、ひとが彼に比喩的な言語を語ることを要求する。しかし別の水準、すなわち哲学的真理の水準を要求するためには、精神を諸感官から分離するだけで十分である」。

（3）　心身の区別という「権利」に対しては「悟性」を、心身の合一という「事実」に対しては「感情」を、それぞれ相互干渉なく認めさせようとするゲルーの態度については、Gueroult I, p. 139 ; Gueroult II, p. 67, 145, 274等も参照。またデカルトの合理主義が必ずしも絶対的なものではなかったという彼の指摘に関しては、Ibid., p. 296-7, 314等を参照。

（4）　ちなみに『省察』期の自己批判にもかかわらず、デカルトは『哲学原理』第一部第七節で「われ思う、ゆえにわれ有り（*ego cogito, ergo sum*）」を確立した直後の第八節で、ふたたび「心身の区別」（AT VIII-1, p. 7 : FA III, p. 95）をいきなり論証している。

（5）　アルキエの言い方にしたがうなら、「神の誠実に訴えることなしに、ただコギトのみから出発して心身の区別を証明すると主張すること」が、「のちになってデカルトが『序説』において犯したことを認めることになる誤謬」（Alquié, p. 145）である。

（6）　ゲルーのきわめて厳密な論証に関しては、Gueroult II, p. 13-4, 67, 70, 72-3, 84-5等を参照。

（7）　ここで中略してあるのは、デカルト自身が「定義」や「公準」や「系」などを指示するために、丸括弧のなかに挿入している箇所にすぎない。

（8）　「第一答弁」ではデカルトは、「コープス〔物体・身体〕とは何であるか」を、たんにそれを「延長し、形態を持ち、動く等」であるとのみみなすことによって、また「精神の本性に属するものすべて」を、コープスについては否定することによって、「私は完全に（complete）知解する」と述べ、逆にまた、たとえ「コープスの観念のうちに含まれるものに属す何か」が「精神」のうちにあることを、私が否定するとしても、「精神」が「疑い、知解し、意欲する等の完全なもの（res completa）」であるということを、「私は知解する」と述べたあとで、「このことは、もし精神とコープスとのあいだに実在的な区別がなければ、まったく生じえない」（AT VII, p. 121 : FA II, p. 540）と結論している。仏訳の方には、「コープスとは何であるかを、私は十分に（pleinement）知解する」のところに、「すなわち私は、コールを一つの完全なもの（une chose complète）として知解する」という註記が挿入されているが、いずれにせよ「完全に」と「完全な」の言葉づかいが、明瞭ではない。「第四答弁」においても、「精神」は、「そこからわれわれがコープスが実体であることを認識するところの形式や属性」が何もなくても、「判明かつ完全に（complete）」、もしくは「完全なもの（res completa）とみなされるのに十分（sufficio）なほどに」知覚されえ、「コープス」もまた、「精神に属すもの」がなくても、「判明に、また完全なもの（res completa）として、知解される」（AT VII, p. 223 : FA II, p. 665）と述べられている。ただしここでは、「事物が完全に（*complete*）知解されなければならないと私が述べたとき、趣旨は、知解が十全的（adaequatus）でなければならないということではなくて、たんに事物が完全（*completus*）であるということを、私が知るのに十分（satis）なほどに、事物が知解されなければならないということだけであった」（AT VII, p. 221 : FA II, p. 661）という説明が、あらかじめ添えられている。

（9）アルキエの表現を借りるなら、「感性的なもの」は「有論的機能」と「実践的機能」という二つの機能を持つ。「有論的機能」というのはなぜなら、「感性的なもの」のみが「物体が存在すること」をわれわれに教えてくれるからであり、「実践的機能」というのはなぜなら、それのみが「有益なものと有害なものとについて」、われわれに教えてくれるからである（Alquié, p. 305）。

（10）「感覚の知覚は、何が事物のうちに真にあるのかを教えるのではなく、何が人間的合成体にとって有益ないし有害なのかを教えるのだということ」と題された『哲学原理』第二部第三節では、こう述べられている。「感覚の知覚は、人間的身体と精神との、かの結合にしか関わらず、たしかに通常は、なぜ外的諸事物が、その結合に有益か有害でありうるのかということを、われわれに示してはくれるのだが、しかし、ときおり偶然にというのでなければ、どのようなものがそれら自身のうちに存在しているのかということを、われわれに教えてはくれない」（AT VIII-1, p. 41-2 : FA III, p. 148）。

（11）『ビュルマンとの対話』のなかでデカルトは、「われわれの身体」は「よい状態にあるときには魂に正しい認識を与える」が、「悪い状態にあるときには、それでも自らの法則にしたがって、魂がそれによって欺かれるような認識がそこから帰結しなければならないように魂を触発する」（AT V, p. 163-4 : EB, p. 88-90）と述べている。

（12）ロディス＝レヴィスはこの論攷を、未完に終わった『人間論』のことだとみなしているが（R-L, p. 360, note n）、アルキエは、ここで示唆されている論攷は、結局はデカルトによっては書かれなかったものであって、この計画を一六三三年の『人間論』とは混同しないよう忠告している（FA III, p. 191, note 6）。

（13）神の権能に訴えたその他のテクストとしては、『省察』の「第六答弁」のなかにある二箇所（AT VII, p. 425, 444-5 : FA II, p. 865, 888）等も参照。

（14）類似の考えや実例に関しては、AT VII, p. 229-31 : FA II,

p. 670-1 : AT XI, p. 225-6 : FA III, p. 822-3 : AT V, p. 278 : FA III, p. 886 ; AT V, p. 344-5 : FA III, p. 911 等も参照。

(15) 一六四三年四月二六日付のメルセンヌ宛書簡では、「万物の作者である神は、まったく完全で不変なので、存在しているところの、したがって神がその作者であるところのいかなる単純事物も、自らのうちに自らの破壊の原理を有しているなどということは、私には矛盾しているように思われる」(AT III, p. 649 : FA III, p. 17) と述べられている。

(16) メルロ＝ポンティの挙げている「三つの基本的テクスト」とは、(一)一六四一年八月のイペラスピスト宛書簡、(二)一六四三年六月二八日付のエリザベト宛書簡、(三)一六四八年七月二九日付のアルノー宛書簡 (M-P, p. 13-4)、以上である。

(17) 「身体」が「人間の精神」によって「形相化される (informetur)」(AT X, p. 411 : FA I, p. 135) という考えは、『規則論』でも表明されている。また、メスラン宛の或る別の書簡のなかでは、「身体を合成する物質は変化しているが、私はいま一〇年まえと同じ身体を持っている。なぜなら人間の身体の数的一性は、その物質にではなく、魂であるところのその形相 (forme) に、依存しているからである」(AT IV, p. 346 : FA III, p. 630) という言葉も残されている。それゆえゲルーは、人間身体はそれ自身では「不安定な一性」しか持たず、魂によって「形相化」されるかぎりでのみ、「実在的一性」を有するのだと考える (Gueroult I, p. 116)。それに対してアルキエは、ときとしてとまどいつつも (FA III, p. 548)、むしろ『情念論』第三〇節などの記述に基づいて、身体は「機械」としても、すでに「合目的で機能的な統一性」を持つのだと強調する (FA III, p. 976)。たしかにデカルトには、たとえば「われわれの魂が身体に合一された最初の瞬間」には、おそらく魂は「喜び」を感じたはずである、なぜなら魂は、身体が「よい状態にある (bien disposé)」ときにしか、「身体のうちに置かれなかった」(AT IV, p. 604-5 : FA III, p. 712-3) であろうからである、というような考えもあって、われわれとしても判断に迷う。

(18) 「第六答弁」でも、こう言われている。「衣服は、着衣した人間に関係づけられるときには、性質だが、それ自身において考察されるなら、実体である。それと同様に、精神は、本当は実体であっても、それでもしかし、それに接合される身体の、性質と言われうる」(AT VII, p. 441-2 : FA II, p. 885)。

(19) 「第三答弁」には、「もし実在的性質 (qualitates reales) や不完全な実体 (substantiae incompletae) が与えられるなら、それらは様態以上にもの (magis res quam modi) だが、しかし完全な実体以下 (minus quam substantiae completae) である」(AT VII, p. 185 : FA II, p. 618) という言葉も見られる。

(20) 冷静なるデカルトが、他方ではしかし、「われわれが感官によって不断に経験する心身の緊密な結合が、なぜわれわれが緊張せる省察がなければ、精神の身体からの実在的区別に気づかないかの原因であるということを、私は否定しない」(AT VII, p. 228-9 : FA II, p. 669) と述べてもいることも、われわれは忘れてはならないだろう。

(21) 「精神は〔……〕身体全体にも全体として、また身体のいかなる部分にも全体として、身体に共延長的（coëxtensus）である」（AT VII, p. 442 : FA II, p. 885-6. Cf. AT III, p. 434 : FA II, p. 373）。

(22) アルキエは、魂が身体全体（魂はその形相）に結びつくという考えと、松果腺に位置するという考えとを、デカルトが併用していることを、「有論」と「機械論」との並置として捉え、「しかし魂を身体の形相そのものとみなすことは、機械論を超越して有へと向かうことであるのは、明らかではないか」（Alquié, p. 312）と述べている。逆にウィルソンは、「自然創設説（Natural Institution theory）」〔脳のしかじかの運動が精神にしかじかの経験をさせるよう、神が創設した〕と「共‐延長説（Co-extension theory）」〔精神全体が身体全体に合一している〕の二つを分けたうえで、前者の優位を説いている（Wilson, p. 205-20）。またロディス＝レヴィスによるなら、「身体の全体性への魂の合一と、脳の小部分へのその部位の局在化とのあいだに〔……〕二者択一はない。一方は他方の条件である」（R-L, p. 360）——われわれとしては、デカルトにおける機械論的な見方には、もちろん与するつもりはないのだが、ただし身体全体とその局在化との関係という問題は、或る別の発生論的な観点〔後述するように、それはデカルトにはほとんど見出せない〕から、考察し直すべきであろうと考えている。

(23) しかし、それではいかにして足枷が自己の身体から区別されるのかということが、一つの哲学的な問題と、しかも発生論的な問題となってくるであろう——その点については、後述する。なお、ときとして身体が精神を妨げるというデカルトの考えについては、AT VII, p. 228 : FA II, p. 669 ; AT VII, p. 354 : FA II, p. 794-5 ; AT V, p. 150 : EB, p. 28等も参照。

(24) 同所でデカルトは、私はいかなる「働き方」も、神と被造物とに「一義的に」適合するとは思わないが、それでも「私が私の思惟によって私の身体を動かしうると意識している仕方を、私に提示するような観念」とは異なるような、「神や天使が物質を動かしうる仕方を表象する観念」を、私が私の精神のうちに見出すことはないと「告白」している。なお、バエルチは、このモルス宛書簡を根拠の一つとして、デカルトにおける心身合一を、「秩序にしたがった合一（*union selon l'ordre*）」とみなし、魂は、ちょうど「指揮官」が「軍隊」に対するのと同じ「目的性のある統一性」を、「人間合成体」に保証するのみなのであって、指揮官が兵士たちと異なるように、魂は小体（corpuscules）とは異なる、それゆえそれは、「内在的な秩序原理」なのではないと結論している（Baertschi, p. 92, 97）。けれどもこのような考え方からは、魂を「船」のなかの「船乗り」とみなす見解以上のものは、出てこないだろう——この点についても、後述する。

(25) 「想像」や「感覚」を思惟の様態とみなすデカルトの考えについては、他にAT I, p. 366 : FA I, p. 534 ; AT II, p. 36 : FA II, p. 51 ; AT VII, p. 34 : FA II, p. 430 ; AT VII, p. 160 : FA II, p. 586 ; AT VIII-1, p. 7 : FA III, p. 95 ; AT XI, p. 224 : FA III, p. 822等も参照。

(26)「第五答弁」は「脳」が用いられるものとして「想像」と「感覚」を、用いられえないものとして「純粋な知解」（AT VII, p. 358 : FA II, p. 800）を挙げている。

(27) この問題については、あらためて本書第六章第五節でも考察する。

(28)「混乱した思惟」に関しては、AT VIII-1, p. 320 : FA III, p. 511 ; AT IV, p. 605 : FA III, p. 713等も参照。

(29) 本節での引用は、基本的には『身体の哲学と現象学』からのものなので、本節で同書から引用する場合にかぎり、PPCは省略して、頁のみ記す。

(30) 本節での引用は、基本的には『デカルトと世界の不安定』からのものなので、本節で同書から引用する場合は、略号Gressを省略して、頁のみ記す。

(31) 本節での引用は、基本的には『デカルトの受動的思惟について』からのものなので、本節で同書から引用する場合は、PPDは省略して、頁のみ記す。

(32) 物体の存在証明に関する「傾向性（propensio）」については、AT VII, p. 80 : FA II, p. 490を参照。

(33) AT VII, p. 587とAT III, p. 503とを参照。アルキエ版では、両方とも当該箇所が省略されている。また両箇所とも、「理性的魂」ないし「人間的魂」のみが「実体的形相」であるという記述が、本当にデカルト自身の考えを述べたものなのか、それとも他人の考えを紹介しているだけなのか、さだかではない。

(34) Cf. EM, §58, 65. 拙著『行為と無為――《自然の現象学》第三編――』萌書房、二〇一一年、一五四-九頁も参照。

(35) 同様の問題に関しては、本書第六章でもふたたび検討することになるが、〈私が何かを私に説得したと思われる〉が、〈見ていると思われる〉等々と同列に並びうるほどの一般的不可疑性を享受しうるかどうか、われわれとしてはいささか疑問に思う。〈説得〉という動詞は内包があまりに特化されているので、それだけ錯覚による誤謬の危険が増すと考えられるからである。少なくとも、おそらくマリオンの言い分とは逆に、もし「説得」が本当に「私とは別の他者」の存在を想定しているのだとするなら、〈私は説得されているように思われる〉のなかの〈説得〉は、「他者」の存在が証明されるまでは、疑わしいままに留まらざるをえないだろう。

(36)「私が何かによって私を説得する」というのは、ちょうどアンリが批判したハイデッガーの「自己-触発」に、つまりは間接的な何かを介しての「自己-触発」に相当するように思われる――もっともそれは、まだハイデッガーの「純粋自己-触発」ではないかもしれないが。アンリの主張は、そのような媒介的自己-触発によっては、真の自己はけっして知られない、という一点に集約されうる。しかるにその点に関するマリオンの認識は、ほとんどたいてい、信じがたいほどに厳密さを欠いていると言わざるをえない。そしてそのことが、このような、言わばアンリ以前への先祖返りを招いてしまうわけである。

第二章

（1） 本章で引用する主な参考文献は、以下のとおりである。

マルブランシュ第一次文献については、［　］内の以下の略号で示す。

MALEBRANCHE, Nicolas, *De la Recherche de la Vérité*, in : *Œuvres complètes*, Paris, Vrin, Tome I, II, III, 1972, 1974, 1976 [RV I, RV II, RV III]

– *Conversations chrétiennes*, in : *Œuvres complètes, op. cit.*, Tome IV, 1994 [Cch]

– *Traité de la nature et de la grâce*, Paris, Vrin, 1958 [TNG]

– *Recueil de toutes les réponses à M. Arnauld*, in : *Œuvres complètes, op. cit.*, Tome VI-VII, 1978 [RA 1]

– *Recueil de toutes les réponses à M. Arnauld*, in : *Œuvres complètes, op. cit.*, Tome VIII-IX, 1978 [RA 2]

– *Méditations chrétiennes et métaphysiques*, in : *Œuvres complètes, op. cit.*, Tome X, 1986 [Mch]

– *Traité de Morale*, in : *Œuvres complètes, op. cit.*, Tome XI, 1977 [TM]

– *Entretiens sur la métaphysique et sur la religion. Entretiens sur la mort*, in : *Œuvres complètes, op. cit.*, Tome XII, XIII, 1984 [EMR]

– *Traité de l'Amour de Dieu et lettres au P. Lamy*, in : *Œuvres complètes, op. cit.*, Tome XIV, 1978 [TAD]

– *Entretien d'un philosophe chrétien et d'un philosophe chinois*, in : *Œuvres complètes, op. cit.*, Tome XV, 1986 [EPh]

– *Réflexions sur la prémotion physique*, in : *Œuvres complètes, op. cit.*, Tome XVI, 1974 [RPP]

– *Philosophical Selections*, edited by Steven Nadler, Indianapolis / Cambridge, Hackett, 1992 [Nadler]

マルブランシュ第二次文献についても、［　］内の以下の略号で示す。

GOUHIER, Henri, *La philosophie de Malebranche et son expérience religieuse*, Paris, Vrin, 1948^{2} (1926^{1}) [Gouhier 1]

– *La vocation de Malebranche*, Paris, Vrin, 2006 (1926^{1}) [Gouhier 2]

GUEROULT, Martial, *Étendue et psychologie chez Malebranche*, Paris, Vrin, 1987 (1939^{1}) [Gueroult]

DUCASSÉ, Pierre, *Malebranche*, Paris, PUF, 1968^{3} (1943^{1}) [Ducassé]

RODIS-LEWIS, Geneviève, *Nicolas Malebranche*, Paris, PUF, 1963 [Rodis-Lewis]

ROBINET, André, *Système et existence dans l'œuvre de Malebranche*, Paris, Vrin, 1965 [Robinet]

ALQUIÉ, Ferdinand, *Le cartésianisme de Malebranche*, Paris, Vrin, 1974 [Alquié]

LEDUC-FAYETTE, Denise, *Malebranche*, Paris, Ellipses, 1998 [Leduc-Fayette]

PINCHARD, Bruno (éd.), *La légèreté de l'être. Études sur*

Malebranche, Paris, Vrin, 1998 [Pinchard]
MOREAU, Denis, *Malebranche*, Paris, Vrin, 2004 [Moreau]
PELLEGRIN, Marie-Frédérique, *Le système de la loi de Nicolas Malebranche*, Paris, Vrin, 2006 [Pellegrin]

デカルトから引用する場合には、DESCARTES, René, *Œuvres*, éd. Adam et Tannery, 13 vols., Paris, Vrin, 1974-86（1964[1]-74[1]）はATと略記し、直後にローマ数字大文字で巻数を示す。また*Œuvres philosophiques*, éd. F. Alquié, 3 vols., Paris, Garnier, 1963-73はFAと略記して、同じく直後にローマ数字大文字で巻数を示す。

その他、以下の文献に関しても［　］内の略号を用いる。

MERLEAU-PONTY, Maurice, *L'union de l'âme et du corps chez Malebranche, Biran et Bergson*, Paris, Vrin, 1978 [Merleau-Ponty]
BAERTSCHI, Bernard, *Les rapports de l'âme et du corps. Descartes, Diderot et Maine de Biran*, Paris, Vrin, 1992 [Baertschi]

（2）MAINE DE BIRAN, *Œuvres*, 13t., éd. Azouvi, Paris, Vrin, 1984-2001, t. IX, p. 17.

（3）モローは「神における見」については「われわれの知るかぎり、その表現はマルブランシュのものではない」と述べ、「機会原因論」に関しても、「マルブランシュは一度もこの語を用いていない」(Moreau, p. 13）と指摘している。また「弁神論」は一六九六年にライプニッツが作り出した言葉だが、マルブランシュはやはり「この術語を用いていない」(Ibid., p. 176）という。ペルグランによれば、「マルブランシスム」は「近代の唯一の偉大な弁神論」を構成するように思われるが、「その術語はいささか時代錯誤的である。というのも、それは一六九六年頃にライプニッツによって作り出されるのだが、『自然と恩寵についての論攷』の初版は、一六八〇年のものだからである」(Pellegrin, p. 23)。

（4）この区分は、たとえばモローによっても追認されている(Moreau, p. 26)。

（5）「叡知的延長」に関して例外が設けられることについては、以下の本文に見る。

（6）アルキエによれば、スピノザが「未知なる神的諸属性の存在」を「肯定」したのに対し、マルブランシュは「われわれの知には接近しえない諸被造物の可能性」を指摘するだけで「満足」しているのであって、彼の意図はただ「人間精神の諸限界」を示すことだけなのだという(Alquié, p. 70)。

（7）「魂」は「有の一参与――私は一部分と言うのではない――(une *participation*, je ne dis pas une *partie*, de l'être)」(RPP, p. 59）であるという表現も見出される。なおモローによれば、マルブランシュの『キリスト教的にして形而上学的な省察』の「第九省察」こそが、「フランスにおいて現れた、スピノザについての最初の十分に展開された反駁」(Moreau, p. 76）なのだという。

（8）マルブランシュの言葉は«ce n'est pas l'œil mais l'âme qui voit»だが、『屈折光学』におけるデカルトの有名な類似の先行表現は、「見るのは魂であって、眼ではない（c'est l'âme qui voit, & non pas l'œil)」(AT VI, p. 141 : FA I, p. 710) である。

(9)「人間の身体」も「一つの賞讃すべき機械 (une machine admirable)」(TM, p. 147) でしかない。

(10)「動物たちは罪を犯していないので、彼らが受苦するのは不当であろう」(Alquié, p. 50) と註釈するアルキエは、「デカルトにおいては動物機械論は、あらゆる神学的考察からは独立に主張されている」(Ibid., p. 55) とも指摘する。ロビネもまた「原罪」は動物には関わらないので、動物たちが受苦するのは「神の正義の属性」(Robinet, p. 361) に反するとか、もし神が獣に身体の奴隷となるような魂を与えたとするなら、魂は物体〔身体〕より「高貴」であるべきとする神の「知恵の属性」に反するような「無秩序」(Ibid., p. 362) を、神が欲してしまうことになる、等々の理由を列挙している。なおロディス＝レヴィスの指摘によれば、「罪を犯していない獣は受苦しない」という「聖アウグスティヌスの困難」に対して、マルブランシュが動物機械論に訴えたのは、「ポアソン神父とアンブロシウス・ヴィクトールとに続いて」(Rodis-Lewis, p. 303) のことだという。

(11) アルキエによれば、マルブランシスムのなかでは「幸福でありたいという願望」が、「意志」の定義として次第に有力になってくる (Cf. Alquié, p. 336, 371)。たとえばマルブランシュは、『神父ラミ師の書簡への一般的返答』において、「幸福でありたいという打ち克ちがたい願望は、意志と同じもので、われわれのすべての愛はそれに依存している」ということを、「私の『神の愛についての論攷』がそれに基づいているところの原理」(TAD, p. 145. Cf. p. 152, 183. Voir aussi p. 165, 184, 226, 230) であると言明し、さらには「幸福でありたいという願望」を、「われわれの〈愛〉のなかの〈愛〉(*l'Amour de nos Amours*)」(Ibid., p. 162. Cf. p. 176) とさえ呼んでいる。

(12) マルブランシュがカルテジアンたちに反対して「目的因」の探求を必要とみなすのは、「『キリスト教的会話』以降」(Rodis-Lewis, p. 305) のことだと、ロディス＝レヴィスは指摘する。ちなみにデカルトが「第四省察」において「目的から得ようと努められるのを慣わしとする類《たぐい》の原因」を拒否したのは、「無思慮 (temeritas)」なしには「神の目的を探索すること (investigare fines Dei)」(AT VII, p. 55 : FA II, p. 208) などできないからである。

(13) グイエによれば、マルブランシュは「秩序」という語に二つの意味を与えたことはけっしてなく、この語はつねに「完全性の諸関係」を指し示しているのだという。秩序とは、「完全性のこうした諸関係の総体」(Gouhier 1, p. 42) のことである。

(14) 以下の本文第四節でも見るように、「無差別の自由」は、マルブランシュの恩寵論の文脈では、はっきりと否定されてしまう。

(15) Malebranche, *Réponse à la 3e Lettre, etc...*, p. 97-8. Cité in Gouhier 1, p. 347.

(16)「私は意識ということによって、内的感情を解している」

（RA 1, p. 56）と、『アルノー氏の著書『真なる観念と偽なる観念』への返答』の第六章は述べている。

(17)『アルノー氏の著書『真なる観念と偽なる観念』への返答』の第二四章では、マルブランシュは「無限に関しては、ひとはそれを観念によってではなく、それ自身によって認識する〔……〕。なぜなら私は、それに基づいて神が形成されたような原型など存在しないということ、そして神と共実体的な神の御言以外の何ものも神を表象しえないということを、知っているからである」（RA 1, p. 165）と語ったすぐ次の頁で、「神の御言以外の神の観念は存在しない」（Ibid., p. 166）と述べてもいる。

(18)「神の観念は神でしかありえない、というのも有限な何ものも、無限を表象しえないからである」（TAD, p. 12）。ちなみにロビネによれば、マルブランシュが「神の観念」という表現を避けて、「神の概念（notion）」という表現に固執している「唯一のテクスト」とは、『形而上学と宗教についての対談』の「第八」対談である（Robinet, p. 337. Cf. Alquié, p. 120）。

(19)「精神が、諸事物のなかを散歩しにゆくために、両眼を通って出かけてゆく」という表現を、「マルブランシュの皮肉たっぷりの両刀論法」と呼んだのは、もちろん『眼と精神』のメルロ＝ポンティである。MERLEAU-PONTY, Maurice, *L'Œil et l'Esprit*, Paris, Gallimard, 1964, p. 28.

(20)「生得的（innées）というフランス語は、『真理の探究』のなかで初めて現れる」（Leduc-Fayette, p. 61）とルデュック＝フェイエットは述べ、「マルブランシュは、生得的（*inné*）という新造語をまえにして躊躇しなかった、最初の者たちの一人である」（Rodis-Lewis, p. 65）とロディス＝レヴィスは指摘する。

(21) グイエは「生得観念の哲学に対するマルブランシュのほとんど自然的な反感」（Gouhier 1, p. 274）について語っている。

(22) 類似の表現は、他の箇所にも見られる。Cf. p. ex. RV I, p. 447 ; EMR, p. 399, 402, 403. 或る箇所ではマルブランシュは、「ユダヤ人たちは神の諸々の名のうちに、場所を意味する *Makom* を置いているが、それは神がいたるところに、すべての諸存在の場所のようにして有ることを、この術語によって理解させるためである」（RA 1, p. 262）と述べている。

(23)「精神を解明〔＝照明〕する太陽は〔……〕けっして蝕にはならない。〔……〕それゆえ万物の諸観念は、連続的にわれわれに現前している」（RV II, p. 247）。

(24)「永遠の知恵は〔……〕作られない。〔……〕人間たちの精神の直接対象たる叡知的諸観念は、創造されない」（RV III, p. 85）。

(25)「神は諸存在を、われわれの束の間の諸知覚にならって創造したのではなく、自らの永遠の諸観念にならって創造した」（EPh, p. 50-1）。

(26)「神は不変で必然的な秩序に、つねにしたがう」（RV III, p. 86）。「われわれが崇拝する神は、明らかに秩序に反するとわれわれに思えるようなことを、なしえない」（Ibid., p. 191）。「神の法〔則〕は、彼自身の実体のうちに書かれている。彼の行為の不可侵の規則とは、彼自身の諸属性の不変の秩序である」(Cch, p. 45. Cf. TM, p. 45)。

(27) モローは「マルブランシュは、今日われわれが人間と神とのあいだの認識の一義性と呼んでいるところのものの一信奉者《パルティザン》として、そのうえ考えうる最もラディカルな信奉者《パルティザン》として現れる」(Moreau, p. 90) と、また「マルブランシュは、少なくとも実在の幾つかの領域に関するかぎり、われわれは神が思惟するように思惟することができ、かくして或る完全な認識に、《絶対知》に接近することができるのだということを、きわめて鮮明に主張した近世の最初の哲学者である」(Ibid., p. 91-2) と述べ、ペルグランもまた「人間的な知と神的な知とのあいだの一義性のテーゼ」(Pellegrin, p. 34) について語っている。

(28) 「〈哲学者たち〉の公理にもかかわらず、叡知的延長は一つの実体でも、実体の一変様でもないと私は思う」(RA 1, p. 245) と、マルブランシュ自身が述べている。モロー曰く、「したがってマルブランシュは、《実体か実体の変様でないものは何一つ有りえない》という古典的な公理を、拒絶する」(Moreau, p. 79)。

(29) 「第六解明」の或る箇所では、「叡知界」と「物質界」とならんで、「叡知的諸空間」と「物質的諸空間」(RV III, p. 61) が区別され、「叡知的太陽」(Ibid. Cf. p. 153) という表現も用いられている。ちなみに「物質的太陽」という語は、たとえば『キリスト教的会話』(Cch, p. 62) のなかに見出され、また『アルノー氏の著書『真なる観念と偽なる観念』への返答』の第一五章は、同じ一文のなかで「叡知的太陽」と「物質的太陽」(RA 1, p. 112) という両語を使用している。

(30) 「ひとが見ているのは諸物体ではなく、叡知的な諸物体である」(RA 1, p. 101)。「太陽を視る者は、太陽を直接それ自身において見ているのではない。彼は太陽を、太陽の観念によってしか見ていない。彼はそれを〔……〕叡知的延長によってしか見ていない」(Ibid., p. 136)。

(31) アルキエは、「叡知的延長」は「物質的で実在的に可分的な一延長」ではなくて、「空間のなかで生じるすべてのものの唯一的法則たる、限りなき、無限で必然的な一観念」であると述べつつ、「空間」を「純粋に知性的なもの」に還元しようとするマルブランシュの「願望」と、その試みの「失敗」とを、「デカルトの解析幾何学」や「ライプニッツの微積分法」や「実体のレヴェルで考えられる延長の分割不可能性についてスピノザが述べていること」に関する「当時の諸議論」との関連のうちに、位置づけなければならない旨を主張している (Alquié, p. 131-2)。

(32) 「叡知的延長」が諸事物の「原型」であるという考えについては、EMR, p. 46, 54, 64, 154-5 ; EPh, p. 33-4 等も参照。

(33) 「叡知的延長は、いかなる対象でも、円でも馬でも太陽でも、さらには運動でさえ表象するのに奉仕するのだが、だからといって、これらの諸対象の、もしくはこれらの諸運動の特殊的諸観念が、神において想定されているわけではない。／神的諸観念の規定を廃棄しつつ、マルブランシュは、諸原型についてのプラトン的な考えを、放棄する」(Alquié, p.

221）と、アルキエは述べている。

（34） アルキエは、マルブランシュとメルロ＝ポンティでは「知覚」についての「諸分析」は異なってはいても、その「諸記述」に関しては「似ている」（Alquié, p. 178）と述べている。ロビネもまたマルブランシュに対するメルロ＝ポンティの「借り」と、同時にまた「知覚についてのマルブランシュ哲学の現代性《アクテュアリテ》」（Robinet, p. 297）とを指摘する。またメルロ＝ポンティ自身が、マルブランシュの「自然的諸判断についての理論」は、「観念論」と「実在論」とのあいだという「超出すべき二者択一の問題」（Merleau-Ponty, p. 28. Cf. p. 29, 34）を、立てていたのだと評価している。マルブランシュとベルクソンの近さについては、たとえばGueroult, p. 92, 99等も参照。

（35） ヴォルテールも好んで繰り返した（Alquié, p. 172）と言われる同類の表現は、マルブランシュの著作の随所に姿を見せている。Voir p. ex. RV I, p. 119, 133, 156 ; EPh, p. 15.

（36） いわゆる〈幻影肢〉についての言及は、マルブランシュの諸著作のいたるところに散見されるのだが、たとえばRV I, p. 125 ; RV III, p. 56 ; Mch, p. 78 ; TM, p. 122 ; EMR, p. 37, 114, 138, 145, 405, 406 ; EPh, p. 13等を参照。

（37） 「ライプニッツとマルブランシュは、スピノザ主義を拒絶するために、必然的流出の概念を拒絶する」（Pinchard, p. 176）と、ド・ゴドマール（M. de Gaudemar）は述べている。ちなみにマルブランシュは、「〈御言〉の〈受肉〉」の方は「神性からの必然的な流出」（RPP, p. 129）とみなしている。

（38） 厳密に言うなら、マルブランシュにおいて「創造」と「保存」が同一でないことは、以下の本章第四節において見る。

（39） モーペルテュイは、「［『聖書』のような?］書物が存在すると彼［マルブランシュ］が信じたのは、彼が『聖書』を読んでいたからでしかなかった」（cité in Moreau, p. 164）と述べたという。

（40） もちろんマルブランシュにおいては、「創造」においてさえ、〈神の意志〉は〈神の知恵〉に、すなわち「自らの永遠の諸観念」や「普遍的理性」に、したがわなければならない。

（41） ルデュック＝フェイエットは、「なぜ神は、われわれが神においてわれわれの魂の観念を見ることを、欲さなかったのか」ということの理由の一つとして、「われわれが真の観想からわれわれを逸らしてしまうような、或るナルシス的な魅惑の犠牲となってしまうであろうこと」（Leduc-Fayette, p. 49）を挙げている。

（42） 本節(1)の最終段落でも見たように、ゲルーは「諸感情」のうちに、たんに「意識」であって「情感性」がゼロに近いような内的感情と、「意識」であるのみならず「情感性」でもあるような「ほんらいの意味での感情」とを、区別している（Gueroult, p. 19）。

（43） ちなみにゲルーによれば、「マルブランシュが魂についての認識に優るはずとみなしている物体についての認識」が、「われわれの感性的認識」ではなく、「われわれの知的認識」だとする点でも、マルブランシュは「デカルトと一致」（Gueroult, p. 44）している。

(44) ネフ（F. Nef）は、「おそらくゲルーは、《あらゆる類比の不在》を誇張してしまった」（Pinchard, p. 52）と考える。ネフによれば、「マルブランシュの二元論」は「一つの類比的な二元論」であって、「物理的〔自然的〕空間から引き出されたあらゆる考察は、叡知的空間に適用されうる」（Ibid., p. 47-8）のだという――けれども本当の問題は、「物理的〔自然的〕空間」と「叡知的空間」の類比関係ではなく、むしろ「延長の観念」と「われわれの諸感情やわれわれの諸様態」との「類比の不在」ではないだろうか。

(45) アルキエによれば、マルブランシュは心身間に「あらゆる外在的〔他動的〕因果性（causalité transitive）」を否定することによって、デカルトにおける心身の区別を「さらにいっそうラディカルに」（Alquié, p. 45）する。

(46) 「天使たちが彼ら固有の実効〔性〕によって藁屑一本動かしうるということにも、矛盾がある」（RA 1, p. 569）。「いかなる被造物も、それに固有であるような或る実効〔性〕によって、藁屑一本動かすことができない」（RA 2, p. 847）。「私はそれ〔イエスの聖なる魂〕が〈神性〉の権能とは別の或る権能によって藁屑一本動かしうるということも、あなたに否定する」（Ibid., p. 848）。

(47) これら五つの機会原因、もしくはこれらを機会とした五つの一般法則についての記述とほぼ同様の内容が、「友人の一人へのマルブランシュ神父の書簡」の「第二書簡」第二章（RA 2, p. 705-6）のなかに見出される。ただしここではマルブランシュは、「おそらく幾つかの別の一般法則がさらに存在するようだが、しかし私には、それらは知られていない。また私は、これら最後の二種類の法則〔天使とイエス・キリストとに関する〕の詳細についてさえ、何一つ知らない」（RA 2, p. 706）と付け加えている。

(48) 或る箇所ではマルブランシュは、「神はその〈摂理〉の通常の行使において、運動伝達の一般法則と心身合一の一般法則とにしたがう」（RA 2, p. 707）と述べている。

(49) ペルグランは『自然と恩寵についての論攷』のなかの一節を引用しながら、「大天使ミカエルがその機会原因であるところの『旧約聖書』の奇蹟に関するかぎり、《神は言わば彼〔ミカエル〕にしたがうための法則を自らに作ることを、たしかに欲した》」（Pellegrin, p. 185）と説明している――神と機会原因との従属関係については、われわれは以下の本節(4)で批判的に検討する。

(50) 「機会原因論の本質的な理論的諸機能の一つは、神から独立して自力で統治された自然という観念を、撲滅することである」（Pellegrin, p. 48）と、ペルグランは主張する。

(51) 「《全能者》（le «tout-puissant»）であるよりさらにいっそう、神はマルブランシュにおいては《唯一権能者》（le «seul-puissant»）である」（Moreau, p. 174）と、モローは説く。

(52) 神のみを「実在的」な原因と呼ぶマルブランシュの諸表現については、以下も参照されたい。「神は真にして実在的な原因（*cause véritable & réelle*）として、一切をなす」（RA 1, p. 482）。「自然的原因はそれゆえ、実在的にして真なる原因（cause réelle & véritable）ではなく、たんに機会原因であるにすぎない」(RV II, p. 313)。

(53)「マルブランシュの魂は、その高名なる諸分析においてミシェル・アンリが解しているような意味での自己‐触発を、受け容れない。なぜならあらゆる自己‐触発(auto-affection)は、マルブランシュの思索においては、じつは一つの神‐触発(*théo-affection*)だからである」(Pinchard, p. 62)と、ヴィエイヤール＝バロン(J.-L. Vieillard-Baron)は述べている。

(54) 類似の表現は、RA 1, p. 489, 494, 535, 547, 570 ; RA 2, p. 1079等々においても見られる。

(55)「機会原因」は「一般法則」のためにこそ利用され、そのことが「神」に「特殊意志」の行使を軽減させる——たとえばマルブランシュは、次のように述べている。「人間としてのイエス・キリストが恩寵の機会原因として確立されているので、彼は神に無限の特殊意志を免除する」(RA 1, p. 581)。「諸物体の衝突が運動の機会原因であり、私の意志が私の舌の運動の機会原因であるので、そのことが神に無数の特殊意志を免除する」(Ibid., p. 584)。

(56) マルブランシュ自身は、こう述べている。「或る男が彼の敵の頭にピストルを一発撃ち込むとき、その男が彼の死の原因ではないのか。彼を殺したのは、弾丸である。しかし弾丸が彼を殺したということの原因は、その男である」(RPP, p. 64)——ただしそれは、「機会」原因にすぎないであろう。

(57) アンドレ神父の言葉。Cité in Gouhier 2, p. 3.

(58) もちろんマルブランシュ自身は、以下のような逃げを打つ。「私が神の権能の実効〔性〕によって腕を伸ばすとき、私が施しを行うのであれ、何らかの犯罪行為を行うのであれ、神がほんらいしたがうのは、彼の諸法則にであって、私の意志にではない」(RA 1, p. 515)——しかしこれは、もし私がピストルの引き金を引くなら、殺したのは私でなくて、引き金を引くと銃弾が発射されるように設定された一般法則であると言うのと、同程度の理屈である。

(59)「たとえば痛みを感じるために、表象的な観念は必要ない」(RA 1, p. 55)と、マルブランシュ自身が認めている。ただしマルブランシュは、「必要ない」ということの事実を、ビランのようにポジティヴには捉えなかった。

(60) ペルグランは法則に対する「基本的な例外」として、「創造、アダム、奇蹟」の「三つ」(Pellegrin, p. 134)を挙げているが、しかし「創造」は「法則に対する一つの例外」ではなく、むしろ「前‐合法的で法則のない或る状態(un état pré-légal, sans loi)」(Ibid., p. 136)だと付け加え、さらには「創造の最初の瞬間は合法的ではないが、しかし第二の瞬間はまさしく自然法則の創設のうちに存する」(Ibid., p. 138)とも述べている。

(61) たとえば「律法の石版」は「神の指」によって、「神が或る特殊意志によって、天使の仲介なしに自ら書いた」(RA 1, p. 598)と述べられている。

(62)「秩序とは、それによってたしかに神は或る下位法則を破りうるが、しかし、つねに或る上位法則の名においてであるような、原理である」(Pellegrin, p. 72)と、ペルグランは述べている。

（63）ブルシエも「諸手段の単純性は、作品の壮麗さに譲歩すべきではなかったか」と、素朴に問いを立てたという（cité in Pellegrin, p. 129）。

（64）「もし神を言わば無力にする、もしくは神が欲するものを神がなすことを妨げる何かがあるとするなら、それは神から区別された何ものでもありえない。なぜならその場合、神は真に全能ではないことになってしまうであろうからである」（RA 2, p. 655. Cf. RA 1, p. 556）。モローによれば、マルブランシュは『自然と恩寵についての論攷』の一六八四年の版で、「彼の知恵が彼〔神〕を無力にする」と付加し、さらに一七一二年の版で、「無力に」のまえに「言わば」を書き加えたとのことである（Pinchard, p. 161. Cf. Moreau, p. 151）。同じくモローによれば、「神的無力についてのこの肯定」は、「われわれの知るかぎり、古典期のカトリックの思想家のペンのもとでは、前代未聞」（Moreau, p. 151）のことだという。

（65）ペルグランは「知恵が神を《言わば》無力にする」（Pellegrin, p. 194）と約言する。「秩序によって要求されるかぎりでの法則こそが〔……〕マルブランシュの神を無力にする」（Ibid., p. 199）のである。ただし彼女によれば、神の無力は「一つの合理的な自己限定」（Ibid., p. 195）であり、それはむしろ「神における知恵の優勢の幸福な表現」（Ibid., p. 196）なのであって、「無力と全能は矛盾しない」（Ibid., p. 198）のだという。

（66）ペルグランも「機会原因論は、科学における諸原因の探究から諸法則の探究への置き換えの運動の性質も帯びている」（Pinchard, p. 50）と述べている。

（67）モローはマルブランシュの「雄大で一般的な歴史観」のうちに、「エデン期」（アダムの時期）、「ポスト‐エデン期」（アダムの堕罪からキリストまで）、「キリスト教期」（キリストからデカルト、マルブランシュまで）、「哲学期」（贖罪を完成させ、或る意味でアダムの状態への回帰が問題とされるような時期）の「四つの時期」（Moreau, p. 42-3）を区別している。

（68）ルデュック＝フェイエットは「罪以前には動物精気の流れを止める力能を有していたアダムの状況は、奇蹟の管轄か、あるいは秩序のうちにあった或る例外の管轄かに属している――著者〔マルブランシュ〕は二つのテーゼのあいだで、ためらっている」（Leduc-Fayette, p. 19）と述べている。

（69）情念と戦うために、「直接的」に動物精気を止めようと試みてはならず、ただ注意を別の対象に向けることによって、「間接的」にのみ動物精気の流れに働きかけることができるという観念を、マルブランシュはデカルトから借りているのだという（Alquié, p. 475）。たとえばデカルトは、アダン・タンヌリ版によれば一六四七年七月付、アルキエ版では一六四四年七月付のエリザベト宛書簡のなかで、「魂が精気を、それが有益であったり有害であったりしうる場所に導くのは、直接その意志によってではなく、ただ何か別のものを意欲したり、思惟したりすることによってのみである」（AT V, p. 65 : FA III, p. 79）と述べている。

（70）マルブランシュは或る箇所で、こう述べている。「ひとがその自己の身体を感じるのは、神においてでしかない。〔……〕私が語ったばかりの、腕を切られた腕なき人(manchot)は、彼に痛みを与える腕を、なおもしばしば感じている。〔……〕たしかに彼が感じている苦しみを、彼の魂のうちに引き起こしているのは、神である。しかし、注意されたい。この苦しみは、言わば、魂を触発する理念的な腕(bras idéal)に沿って、延長しているのである」(RA 2, p. 960-1)。

(71) 「なぜ私が幸福でありたいと欲するのか、私に尋ねないでください。それは私を作ったお方に尋ねてください。なぜなら、そのことは、まったく私に依存しないからです」(TAD, p. 16)。「幸福でありたいという願望は、自由な動機ではない」(Ibid., p. 100)。

(72) 「私が盗作したと、かくも激しくひとが非難したこの〈著者〉〔=モリナ〕を、私は読んだことがない」(RA 1, p. 416)。

(73) 「神のなさない唯一のものとは、罪であり、意志の同意である」(RA 1, p. 185)――もちろん「意志の同意」がつねに「罪」だというわけではないのだが〔次註も参照されたい〕。

(74) 「自由がわれわれの偉大さの印であるどころか、本質的には誤謬と罪との源泉のようにして現れる」というところに、アルキエはマルブランシスムにおける「何らかのペシミスム」(Alquié, p. 380)を見ている。

(75) RICŒUR, Paul, *Le conflit des interprétations. Essais d'herméneutique*, Paris, Seuil, 1969, p. 238.

(76) HENRY, Michel, *L'essence de la manifestation*, 2 vols., Paris, PUF, 1963, p. 644.

(77) *Ibid.*, p. 531.

(78) *Ibid.*, p. 671. なお、『顕現の本質』のなかでのマルブランシュへのアンリの言及に関しては、第四八節の全体(p. 524-32)のほか、第二六節の一部(p. 254)、第五七節の一部(p. 643-6)、第五九節の一部(p. 671-2)等も参照。

(79) 本章は、本書全体のなかでは最初に起草されたものなので、このような表現となった。

(80) アンリの観点からのメルロ=ポンティの読み直しという課題についてのみ、われわれは本書第六章で部分的に遂行しようと試みた。

第三章

(1) メーヌ・ド・ビラン自身、「自らを感じることと客観的に認識することとは、真に、異なる二つのことである」(Œ XI-1, p. 229)と述べている。なおビランの哲学的諸テクストに関しては、アズヴィ編集の著作集(MAINE DE BIRAN, *Œuvres*, publiées sous la direction de F. Azouvi, 13 vols., Paris, Vrin, 1984-2001)を用い、以下これをŒと略記して、ローマ数字の大文字で巻数を示す。同じ巻の冊番号については、ハイフンのちにアラビア数字で示す。

(2) GOUHIER, Henri, *Les conversions de Maine de Biran*, Paris, Vrin, 1947, p. 169.

(3) 本節(1)での引用は、ほとんどがアズヴィ版ビラン著作集の第一一巻一からのものなので、その場合にはŒ XI-1は省略して、頁のみ記すことにする。ビランの他の著作から引用する場合は、通常どおりの略号を用いる。

(4) 晩年のビランに属する『存在の観念についてのノート』では、「最も強力な霊 (le génie le plus puissant)」でさえ、「自我それ自身と同一化される自由な活動〔＝能動性〕についての意識ないし内的感情を私が持つかぎり、私が活動的〔＝能動的〕で自由であることを、妨げることができない」(Œ X-2, p. 225-6) と述べられている。

(5) 「たしかに内密な感情の明証性は、客観的明証性と同じものではなく、そして両者ともさらに、われわれの抽象的諸観念の諸関係に適用される理性の明証性とは異なっている」(Œ XI-1, p. 18)。

(6) ビランによれば、「あらゆる願望は一つの祈りである」(MAINE DE BIRAN, *Journal*, éd. par H. Gouhier, 3 vols., Neuchâtel, coll. Être et Penser, 1950-7, III, p. 202)。つまり、「或る行為がわれわれの力能のうちにある〔＝意のままになる〕とわれわれが感ずるとき、われわれはそれを願望せず、われわれは或る恒常的に意のままになる努力によって、ただちにそれを遂行する。反対にわれわれは、いかにしてもわれわれの意のままにならない諸事物や諸変様を、願望する。〔……〕この願望は、一種の祈りである」(Œ VII-2, p. 257)。

(7) 「たしかにわれわれは、表象によって観念の機会や諸繊維の運動を認識する以上に、内感や反省によってわれわれの精神のなかにある観念を認識する」(Œ VI, p. 51)。「たしかに直接的感情は、それを産出するのに協力するとみなされている外的諸手段について、いかなる光もわれわれに与えることができない。しかし、感情の事実をそのような諸手段についての或る任意の表象によって考えたり説明したりすることは、どれほどさらにいっそう不可能なことではないか」(Œ XI-2, p. 3)。

(8) 本節(2)で『心理学の諸基礎』から引用する場合は、Œ VII-1を略して頁のみ記す。ビランの他の著作から引用する場合は、やはり通常どおりの略号を用いる。

(9) 「諸運動の遂行の諸手段や諸道具を表象するために用いられている時間のうちでは、意欲は生まれも行使されもしえない、そして意欲が行使される、もしくは個体が努力についての内的感情を持つときには、何ものも表象されえない」(Œ X-2, p. 312)。

(10) DESCARTES, René, *Œuvres*, éd. Adam et Tannery, 13 vols., Paris, Vrin, 1974-86 (1964^{1}-74^{1}), Tome V, p. 222 : *Œuvres philosophiques*, éd. F. Alquié, 3 vols., Paris, Garnier, 1963-73, Tome III, p. 863-4. ビランにはこの考えがことのほか気に入ったと見えて、彼は他の箇所でもデカルトのこの書簡によく言及している。Cf. p. ex. Œ IV, p. 122-3 ; Œ VIII, p. 161-2 ; Œ X-2, p. 105, 110.

(11) 本節で『人間学新論』から引用する場合は、Œ X-2を省いて頁のみ記す。ビランの他の著作から引用する場合は、ここでも通常どおりの略号を用いる。

(12) 逆に言うと、「絶対的なもの」ではないにしても、「主観」や「原初的自我」が「観念」によってではなく「内的感情」

によってのみ知られるという点では、ビランはマルブランシュと一致するのである。一八一五年春に書かれたとされる『ド・リニャック神父の数節についてのノート』のなかで、ビランはこう述べている。「それゆえひとは、マルブランシュが魂について述べていることを、たしかに人間的自我に適用することができる。すなわちそれは、観念によっては、あるいは対象としては、認識されないということである」(Œ XI-2, p. 78)。一八一四年一一月に書かれたとされる『ギゾー氏への返答』のなかでも、マルブランシュが「魂実体」について述べた「仮説的諸結果」は、もしその代わりに「現象的自我」を置くなら、「原則として内的経験と調停されうるであろう」(Œ VIII, p. 257) と述べられている。

(13)『人間学新論』の第一二章でも、もし「願望が充たされ、目的が達せられる」なら、それは「予定調和」によってなのであれ、「至高の異他的意志」によってなのであれ、「出来事が折よく、都合よく (à propos et à point nommé) 継続したからだ」(p. 196-7) と述べられている。

(14) 一八一四年一〇月一五日頃に書かれたとされるアンペール宛書簡のなかでも、ビランはこう述べている。「マルブランシュが犯した誤りとは、自我が自らを認識する仕様は、自我が諸事物を認識する仕様より、いっそう昏い、もしくはいっそう不完全だと述べていることである」(Œ XIII-1, p. 399)。

(15)『人間学新論』の第六章でビランも述べているように、「じっさい最大の生理学者でさえ、このうえなく無知な農夫とは別様に自らの身体を動かしたいと欲するわけではない、もしくは動かすわけではない」(p. 124) のである。

(16) 一八二二年六月の『日記』のなかで、ビランはこう記している。「神は眼と光とを創造したとはいえ、眼を光に開くのは神ではない。また神は、それ自身が諸精神の光であるとはいえ、彼の観念を、そしてその観念とともに善良で美しく完全であるようなすべてのものを、われわれに現前させるのは神ではなく、まさしく各々の被造的精神の自由な努力である」(*Journal*, *op. cit.*, II, p. 363)。

(17) グイエは「第二原因の権能を説明する三つの仕様」、すなわち(1)「被造物たちは神の協力なしに、それらの固有の実効〔性〕によって行為しうる」、(2)「被造物たちは協力をともなってしか行為しえない」、(3)「被造物たちはそれらに固有な実効〔性〕によってはまったく行為しえず、ただ自然の一般法則にしたがった神的権能の実効〔性〕によってのみ行為しうる」という三つの仕様のうち、マルブランシュが『真理の探究』の『第一五解明』で真の敵対者とみなしていたのは、(1)でなく(2)だと考える。「神的協力の批判が、機会原因論の形成において積極的 (*actif*) な一要素だったと述べるのは、大げさだろうか」(GOUHIER, Henri, *La vocation de Malebranche*, Paris, Vrin, 2006 (1926[1]), p. 116, 118)。

(18)『ド・リニャック神父の数節についてのノート』のなかでも、「もしわれわれが自由な原因でなければ、〔また〕もしわれわれの意欲が実効的でなければ、われわれは至高の原因ないし意志についての観念を持たないことだろう」(Œ XI-2, p. 64) と述べられている。

(19) 同じく『ド・リニャック神父の数節についてのノート』のなかで、ビランはこうも述べている。「カルテジアンたちや他の哲学者たちに共通の大誤謬とは、〔まず〕意欲と行為とを分離し、続いて神的力能等の実効〔性〕のような魂に疎遠ないし外的な結び目によって、それらを相互に結びつけようとしていることである。〔……〕この誤謬の原因は、願望を意欲と混同していることによる」(Œ XI-2, p. 63)。

(20) DELBOS, Victor, "Malebranche et Maine de Biran", *Revue de métaphysique et de morale*, 1916. 以下、本節(1)でこのテクストから引用する場合は、頁のみ記す。

(21) 原語は«le véritable Platon moderne»(Œ III, p. 358)である。このテクスト〔『思惟の分析』〕はまたマルブランシュのことを、「フランスの真のプラトン(le véritable Platon français)」(Ibid., p. 67)とも呼んでいる。

(22) ビランのこの考えは、直接的には『心理学の諸基礎』(Œ VII-1, p. 147)のなかに見出せる。編者アズヴィは、「魂が感ずるものを身体に適用する混乱した推論、もしくは自然的判断は、複合的と言われうる一つの感覚でしかない」(MALEBRANCHE, Nicolas, *De la Recherche de la Vérité*, *Œuvres complètes*, Tome I, Paris, Vrin, 1972, p. 127)というマルブランシュの言葉を指示している。同様のビランの発言に関しては、Œ III, p. 136, 435 ; Œ IV, p. 129-30等も参照。

(23) BRUNSCHVICG, Léon, *L'expérinece humaine et la causalité physique*, Paris, PUF, 1949^{3} (1922^{1}). 以下、本節(2)で本書から引用する場合は、頁のみ記す。

(24) 周知のように、一八〇四年四月二四日のドゥジェランド宛書簡のなかに見出される「全体的な革命(la révolution totale)」(Œ XIII-2, p. 298)というビラン自身の言葉は、ビラニスムの到来を告知する分水嶺的な言葉でもある。

(25) HENRY, Michel, *Philosophie et phénoménologie du corps*, Paris, PUF, 1965, p. 34.

(26) MERLEAU-PONTY, Maurice, *L'union de l'âme et du corps chez Malebranche, Biran et Bergson*, Paris, Vrin, 1978. 以下、本節(3)で本書から引用する場合は、頁のみ記す。

(27) 第八講の後半で、メルロ＝ポンティは以下のような、言わばビラン様式《スタイル》のマルブランシュ批判を行っている。「マルブランシュの批判は、いかにしてわれわれが実効的運動についての概念そのものを持つことができるのかを、われわれに理解させてくれない。もし私がまず私の身体を動かしていることを意識するのでなければ、私は私の運動の諸手段について、いかなる問いも自らに立てないことだろう」(p. 59)。

(28) アンリのビラン解釈にも似たこのようなメルロ＝ポンティの評価は正当だが、この点は彼も強調したかったと見えて、彼は同書の随所で同趣の発言を繰り返している。Cf. p. ex. p. 58, 66, 68.

(29) 第九講では「生ける対立(une antithèse vivante)」(p. 64)という言葉も用いられている。

(30) メルロ＝ポンティが用いたとされるティスラン版でも、現在流通しているアズヴィ版でも、ビランのテクストでは「有効」と印刷されているのに、メルロ＝ポンティ〔もしくはテクストの編者」は「無効」と書き間違えていて、ビランの文意をまったく不可解なものにしてしまっている。

（31）「時〔間〕」を「諸超越の根源（*Ursprung*）」という「一箇の基本的な矛盾」に結びつけるメルロ＝ポンティ自身の思想については、『知覚の現象学』第二部の最終段落を参照。MERLEAU-PONTY, Maurice, *Phénoménologie de la perception*, Paris, Gallimard, 1945, p. 418-9.

（32）拙著『メーヌ・ド・ビラン――受動性の経験の現象学――』世界思想社、二〇〇一年の第二部第二章第三節3と第三部Aを参照。

（33）MALEBRANCHE, Nicolas, *De la Recherche de la Vérité, Œuvres complètes*, Tome II, Paris, Vrin, 1974, p. 134.

（34）前掲の拙著『メーヌ・ド・ビラン――受動性の経験の現象学――』を参照。

第四章

（1）ビランのテクストに関しては、アズヴィ編集の著作集（MAINE DE BIRAN, *Œuvres*, publiées sous la direction de F. Azouvi, 13 vols., Paris, Vrin, 1984-2001）を用い、以下これをŒと略記して、ローマ数字の大文字で巻数を示す。同じ巻の冊番号については、ハイフンののちにアラビア数字で示す。

（2）「身体の共存」という考えを、ビランはリニャックから借りている。よく指摘されることだが、ビランは独自の諸概念を自ら創出するというより、他者から諸概念を借用して、それに独自の解釈を施すというタイプの哲学者であった。「ビランは何も発明しなかったのだと、喜んでわれわれは言おう。ビランのすべての諸概念は、他所に見出される。身体の共存の感官はリニャックにおいて、鋭い爪の仮説はプリュケにおいて見出され、努力でさえ幾人かの先駆者たち（モーペルテュイ）において、内的アフェクションはカバニスにおいて、超有機的な項はデュマにおいて、思惟されている、等々」。DEVARIEUX, Anne, *Maine de Biran. L'individualité persévérante*, Grenoble, Millon, 2004, p. 254.

（3）「合一が、一つの原初的事実である。それを超えゆくのは、不可能である」（Œ IX, p. 101）。

（4）『心理学の諸基礎』に付された附論XXXIXのなかで、ビランはこう記している。「われわれは、努力における自我についての内的直接的覚知が、いかなる点に存しているのかを見た。努力は分かちがたく有機的抵抗を含んでいるのだが、有機的抵抗は今度は、自己の身体の内的空間（l'espace intérieur du corps propre）から不可分である。／われわれはまた、異他的抵抗や三次元の外的空間（l'espace extérieur à trois dimensions）についての外的直接的覚知が、いかなる点に存しているのかも見た」（Œ VII-2, p. 506）――ただし「外的直接的覚知」の「直接的」という表現に問題が残るということについては、以下の本文にも見る。ちなみに「また〔……〕も（aussi）」をのみ省いたほぼ同一の表現が、同書の附論XL（Ibid., p. 532）にも見出される。

（5）ビラン哲学全体に関しては、拙著『メーヌ・ド・ビラン

――受動性の経験の現象学――』（世界思想社、二〇〇一年）を、個別的には、まずビランの空間論に関しては、拙著『自然の現象学――時間・空間の論理――』（世界思想社、二〇〇四年）の第一章第三節を、身体の発生論的構成については、拙稿「身体の構成――ビラン？ ビランを越えて？――」（日仏哲学会編『フランス哲学・思想研究』第七号、二〇〇二年）と拙稿「身体の自己触発――メルロ＝ポンティ、アンリ、ビラン――」（『思想』岩波書店、第一〇一五号、二〇〇八年）のⅢとⅣを、また「意志」の発生の前段階と目される「自発性」の問題に関しては、拙稿「知との関係における行為と無為」（『アルケー』関西哲学会年報、第一四号、二〇〇六年）のⅠを、それぞれ参照されたい。本章にはそれらの諸論攷と内容的に重複する箇所も多々あるのだが、しかし本章は、また新たな観点からビランの身体発生論を検討し直したものである。

(6) 以前にはわれわれはcompos suiを「自己関与」と訳していたが、仏語研究書の仏訳を参照した結果、「自己支配」とあらためることにする。

(7) 本節(3)での引用は、基本的には『諸基礎』第二巻からのものなので、本節(3)で同書から引用する場合はŒ VII-2を省き、頁のみ記す。

(8) もう少し先で、ビランは「受動的傍観者（spectateur passif）」（p. 205）という言葉も用いている。他のテクストには、「証人もしくは受動的主観（témoin ou sujet passif）」（Œ IX, p. 43）といった表現も見出される。

(9) このあたりの表現は、あまり適切ではないかもしれない。なぜなら自我がまだ「たんなる傍観者」に留まるこの段階では、身体諸部分や異他的諸原因への諸印象の帰属は、まだ行われえないと考えるべきだからである――このことについては、以下の本文を参照。

(10) 正確には「シカルニ思惟トハ、理性ト結合サレタ知覚デアル（Cogitatio autem est perceptio cum ratione conjuncta）」である。LEIBNIZ, Gottfried Wilhelm, *Die philosophischen Schriften von Gottfried Wilhelm Leibniz*, herausgegeben von C. I. Gerhardt, 7 t., Hildesheim/New York, Olms, 1978, t. 7, S. 331.

(11) そのことに関しては以下の本文の、とりわけ第六節にその理由を見る。

(12) HENRY, Michel, *Philosophie et phénoménologie du corps*, Paris, PUF, 1965, p. 228. 拙訳『身体の哲学と現象学』法政大学出版局、二〇〇〇年、二四三頁を参照。拙訳では「存在論的な差異」と「実存的な差異」と訳しておいたが、本章には本書全体のなかでの、あるいはむしろ『自然の現象学』の構想全体のなかでの位置づけという問題もあるので、ここでは「有論的差異」「実存的差異」と訳しておくことにする。なお、アンリはアフェクションにも「受動的綜合」「受動的志向性」を認めようとするから、この受動的様態と他の能動的諸様態とのあいだにも、「有論的差異」ではなく「実存的差異」しか認めようとしなかったのである――これがわれわれのアンリ批判のポイントの一つであった。前掲の拙著『メーヌ・ド・ビラン』の、特に「序論」第三節と第二部第三章を参照。

(13) 本節(1)での引用も、若干の例外を除き『諸基礎』第二巻からのものなので、その場合にはŒ VII-2を省き、頁のみ記す。

(14) 他のテクストでもビランは、「コンディヤックの言うように、成る」(Œ IX, p. 38)とか、「コンディヤックの表現にしたがうなら、その継起的な諸変様の各々と、同一化された魂」(Ibid., p. 52)等々といった表現を用いている。「魂は、(薔薇の香の)最初の感覚において、この香に成る」のだが、それはちょうどデカルトにおいて、「魂がその思惟に成る、もしくはその本質的属性と同一化される」のと「同様」(Ibid., p. 111)なのだという。

(15) 前掲の拙著『メーヌ・ド・ビラン』の、とりわけ第二部第三章第二節を参照。

(16) これはロワイエ=コラールの書評に書き込まれたビラン自身の註である。なお、空間が視覚と触覚に固有の形式であるというビランの考えについては、Œ VII-2, p. 467; Œ XI-1, p. 67; Œ XI-2, p. 215, 253; Œ XI-3, p. 314; Œ XIII-1, p. 141, 142, 164, 173, 205, 358, 362, 366等も参照。

(17) 「自己視(*autopsie*)」とは、アンペールがビランとの文通のなかで、「観想(*contemplation*)」を指し示すために作り出した新造語で、字義どおりにはギリシア語の語源に遡って、「自己自身についての視覚(*vue de soi-même*)」(Œ XIII-1, p. 108)を意味する。アンペールは「自己視によってわれわれは、われわれ自身の存在を感じる」(Ibid., p. 111)と述べており、ビランはそれをライプニッツの「覚知(*apperception*)」(Ibid., p. 151)や、自らの「直接的内的覚知」(Ibid., p. 136)に相当するものとみなしている。

(18) のちに見るように、「比較」は「注意」を想定し、「注意」の体系(つまりは『諸基礎』第二巻第三編)に属す。したがって空間発生の第一段階にも第二段階にも、このような「比較」や「関係」は存在しない。

(19) その他、Œ VII-2, p. 226-7, 371-2; Œ X-1, p. 21-3; Œ XIII-2, p. 278-9等も参照。

(20) DEVARIEUX, A. *op. cit.*, p. 349.

(21) われわれが「一」から「二」への、もしくは「多」への移行の非連続性・断絶性・飛躍について、あるいは派生や産出による説明の不可能性について考えるとき、つねに念頭にあるのは、本書第六章最終節最終項で詳述することになるシェリングにおける「何ものも意欲しない意志」から「何かを意欲する意志」への移行とならんで、ビランにおけるこのような「単純アフェクション」から「意志」への移行であることを、ここに申し添えておきたい。

(22) われわれは以前には、ビランの〔ビランのみならず〕désirを一貫して「欲望」と訳していたのだが、マルブランシュにおけるdésirは——たとえばキリストのdésir等々の問題もあって——いかにも「欲望」とは訳しづらいので、本書全体の統一を図って、今回はこれを一般に「願望」と訳しておくことにする。

(23) 『ベルリン覚書』では、「自己の身体に属する漠として限定されざる一種の延長（une sorte *d'étendue* vague et illimitée, appartenant au corps propre）」（Œ IV, p. 124）という表現が用いられている。

（24）ここでの「形態」は、もちろん厳密な意味で捉えるべきではない。それはむしろ、色彩等とは区別された、たんなる「延長」の事実を指すだけであろう。

（25）或る箇所でビランは、「われわれは、諸印象がすでにわれわれの諸器官か異他的諸物体に関係づけられているかぎりにおいてしか、われわれの諸印象を相互間に比較しえない」（Œ VII-2, p. 320）と述べている。しかしわれわれには、これは少し言いすぎのように思われる。諸器官には帰属せしめられないはずの諸直観は、異他的物体が構成される以前には、本当に比較されえないのだろうか。たとえば空間の青い部分と赤い部分の大きさを比較することは、不可能なのだろうか。またビランは、「精神は一度に一つのことしか注意しえない」（Œ XI-2, p. 180）と述べつつ、比較の働きのために「継起的な諸運動」における「以前の知覚の痕跡」（Œ VII-2, p. 319）を要請しているのだが、われわれにはこれも、事実に反するように思われる。さもなくばわれわれは、たとえば左手で釘を真っ直ぐに保つべく「注意」しつつ、同時に右手で正確に金槌を振り下ろすべく「注意」するなどということが、できなくなってしまうであろう。

（26）Cf. Œ VII-2, p. 494, etc. 例外的に「視覚の感官」が「色彩を帯びた抵抗しない空間や延長の表象」を与え、それに「絶対的抵抗によって構築された精神の感官」が「不可入性を付加」（Œ XIII-3, p. 665）するというような組み合わせを、優遇するケースも見られる。いずれにせよ次のビランの言葉は、興味深い。「かくして、延長的直観がなければそれ自身において不特定で、ただ自我への対置によって考えられるにすぎない、意志的諸運動を禁止する実在的な力ないし原因は、この延長的直観から客観的実在性〔＝表現的実在性〕を借り、この客観的実在性が、その力ないし原因を、現象的延長の各々の点のもとに局在化する。そしてその原因に関しては不特定であるような、あるいは原因の観念を欠いてさえいるような現象的延長の直観は、今度はそのヌーメナル〔叡知的〕な実在性を、意欲されたわれわれの諸運動を止める力から借りている」（Œ XI-3, p. 178）。

（27）ヒュームについての或る註釈のなかで、ビランはこう述べている。「われわれが直接覚知するものは、われわれの身体の惰性と、それに比例する努力ないし行為である。異他的諸抵抗は、このような仲介によってしか知覚されず、われわれはそれらを帰納によって想定し、われわれの運動が妨げられたり止められたりするとき、それらが存在するのだということを信ずる。われわれはそれらを、直接的には覚知しない。このようにしてわれわれが感じるものは、或る他の物体がわれわれの身体の上にのしかかるときなどの、われわれの身体の惰性の増加である。そしてわれわれが異他的抵抗と呼んでいるものは、われわれ自身の諸器官を動かすために習慣的に〔＝ふだんは〕必要な努力に優る、或る努力を必要とさせるような、何らかの度合いまで増大したわれわれ自身の諸器官の惰性と、異ならないことがありえよう」(Œ XI-2, p. 20)。

(28)「-X」であったものが、「-A」(Œ III, p. 226) になる。Cf. Œ X-2, p. 285.

(29) 前掲の拙著『メーヌ・ド・ビラン』の、第二部第二章第三節3を参照。いまでもわれわれは、その主張を変更するつもりはない。

(30) その他、ビランの身体構成論が主題的に展開されている『思惟の分析』『ベルリン覚書』『諸基礎』の——第四節(3)の冒頭でも示した——当該箇所のなかでも、キアスム問題をはじめ、客観的身体の構成に関する記述は見出される。Cf. Œ III, p. 436-9; Œ IV, p. 131-4; Œ VII-1, p. 149-50. たとえば『諸基礎』第一巻では、ビランはコンディヤックが「努力の感官」にまで遡っていない旨を批判しつつ、コンディヤックが考えるような「二つの受動的感覚の返答」は、身体についての「第一次的認識」を根拠づけるには十分でない、と批判する (Œ VII-1, p. 149)。なぜなら、「いかにしてこれら二つの感覚が区別され、局在化され、互いの外に置かれうるのか」を、あらかじめ知っておかなければならないからである。「触覚と視覚との感官に相対的な対象としてのわれわれの身体の諸部分の形や形態についての外的認識からは独立に、外に表象されうることなく、内でしか行為し自らを認識することができないような或る特種な筋肉感官にまったく相対的な、この自己の身体の現前ないし共存についての内的覚知がある」(Ibid., p. 150)。

(31)「鋭い爪」の仮説については、Œ III, p. 205; Œ IV, p. 153; Œ VII-2, p. 294, 308; Œ XIII-2, p. 396等も参照。註(2)にも述べたように、これはビランがプリュケ神父から借りた仮説である。Cf. Devarieux, A., *op. cit.*, p. 17, 254; BÉGOUT, Bruce, *Maine de Biran, la vie intérieure*, Paris, Payot, 1995, p. 177; TARDE, Gabriel, *Maine de Biran et l'évolutionnisme en psychologie*, Paris, Institut d'édition Sanofi-Synthélabo, 2000, p. 32, etc.

(32)「一度に行使されるただ一つの注意作用しか」ないという、ここでのビランの主張は、あらゆるケースに当てはまるとも思えないが〔註(25)を参照〕、視野には注意の集中する中心と、そうでない周縁とが存在するということは、原則としては正しい。

(33) Cf. MERLEAU-PONTY, Maurice, *Phénoménologie de la perception*, Paris, Gallimard, 1945, p. 109, etc.; *Signes*, Paris, Gallimard, 1960, p. 210, etc.

(34) MERLEAU-PONTY, Maurice, *Le visible et l'invisible*, Paris, Gallimard, 1964, p. 299.

(35) *Ibid.*, p. 24.

(36) *Ibid.*, p. 257.

(37) *Ibid.*, p. 194.

(38) 何度も繰り返すが、それでも「触れられる」という感覚は、まったく独自の経験なのである。われわれは、可能ならばいつか、この問題を主題化してみたいとは思う。しかしおそらくそれは、ビラン解釈の枠内ではかなり困難であろうし、たとえばメルロ＝ポンティやミシェル・アンリの文脈のなかでも、そのような問題の十全的な検討が可能であるか否か、現時点ではまったく確信が持てないと言わざるをえない。

(39) 見落としも多いとは思うが、「鏡の反省」に関してはŒ III, p. 192, 213 ; Œ IV, p. 159 ; Œ VII-1, p. 38等を、また「集中した反省」についてはŒ III, p. 213 ; Œ IV, p. 63, 159, 161 ; Œ V, p. 64 ; Œ VI, p. 6, 164 ; Œ VII-1, p. 63, 89, 92 ; Œ VII-2, p. 369 ; Œ IX, p. 102 ; Œ X-2, p. 2 ; Œ XI-1, p. 103等を参照されたい。

(40) 後期ビランに特徴的な「自らを顕現する (se manifester)」という表現に関しては、Œ IX, p. 42, 90, 118, 131, 179, 196 ; Œ X-2, p. 38, 78, 169, 196, 261, 265 ; Œ XI-3, p. 320等を参照。

(41) MERLEAU-PONTY, Maurice, *L'union de l'âme et du corps chez Malebranche, Biran et Bergson*, Paris, Vrin, 1978, p. 57.

(42) 「声」と「聴覚」の問題構制に関しては、『習慣論』『思惟の分析』『ベルリン覚書』の、それぞれ該当箇所 (Œ II, p. 47-9, 143-5, 187-8, 285-7 ; Œ III, p. 171-81, 267-8 ; Œ IV, p. 163-70) を参照。『諸基礎』については、以下の本文に見る。

(43) MERLEAU-PONTY, M, *Phénoménologie de la perception*, *op. cit.*, p. 487.

(44) *Ibid.*, p. 486.

(45) *Ibid.*, p. 488.

(46) Cf. MAINE DE BIRAN, *Journal*, éd. par H. Gouhier, 3 vols., Neuchâtel, coll. Être et Penser, 1950-7, II, p. 347. ここでは「実践的運命論」もイタリックで強調されている。

(47) BRUNSCHVICG, Léon, *L'expérience humaine et la causalité physique*, Paris, PUF, 1949^{3} (1922^{1}), p. 48.

第五章

(1) 本章で引用する主要文献に関しては、［ ］内の以下の略号を用いる。

BERGSON, Henri, *Œuvres*, éd. du centenaire, Paris, PUF, 1959 [HBŒ]

CONDILLAC, Étienne Bonnot de, *Traité des sensations. Traité des animaux*, Tours, Fayard, 1984 [TS]

FRANCK, Didier, *Chair et corps. Sur la phénoménologie de Husserl*, Paris, Minuit, 1981 [ChC]

HEIDEGGER, Martin, *Sein und Zeit*, Tübingen, Max Niemeyer, 1976^{13} (1927^{1}) [SZ]

HENRY, Michel, *L'Essence de la manifestation*, 2 vols, Paris, PUF, 1963 [EM]

– *Philosophie et phénoménologie du corps. Essai sur l'ontologie biranienne*, Paris, PUF, 1965 [PPC]

– *Marx*. Tome I : *Une Philosophie de la réalité* [M I] ; Tome II : *Une Philosophie de l'économie* [M II], Paris, Gallimard, 1976

– *Généalogie de la psychanalyse. Le Commencement perdu*, Paris, PUF, 1985 [GP]

– *La Barbarie*, Paris, Grasset, 1987 [B]

– *Voir l'invisible. Sur Kandinsky*, Paris, François Bourin, 1988 [VI]

– *Phénoménologie matérielle*, Paris, PUF, 1990 [PM]

– *Du communisme au capitalisme. Théorie d'une catastrophe*, Paris, Odile Jacob, 1990 [CC]

– *C'est moi la Vérité. Pour une philosophie du christianisme*, Paris, Seuil, 1996 [CMV]

– *Incarnation. Une philosophie de la chair*, Paris, Seuil, 2000 [I]

– *Paroles du Christ*, Paris, Seuil, 2002 [PC]

– *Auto-donation. Entretiens et conférences*, Paris, Beauchesne, 2004 [Ad]

– *Phénoménologie de la vie*. Tome I : *De la phénoménologie* [PV I] ; Tome III : *De l'art et du politique* [PV III] ; Tome IV : *Sur l'éthique et la religion* [PV IV], Paris, PUF, 2003-4

– *Entretiens*, Arles, Sulliver, 2005 [Et]

– *Michel Henry*, Dossier conçu et dirigé par Jean-Marie Brohm et Jean Leclercq, Lausanne, L'Age d'Homme, 2009 [D]

HUME, David, *Enquiries concerning Human Understanding and concerning the Principles of Morals*, London, Oxford University Press, 1974 [EHU]

HUSSERL, Edmund, *Ideen zu einer reinen Phänomenologie und phänomenologischen Philosophie*, Zweites Buch, *Husserliana*, Band IV, Haag, Martinus Nijhoff, 1952 [Ideen II]

LAGNEAU, Jules, *Célèbres Leçons*, Paris, PUF, 1964 [CL]

LÉVINAS, Emmanuel, *En découvrant l'existence avec Husserl et Heidegger*, Paris, Vrin, 1982[3] (1949[1]) [DEHH]

MAINE DE BIRAN, François-Pierre, *Œuvres*, publiées sous la direction de F. Azouvi, 13 vols., Paris, Vrin, 1984-2001 [MBŒ]

MALEBRANCHE, Nicolas, *De la Recherche de la Vérité*, in : *Œuvres complètes*, Paris, Vrin, Tome I, II, III, 1972, 1974, 1976 [RV I, RV II, RV III]

– *Méditations chrétiennes et métaphysiques*, in : *Œuvres complètes*, *op. cit.*, Tome X, 1986 [Mch]

– *Philosophical Selections*, edited by Steven Nadler, Indianapolis / Cambridge, Hackett, 1992 [Nadler]

MERLEAU-PONTY, Maurice, *Phénoménologie de la perception*, Paris, Gallimard, 1945 [PP]

– *Signes*, Paris, Gallimard, 1960 [S]

– *Le visible et l'invisible*, Paris, Gallimard, 1964 [VeI]

– *L'Œil et l'Esprit*, Paris, Gallimard, 1964 [Œ]

– *Merleau-Ponty à la Sorbonne. Résumé de cours 1949-1952*, Dijon, Cynara, 1988 [MS]

– *La Nature. Notes. Cours du Collège de France*, Paris, Seuil, 1994 [N]

– *Notes de cours 1959-1961*, Paris, Gallimard, 1996 [NC]

– *Parcours deux 1951-1961*, Verdier, 2000 [P II]

SARTRE, Jean-Paul, *L'imaginaire*, Paris, Gallimard, 1940 [Im]

(2) 芸術、倫理、宗教の相互関係については、VI, p. 38-9 ; PV III, p. 297 ; PV IV, p. 31, 36等を参照。

(3) ニーチェの「大いなる狩猟」については、アンリは他のテクストでも言及している。Cf. GP, p. 311 ; B, p. 124, 125 ; I, p. 55.

(4) すでに『身体の哲学と現象学』のなかで、アンリは「受肉」(PPC, p. 4, 261, etc.) について語っており、また最後の著書『キリストの言葉』においてさえ、なおも彼はメーヌ・ド・ビランにおける「主観的身体」(PC, p. 25) に言及し続けている。

(5) Cf. Œ, p. 19. アンリもまた「身体を引き伸ばす道具」(M II, p. 114. Cf. p. 104) について語っている。

(6) 「われ散歩す、ゆえにわれ有り」というガッサンディの言葉を捉え直しつつ、アンリもまたこの命題のうちに、「コギタチオ」の一表現を見出すのだが、ただし歩みということによって、「私が有している歩いているという主観的意識」を理解する、という条件においてである (Ad, p. 115)。

(7) ただし、ここでフッサールが「衝動的な行為」の実例として挙げているもののなかには、「無自覚的 (unwillkürlich) な《私は動く》」のみならず、「無自覚的な《私は》私のシガレットに《手を伸ばす》」(Ideen II, S. 258) というような、必ずしも文化的習慣を排除しないような実例も含まれている。

(8) 『物質と記憶』においてベルクソンは、習慣は「まず分解し、次いで再合成し、かくして身体の知性に語りかけることを真の効果とする」ような反復によって、獲得されるのだと主張する。そして「身体の論理はほのめかしを認めない」のだから、それは「完全な分析」と「何一つ簡略化しない顕在的な綜合」とを要求するのである (HBŒ, p. 256-7)。

(9) 『創造的進化』によれば、「習慣」には、それは「自由」によって創造されるが、しかしもし自由が「恒常的な努力」によって更新されないなら、習慣が自由を「窒息」(HBŒ, p. 603) させてしまうという側面と、他方ではそれは、「他の運動的諸習慣」を阻止しつつ、「自動現象を飼い慣らす」ことによって、「意識を自由にする」(Ibid., p. 651) という側面とがある。ダンスの習得に関して言うなら、第一の面は新しい技の学習の困難に、第二の面はひとたび習得された技の容易さに、相応しよう。

(10) 言うまでもなく、メルロ＝ポンティも同じ表現を用いている。Cf. PP, p. 175. Voir aussi p. 231.

(11) ナドラーによれば、「因果関係と帰納とに関するヒュームの諸結論は、機会原因論のためのマルブランシュの諸議論のなかで予示されている。ヒュームはそれらの諸議論を、よく知っていた」(Nadler, p. xi) とのこと。じっさい、ひとはこれら三つの論拠の各々を、マルブランシュの機会原因論のなかに見出すことができるだろう。マルブランシュにおいては、たとえば以下のように言われている。㈠「たとえばわれわれの腕を動かすという、われわれが有している意志と、われわれの腕の運動とのあいだに、必然的な絆など存在しない」

(RV II, p. 315)。㈡「君は君の努力が、しばしば無力だとさえ感じないか。それゆえ努力と実効とは、別物である」(Mch, p. 64-5)。㈢「腕が動かされることを、魂が欲するや否や、腕を動かすためには何をなさなければならないかということすら、魂は知らないにもかかわらず、腕は動かされる。また、動物精気が揺り動かされるや否や、自らの身体のうちに動物精気があるということすら、魂は知らないにもかかわらず、魂は動かされる」(RV I, p. 216)。「腕を動かすという私が持つ意志と、動物精気の、すなわち私がその運動も形態も知らない幾つかの小物体の動揺とのあいだに、関係などありえない」(RV III, p. 226)。

(12) 第一点に関しては、ビランはむしろこう問い返すであろう。「身体運動における私自身の力能や私自身の因果性についての明証性は、二実体の本質的な差異や本性上の異質性についての明証性より上位の、もしくは先行的な次元に、属しているのではないだろうか」(MBŒ VII-1, p. 189)。第二点に関しては、彼はわれわれに、以下の有名な言葉を残している。「幾つかのケースにおいて、われわれがわれわれの努力を無力だと感じうるのは、あらかじめわれわれが努力の実効〔性〕を体験した、もしくは感じたかぎりにおいてのことでしかない」(MBŒ X-2, p. 204) ――ちなみにこの観点は、ラニョによって、完全に引き継がれることになろう(CL, p. 193) ――。第三点については、たとえばビランは、こう語っている。「私の意欲についての、〔また〕私の顕在的努力についての内的感情より、私にとっていっそう確実で、いっそう明証的な、何が存在するだろうか。〔……〕反対に〔……〕精気の働き、神経の振動的運動より、いっそう昏く、いっそう不確実な、何が存在するだろうか」(MBŒ X-2, p. 203)。「それゆえ私には、私の努力が有効〔実効的〕たることを内的に確信するために、私の意志と動物精気や神経管との関係を認識する必要など、まったくない」(MBŒ XI-1, p. 129)。あるいはむしろ、「意志が四肢の一つを動かそうとするまさにその瞬間に、もし運動性の諸道具が、内的に感じられたり覚知されたりする代わりに、表象されうるなら、意志はけっして生まれないだろう」(MBŒ VII-1, p. 164) ――この最後の言葉は、マルブランシュに対してではなく、ヒュームに対して向けられたものである。

(13) ヒュームに対してはPPC, p. 88を、ラニョに対してはIbid., p. 93を参照。

(14) ビランもこう述べている。「もし私がそのことを願望〔欲望〕する瞬間に、或る親切な手が私を動かしてくれるとするなら、私は私の願望〔欲望〕が運動の原因だとは、けっして思わないだろう。そしてこの願望〔欲望〕と、都合よく生じるであろう出来事とのあいだに、このうえなく内密な習慣の絆が確立されるであろうようなときには、われわれがこれら二つの事実のあいだに確立するのは、けっして因果性の関係ではなく、たんなる継起の関係だろう」(MBŒ XI-1, p. 120)。フッサールも同じ問題構制について考察してはいるのだが、ただし残念ながらそれは、身体の運動が持つであろう「機械的」側面を強調するためでしかない(Cf. Ideen II, S. 159-60)。

（15）　ちなみに「対象なき感情は存在しない」（CL, p. 194）とラニョは言う。しかしながらメーヌ・ド・ビランによるなら、「感情は対象を持たない」（MBŒ XI-2, p. 74）のだし、「内感（sens intime）は対象を持たない」（Ibid., p. 240）のである――もちろん両者の見解の相違は、「感情」の有論的ステイタスという問題に関わってくるのだが。

（16）　「運動感覚」、「筋肉感官」、「筋肉感覚」といった諸観念に対するビランの批判に関しては、MBŒ XIII-1, p. 1, 24, 30 等を参照。アンリは『身体の哲学と現象学』において、『思惟の分析』のなかの以下の言葉を引用している。「このような内的認識のためには、それゆえ、一つの名が必要である。なぜなら感覚という名では、すべてを言い尽くすことなどできないからである」（MBŒ III, p. 325. Cf. PPC, p. 96）。

（17）　サルトルの指示によれば、原典は Dwelshauvers, *L'Enregistrement objectif de l'image mentale*, VIIth. Intern. Congress of Psychology et *Les mécanismes subconscients*, Alcan である。少し補足するなら、㈠は文字どおり「遂行すべき運動の観念」であり、㈡で主観に「筋肉的態度」が分かっていないというのは、われわれが通常、運動を行うさいに主題的に意識するのは、「遂行すべき運動の観念」であって、筋肉の動きなどではないからであり、㈢で「喚起」される「イマージュ」が「運動的反応」の「諸要素」と「質的に異なる」というのは、このイマージュが運動感覚的なものではなく、それによって「喚起」されるべきはずの視覚的イマージュだからである。

（18）　「われわれが有してもいないこのような観念が、われわれの知らない三人称の運動的態度のうちへと受肉されるということ、これが第一のミステリーである。このような無意識的運動過程の結果として、私が意識する視覚的イマージュが現れるということ、これが新たなるミステリーである」（PPC, p. 118）。

（19）　おそらくそれらは、文化についての諸考察には、いっそう適した諸実例であろう。ただし「でたらめに」なされた所作・身振りといえども、文化的たりうることは、言うまでもないことだが。

（20）　このフレーズはアンリによって、『身体の哲学と現象学』のなかで引用されている（PPC, p. 183）。アンリはまた好んで、次のビランの言葉を引用している。「しかし、この道具それ自身は、まず、いかにして知られるのか」。「いかにして任意の運動器官は、知られることなく、恒常的に導かれたというのか」（MBŒ III, p. 137. Cf. PPC, p. 81 ; I, p. 202）。

（21）　コンディヤックは、こうも述べている。「幼児の自我は、そのとき自らの魂のうちに集中していて、けっして自らの身体の様々な諸部分を、相当数のそれ自身の諸部分とみなすことなどできないだろう」（TS, p. 99）。「私〔立像〕が斉一的感情（sentiment uniforme）に還元されていたとき、私は一点でしかなかった」（Ibid., p. 257）。「立像が基本的感情に限定されていたとき、一つの斉一的感覚が、その有のすべて、その認識のすべて、その快のすべてであった」（Ibid., p. 267）。

（22）　かくしてコンディヤックは、「味のある、音響的な、着色された臭い（une odeur savoureuse, sonore et colorée）」（TS, p. 88）について、語ることになる。ちなみにメルロ＝ポンティによれば、「幼児は自分が聞いた音を見ることを要求するのだが、この事実は、間感覚的な諸関係の存在を含んでいる」（MS, p. 189）。

（23）　レヴィナスはこの語を«sentance»と仏訳するように提唱する（DEHH, p. 157）。そしてこのような試みは、たとえばフランクなどによって賛同されることになる（ChC, p. 97）。

（24）　たとえばビールのジョッキを手にするとき、ジョッキの冷たさはパースペクティヴ変化するが、そのとき手に感じられた冷たさがパースペクティヴ変化によってそのつどの現れを異にして、それらの多様性があとから綜合されるなどということは、ありえない。

（25）　周知のように、メルロ＝ポンティはフッサールのこの表現を好んで援用した。Cf. PP, p. 108, 465.

（26）　もっとも主著以外では、ときおり彼は、それを認めるような発言もしているのだが。たとえば『自然』講義では、こう述べられている。「私が触れる手が、その手に触れる手に触れうることを、私は感じている」（N, p. 279）。「触覚は、自らに直接触れる（触覚世界（*Tastwelt*）の《両極性》）。視覚はこの直接的なものを破り（見えるものは距離を置いたところに、私の身体の諸限界の外にある）、世界のなかで、鏡によって統一を再確立する」（Ibid., p. 345-6）。

（27）　じっさい後期メルロ＝ポンティは、諸事物を「世界の肉」（VeI, p. 192）へと昇格させる。「空間それ自身が私の身体を介して自らを知る」（S, p. 210-1）のであり、「あたかも空間が、自らを内的に認識し始めるかのようである」（N, p. 108）。それゆえにこそ彼は「ナルシスム」について語り、「ひとはもはや誰が見ていて、誰が見られているのか、分からない」（VeI, p. 183. Cf. Œ, p. 31-2）等々と述べるのである。

（28）　二つまえの註で見たように、「触覚〔＝触れること〕は、自らに直接触れる（Le toucher se touche immédiatement）」とも言い表されている。

（29）　おそらくそれは、『身体の哲学と現象学』において、アンリが「潜在的緊張」（PPC, p. 169, 230, 232）によって特徴づけようとしていた段階である。

（30）　メーヌ・ド・ビランにおける「アフェクション」が、真の意味での「無意識」ではないということは、博士論文《テーズ》以来のわれわれの一貫した主張である。拙著『メーヌ・ド・ビラン――受動性の経験の現象学――』世界思想社、二〇〇一年を参照。

（31）　「場所の自己‐触発」という言葉をわれわれが初めて用いたのは、拙著『行為と無為――《自然の現象学》第三編――』萌書房、二〇一一年、二四〇頁においてだが、直接的にはそれは、「生ける超越論的〈自己〉たちの関係は、彼ら以前に彼らのうちに、まさしく彼らの超越論的可能性のうちに、彼らの誕生の場所（lieu）に、そこにおいて彼らが自己のうちに到来し・彼らが生ける者たちであるかぎりはそこに留まるような、絶対的生の過程のうちに、位置している」（I, p. 347-8. Cf. p. 354）という『受肉』のなかのアンリの言葉――

本章でも後述する――に依拠している。

(32) SZ. S. 55. アンリは好んでハイデッガーのこの言葉を引用するのだが、彼はいつも「椅子」を「テーブル」と取りちがえている (Cf. EM, p. 315, 317, 323; I, p. 8)。

(33) われわれは、そうは考えない。たとえ絶対的に抵抗するのが、自己の身体であろうとも、あるいはむしろ頑強な壁であろうとも、その抵抗が強固であればあるほど、努力するわれわれの手は、自らが「触れられている」のではなく、「触れている」としか感じえないだろう。先にも述べたように、自己の身体のキアスム現象において基本的なのは、「触れる-触れられる」の関係ではなく、あくまで「触れる-触れる」の関係なのだと思う。「触れられる」という経験は、おそらくは「他者」経験を前提とし、「意図」の察知を想定した体験に端を発するような、特殊な心理的経験であろうと思われる。

(34) 「〈肉-以前〉」という表現に関しては、I, p. 244, 248; PV I, p. 176; D, p. 106も参照。

(35) ちなみに「肉以前」は、「主観以前 (un avant le sujet)」、「自我以前 (un avant le moi)」(Et, p. 121)、「〈自己以前〉(l'«Avant le Soi»)」(PV I, p. 176) とも同一視されている。

(36) このような発言からも、アンリの思索の発展史のなかでの「アルケオロジー」の位置づけというものが、よく理解されよう。

(37) アンリ研究において今後おそらく大切となるのは、たんにアンリの「哲学」が「変わった」のか、それとも変わらなかったのかを論ずることではなくて、アンリ哲学の何が変わり、何が変わらぬものとして留められたのかを、正確に見極めることであろう。

(38) たとえばメルロ=ポンティなどは、「私は内在においては把捉できない」(Œ, p. 87; NC, p. 59) とか、「内在においてはひとは私を定義できない」(NC, p. 57) といったクレーの言葉を、好んで引用する。しかしながらわれわれには、それは「私」という語が通常のように狭く解されているからか、あるいは反対に、「内在」という言葉があまりにも狭く解されているから――おそらくはそう――であろうと思われる。

(39) 「自我と他者とのあいだの全面的な非差異化」(MS, p. 42) や、「自己と他者とのあいだの非区別」(Ibid., p. 318. Cf. p. 374; S, p. 220) に言及しつつ、メルロ=ポンティは、幼児は「エゴが真に出現する」ときから、「自我-他者関係」を働かせるようになるのだと主張する (MS, p. 326)。そして彼にとってもまた、幼児は「人類全体に共通の或る基底」(Ibid., p. 177) を、よりよく見せてくれるのである。

(40) アンリはこうも述べている。「受動性概念は、それゆえ、二つの意味を持つ。絶対的生に適用されるなら、それは絶対的生において、考えうるあらゆる生の本質を、〔すなわち〕自己に対するそのラディカルな受動性を、その純然たる〈自己自身を体験すること〉を、指し示す〔……〕。〈自己〉に適用されるなら、受動性概念は、生のなかでのその超越論的な誕生を指示する〔……〕。〈自己〉がそれ自身に対して、またその固有の生の諸調性の各々に対して、受動的であるのは、それがまず絶対的生に対して受動的であるかぎりにおいてのことでしかない」(D, p. 96)。

(41) メルロ=ポンティによれば、幼児と大人との差異は、「まだ混乱して多形的であるもの」と「文化によって正確化されているもの」(MS, p. 506)とのあいだの差異である。かくして彼は、「諸文化のいずれによっても飼い慣らされてはおらず、あらためて文化を創造することがそれに求められるような、なまの精神(esprit brut)」(S, p. 228)を再発見することを、われわれに推奨するのである。

第六章

(1) 今回利用したメルロ=ポンティの以下の著作に関しては、[ ]内に示された略号を用いる。

MERLEAU-PONTY, Maurice, *La structure du comportement*, Paris, PUF, 1972^{7} (1942^{1}) [SC]

–*Phénoménologie de la perception*, Paris, Gallimard, 1945 [PP]

–*Éloge de la philosophie*, Paris, Gallimard, 1979 (1953^{1}) [EP]

–*Signes*, Paris, Gallimard, 1960 [S]

–*Le visible et l'invisible*, Paris, Gallimard, 1964 [VeI]

–*L'Œil et l'Esprit*, Paris, Gallimard, 1964 [Œ]

–*Merleau-Ponty à la Sorbonne. Résumé de cours 1949-1952*, Paris, Cynara, 1988 [MS]

–*La Nature. Notes. Cours du Collège de France*, Paris, Seuil, 1994 [N]

–*Notes de cours 1959-1961*, Paris, Gallimard, 1996 [NC]

–*Notes de cours sur L'origine de la géométrie de Husserl. Suivi de Recherches sur la phénoménologie de Merleau-Ponty*, Paris, PUF, 1998 [NCH]

–*Parcours deux 1951-1961*, Lagrasse, Verdier, 2000 [P II]

–*L'institution. La passivité. Notes de cours au Collège de France (1954-1955)*, Paris, Belin, 2003 [IP]

デカルトの著作に関しては、DESCARTES, René, *Œuvres*, éd. Adam et Tannery, 13 vols., Paris, Vrin, 1974-86 (1964^{1}-74^{1}) はATと略記し、ローマ数字大文字で巻数を示す。*Œuvres philosophiques*, éd. F. Alquié, 3 vols., Paris, Garnier, 1963-73はFAと略記し、ローマ数字大文字で巻数を示す。*L'entretien avec Burman*, édition, traduction et annotation par Jean-Marie Beyssade, Paris, PUF, 1981はEBと略記する。

また今回利用した以下のデカルト第二次文献に関しては、[ ]内に示された略号を用いる。

GUENANCIA, Pierre, *L'intelligence du sensible. Essai sur le dualisme cartésien*, Paris, Gallimard, 1998 [Guenencia]

KOLESNIK-ANTOINE, Delphine (dir.), *Union et distinction de l'âme et du corps : lectures de la VIe Méditation*, Paris, Kimé, 1998 [K-A]

LAPORTE, Jean, *Le rationalisme de Descartes*, Paris, PUF, 1988^{3} (1945^{1}) [Laporte]

MARION, Jean-Luc, *Sur la pensée passive de Descartes*,

Paris, PUF, 2013 [Marion]
RODIS-LEWIS, Geneviève, *L'anthropologie cartésienne*, Paris, PUF, 1990 [R-L]
WILSON, Margaret Dauler, *Descartes*, London/New York, 2003 (1978[1]) [Wilson]

ハイデッガーに関しては、Vittorio Klostermann社から公刊中の全集はGAと略記し、直後にアラビア数字で巻数を示す。*Nietzsche* II, Pfullingen, Neske, 1961は、N IIと略記する。

シェリングに関しては、*Schellings Werke*, nach d. Orig.-Ausg. in neuer Anordnung hrsg. von M. Schröter, München, Beckを用い、HauptbändeはHbと、ErgänzungsbändeはEbと略記して、直後にローマ数字大文字で巻数を示す。一巻のみのNachlaßbandは、Nbと略記する。

ベルクソンに関しては、BERGSON, Henri, *Œuvres*, édition du centenaire, PUF, 1959を用い、ŒBと略記する。

（2）「われわれの身体」は「空間と時間とに住みつく」(PP, p. 162) とも彼は言う。類似の表現に関しては、Ibid., p. 119, 211, 359 ; P II, p. 39, 221 ; IP, p. 254, 275 ; N, p. 379-80等も参照。

（3）『行動の構造』には、じっさい「構造の構造 (structure de structures)」(SC, p. 133) という表現が見出される。ただしそれは、異なる二つのオルガンで同じ曲を演奏するさいに必要な運動の総体同士の関係を指し示すための言葉でしかなく、われわれがここで用いようとしている用法とは、趣旨が異なる。

（4）本節(1)の本文における引用はすべて『行動の構造』からのものなので、本文ではSCは略して頁のみ記す。

（5）後期メルロ＝ポンティによる批判、つまりは自己批判については、後述する。

（6）「私には、肉へと導くことになる思索の歩みは、ゲシュタルトの観念についての省察とともに、『行動の構造』において始まるように思われる」(NCH, p. 153) と、或る研究者が述べている。

（7）「もし人間が、そこにおいては動物が恍惚状態にあるかのようにして生きているところの混沌とした場という脈石のうちに閉じ込められていてはならないのだとするなら、もし人間が、すべての場の共通の理由にしてすべての行動の劇場としての世界について意識しなければならないのだとするなら、彼自身と彼の行為を呼び求めるものとのあいだには、或る距離 (distance) が確立されているのでなければならない」。ちなみに『見えるものと見えないもの』が「知覚的信憑」を「動物的信憑」(VeI, p. 17) と呼んだということは、このような議論の文脈に照らし合わせてみても、興味深い。

（8）「世界」とは「因果性の諸関係によって結ばれた諸対象の総体」ではなく、「すべてを包括する一個体」(PP, p. 395) である、というような言い方もなされている。

（9）本節(3)における引用はすべて『見えるものと見えないもの』からのものなので、VeIは略して頁のみ記す。

（10）「キアスム」については本章第二節で詳述する。

（11） われわれが「幻影肢」と「キアスム」という二つの現象を選んだのには、主観的身体の受動性と能動性という二つの経験を、そこで主題化したかったからということもある。メルロ＝ポンティ自身は「幻影肢」の問題を、身体が世界に向かってゆくさいの実践的行為という観点から捉えようとしているようなのだが、われわれはむしろデカルトに帰って、そこに受動性の経験も含めて考察してゆきたいと考えている。またメルロ＝ポンティ自身が「キアスム」を、両手の能動性と受動性の役割交換・可逆性によって説明しうると考えているのに対し、われわれの考えでは、そこに見出されるのはむしろ「触れる」手と「触れる」手の統合・統一性という問題である。

（12） 一六四五年二月九日付のメスラン宛書簡で、「われわれは、腕や足を切断された者が、他の者よりいっそう少なく人間だなどと思いはしない」（AT IV, p. 167 : FA III, p. 548）とデカルトが述べたのも、有名な話ではあるのだが。或るデカルト研究家は、「人間は両手を持っているからこそ諸存在のなかで最も知性的なのではなくて、最も知性的だからこそ両手を持つのである」というアリストテレスの言葉（『動物部分論』第四巻第一〇章687a5-24）を引きつつ、西洋のそのような医学的伝統に対するデカルトのこの言葉の「新しさと論争的性格と」（K-A, p. 23-4）を強調している。

（13） ロディス＝レヴィスによれば、それはおそらく一九二九-三〇年以降に、デカルトが医師や病院を頻繁に行き来していたときのことだという。彼女は「このケースの記述は『哲学原理』第四部第一九六節でふたたび取り上げられている」（R-L, p. 143）と註記しているのだが、しかし『原理』の当該箇所では、どういうわけか「腕全体」は「肘まで」と、「二、三週間」は「二、三日」と、「指」「掌」「肘」は「或る指」「別の指」（AT VIII-1, p. 320 : FA III, p. 510-1）と、書き換えられている。

（14） もしこのような意味での発生論的差異化としての局在化の成立をさえ「習慣」と呼ぶのであれば、幻影肢の問題を「習慣的身体」の問題として捉えることも、不可能ではないかもしれない。しかしそれは「習慣」という語の通常の用法からは、あまりにもかけ離れすぎている。

（15） メーヌ・ド・ビランによれば、感覚の局在化は身体諸部分の局在化を前提し、そして身体諸部分の局在化の方はと言えば、それは一つの全体としての身体を出発点として、各々の特殊的ないし個別的努力によって実現されてゆく。したがってビランの理論からするならば、失われてもはや努力の適用項たりえなくなってしまった四肢や、それと深く連動するような身体諸部分に、十全な局在化が行われえないということは、けだし当然なのである。

（16） 「現象的身体」という表現は、はっきり言って不可解である。なぜなら一方ではすでに「客観的身体」の方も、客観-対象という資格で現象していると考えられるからであり、他方では「現象的身体」の現象の仕方がいかなるものであるかが、メルロ＝ポンティにおいてはさだかではないからである。それは科学の対象のように精確・精密に客観化されるのではなくても、知覚の対象〔客観〕として現象していれば、それで十分なのだろうか。それともそれは、対象としてではあっても、むしろ内的に知られるものなのだろうか。あるいはそれとも、それは一切の対象化〔客観化〕を拒むような仕方で、つまりは主観性それ自身として体験されているのだろうか――しかし、そもそも現象化の体制については志向性やその可逆性に依拠するメルロ＝ポンティに、究極の主観性としての身体の「現象」性について、語る権利などあるのだろうか。

ちなみに、すでに『行動の構造』が「現象的身体」について言及しているのだが、その或る箇所では、それには「生物学」も扱うような「時間の断片の上に伸び広がり、刺戟の或る具体的な総体に応え、有機的全体を協働させるような、生命的諸行為の中心」(SC. p. 195) というような、どちらかと言うとむしろ「客観的」な規定が与えられている――もっとも「現象的身体」を「生物学的身体」(Ibid. p. 225) と対照させているような箇所もあるのだが。

中期メルロ＝ポンティの或る講義では、「幼児が《身体》ということによって解しているのは、物理的身体ではなくて《現象的》身体、すなわち彼がその内密な経験を有しているがままの身体であり、外界と接触することを許しているような諸手段の体系である」(MS. p. 185-6) と述べられている。しかし、ここでもまた「彼がその内密な経験を有しているがままの身体」と「外界と接触することを許しているような諸手段の体系」のそれぞれの現象学的ステイタスがいかなるものであるのか、そもそも両者が同じものであるのか否かということさえ、さだかではない。

(17) 『見えるものと見えないもの』でも、「意識すること＝一つの地の上に一つの図を持つこと――ひとはこれ以上遡ることができない」(VeI. p. 245) と述べられている。

(18) 正確に言うと、「包み隠されておらず、拒絶されていない」という表現にも、多少問題があるかもしれない。本文の後述箇所を参照。

(19) 一九五九‐六〇年の『自然』講義のレジュメでは、「本元的無意識 (l'inconscient primordial) とは、有ら‐しめること (le laisser-être)、初次的な然り (le oui initial)、感覚することの非区分 (l'indivision du sentir) であろう」(N. p. 381) と述べられ、また一九五四‐五年の『制度・受動性』講義でも、「知覚的意識」が「無意識」(IP. p. 212, 269. Cf. p. 231) としばしば同定されている。「初次的な然り」という表現は、当然のことながら『見えるものと見えないもの』の「知覚的信憑」の問題構制を想わせるが、しかし「知覚的信憑」や「知覚的意識」が「無意識」だというのは、明らかに不条理である。おそらくそれは、前者の自然講義の同箇所で「感覚することの非区分」という言葉が用いられているように、また後者の制度・受動性講義の或る別の箇所では「対象化以前のこの主観性、それはまたやはり知覚する身体である」(Ibid. p. 277) と述べられているように、理論的には「意識」を主客の二元性によって、つまりは「対象化」によって考えていたがゆえに主客の「非区分」を「無意識」と規定しなければならなかったメルロ＝ポンティが、それでも「非区分」の現象性の可能性を「知覚」や「感覚」のうちに求めた、数少ない例外的なケースだったのではないだろうか。

(20) 「われわれの身体は、諸事物のように空間のなかにあるのではない。それは空間に住みつく、あるいは空間につきまとう」(P II, p. 39)。

(21) 或るソルボンヌ講義のなかで、メルロ＝ポンティはウェルトハイマーの「空間的水準の実験」(MS, p. 190) に言及しつつ、「垂直性の印象は網膜像に由来するのではなくて、組織化の現象に由来する（主たる諸方向が水平的ないし垂直的な性格を引き受けようとする）」(Ibid., p. 191) と述べている。

(22) 以下に見るように、とりわけ『知覚の現象学』では「構成する時」は「構成される時間」から明確に区別されていて、まだ「間」というものを持たないと理解される。それゆえ本節(1)では、両者がはっきりと区別されうる場合においては前者を「時」と、後者を「時間」と表記し、どちらとも言えないような場合には「時（間）」という表現を用いることにする。ただし「時間論」や「時間的」というような表現においては、「時論」「時的」という語は用いない。また『知覚の現象学』においてほど区別を強調しないテクストについては、本書は原則として「時間」という表現を用いている。

(23) 本節(1)の本文における引用はすべて『知覚の現象学』からのものなので、本文ではPPは略して頁のみ記す。

(24) 『眼と精神』によれば、「分節されない叫び」(Œ, p. 70) というのは、ヘルメス・トリスメギストスに由来する言葉である。

(25) 詳しくは拙著『自然の現象学——時間・空間の論理——』世界思想社、二〇〇四年、九二-四頁を参照。またそれが「実的融合」とも「志向的構成」とも異なるという点に関しては、同書の第三章「瞬間のなかの持続——フッサールとベルクソンの調停の試み——」の全体を参照。

(26) 「感覚」と「想像」とを「思惟」のうちに数え入れようとするデカルトの言明については、他にAT I, p. 366 : FA I, p. 534 ; AT II, p. 36 : FA II, p. 51 ; AT VII, p. 34 : FA II, p. 430 ; AT VII, p. 160 : FA II, p. 586 ; AT VIII-1, p. 7 : FA III, p. 95 ; AT XI, p. 224 : FA III, p. 822等も参照。

(27) 痛み等の感情が心身合一に由来するというデカルトの主張に関しては、他にAT III, p. 424 : FA II, p. 361 ; AT VII, p. 81 : FA II, p. 492 ; AT VII, p. 437 : FA II, p. 878 ; AT VIII-1, p. 23 : FA III, p. 119-20 ; AT VIII-1, p. 41 : FA III, p. 147-8等も参照。

(28) 「感覚」や「想像」が身体なしにはありえないということに関しては、他にAT VII, p. 27 : FA II, p. 418 ; AT VII, p. 358 : FA II, p. 800 ; AT X, p. 521 : FA II, p. 1131等も参照。

(29) 「それゆえその存在が問いとならないような、少なくとも一つのコール〔物体・身体〕が見出される。それは私の身体であり、いっそう正確に言うなら、想像力という思惟の諸様態の一つの行使によって要求されているものである」(Marion, p. 59)。「一つのコール〔物体・身体〕と名づけられているとはいえ、この何かは、それゆえ、思惟の資格で、その非物質的な治外法権のために存在している。かくして一つのコーポレル〔物体的・身体的〕な存在が、《物質的事物》の存在証明に先立つ」(Ibid., p. 60)。

もちろんウィルソンのように、反対の見解を示す者もいる。「ところでじじつデカルトは、想像力が或る身体的基盤を、〔つまり〕脳にある或る像を要求するのだと信じている。〔……〕しかしながら『省察』ではデカルトは、われわれが身体を持つことなく想像力を持つかもしれないということを、〔まさにかろうじて〕考えうるとみなしている」(Wilson, p.169)——デカルトにおける「想像力」と「身体」の関係については、本文でも多少は後述する。

(30)「つまり、われわれがしばしば身体諸器官によって思考力が妨げられるのを経験することからは、思考力が身体諸器官によって産出されるなどということは、けっして帰結しない」(AT VII, p. 228 : FA II, p. 669) と、「第四答弁」も述べている。同様の主張に関しては、AT II, p. 38 : FA II, p. 54 ; AT III, p. 375 : FA II, p. 336 ; AT VII, p. 133 : FA II, p. 555等も参照。ただし第一章でも述べたように、他方ではデカルトは、「私は〔……〕粗野なコープス〔物体・身体〕が、思惟に何ら貢献しないとも思っていない」(AT VII, p. 355 : FA II, p. 796) とか、あるいは「精神でさえ、気質や身体諸器官の按配に、きわめて依存している」(AT VI, p. 62 : FA I, p. 634) とか述べているのも、事実である。

(31) 周知のように一六三七年一〇月三日付のプレンピウス宛書簡のなかでは、「われわれが見ているとわれわれは感じる(sentimus nos videre)」(AT I, p. 413 : FA I, p. 786) という表現が用いられている。

(32)「知ることとはまさしく〔……〕知ることを知っていることである。この第二の知る権能が知それ自身を根拠づけるからではなく、反対に知それ自身が、この第二の権能を根拠づけるからである」(PP, p. 439) ともメルロ=ポンティは述べている。「いかなる特殊的思惟も、われわれの思惟の核心においてわれわれに到達することはない。それは、その思惟の証人たるもう一つの可能的思惟なしには、考えられない」と記している『知覚の現象学』の或る別の箇所でも、ただちにこう続けられている。「われわれが思惟していることを知るためには、まずわれわれが実効的に思惟しているのでなければならない」(Ibid., p. 458)。

(33) 言葉としても「知覚的信憑」(PP, p. 303)、「根源的信憑(foi originaire)」(Ibid., p. 66, 371)、「本元的信憑(foi primordiale)」(Ibid., p. 468) 等々といった表現が、『知覚の現象学』のうちですでに用いられている。

(34) 同章では「発達を〔……〕行動の前進的で非連続的な構造化(Gestaltung, Neugestaltung)とみなさなければならないだろう」(SC, p. 192) とも語られ、また『知覚の現象学』でも「非連続的諸作用の無際限の系列のなかで、自らの自然的諸力能を超出し変貌させる意義的な核をわがものとすることが、人間身体の定義である」(PP, p. 226) と述べられている。しかしながら、このような「非連続」性の各々のうちにまで場所や水準のちがいを指摘すべきなのか否かということに関しては、安易な断定は憚られる。とりあえず本章が真に主張したかったのは、〈一〉の場所と〈二〉もしくは〈多〉の場所との「非連続」性のみである。

(35) シェリングにとっては「無意識」であるものを、われわれは可能なかぎり現象学的に捉えようとした。或る意味ではそれが本章の書かれた意図である。

あとがき

本書の執筆時期と関連論文とについて、一言述べておきたい。「序」にも書いたように、本書の実質的な執筆時期は、その直接の準備期間も含めるなら、二〇一一年二月から二〇一四年九月までということになる。二〇一一年の一月に前著『行為と無為――《自然の現象学》第三編――』の原稿を完成させたあと、まず筆者は二月から、本書では第二章に相当するマルブランシュ研究に本格的に着手し、同年の八‐九月に「マルブランシュの心身合一論」を一応書き上げて、そのごく一部を「マルブランシュの機会原因論」という表題のもと、『愛知県立芸術大学紀要』第四一号（二〇一二年三月発行）に発表したが、全体の方は翌二〇一二年の七月に、第一次・第二次文献もさらに増やしながら、大幅に加筆修正した。続いて同年の八月と九月に、本書なら第三章ならびに第四章に該当する「メーヌ・ド・ビランのマルブランシュ批判」と「メーヌ・ド・ビランの身体構成論」を順に脱稿し、前者を若干縮めたものを、同じ題名で『愛知県立芸術大学紀要』第四二号（二〇一三年三月発行）に掲載した。翌二〇一三年の八‐九月には、本書第一章に当たる「デカルトと心身合一の問題」を執筆し、その一部を同名のまま、『愛知県立芸術大学紀要』第四三号（二〇一四年三月発行）に発表した。また同じ二〇一三年の九‐一〇月のあいだ、同年三月三〇日に京都大学で行われた国際シンポジウム（Colloque intermédiaire de l'ASPLF (Association des Sociétés philosophiques de langue française). Symposium : « Michel Henry et la phénoménologie de la culture » à l'Université de Kyoto, le

30 mars 2013〕においてフランス語で発表した論攷“Archéologie du corps propre. Vers une phénoménologie de l'Origine de la culture”〔「身体のアルケオロジー。文化の〈根源〉の現象学に向けて」。『フランス哲学・思想研究』第一八号（日仏哲学会編・二〇一三年九月発行）にフランス語で掲載〕を大幅に増幅しつつ、本書の第五章となる「身体のアルケオロジー――「肉」の誕生以前から文化的身体の生成まで――」を原稿化する作業を行った。最後に二〇一四年の八－九月には、本書第六章の「場所と身体――メルロ＝ポンティの「構造化」の概念をめぐって――」を作成し、その約四分の一サイズの縮小版が、『愛知県立芸術大学紀要』第四四号（二〇一五年三月に発行予定）に掲載されることになっている――なお本書の総体は、二〇一四年の九月にあらためて見直され、全体の統一化が図られた。

特に第五章は、もともとフランス語で書かれたものをいったん和訳してから、分量的には約二・五倍の大きさに増補したものなので、最初は文体的にしっくりこないところがあって、少しでも違和感を軽減させるのに、おおいに苦労した。日本語で考えるのとフランス語で考えるのとでは、やはり大きな相違があるのだということを、あらためて思い知らされたケースでもあった。

ただ本書をじっさいに執筆していたのは、おおよそ三年強の期間に限定されるので、その意味では本書は、全体としてはまだまとまっている方なのかもしれない。それでも筆者の長年の習慣によって、ほぼ一年をかけて原稿を準備し、執筆は夏休みに集中して行うというのがほとんど恒例のようになってしまっているので、細部の具体的な構想は、章毎にあらためて練り直すということになる。したがって、或る章で触れたことをふたたび他の章で述べるといった類《たぐい》の重複が、まったくないわけではないし、以前の著作と内容的に重なる部分も、やはり出てきてしまう。けれどもそれは、立論のうえでの不可避の反復ということで、御容赦願いたい。

また本書そのものの内部でも、書きながら思索を深めていったという面があって、その痕跡は、いまなお色濃く残っている。たとえば「触れられる」とはいったいどういうことなのかという問いについての考察は、「キアスム」問題を扱うなかで、第四章、第五章、第六章を通じて少しずつ深化されていったので、最終章から振り返るなら、第四章あたりの論述の仕方が完璧でない、等々と思われる節もあったかもしれない。しかしそれも、ものごとを考えながら煮詰めてゆく作業にともなうほとんど宿命的な側面なのだから、やはり避けがたいこととして、御理解願えるなら幸いである。

「触れられること」という特異な経験のみならず、「物的身体」のステイタス等々に関しても、もっと深めなければならない問題は、多々残されたままである。とりわけ筆者は、これらの問題構制に関しては、メルロ＝ポンティやアンリ、ビランなどの所説を検討しながら思索していったという経緯もあって、どうしても彼らのタームや立論の仕方に囚われてしまっている。いずれ筆者には、基本的には彼らからの援用は交えずに、これらの問題をそれら自身のために独力で考察しなければならない時期が、やってくるような気がする――しかしそのまえに、まだなすべき仕事が残っている。

『自然の現象学』のシリーズは、およそ「体系」と呼べるようなしろものではないのだが、それでも当初の構想からすれば、次作で一応の完結を迎えることになる。次著の主題は「他者」であって、最初の予定では、そこでは「自然における他者と文化的他者」が中心テーマとなるはずであった――そのことに関してはおそらく、本質的なところでは、大きな変更はない。そもそもこのようなテーマについて論じようと思ったのは、まだ筆者三〇代半ばのフランス留学時代のことであって、当時筆者は、博士論文の執筆のための研究に疲れては、よくサルトルの墓のあるモンパルナス墓地などを散策しながら、「この問題を、サルトルならどう考えただろうか。あるいはアンリさんなら、どう答えるだろうか」等々といった思いにふけったものである。そのように自問する筆者の心のうちには、すでにして「自己のなかの他者」のようなものがあるにちがいない。けれどもそれはあくまで「文化的他者」であって、それ以前に、またその前提として、他性との出会いを初めて形成するような「自然的他者」というものが、あらかじめ存在しているのではないだろうか……。

しかし最近では筆者は、「他者」問題を扱うときには、「他者」と併せて「神」のことも思惟しなければ、この問題は深まらないだろうと考えるようになってきている。そもそも「他」との出会いには、出会いの「場所」というものがあるだろう。「自然という場所」での他者との遭遇もあれば、「文化という場所」での他者との交流もある。けれども何らかの場所で「神」と出会おうとするなら、われわれは途方もない迷誤に陥ってしまうかもしれない。神とは場所のなかで出会われる相手というより、むしろ或る一つの――しかもきわめて根源的な――場所そのものではないだろうか。最近の筆者は、おおむねそのように考えている。「序」にも触れておいたように、拙稿「他性と神――現代フランス現象学に於ける「超越」の問題をめぐって――」は、そのような解釈の試みの一つである。

次著の公刊は、いまのところ五年後くらいになる予定だが、その表題は、おそらく『他性と場所――《自然の現象学》第五編――』となるはずである。そこでは筆者は、まずフッサール、シェーラー、ハイデッガー、サルトル、メルロ＝ポンティ、ヘルトといった、言わば「古典的」な他者論を採り上げつつ、そこに含まれているであろう問題点を析出することから始め、次いでレヴィナスとデカルトにおける「無限」のステイタスの相違について検討を加え、さらにはレヴィナス、アンリ、マリオンにおける「他性」と「場所」との関係について再考したあと、今度はフィヒテとシェリングを用いて、いかにして「一」から「他」もしくは「多」が生じてくるのかという問題について省察し、最後に可能ならば、西田哲学における「場所」の思想を、筆者自身の立場から検討してみたいと考えている。

フランス現象学やメーヌ・ド・ビランの専門家でしかない筆者が、フィヒテやシェリングに言及しようとしたり、西田を論じたりなどすると、必ずや「素人」「門外漢」の僭越といった誹りや批判が浴びせられることだろう。いままでにも、たとえばハイデッガーについてまとまった見解を述べたり、そもそもドイツ哲学について発言したりなどしたときが、そうだった。本書でも、筆者がデカルトやマルブランシュを主題化するなどというようなことをしただけで、一七世紀の専門家たちからは、皮肉や冷笑や侮蔑の声が、いまからすでに聞こえてきそうである。けれども逆の立場から言わせてもらうなら、筆者自身、たとえばデカルトやスピノザの専門家たちがフランス現象学やビランについて語るのを聞きながら、言わく言いがたい違和感を覚えるようなことを、これまで幾度となく経験してきた。それでもヨーロッパの学界のかなり自由闊達でやんちゃな雰囲気に比べ、保守的でおとなしいいまの日本の哲学界では、細分化された専門領域の垣根をあえて越えて発言し、またそのような声に耳を傾けるということが、狭いセクト主義の壁を打ち破るためにも、ますます必要となってきているのではないだろうか。筆者の無知や無理解に関しては、それぞれの分野の専門家たちからの厳しい御指摘や御批判が戴けるなら、むしろ幸いに思う。

　しかしながら、そうは言いつつも、本書に携わっていた三、四年間は、筆者にとってはかなり孤独な、あるいはむしろよく言われるように、「自閉症」的な生活を送っていた時期でもあった。二〇〇二年のミシェル・アンリ先生の死去ののち、二〇一〇年には山形頼洋先生と辻村公一先生という、筆者にとってはかけがえのない二人の恩師を相次いで失ってしまってからは、筆者には、特にそのような傾向が顕著になってきたように思う。頼まれて講演する以外には、めったに学会にも顔を出さないし、自宅と大学を往復するほかは、地元を離れて出かけるようなことさえほとんどない。学問に専念していると言えば聞こえはよいが、あまり若い人たちに薦められた話ではない。

　もちろん本書は、まだこれからという若い研究者たちも含め、多くの人々からの示唆や刺激がなければ、成り立ちえなかっただろう。しかしいまでも筆者を大切なところで本当に深く導いてくださっているのは、やはり上記三人の先生方なのである。それどころか先生方からの影響は、亡くなられてからの今日の方が、ますます強くなってきているような気さえする。いまだ師への依存から脱却しえない不肖の弟子ではあるが、これらの先生方には、あらためて感謝の意を表しておきたいと思う。

　また前著に引き続き、萌書房の白石徳浩さんには、今回もいろいろとお世話になった。きちんと仕上げたつもりでも何かが抜け落ちてしまっているという、おそらく筆者には一生つきまとうであろう根本的な欠陥が、少しでも本書で改善されたとするなら、それは白石さんのおかげである。この場を借りて、厚く御礼申し上げておきたい。

二〇一五年一月　長久手市根の神にて

中　敬夫

■著者略歴

中　敬夫（なか　ゆきお）

1955年　大阪府生まれ

1987年　京都大学大学院文学研究科博士課程学修退学

1988年　フランス政府給費留学生としてフランスに留学（ボルドー第三大学博士課程）

1991年　パリ第四（ソルボンヌ）大学博士課程修了（博士号取得）

現　在　愛知県立芸術大学美術学部教授

著　書

『メーヌ・ド・ビラン――受動性の経験の現象学――』（世界思想社，2001年）

『自然の現象学――時間・空間の論理――』（世界思想社，2004年）

『歴史と文化の根底へ――《自然の現象学》第二編――』（世界思想社，2008年）

『行為と無為――《自然の現象学》第三編――』（萌書房，2011年）　ほか

訳　書

ミシェル・アンリ『身体の哲学と現象学』（法政大学出版局，2000年）

ミシェル・アンリ『受肉』（法政大学出版局，2007年）

ディディエ・フランク『ハイデッガーとキリスト教――黙せる対決――』（萌書房，2007年）ほか

身体の生成――《自然の現象学》第四編――

2015年4月20日　初版第1刷発行

著　者　中　敬　夫

発行者　白　石　徳　浩

発行所　有限会社　萌《きざす》　書　房

〒630-1242　奈良市大柳生町3619-1

TEL（0742）93-2234 / FAX 93-2235

［URL］http://www3.kcn.ne.jp/~kizasu-s

振替　00940-7-53629

印刷･製本　シナノ パブリッシング プレス

ISBN978-4-86065-091-9

中　敬夫著

行為と無為——《自然の現象学》第三編——

A5判・上製・カバー装・432ページ・定価：本体6000円＋税

■「自ずから然り」という意味での「自然」についての現象学的諸研究の中から，サルトル，メルロ＝ポンティ，シェリング等の思索を検討しつつ，多様な意味における自由について，それらの根底に「非自由」や「無為」を見るという観点から考察。

ISBN 978-4-86065-064-3　2011年12月刊

ディディエ・フランク著／中敬夫訳

ハイデッガーとキリスト教——黙せる対決——

A5判・上製・カバー装・208ページ・定価：本体3200円＋税

■ハイデッガーにより西洋形而上学の始源と位置づけられる古代ギリシャ時代の「アナクシマンドロスの箴言」についてのハイデッガー自身の解釈を通じ，彼の思索とキリスト教との「暗黙の関係」が持つ意味を剔抉。

ISBN 978-4-86065-033-9　2007年12月刊

山形賴洋 著

感情の幸福と傷つきやすさ

A5判・上製・カバー装・294ページ・定価：本体4000円＋税

■フランス哲学の素養にドイツ現象学や西田哲学等の知識も加味し，意識・感情・身体・運動といった幅広いテーマを飽くことなく考究し続け，またミシェル・アンリ研究の第一人者でもあった著者の未発表の遺稿や仏語論文も収めた論文集。

ISBN 978-4-86065-087-2　2014年11月刊

山形賴洋 著

声と運動と他者——情感性と言語の問題——

A5判・上製・カバー装・386ページ・定価：本体4800円＋税

■身体運動・キネステーゼを感覚・表象の従属から解放し運動そのものとして捉える〈運動の現象学〉の観点から，言葉における意味と記号の結合の源泉を，発声という身体行動のうちに探る。併せて，西田哲学をフランス哲学の文脈で読み解く。

ISBN 978-4-86065-064-3　2011年12月刊